古本與今本

現存《水經注》版本彙考

李曉傑　楊長玉　王宇海　屈卡樂　著

復旦大學出版社

目　録

引　言

北魏酈道元撰寫的《水經注》，是我國古代以水道爲綱記載區域地理信息最爲著名的典籍。它以西漢王朝的版圖爲基礎（若干地區兼及域外），對許多重要河流及其流域進行綜合性的描述，所涉及的内容包括自然地理與人文地理兩大部分。全書共有四十卷、三十餘萬字，是酈道元在爲官戎馬之暇，利用他所搜集到的各種地方文獻與他的部分實地考察所得而撰就的一部“宇宙未有之奇書”〔一〕。其後雖然有明末黄宗羲《今水經》、清齊召南《水道提綱》等類似的著述出現，但其價值都無法與《水經注》相提並論。在我國古代記載河流水道的著述中，《水經注》一直是“不可無一，不容有二”〔二〕的傑作。

〔一〕劉獻廷撰，汪北平、夏志和點校《廣陽雜記》卷四，中華書局，一九五七年，頁一九七。

〔二〕沈德潛撰《沈炳巽〈水經注集釋訂訛〉序》。

《水經注》成書後的五百多年間，靠寫（鈔）本得以流傳，最早見於官方記載的是《隋書·經籍志》[一]。在隋至北宋的一些類書與地理總志中[二]，可以見到《水經注》被徵引的文字。至北宋景祐年間（一〇三四年至一〇三八年），原本四十卷的《水經注》出現了散佚，僅存三十五卷（後復析分爲四十卷）[三]。

在雕版印刷出現之後，《水經注》也有刊刻本流行。迄今已知最早的刻本，是北宋中期的成都府學宫刊本。而現存最早的刻本，則是人們習稱的"殘宋本"（今藏中國國家圖書館），大約刊於南宋初期，僅存十一卷半（没有一葉是完整的），字數尚不及全書的三分之一。

降至明代，在《水經注》版本流傳方面逐漸形成了兩大系統：古本系統與今本系統。所謂古本，即刊刻、鈔寫時以保留宋本（或影宋本）原貌爲準則，即使底本有明顯訛誤，亦不作改動，尚不涉及校勘研究的版本。除前述"殘宋本"外，明代官鈔《永樂大典》本《水經注》及諸明代民間鈔本《水經注》即屬古本系統。所謂今本，即已經對底本進行研究、校改的版本。自明代最早的

〔一〕參見《隋書》卷三三《經籍志二》，中華書局，一九七三年，頁九八四。

〔二〕類書如隋代的《北堂書鈔》、唐代的《初學記》、北宋的《太平御覽》。地理總志如唐代的《元和郡縣圖志》、北宋的《太平寰宇記》。

〔三〕元歐陽玄《補正水經序》（蘇天爵編《元文類》卷三六）："宋《崇文總目》（按，編纂於景祐年間）亦不言（《水經》）撰人爲誰，但云酈注四十卷亡其五。"明王禕（嘉靖刊本《王忠文公文集》卷五《水經序》）、清全祖望（《水經注釋·全祖望序》）、趙一清（《水經注釋·附録下》）、戴震（《四庫全書總目》卷六九《水經注》提要）均引此説，後人亦皆從之。不過，需要説明的是，今本《崇文總目》卷四僅載"《水經》四十卷"，並無"亡其五"之文。

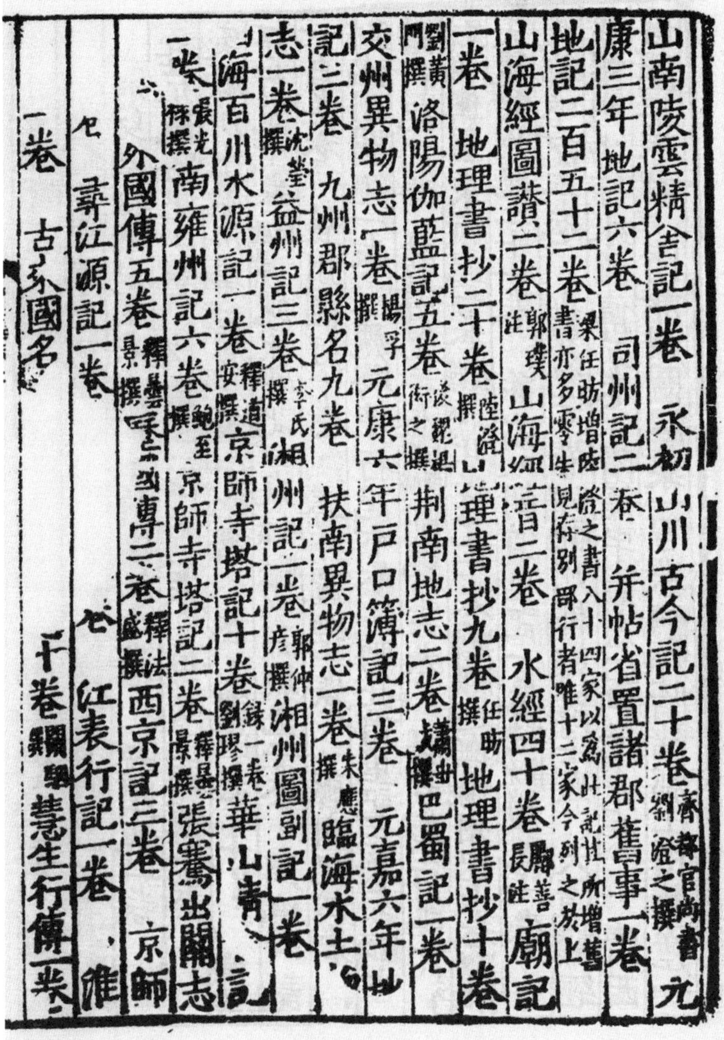
山南陵雲精舍記一卷 永初山川古今記二十卷齊都官尚書劉澄之撰 元
康三年地記六卷 司州記二卷 并帖省置諸郡舊事一卷
地記二百五十二卷梁任昉增陸澄之書八十四家以爲此記其所增舊書亦多零失見存別部行者唯十二家今列之於上
山海經圖讚二卷郭璞注 山海經音二卷 水經四十卷酈善長注 廟記
一卷 地理書抄二十卷陸澄撰 地理書抄九卷任昉撰 地理書抄十卷
劉黃門撰 洛陽伽藍記五卷後魏楊衒之撰 荆南地志二卷蕭世誠撰 巴蜀記一卷
交州異物志一卷楊孚撰 元康六年戶口簿記三卷 元嘉六年地
記三卷 九州郡縣名九卷 扶南異物志一卷朱應撰 臨海水土
志一卷沈瑩撰 益州記三卷李氏撰 湘州記二卷庾仲雍撰 湘州圖副記一卷
海百川水源記一卷釋道安撰 京師寺塔記十卷劉璆撰 錄一卷 華山[illegible]言
一卷張光祿撰 南雍州記六卷鮑至撰 京師寺塔記二卷釋曇景撰 張騫出關志
外國傳五卷釋曇景撰 [illegible]國傳二卷釋法盛撰 西京記三卷 京師
尋江源記一卷 江表行記一卷 淮
一卷 古今國名 [illegible]十卷 [illegible] 慧生行傳一卷

圖一 ◎宋刻元遞修本《隋書》卷三三《經籍志》葉一四上
該葉行四載：《水經》四十卷，酈善長注。

刊刻本《水經注》黄省曾刊本以降的諸明清刻本,皆屬今本系統。現在我們一般讀到的通行本《水經注》,也都可歸入今本系統中。

據粗略統計，現存的兩大系統的《水經注》版本約有四十餘種〔一〕。

由於版本研究是從事《水經注》具體探究最根本的基礎，因此花氣力儘量搜集相關版本、比較各版本異同、判斷各版本優劣，就成爲十分重要的酈學研究工作。

對《水經注》版本考訂的研究，早在全祖望、趙一清時已見端倪。清乾隆年間,全祖望在《五校水經注》卒業後,於《五校》稿本前臚列《水經注》二十七種，並對部分刊本、校本作簡要説明或評價〔二〕;趙一清亦在其大體完成的《水經注釋》卷首《參校諸本》中逐一列出二十九種《水經注》參考版本〔三〕，並在各本之下加注按語，簡述校者名氏、籍貫及該書特徵。

清乾隆三十八年,戴震主持的武英殿聚珍本《水經注》刊行。在卷首《校上案語》中,戴震着力突出《永樂大典》本《水經注》

〔一〕按，僅《中國古籍總目·史部·地理類》(中華書局、上海古籍出版社，二〇〇九年，頁三九二六—三九一二)所載，現存各種《水經注》版本就不下五十種。除去其中非專門涉及《水經注》版本的部分(如清盧文弨《水經序補逸》一卷、清王仁俊輯《水經注佚文》一卷等)外，尚有四十餘種。

〔二〕參見《謝山五校水經本》卷首，收入《全祖望校水經注稿本合編》，中華全國圖書館文獻縮微複製中心，一九九六年。

〔三〕參見《水經注釋》乾隆五十一年小山堂初刻本卷首。趙一清撰《水經注釋》成稿後，生前並未刊刻。趙一清殁後，至乾隆三十八年方由浙江巡撫採入四庫館，然而《四庫全書》本《水經注釋》卷首並未著録《參校諸本》。參見本書[二二八]。

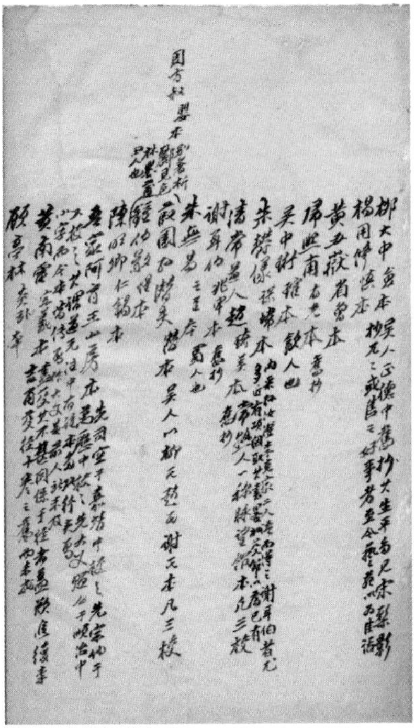

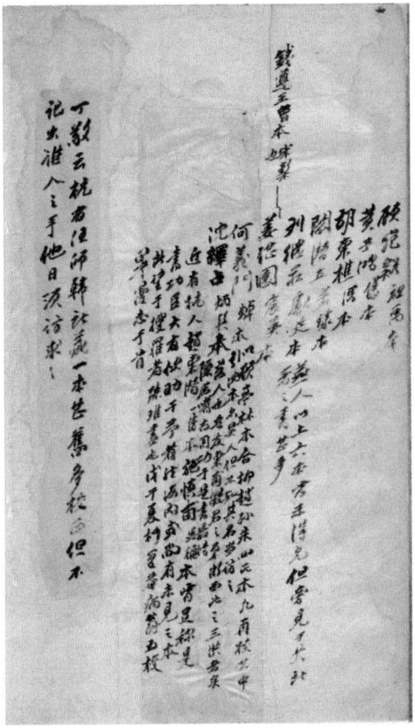

圖二（右）、圖三（左） ◎清全祖望《五校水經注》稿本卷首

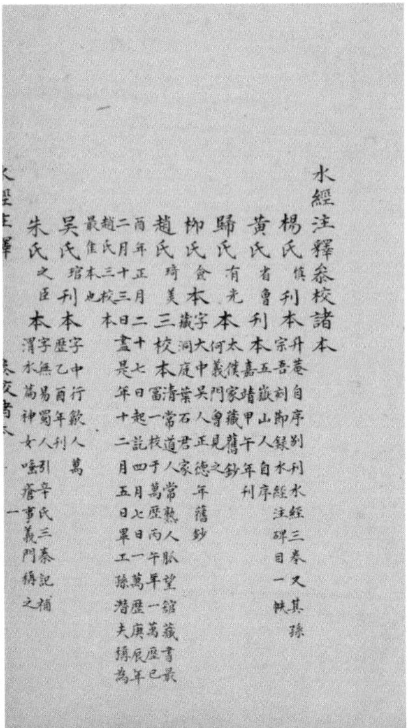

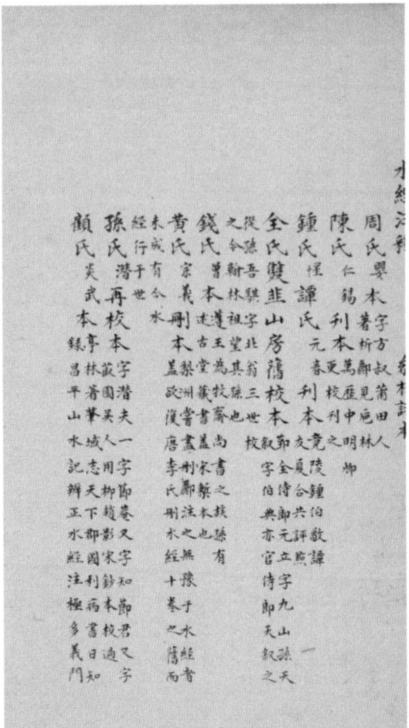

圖四（右）、圖五（左） ◎清趙一清《水經注釋·參校諸本》書影
趙一清於書前枚舉各種《水經注》刊本、稿本、校本共二十九種，每種之下簡述各本校勘信息。

的校勘價值，推之爲“原本”。但對殿本所用底本及參校諸本的版本信息則大多隱去。其後，由於趙一清《水經注釋》刻本刊行，其中校改内容與殿本多有相似之處，遂引發聚訟紛爭，治酈學者多涉其中。由於《大典》本深藏内府，殿本又略去參校版本信息，外加“戴、趙相襲案”的影響，使得《水經注》的版本研究在殿本刊行之後的較長一段時間内並没有實質性的推進。直到同治年間，楊希閔復始重視不同版本的校勘價值，節録多本校語而成《水經注匯校》〔一〕。在此基礎之上，王先謙匯集除全祖望之外的治酈名家之説，以殿本爲底本而撰成《合校水經注》〔二〕。楊守敬、熊會貞撰《水經注疏》時，囿於時代條件，主要以《合校水經注》爲工作本，因此對版本認識與利用則顯得十分有限〔三〕。

王國維雖在《水經注》的版本研究方面投入時間有限，但他率先引入《永樂大典》本等明鈔本與黄省曾刊本、吴琯刊本等明代早期刊本進行校勘，因而對《水經注》相關版本做出了非常有價值的判斷〔四〕。

〔一〕參見楊希閔《水經注匯校》卷首《題識》。

〔二〕參見王先謙《合校水經注》卷首《例略》。

〔三〕按，楊守敬初次見到黄省曾刊刻的《水經注》時已屆七十五歲。參見楊守敬《朱校水經注跋》《校水經注跋》，現藏上海圖書館，跋文收入《鄰蘇老人手書題跋》下册（宜都楊氏觀海堂，一九一六年），又收入《楊守敬題跋書信遺稿》（楊先梅輯、劉信芳校注，巴蜀書社，一九九六年，頁一六二、一六三）以及《楊守敬集》第八册《鄰蘇老人題跋》（謝承仁主編，湖北人民出版社、湖北教育出版社，一九九七年，頁一一二三、一一二四）。

〔四〕參見王國維校《水經注》諸篇題記及其所著《水經注跋》。參見本書［二三七］王校本考述内容。

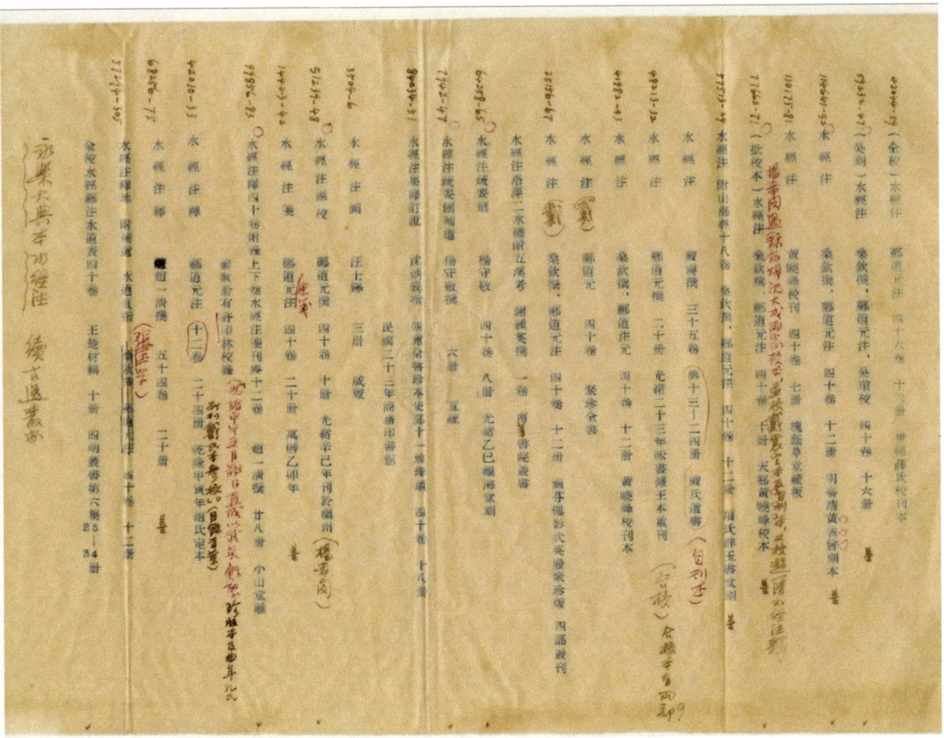

圖六 ◎《胡適手稿》之《水經注的版本》

丁山的《酈學考序目》〔一〕是第一篇現代學術意義上的《水經注》版本研究之作，然令人不無遺憾的是，其所論諸本，實多未親見，相關信息僅從清以後諸校本序跋中得之，故有關古本《水經注》部分所論頗不足據。

自一九四三年始〔二〕，胡適傾十數年之力，進行《水經注》版

〔一〕《歷史語言研究所集刊》第三本第三分册，一九三二年，頁三五三—三七四。

〔二〕一九四三年十一月五日王重民致函胡適，信後有胡適一九五〇年三月十四日所作批注："重民此信與此文作於民國卅二年十一月（中略）後來我費了五六年功夫來重審此案，都是重民此文惹出來的！"胡適紀念館影印件，收入《胡適王重民先生往來書信集》，國家圖書館出版社、安徽教育出版社，二〇〇九年，頁一〇七。

本研究，搜集相關版本四十餘種〔一〕，撰成相關手稿兩百餘篇〔二〕，其搜求之富、撰述之多，在酈學史上無出其右〔三〕。他關於《水經注》諸古本及明清時人校本的研究、判斷，可資參考之處頗多。不過，由於他本人並未在實際的版本校勘上投入太多精力，且常囿于全、趙、戴之校案，故其論述訛錯之處亦時時有之。

此外，鄭德坤《水經注板本考》〔四〕，著録唐宋以後諸本甚詳，不過其所論多出自清人藏書題跋，或清人校本所列書目。如著録"馮舒校本"曰："《郘亭知見傳本書目》稱昭文張氏有此本，蓋據柳僉影寫宋本校者，又以朱《箋》及謝兆申所見宋本補校。《愛日精廬藏書志》及《皕宋樓藏書志》並詳其顛末。"又如著録"陳仁錫校刊本"曰："萬曆中校刊。趙一清及全祖望並見之。"可見作者並未親見陳本，亦不知陳本尚存於《奇賞齋古文彙編》之中（陳本詳【二一五】）。又如在"馮夢禎校本"下曰："萬曆間

〔一〕一九四八年，胡適準備展覽的各種《水經注》相關書目就已達四十種。參見所撰《水經注版本展覽目録》，北京大學出版社，一九四九年，收入《胡適文集》卷一〇，北京大學出版社，一九九八年，頁六五四—六六九。

〔二〕胡適有關《水經注》版本的研究論文，最初分見《胡適手稿》（臺北胡適紀念館影印，一九六九年）與《胡適遺稿及秘藏書信》（耿雲志主編，黃山書社影印，一九九四年），後皆收入《胡適全集》卷一四至卷一七，安徽教育出版社，二〇〇三年。按，本書中所引胡適有關《水經注》的著述，大致不出此範圍，故在具體引用時，爲節省篇幅，不再一一注出某文原見何處，而僅標出其在《胡適全集》中的卷數與頁碼，在此特作説明。

〔三〕據胡適自列的所見《水經注》相關書目，總數在六十種以上，參見所撰《水經注本子簡目》，《胡適全集》卷一七，頁四九五。

〔四〕原刊《燕京學報》第一五期，一九三四年；後收入氏著《中國歷史地理論文集》，臺灣聯經出版事業公司，一九八五年，頁七四。

馮氏以經、注混淆，間用朱墨分句子。此趙一清聞自古老，未之見也。”

鍾鳳年《評我所見的各本〈水經注〉》〔一〕，所論雖皆其親見，但僅略舉相關版本十餘種。

鄭德坤、吴天任所纂輯《〈水經注〉研究史料彙編》〔二〕頗涉版本問題，相關史料可資參考，但其中存有舛錯，須加以分辨。吴天任《酈學研究史》〔三〕中亦有關於《水經注》版本方面的論述，唯所論與《〈水經注〉研究史料彙編》類同，並部分更正了《〈水經注〉研究史料彙編》中的錯誤。如《〈水經注〉研究史料彙編》中誤將“馮夢禎”與“馮舒（己蒼）”當作同一人〔四〕，在《酈學研究史》中已得以修正〔五〕。

陳橋驛《〈水經注〉的珍稀版本》〔六〕一文，較詳細地論述了《水經注》的八種版本。又撰《〈水經注〉版本和校勘的研究》〔七〕，在前文基礎上有所增益。之後，在其所著《水經注校證》之《主

〔一〕刊於《社會科學戰綫》一九七九年第二期。

〔二〕氏著《〈水經注〉研究史料彙編》，臺灣藝文印書館，一九八四年。

〔三〕氏著《酈學研究史》，臺灣藝文印書館，一九八四年。

〔四〕參見該書“馮夢禎校水經注”條，《〈水經注〉研究史料彙編》，頁四四—四五。

〔五〕參見《酈學研究史》，頁二一一—二一二。

〔六〕陳橋驛《酈學新論——水經注研究之三》，山西人民出版社，一九九二年；又收入所著《水經注論叢》，浙江大學出版社，二〇〇八年，頁一二四—一二八。

〔七〕原載《杭州師範學院學報》二〇〇〇年第一期，收入所撰《水經注研究》四集，杭州出版社，二〇〇三年，頁三九七—四〇七。

要參校書目及簡稱表》[一]中,列出三十五種《水經注》版本,唯其中注録的一些版本信息頗存不確之處[二]。

方麗娜《〈水經注〉研究》[三]一書，對唐宋以來《水經注》版本復有較詳列舉，然似多沿襲前説，發明之處無多。

綜上所述，有關《水經注》版本的研究，雖然前人已有較豐富的成果，但疏漏之處亦復不少，尚存可以進一步深入探掘的空間。加之我們在對《渭水篇》進行具體校勘的過程中,對於《水經注》諸版本的優劣復有了新的認識[四]，深感對現今所存《水經注》主要版本有重作系統研究之必要。故本書擇取了二十九種《水經注》的主要版本作爲探究對象，分類逐一加以論述，重點揭示這些版本的校勘價值。

此外，關於本書，尚需作如下説明：

一、由於許多版本全稱較長，故本書在具體論述某一版本時，于首見時括注簡稱，而後則徑用簡稱，以達行文便利之效。

二、本書在探討各本特點時，所舉校勘實例基本上源於我們對四十卷本《水經注》卷十七至卷十九《渭水篇》的校勘，

〔一〕酈道元撰，陳橋驛點校《水經注校證》卷首《整理説明》，中華書局，二〇〇七年，頁四—八。

〔二〕例如，其中著録"明嚴忍公刊本"一種，"明譚元春、鍾惺評點本"一種（《水經注校證》頁五），實際上兩種版本當爲一書，由譚元春、鍾惺、朱之臣批點，武林嚴忍公刊刻（參見本書［二—四］譚本）。

〔三〕《古典文獻研究輯刊》第十七編，臺灣花木蘭文化出版社，二〇一三年。

〔四〕參見李曉傑主編，李曉傑、黄學超、楊長玉、屈卡樂、楊蕭楊、王宇海、韓虎泰校釋《水經注校箋圖釋·渭水流域諸篇》，復旦大學出版社，二〇一七年。

故本書在涉及此三卷時，不在卷數後面再列出水名，以避繁冗。若需以别卷實例進行論證時，則卷數後仍出水名，如“卷二《河水》”“卷七《濟水》”等。

三、本書論述各本，除標題中寫明其最重要的舊藏地和現藏何處外，還在標題下的楷體字部分論述其别本在海内外的主要館藏情况。不過由於清以後同種刊本數量存世頗多，再逐一列出其收藏情况似無必要，故本書相關此部分的説明僅及明代及明以前諸本〔一〕。另，《中國古籍總目·史部·地理類》著録現存《水經注》版本館藏情况較詳〔二〕，凡本書相關信息來自該書者，不再單獨出注；遇有該書未收入，或雖收入但信息不確者，再另注出處説明。

四、《水經》一書自《水經注》書出後而逐漸湮没，今所見各本《水經》〔三〕均是後人從《水經注》中輯出，故不再列入本書討論範圍〔四〕。

〔一〕清以後《水經注》研究的稿本與鈔本則不受此限，仍將説明具體的館藏情况。

〔二〕參見《中國古籍總目·史部·地理類》所載與《水經注》收藏諸條目，中国古籍总目编纂委员会编《中國古籍總目·史部》，中华书局、上海古籍出版社，二〇〇九年。

〔三〕今可見《水經》主要有：杨慎辑《水经》，明正德十三年盛夔刻本；唐顺之辑《水经》，明万历九年《荆川稗编》本；許旭惠校《水經》，清乾隆五十六年王謨《增訂漢魏叢書》本。

〔四〕關於《水經》的研究，可參看黄學超《〈水經〉文本研究與地理考釋》，復旦大學博士學位論文，二〇一六年，指導教師李曉傑教授。

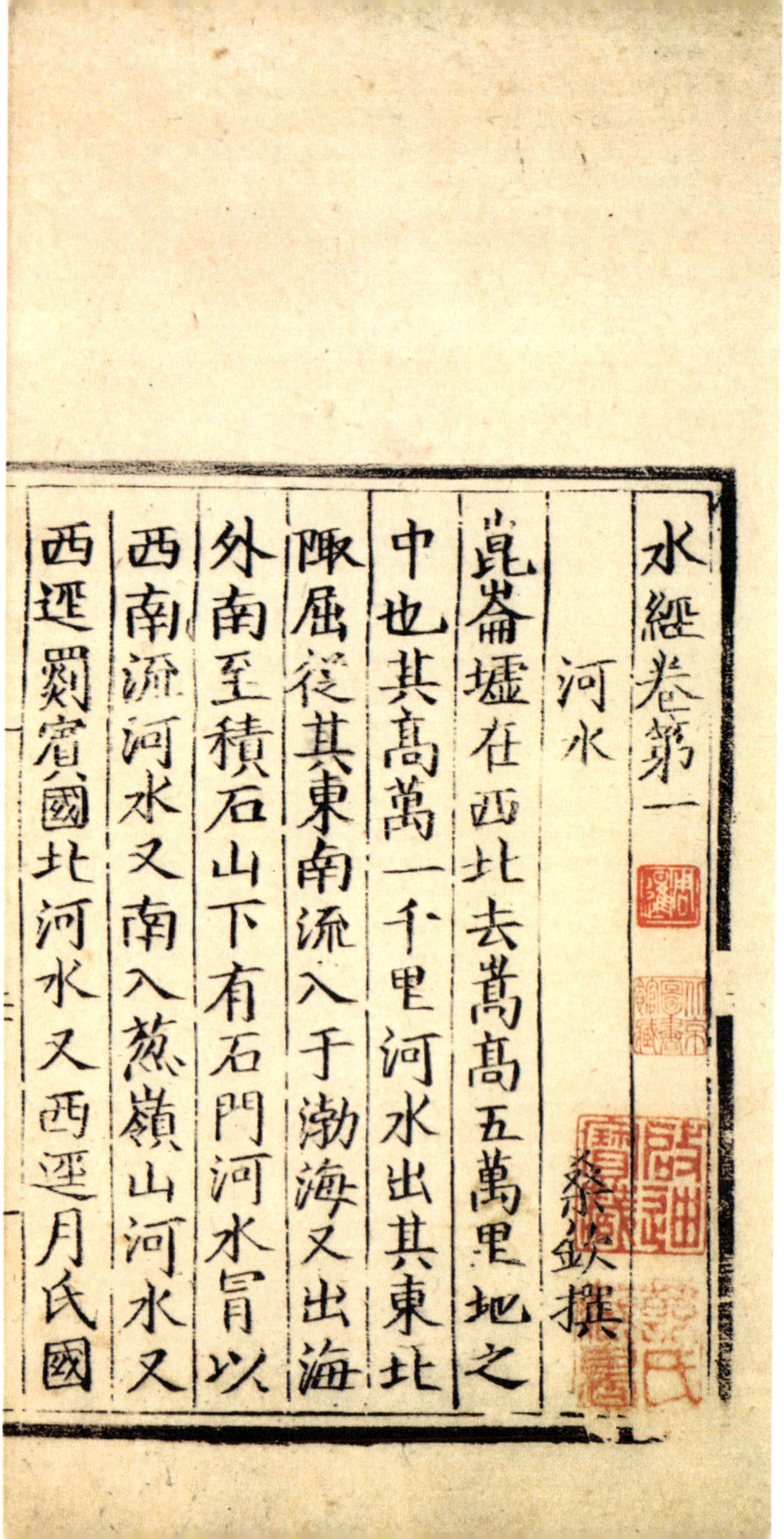
水經卷第一

河水　桑欽撰

崑崙墟在西北去嵩高五萬里地之中也其高萬一千里河水出其東北陬屈從其東南流入于渤海又出海外南至積石山下有石門河水冒以西南流河水又南入葱嶺山河水又西逕罽賓國北河水又西逕月氏國

圖七　◎明楊慎輯《水經》卷一首頁

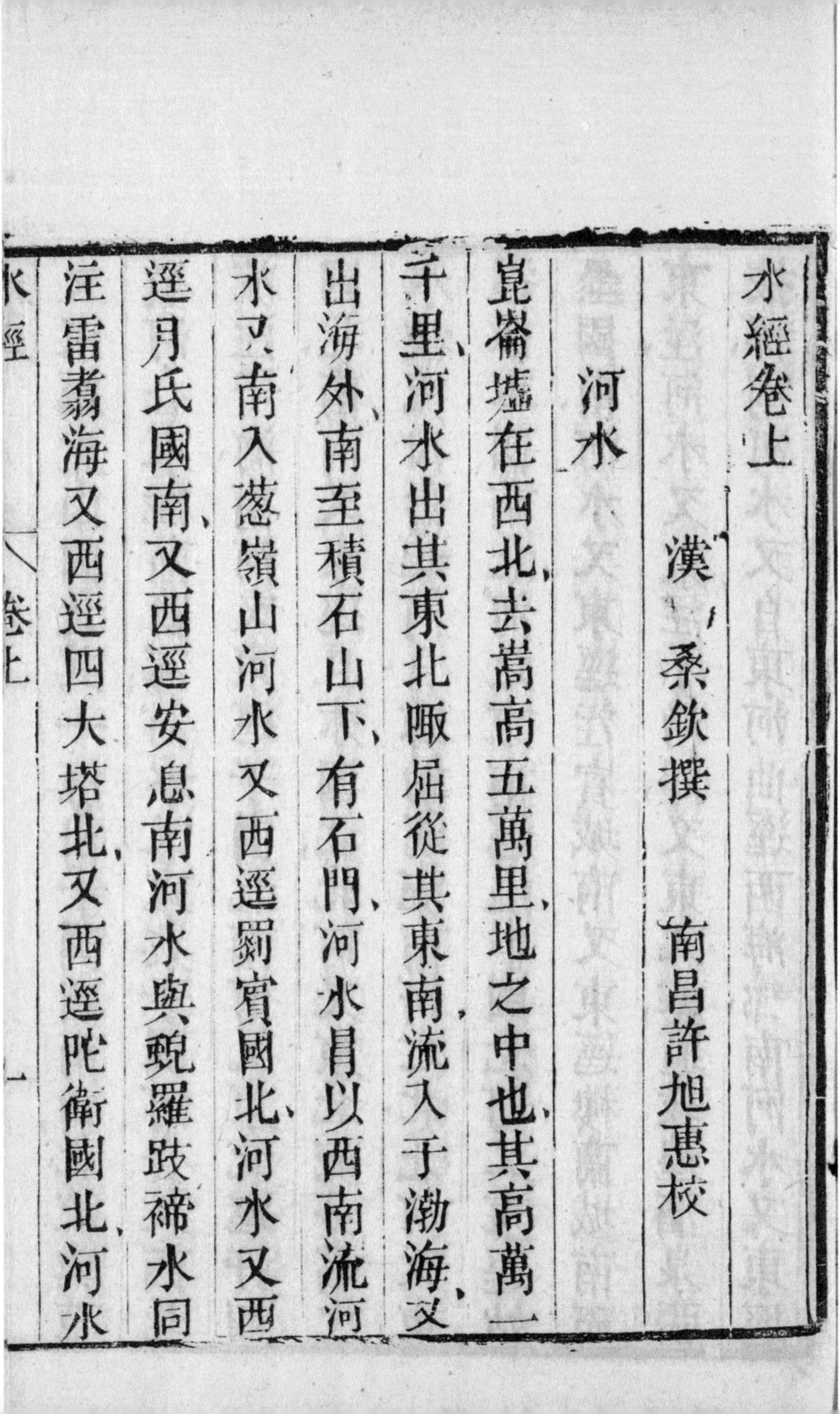

水經卷上

漢　桑欽撰　　南昌許旭惠校

河水

崑崙墟在西北、去嵩高五萬里、地之中也、其高萬一千里、河水出其東北陬、屈從其東南流、入于渤海、又出海外、南至積石山下、有石門、河水冒以西南流、河水又南入蔥嶺山、河水又西逕罽賓國北、河水又西逕月氏國南、又西逕安息南、河水與蜺羅跂禘水同注雷翥海、又西逕四大塔北、又西逕陀衛國北、河水

水經　卷上　一

圖八　◎清王謨輯、許旭惠校《水經》卷一首頁

古本

古本系統

迄今已知《水經注》最早的刻本，是北宋中期的成都府學宫刊本〔一〕。而現存最早的刻本，則是人們習稱的"殘宋本"，大約刊於南宋初期，僅存十一卷半（没有一葉是完整的）。此書雖殘缺，但在保存宋刻本原貌、據以判斷後來《水經注》各本之傳承關係等方面，則具有不可替代的價值。

降至明代，在《水經注》版本流傳方面逐漸形成了古本與今本兩大系統。殘宋本、明代官鈔《永樂大典》本《水經注》及諸明代民間鈔本《水經注》〔二〕即屬古本系統。其中的明鈔本《水

〔一〕陳揆稽瑞樓舊藏的明鈔本卷末所録跋語中曾提及此"成都府學宫"本《水經注》（參見［一二六］）。

〔二〕如常熟陳揆舊藏明鈔本、瞿鏞舊藏明鈔本、松江韓應陛舊藏明鈔本、歸安陸心源舊藏馮舒所校明鈔本及海鹽朱希祖舊藏明鈔本。天津圖書館藏有一部練湖書院明鈔本，因該本缺佚較多，本書暫不納入研究之列。

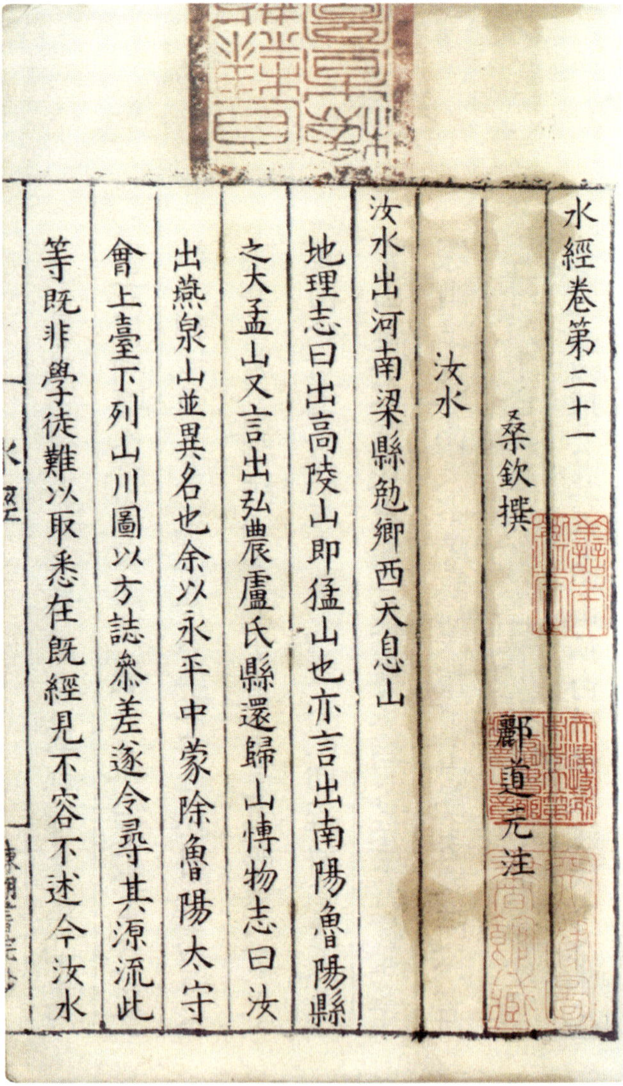
水經卷第二十一
桑欽撰
酈道元注
汝水
汝水出河南梁縣勉鄉西天息山
地理志曰出高陵山即猛山也亦言出南陽魯陽縣
之大孟山又言出弘農盧氏縣還歸山博物志曰汝
出燕泉山並異名也余以永平中蒙除魯陽太守
會上臺下列山川圖以方誌參差遂令尋其源流此
等既非學徒難以取悉在既經見不容不述今汝水

圖九◎明練湖書院鈔本《水經注》卷二十一首頁

經注》，雖然在字句方面存在不少訛誤，但各本在鈔寫過程中有意無意保留下來的某些來自宋本的特徵，不僅對認識宋本的本來面貌極其重要，而且爲判斷後來的刻本中何以會出現經注混淆、錯簡訛脱等情況提供了依據。

此外，在古本系統之列，還有一些僅在明以後校本中間接

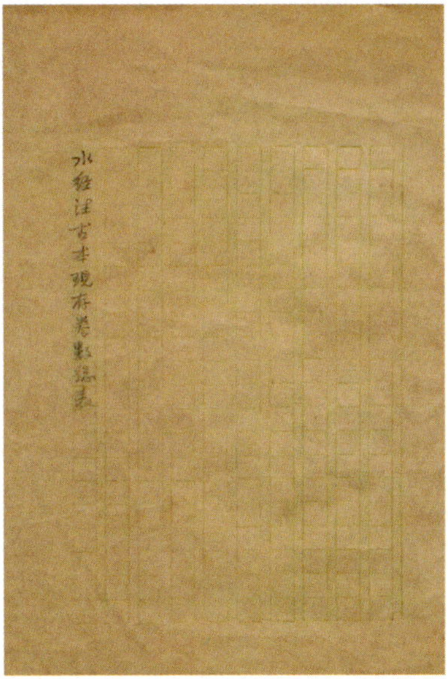

圖十 ◎胡適手稿《水經注古本現存卷數表》之自題篇目

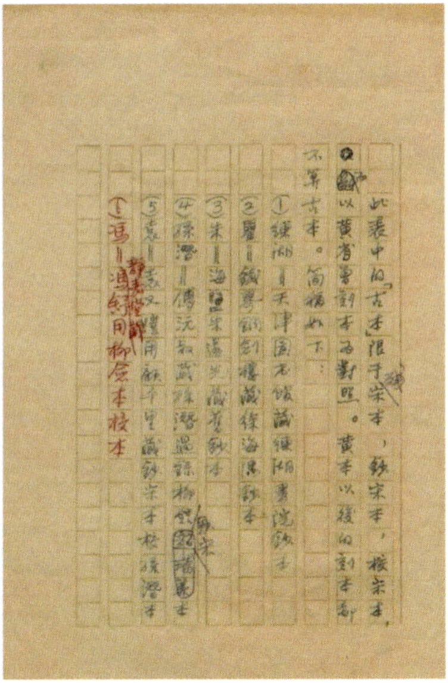

圖十一 ◎胡適手稿《水經注古本現存卷數表》之各本簡稱

保留的宋本，如清孫潛（潛夫）校本〔一〕所用的柳僉（大中）鈔宋本〔二〕、趙琦美鈔宋本〔三〕，以及《水經注箋》本中稱引謝兆申（耳伯）所見宋本等，因這些古本今皆亡佚，故暫不納入本書的研究範圍。

〔一〕孫潛校本爲江安傅氏舊藏，現藏中國國家圖書館，爲殘本，暫不納入本書研究之中。

〔二〕按，馮校明鈔本中亦保存有柳僉鈔宋本，參［一一五］。

〔三〕全祖望曾於馬氏小玲瓏山館見柳本、趙本、孫潛校本。參見所撰《鮚埼亭集外編》卷三二，《全祖望集彙校集注》，上海古籍出版社，二〇〇〇年，頁一三九六—一三九七。按，胡适對全氏是否親見過這三部鈔（校）本持否定態度。參見所撰《記孫潛過録的柳僉〈水經注〉鈔本與趙琦美三校〈水經注〉本并記此本上的袁廷檮校記》，《胡適全集》卷一六，頁四〇〇—四〇六。

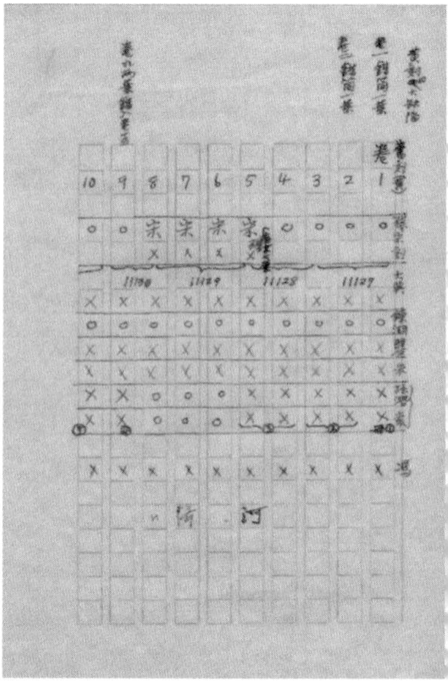

圖十二　◎胡適手稿《水經注古本現存卷數表》之卷一至卷十

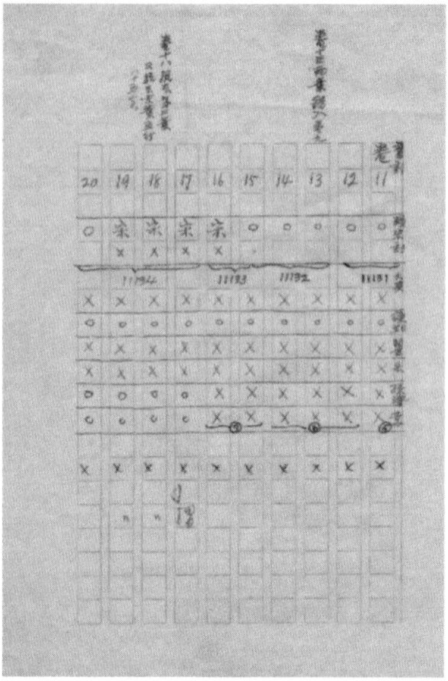

圖十三　◎胡適手稿《水經注古本現存卷數表》之卷十一至卷二十

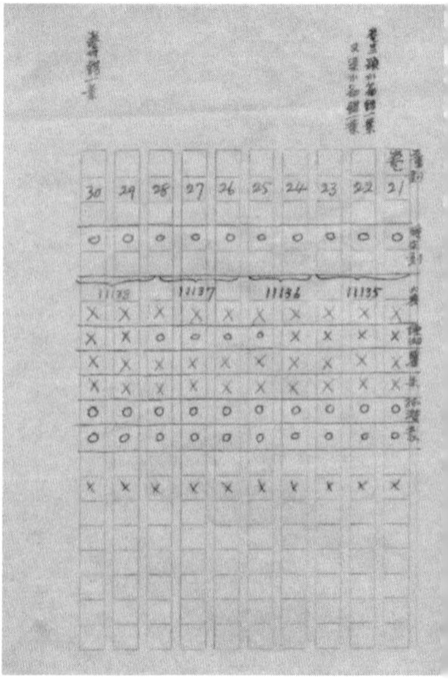

圖十四　◎胡適手稿《水經注古本現存卷數表》之卷二十一至卷三十

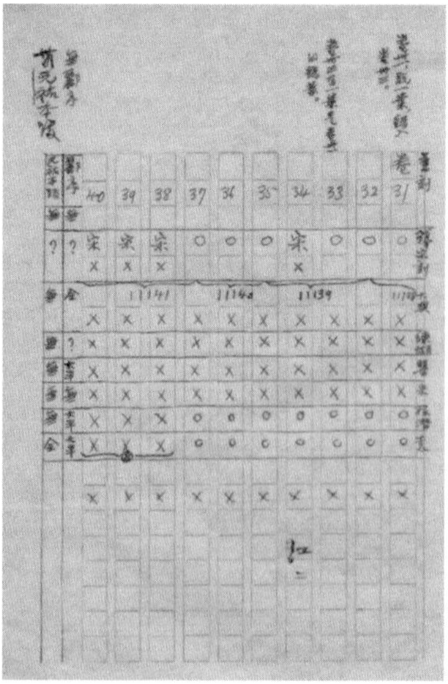

圖十五　◎胡適手稿《水經注古本現存卷數表》之卷三十一至卷四十

古本系統・宋本

水經注（殘）

存十二卷

宋刊本

（殘宋本）

江安傅氏舊藏

現藏中國國家圖書館

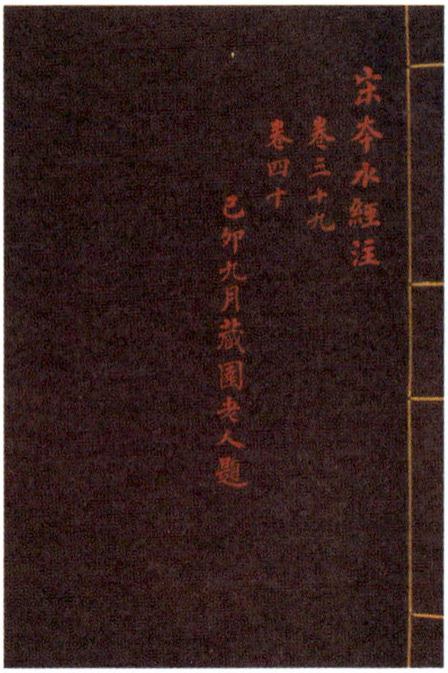

圖 1-1　◎傅增湘題殘宋本《水經注》第七册封面

存七册，十二卷[一]。卷五殘（存七葉）、卷六、卷七、卷八、卷十六、卷十七、卷十八[二]、卷十九、卷三十四、卷三十八、卷三十九、卷四十。此宋刊《水經注》上之卷目，爲傅增湘所書，“卷四十”下有“己卯九月藏園老人題”字樣。

此書半葉十一行，行二十字（間或二十一字）。經文頂格，注低一格。由書口及現存各卷首之文，可知原

〔一〕或曰存十一卷半，實亦指此有殘缺的十二卷之數。參見王國維《宋刊〈水經注〉殘本跋》，《王國維全集》卷一四，浙江教育出版社，二〇一〇年，頁四九一；胡適《〈水經注〉宋刻本殘存十一卷有零》，《胡適全集》卷一七，頁四四九。

〔二〕按，原題“殘”字，實不殘。此點胡適已指出，參見所撰《〈水經注〉宋刻本殘存十一卷有零》，《胡適全集》卷一七，頁四四九。

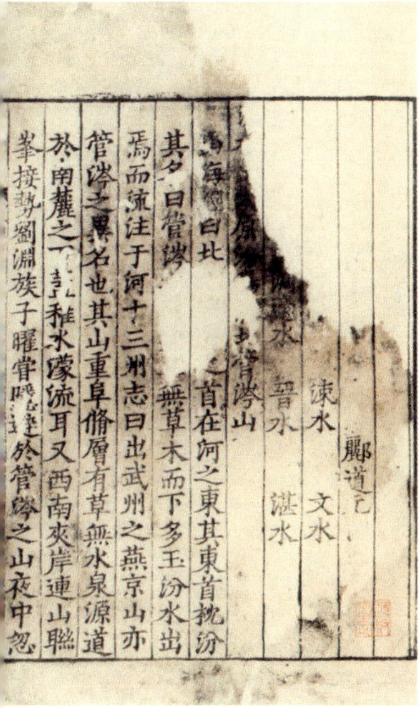

圖 1-2 ◎殘宋本卷六葉一上

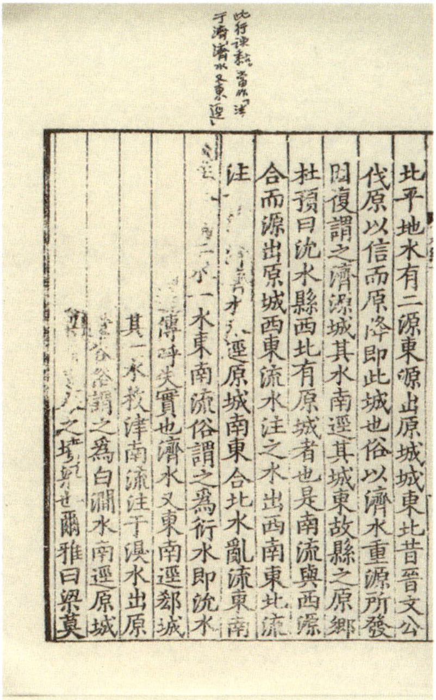

圖 1-3 ◎殘宋本卷七葉一下胡適批語

題“水經桑欽撰酈道元注”。從現存各卷諸水的編排上可推測原書爲四十卷本。卷十六前有袁克文跋語，鈐“克文之印”“後百宋一廛”二印。卷十八後有張宗祥跋語。部分書眉處有胡適用鉛筆所作的批注。

此書由袁氏跋語知舊藏清内閣庫中。清末流出，分藏吴縣曹氏與寶應劉氏兩處。曹氏所得後歸袁克文，輾轉歸傅增湘；劉氏所得後亦歸藏園，合爲十二卷〔一〕。此書現藏國家圖書館〔二〕。浙江圖書館與湖北圖書館有録副本。

〔一〕傅增湘《宋刊殘本〈水經注〉書後》，《藏園群書題記》，上海古籍出版社，一九八九年，頁二三五。王國維《宋刊〈水經注〉殘本跋》，《王國維全集》卷一四，頁四九一。

〔二〕另，《中華再造善本》第一輯收録此書。

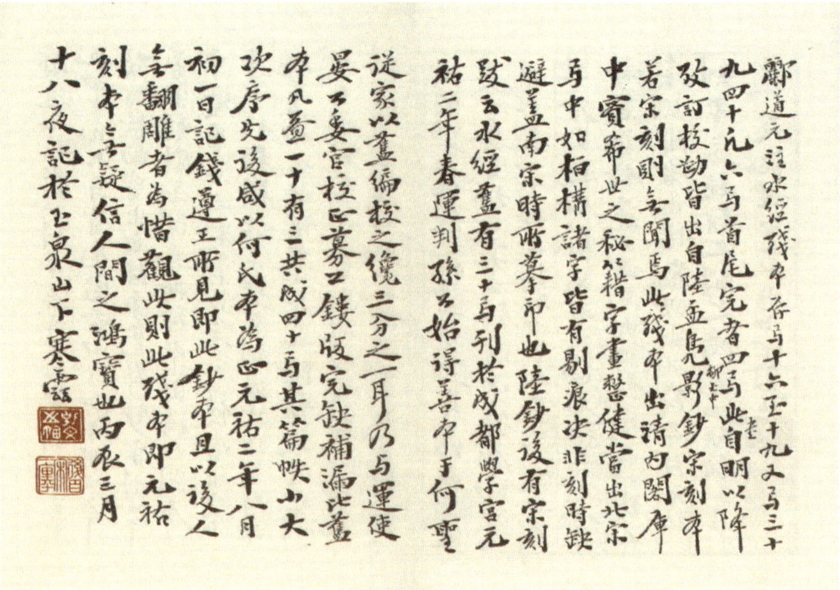
酈道元注水經殘本存第十六至十九又第三十
九四十凡六第首尾完者四第此自明以降
孜訂校勘皆出自陸孟鳧影鈔宋刻本
若宋刻則無聞焉此殘本出請內閣庫
中實爲世之秘籍字畫豎健當出北宋
第中如桓構諸字皆有剔痕決非刻時缺
避蓋南宋時所摹印也陸鈔後有宋刻
跋云水經舊有三十第刊於成都學宮元
祐二年春運判孫公始得善本于何聖
從家以舊編校之纔三分之一耳乃與運使
晏公委官校正募工鏤版完缺補漏比舊
本凡益一十有三共成四十第其篇帙小大
次序先後咸以何氏本爲正元祐二年八月
初一日記錢遵王所見即此鈔本且以後人
妄翻雕者爲惜觀此則此殘本即元祐
刻本無疑信人間之鴻寶也丙辰三月
十八夜記於玉泉山下寒雲

圖 1-4 ◎殘宋本卷十六前袁克文跋語

袁氏“此殘本即元祐刻本”的說法不甚準確。實際上，殘宋本出自元祐本而刊於南宋初渡時期。

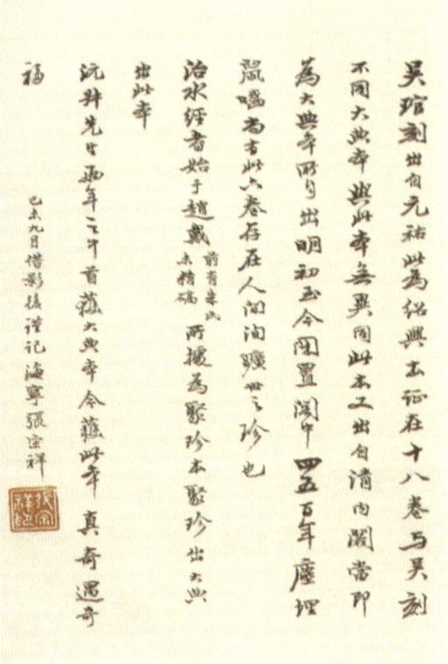
吳琯刻出自元祐此爲紹興本證在十八卷與吳刻
不同大典本與此本無異陶此本之出自清內閣當即
爲大典本所自出明初盛令閣置閣中四五百年塵埋
鼠嚙高者此六卷存在人間洵曠世之珍也
治水經者始于趙戴前有朱氏未精碻兩據爲鑒珍本鑒珍出大典
出此本
沈井先生兩年之中首蘊大典本今蘊此本 真奇遇奇
福
乙未九月借影校讀記海寧張宗祥

圖 1-5 ◎殘宋本卷十八末張宗祥跋語

張氏「吳琯刻出自元祐」之說不確。吳本實刻自黃本。

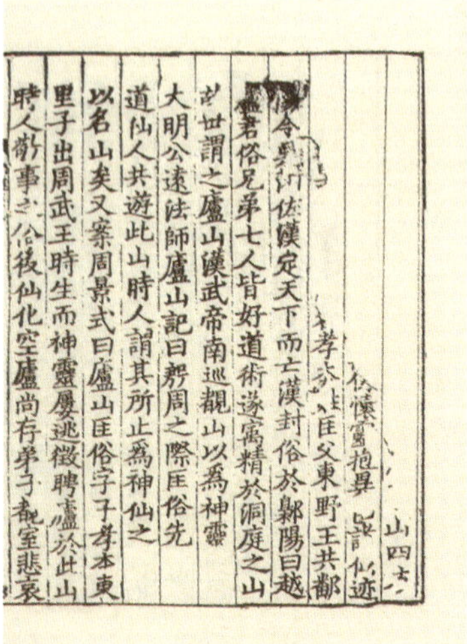
君俗兄弟七人皆好道術遂寓精於洞庭之山
故世謂之廬山漢武帝南巡覩山以爲神靈
大明公遠法師廬山記曰殷周之際匡俗先
道仙人共遊此山時人謂其所止爲神仙之
以名山矣又案周景式曰廬山匡俗字子孝本東
里子出周武王時生而神靈屢逃徵聘廬於此山
時人敬事之俗後仙化空廬尚存弟子覩室悲哀

圖 1-6 ◎殘宋本卷三十九葉十五上

其中「匡」「殷」「敬」等缺筆避諱。

殘宋本是《水經注》現存最早的刻本，從此本所避諱之字來看，有"殷""匡""貞"等字，至"桓"字、"構"字止，故可推斷爲南渡初刊本〔一〕。

此本雖殘缺甚多〔二〕，今存不足原書三分之一，但其價值不容低估。簡言之，有以下三點：（一）殘宋本保留了宋刻《水經注》的行款，從而可以知曉宋刻的基本面貌〔三〕；（二）以現存各卷文字爲參照，通過對勘，可以推知其後諸本與宋本的傳承關係〔四〕；（三）在校勘《水經注》方面的價值。因所涉問題較多，故細述如下〔五〕。

其一，殘宋本佳處往往與《大典》本、朱藏明鈔本合。如

〔一〕傅增湘《宋刊殘本〈水經注〉書後》，《藏園群書題記》，頁二三五及頁二三七；王國維《宋刊〈水經注〉殘本跋》，《王國維全集》卷一四，頁四九一。

〔二〕傅增湘曰："此本舊藏内府大閣，故外界無由得見。然以叢積數百年無人釐整，蟲傷水浥，殘損已甚，所存各卷霉濕薰染，紙册膠凝，堅實如餅，曝之蒸之，差可觸手。爰募工揭開，裝背成册，聊便披覽，而文字斷爛，求一葉之完者已不可得，洵可謂碩果之僅存者矣。"參見所撰《宋刊殘本〈水經注〉書後》，《藏園群書題記》，頁二三五。

〔三〕胡適認爲："殘宋本十一卷有零，在《水經注》版本史上所以有絶大價值者，只因爲此本殘存各卷可以使我們知道真正宋刻本是個什麽樣子。换句話説，這些殘卷給了我們一個辨認《水經注》宋刻本的可靠標準。"參見所撰《〈水經注〉宋刻本殘存十一卷有零》，《胡適全集》卷一七，頁四五二。

〔四〕按，此點將在後文各部分分别展開論述。

〔五〕在論述殘宋本特徵時，一般僅選取《大典》本、朱藏明鈔本作爲參考，特殊情況需要以陳藏明鈔本、黄本等其他版本校勘説明時例外。

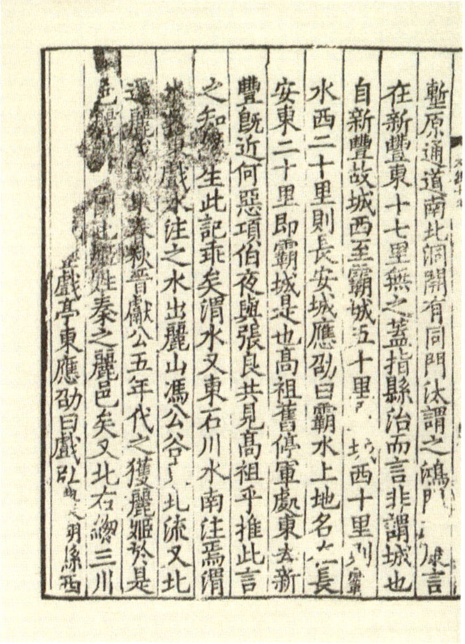
塹原通道南北洞開有同門汰謂之鴻門[illegible]康言
在新豐東十七里無之蓋指縣治而言非謂城也
自新豐故城西至霸城五十里[illegible]西十里則霸
水西二十里則長安城應劭曰霸水上地名在長
安東二十里即霸城是也高祖舊停軍處東去新
豐既近何惡項伯夜與張良共見高祖乎推此言
之知[illegible]生此記乖矣渭水又東石川水南注焉渭
水[illegible]東戲水注之水出麗山馮公谷[illegible]北流又北
逕麗[illegible]春秋晉獻公五年伐之獲麗姬於是
邑[illegible]姓秦之麗邑矣又北右總三川
逕[illegible]戲亭東應劭曰戲[illegible]縣西

圖 1-7 ◎殘宋本卷十九葉十六下
其中行六“近”“惡”二字不訛。

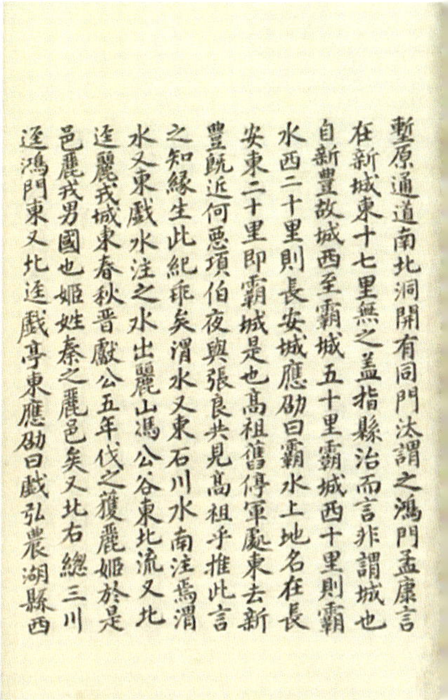
塹原通道南北洞開有同門汰謂之鴻門孟康言
在新城東十七里無之蓋指縣治而言非謂城也
自新豐故城西至霸城五十里霸城西十里則霸
水西二十里則長安城應劭曰霸水上地名在長
安東二十里即霸城是也高祖舊停軍處東去新
豐既近何惡項伯夜與張良共見高祖乎推此言
之知緣生此紀乖矣渭水又東石川水南注焉渭
水又東戲水注之水出麗山馮公谷東北流又北
逕麗戎城東春秋晉獻公五年伐之獲麗姬於是
邑麗戎男國也姬姓秦之麗邑矣又北右總三川
逕鴻門東又北逕戲亭東應劭曰戲弘農湖縣西

圖 1-8 ◎陳藏明鈔本卷十九葉十六下
其中行六“近”“惡”二字亦不訛。

卷十九“東去新豐既近何惡項伯夜與張良共見高祖乎”一句中，宋本“近”“惡”二字不訛，可據以知酈氏之論旨〔一〕。

其二，殘宋本常有與朱藏明鈔本合，而與《大典》本不合之處，由此可判斷《大典》本何處有鈔寫造成的訛誤。如卷十九：“（藍田川）有漢臨江王榮冢，景帝以罪征之，將行，祖於江陵北門，車軸折，父老泣曰：吾王不反矣。”其中的“祖”字，朱藏明鈔本同，唯《大典》本作“阻”。按，“祖”爲出行祭祀路神之意，當以殘宋本爲是。又，《史記》卷五九《五宗世家》載：“臨江閔王榮，

〔一〕王國維《宋刊〈水經注〉殘本跋》，《王國維全集》卷一四，頁四九二—四九三。按，《水經注》卷十九中，“近”“惡”二字，殘宋本、《大典》本及陳藏明鈔本均不誤。黃本改“惡”爲“由”，或是由於其底本較差造成，而吴本進而改“近”爲“遠”，則實無版本依據。吴本的錯誤一直延續到戴震所校殿本。殿本雖然參校《大典》本，但亦有失校之例。

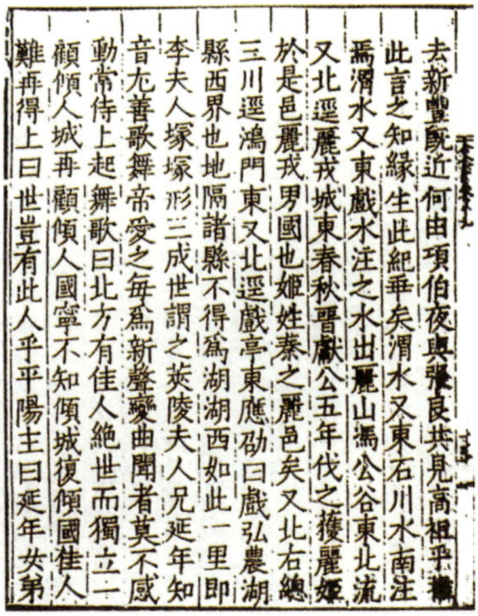
去新豐既近何由項伯夜與張良共見高祖乎推
此言之知緣生此紀乖矣渭水又東石川水南注
焉渭水又東戲水注之水出麗山馮公谷東北流
又北逕麗戎城東春秋晉獻公五年伐之獲麗姬
於是邑麗戎男國也姬姓秦之麗邑矣又北右總
三川逕鴻門東又北逕戲亭東應劭曰戲弘農湖
縣西界也地隔諸縣不得爲湖湖西如此一里即
李夫人冢冢形三成世謂之英陵夫人兄延年知
音尤善歌舞帝愛之每爲新聲變曲聞者莫不感
動常侍上起舞歌曰北方有佳人絕世而獨立一
顧傾人城再顧傾人國寧不知傾城復傾國佳人
難再得上曰世豈有此人乎平陽主曰延年女弟

圖 1-9 ◎黄省曾本卷十九葉十五下
其中首行“近”字不訛，“惡”訛作“由”。

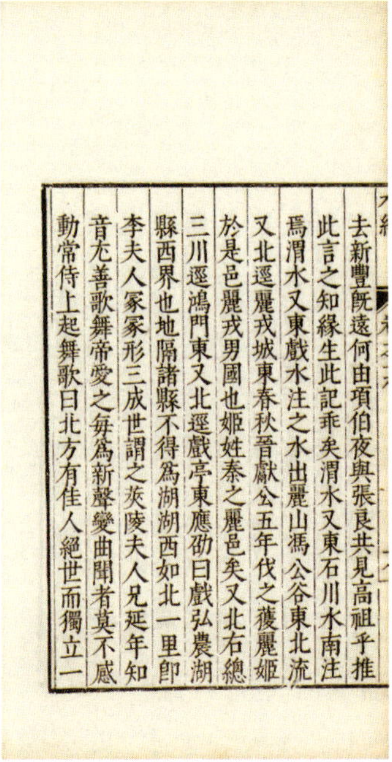
去新豐既遠何由項伯夜與張良共見高祖乎推
此言之知緣生此記乖矣渭水又東石川水南注
焉渭水又東戲水注之水出麗山馮公谷東北流
又北逕麗戎城東春秋晉獻公五年伐之獲麗姬
於是邑麗戎男國也姬姓秦之麗邑矣又北右總
三川逕鴻門東又北逕戲亭東應劭曰戲弘農湖
縣西界也地隔諸縣不得爲湖湖西如北一里即
李夫人冢冢形三成世謂之英陵夫人兄延年知
音尤善歌舞帝愛之每爲新聲變曲聞者莫不感
動常侍上起舞歌曰北方有佳人絕世而獨立一

圖 1-10 ◎吴琯本卷十九葉十八下
其中首行“近”“惡”訛作“遠”“由”。

以孝景前四年爲皇太子，四歲廢，用故太子爲臨江王。四年，坐侵廟壖垣爲宫，上征榮。榮行，祖於江陵北門。既已上車，軸折車廢。江陵父老流涕竊言曰：‘吾王不反矣！’”〔一〕此載當爲《水經注》之本，益證酈書中作“祖”字是。

其三，殘宋本又有與《大典》本同，而與朱藏明鈔本不同之處，由此亦可判斷朱藏明鈔本在鈔寫時的訛誤。如卷十九：“（建章宫）中殿十二間，階陛咸以玉爲之。鑄銅鳳，五丈，飾以黄金，棲屋上。”其中的“棲”字，朱藏明鈔本作“樓”。按，作“樓”字難解，作“棲”字則通。

此外，利用殘宋本還可糾正後來諸本中的部分脱簡錯簡。如卷十八“劉曜之世是山崩長安人劉忠於崩”下，黄本、《注箋》

〔一〕按，《漢書》卷五三《景十三王傳》所載與《史記》略同。

本皆脱去“所得白玉方一尺”至“余謂崔駰及皇覽繆”四百多字，而宋本此處不脱，且恰好爲一葉〔一〕。據此不僅可以補出黄本以下諸本所脱文字，還可以判斷諸本脱去此段文字的原因。《大典》本、朱藏明鈔本雖亦存這四百多字，却不能得知宋刻原貌。

不過，從校勘的角度來看，殘宋本也有不足之處。主要表現在以下幾點。

第一，殘宋本殘缺甚多，且僅存部分的文字亦多褫缺。

第二，殘宋本的字詞，偶有衍訛之處。如卷十九“子之咸陽，過鄗池，見大梓下有文石，取以款列梓，當有應者”句，其中的“款列梓”，《大典》本、朱藏明鈔本同，黄本、《注箋》本作“款扣梓”。楊守敬《水經注疏》云：“《御覽》九百五十八引作‘扣’，‘款’即‘扣’也，不應二字複出。當是校者注‘扣’字於旁，遂混入正文也。”按，盖殘宋本所據之底本，原作“款梓”，校者注“扣”字於旁，後遂混入正文，傳鈔中“扣”又訛作“列”，遂成“款列梓”之貌。

第三，殘宋本還有整句不通之處。如卷十九：“鄭容如睡，覺而見宫缺，若王者之居焉。謁者出，受書入。入又見頃開謹聲。”其中“入又見頃開謹聲”，《大典》本、朱藏明鈔本同，然殊不可解，黄本、《注箋》本作“入又見頃聞語聲”。按，觀此則殘宋本“見”或是“有”之訛，“開謹聲”當是“聞語聲”之訛，整句當作“入又有頃聞語聲”。

第四，殘宋本有多處錯簡。如卷十九“（霸水）又東過霸陵縣北霸水從縣西北流注之”至“霸水又北入于渭水”，本應是完

〔一〕陳藏明鈔本此處亦存，行款同殘宋本，亦爲一整葉（參〔一二六〕）。

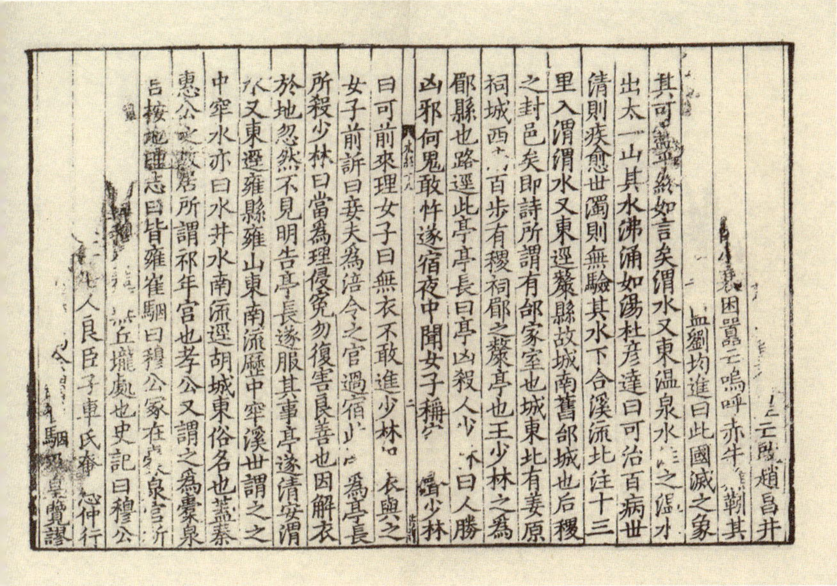
其可歎乎然如言矣渭水又東温泉水注之水
出太一山其水沸涌如湯杜彦達曰可治百病世
清則疾愈世濁則無驗其水下合溪流北注十三
里入渭渭水又東逕斄縣故城南舊邰城也后稷
之封邑矣即詩所謂有邰家室也城東北有姜原
祠城西[illegible]百步有稷祠郿之斄亭也王少林之爲
郿縣也路逕此亭亭長曰亭凶殺人少[illegible]曰仁勝
凶邪何鬼敢忤遂宿夜中聞女子稱[illegible]少林
曰可前來理女子曰無衣不敢進少林[illegible]衣與之
女子前訴曰妾夫爲涪令之官過宿此[illegible]爲亭長
所殺少林曰當爲理侵冤勿復害良善也因解衣
於地忽然不見明告亭長遂服其事亭遂清安渭
水又東逕雍縣雍山東南流歷中牢溪世謂之之
中牢水亦曰水井水南流逕胡城東俗名也蓋秦
惠公之故居所謂祈年宮也孝公又謂之爲橐泉
宮按地理志曰皆雍崔駰曰穆公冢在橐泉宮祈
[illegible]人良臣子車氏奄[illegible]仲行

圖 1-11 ◎殘宋本卷十八葉二

黃本、吴本、《注箋》本等皆缺此葉所載四百多字。孫潛依柳僉鈔本校補四百二十字，趙一清繼而補入《水經注釋》，嘆曰：“真希世之寶也！”

整的一段，在“（昆明故渠）又北分爲二渠東逕虎圈南而東入霸一水北合渭今無水”下。但殘宋本此段一分爲二，錯在兩處，自“又東過霸陵縣北霸水從縣西北流注之”至“今斯原夾二水也”錯在後文“灌水又北注於渭”下，自“霸水又北會兩川”至“霸水又北入于渭水”錯在前文“于嗟滕公居此室”下，《大典》本、朱藏明鈔本同。類似的錯簡尚有多處〔一〕，兹不贅述。

第五，殘宋本多有注文混入經文例〔二〕。如卷十九“就水注

〔一〕其中《水經·渭水注》部分的錯簡情况，可參見李曉傑主編《水經注校箋圖釋·渭水流域諸篇》之《附録三》。

〔二〕此類經、注混淆的情况，同樣存在於明、清各種鈔本、刻本中。明陳仁錫校《水經》，曾指出少量經、注混淆的問題（參［二一五］）；清何焯校本亦對經、注作過嘗試性區分（參［二二二］）；乾隆年間王峻校《水經注》，在經、注區分方面做了大量工作，且已總結出數條經注區分的義例，惜其書流傳

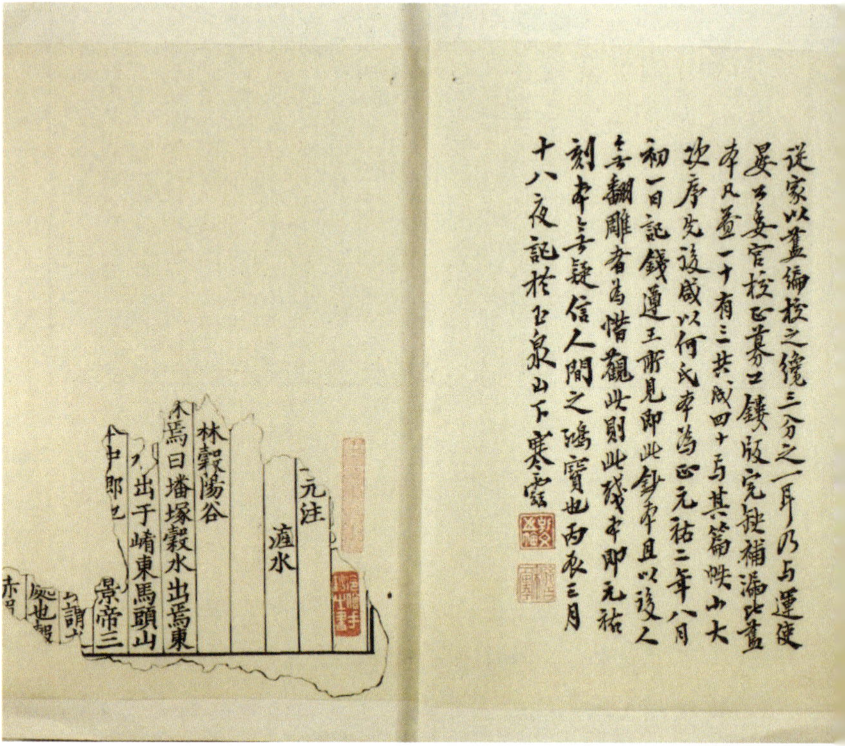
從家以蓋編校之纔三分之一耳乃与運使
晏公与官校正募工鏤版完缺補漏比蓋
本凡益一十有三共成四十卷其篇帙小大
次序先後咸以何氏本爲正元祐二年八月
初一日記錢遵王所見即此鈔本且以後人
妄爲翻雕者爲惜覯此則此殘本即元祐
刻本無疑信人間之瑰寶也丙辰三月
十八夜記於玉泉山下 寒雲

圖 1-12 ◎張宗祥影鈔殘宋本袁克文跋語及卷十六首葉

之"、"渭水又東逕槐里縣故地南"、"而沈水注之"、"渭水又東與沈水枝津合"、"渭水又逕長安城北" 本應是注文，而殘宋本誤作經文。

不廣，後來治酈者亦不曾採納其説（參［二二四］）；一直到全祖望、趙一清、戴震校《水經注》時，經、注混淆的問題才得到徹底解決（參［二二六］甲，［二二六］乙，［二二七］，［二二八］，［二二九］）。

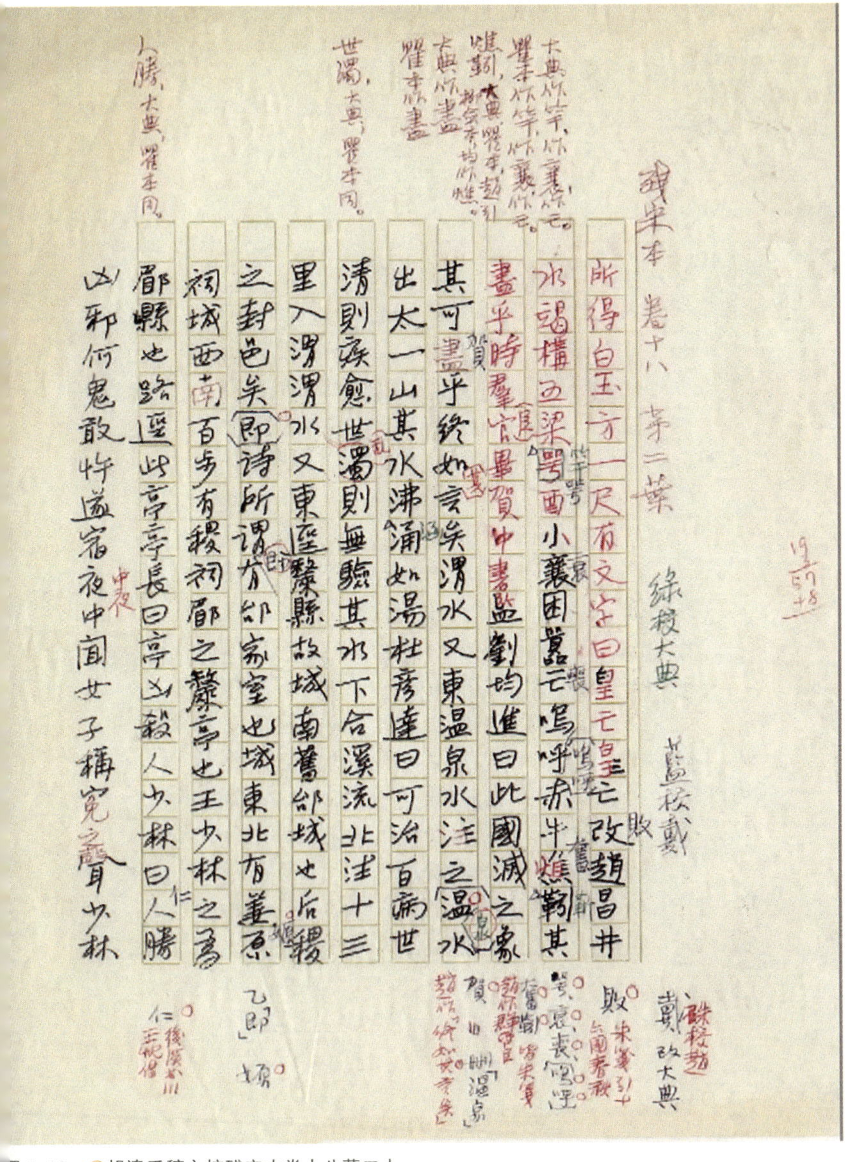
殘宋本　卷十八　第二葉　錄校大典　藍校戴
所得白玉方一尺有文字曰皇亡皇亡改趙昌井
水竭構五梁咢西小襄困囂亡嗚呼赤牛奮靷其
畫乎時羣官畢賀中書監劉均進曰此國滅之象
其可盡乎終如言矣渭水又東溫泉水注之溫水
出太一山其水沸涌如湯杜彥達曰可治百病世
清則疾愈世濁則無驗其水下合溪流北注十三
里入渭渭水又東逕藜縣故城南舊邰城也后稷
之封邑矣郎詩所謂有邰家室也城東北有姜原
祠城西南百步有稷祠邰之藜亭也王少林之為
郿縣也路逕此亭亭長曰亭凶殺人少林曰人勝
凶邪何鬼敢忤遂宿夜中聞女子稱冤之聲少林

圖 1-13　◎胡適手稿之校殘宋本卷十八葉二上

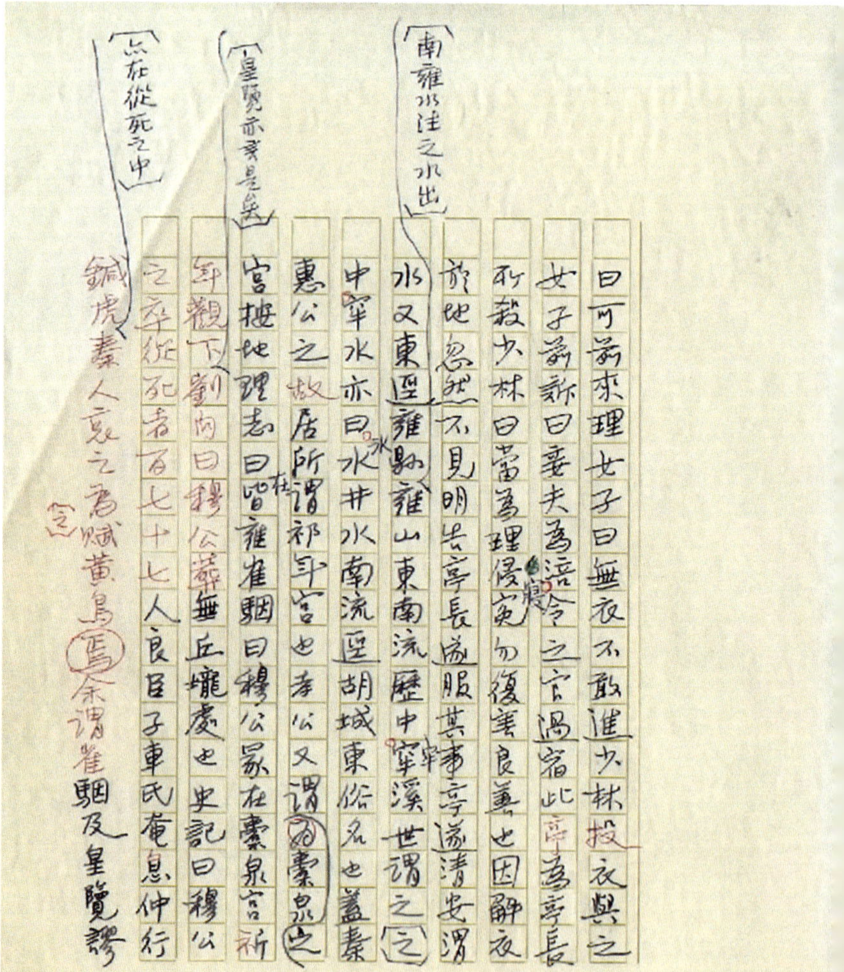
南雍水注之水出
皇覽亦言是矣
亦在從死之中

曰可爲求理女子曰無衣不敢進少林授衣與之
女子爲新曰妻夫爲涪令之官過宿此亭爲亭長
所殺少林曰當爲理寃勿復害良善也因解衣
於地忽然不見明告亭長服其事亭遂清安渭
水又東逕雍縣雍山東南流歷中牢溪世謂之
中牢水亦曰冰井水南流逕胡城東俗名也蓋秦
惠公之故居所謂祈年宮也孝公又謂爲橐泉之
宮按地理志曰皆雍崔駰曰穆公冢在橐泉宮祈
年觀下劉向曰穆公葬無丘壟處也史記曰穆公
之卒從死者百七十七人良臣子車氏奄息仲行
鍼虎秦人哀之爲賦黃鳥余謂崔駰及皇覽謬

圖 1-14　◎胡適手稿之校殘宋本卷十八葉二下

古本系統・明本

水經注

十五卷

永樂大典本

（大典本）

舊分藏歸安蔣氏傳書堂與高陽李氏處

現藏中國國家圖書館

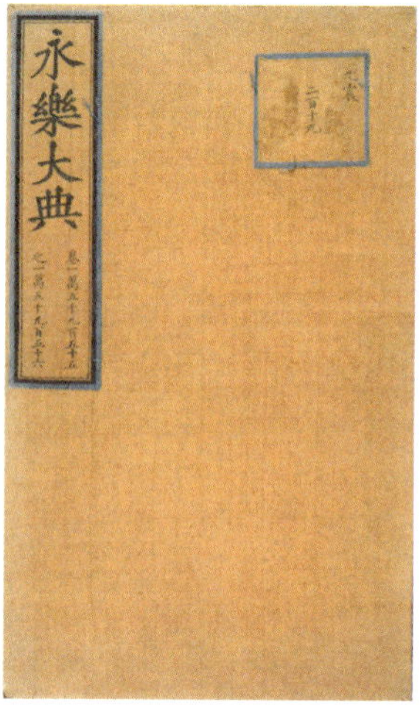

圖 2-1　◎明《永樂大典》單冊封面

此書收入《永樂大典》"賄"韻"水"字中，卷一一一二七至卷一一一四一，凡十五卷，八册。

《大典》本每半葉八行，經文、注文雙行鈔寫，故每半葉實有十六行，行二十八字。每卷首欄題"永樂大典卷之××"，下注韻目"八賄"。次一欄題"水"，右下小字各卷分題"水經一"至"水經十五"。又，每册卷首之第三欄首題"水經"二字，首册之卷一一一二七題下有"桑欽撰酈道元注"，下接酈道元原序；其餘各册卷首"水經"後直接經文。正文以大、小字區别經、注。以墨釘避"棣"字諱。每册末著"重録總校官侍郎高拱"及學士、分校官修撰、書寫生員、圈點監生等諸人姓名。末册之卷一一一四一"右《禹貢》山水澤地所在"之下，附鈔《玉海》論《水經》諸條。

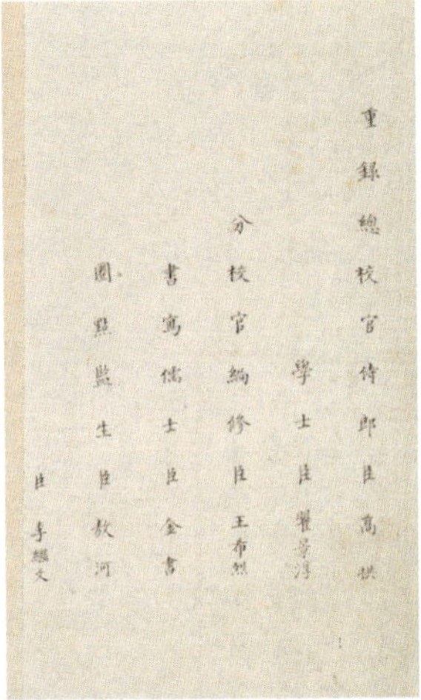

重録總校官侍郎臣高拱
學士臣瞿景淳
分校官編修臣王希烈
書寫儒士臣金書
圈點監生臣敖河
臣李繼文

圖 2-2　◎明《永樂大典》卷末纂修官員署名

今所見《大典》本爲明嘉靖年間重録本〔一〕，清代後期藏翰林院〔二〕。民國初，前四册藏歸安蔣氏傳書堂〔三〕，後歸涵芬樓；後四册爲高陽李氏所得。一九三五年商務印書館合併影印，爲《續古逸叢書》之四十三〔四〕。涵芬樓所藏今在中國國家圖書館，李氏所藏今在北京大學圖書館。

《永樂大典》初修纂於明永樂元年（一四〇三年），重録於嘉

〔一〕張元濟《景印〈永樂大典〉本〈水經注〉跋》，《〈永樂大典〉本〈水經注〉》（《續古逸叢書》之四十三），上海商務印書館，一九三五年。

〔二〕張穆曰："《大典》弆翰林院，獲見者少，穆於辛丑之秋幸得覽秘書。"（參見所撰《全氏〈水經注〉辯誣》，《全氏七校水經注》董沛、薛福成刻本《附録》）

〔三〕王國維《〈永樂大典〉本〈水經注〉跋》，《王國維全集》卷一四，頁四九四。

〔四〕張元濟曰："（《大典》本）凡十五卷，分裝八册。全書俱存，一無欠缺。前八卷今存於涵芬樓，後七卷爲高陽李氏所得。余嘗通假，並印入《續古逸叢書》。"參見所撰《涵芬樓燼餘書録》，商務印書館，一九五一年，後收入《張元濟全集》第八卷《古籍研究著作》，商務印書館，二〇〇九年，頁二八〇。又，胡適、牟潤孫亦述《大典》本流傳經過，參見胡適《〈永樂大典〉的〈水經注〉合鈔本影印本》，《胡適全集》卷一七，頁四六〇；牟潤孫《〈永樂大典〉本〈水經注〉》，《海遺叢稿初編》，中華書局，二〇〇九年，頁二三四。

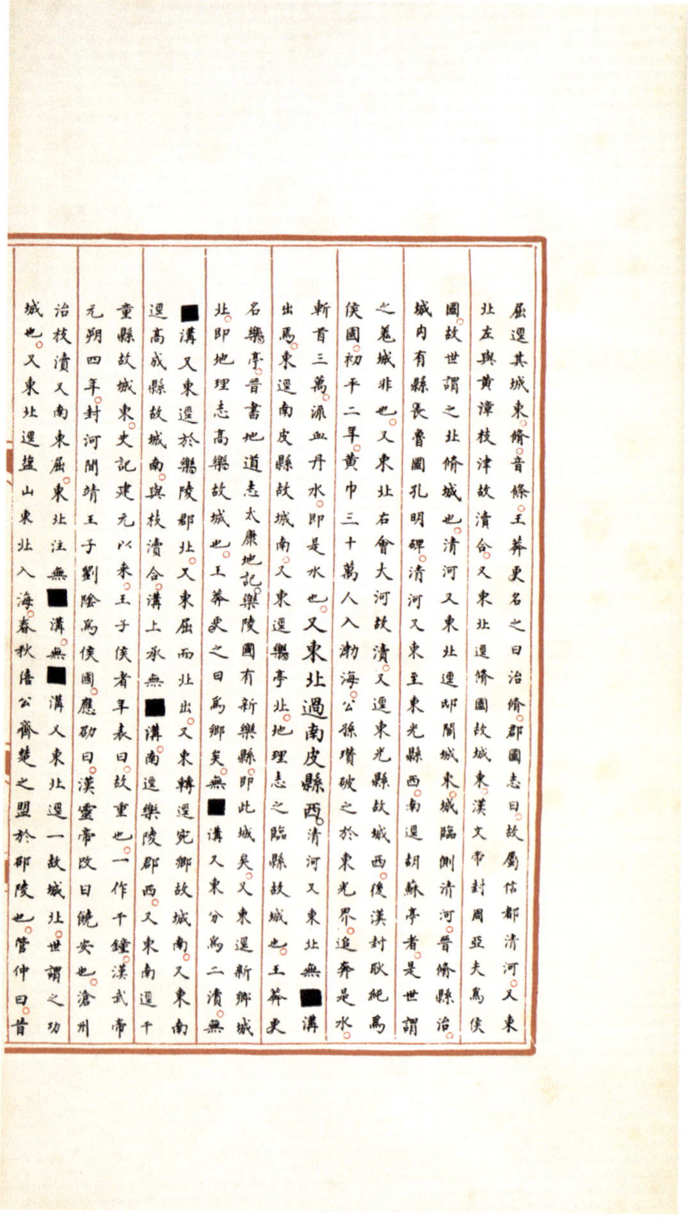

屈逕其城東脩音條王莽更名之曰治脩郡國志曰故屬信都清河又東
北左與黃漳枝津故瀆合又東北逕脩國故城東漢文帝封周亞夫為侯
國故世謂之北脩城也清河又東北逕邸閣城東城臨側清河晉脩縣治
城內有縣長魯國孔明碑清河又東至東光縣西南逕胡蘇亭者是世謂
之羌城非也又東北右會大河故瀆又逕東光縣故城西後漢封耿純為
侯國初平二年黃巾三十萬人入渤海公孫瓚破之於東光界追奔是水
斬首三萬流血丹水即是水也又東北過南皮縣西清河又東北無[redacted]溝
出焉東逕南皮縣故城南又東逕樂亭北地理志之臨樂縣故城也王莽更
名樂亭晉書地道志太康地記樂陵國有新樂縣即此城矣又東逕新鄉城
北即地理志高樂故城也王莽更之曰為鄉矣無[redacted]溝又東分為二瀆無
[redacted]溝又東逕於樂陵郡北又東屈而北出又東轉逕苑鄉故城南又東南
逕高成縣故城南與枝瀆合溝上承無[redacted]溝南逕樂陵郡西又東南逕千
童縣故城東史記建元以來王子侯者年表曰故重也一作千鍾漢武帝
元朔四年封河間靖王子劉陰為侯國應劭曰漢靈帝改曰饒安也滄州
治枝瀆又南東屈東北注無[redacted]溝無[redacted]溝又東北逕一故城北世謂之功
城也又東北逕鹽山東北入海春秋僖公齊楚之盟於召陵也管仲曰昔

圖 2-3 ◎明《永樂大典》卷一一一三〇葉十八上
《清水注》中「無棣溝」之「棣」字均以墨釘塗抹，以避明成祖朱棣諱。（參見胡適《〈永樂大典〉避諱「棣」字》，《胡適全集》卷一五，頁一一）

靖年間（一五二二年至一五六六年）。雖然分卷方法不同〔一〕,但《大典》本是現存最完整的官鈔本《水經注》,也是迄今所見保存最完好、最近於殘宋本的古本,故其價值極高。

從文本内容判斷,《大典》本當本於殘宋本〔二〕,它與殘宋本在脱簡錯簡、經注混淆〔三〕、文字佳處誤處等方面非常相似,故不僅可以之補殘宋之缺〔四〕,還可校殘宋不存而明鈔有誤之處。其一,《大典》本字句佳處與殘宋本相合之例。如卷一一一三四葉十上第十五行"期諸殿門故有期門之號",其中的"殿門"二字,殘宋本、朱藏明鈔本同,黄本、《注箋》本作"殿下"。按,《漢

〔一〕《大典》本分卷與普通本四十卷之分頗不同。胡適曾將《大典》本各卷所載諸水與普通本各卷所載相對照,列表以明之。參見所撰《〈永樂大典〉本〈水經注〉與普通本分卷對照表》,《胡適全集》卷一四,頁一五—二〇。

〔二〕此點王國維已指出。又,陳橋驛認爲《大典》本與殘宋本異處甚多,非出同源（參見所撰《〈水經注〉的珍稀版本》,《水經注論叢》,頁一二四—一二五）。

〔三〕《渭水篇》的脱簡、錯簡和經注文混淆情況,《大典》本與殘宋本同。詳可參見本書［一一一］及李曉傑主編《水經注校箋圖釋·渭水流域諸篇》之《附録三》。

〔四〕王國維云:"壬戌二月,余假（蔣氏傳書堂所藏《大典》本）校聚珍本一過。甲子春,復移録於校宋本之書眉,始知《大典》本所據原本與傅氏所藏殘宋本大同。蓋傅本本明文淵閣物,永樂編《大典》時,或即從閣本移録也。今宋本僅存十一卷有奇,而《大典》此書尚存半部,足彌宋本之缺。"（參見所撰《〈永樂大典〉本〈水經注〉跋》,《王國維全集》卷一四,頁四九四）又,胡適曰:"我曾把殘宋本校在《永樂大典》影本之上,始知此兩本雖最相接近,而《大典》本的底本實在比殘宋本更好,可以推斷爲别一種宋刻本,其校刻之精往往勝於殘宋本。"（參見所撰《〈永樂大典〉的〈水經注〉合鈔本影印本》,《胡適全集》卷一七,頁四六一）

圖 2-4 ◎明《永樂大典》卷一一一二七葉一下

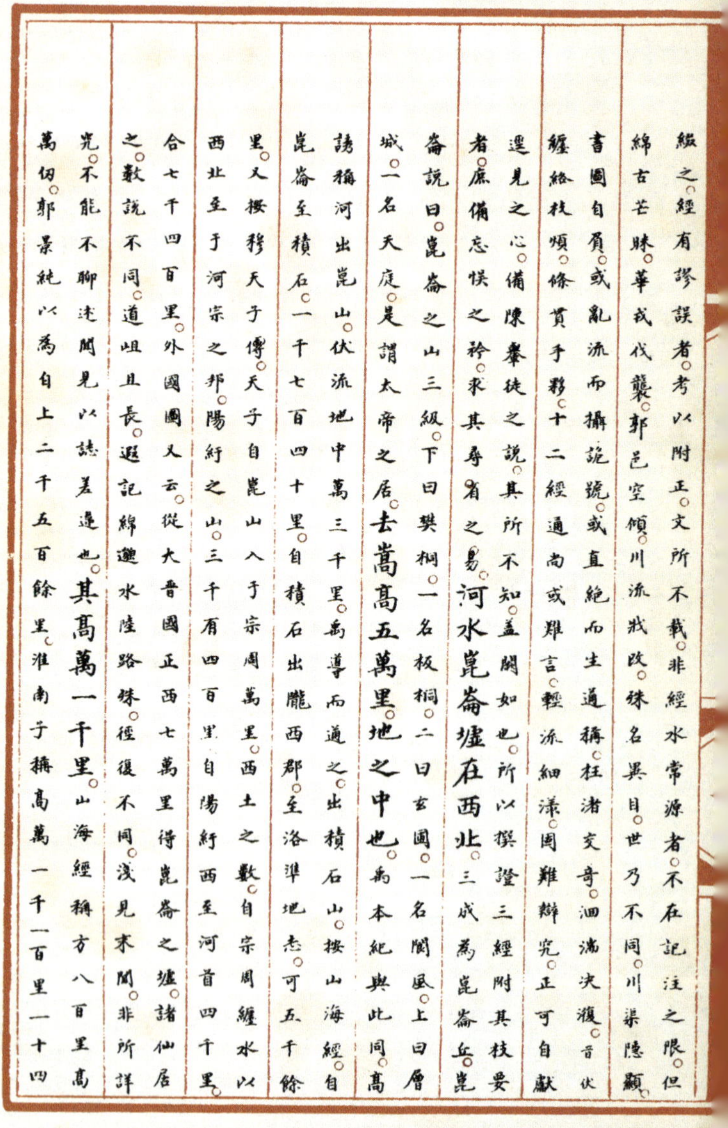

緻之經有謬誤者考以附正文所不載非經水常源者不在記注之限但
綿古芒昧華戎代襲郭邑空傾川流戕改殊名異目世乃不同川渠隱顯
書圖自負或亂流而攝詭號或直絕而生通稱枉渚交奇洄湍決澓音伏
纏絡枝煩條貫系夥十二經通尚或難言輕流細漾固難辨究正可自獻
逕見之心備陳舉徒之說其所不知蓋闕如也所以撰證三經附其枝要
者庶備忘誤之矜求其尋省之易河水崑崙墟在西北三成為崑崙丘崑
崙說曰崑崙之山三級下曰樊桐一名板桐二曰玄圃一名閬風上曰層
城一名天庭是謂太帝之居去嵩高五萬里地之中也禹本紀與此同高
誘稱河出崑山伏流地中萬三千里禹導而通之出積石山按山海經自
崑崙至積石一千七百四十里自積石出隴西郡至洛準地志可五千餘
里又按穆天子傳天子自崑山入于宗周萬里西土之數自宗周瀍水以
西北至于河宗之邦陽紆之山三千有四百里自陽紆西至河首四千里
合七千四百里外國圖又云從大晉國正西七萬里得崑崙之墟諸仙居
之數說不同道阻且長經記綿邈水陸路殊徑復不同淺見末聞非所詳
究不能不聊述聞見以誌差違也其高萬一千里山海經稱方八百里高
萬仞郭景純以為自上二千五百餘里淮南子稱高萬一千一百里一十四

永樂大典卷之一萬一千一百二十七 八賄

水 水經一

水經 桑欽撰 酈道元注

序曰易稱天以一生水故氣微於北方而為物之先也玄中記曰天下之多者水也浮天載地高下無不至萬物無不潤及其氣流屆石精薄膚寸不崇朝而澤合靈寓者神莫與並矣是以達者不能測其淵沖而盡其鴻深也昔大禹記著山海周而不備地理志其所錄簡而不周尚書本記與職方俱略都賦所述裁不宣意水經雖粗綴津緒又闕傍通所謂各言其志而罕能備其宣導者矣今尋圖訪賾者極聆川域之說涉土遊方者寡能達其津照縱髣髴前聞不能不猶深屏營也余少無尋山之趣長違問津之性識絕深經道淪要博進無訪一知二之機退無觀隅三反之慧獨學無聞古人傷其孤陋捐喪辭書達士嗟其面牆默室求深閉舟問遠故亦難矣然毫管闚天厝筩(音同)時昭飲河酌海從性斯畢竊以多暇空傾歲月輒述水經布廣前文大傳曰大川相間小川相屬東歸於海脉其枝流之吐納診其沿路之所纏訪瀆搜渠緝而

圖2-5 ◎明《永樂大典》卷一一一二七葉一上

書》卷三五《東方朔傳》作“殿門”〔一〕,據酈注前後文亦當作“殿門”爲是。其二,《大典》本字句誤處與殘宋本相合之例。如卷一一一三四葉十二下第十四行“門外舊山好瓜”,其中的“舊山”二字,殘宋本、朱藏明鈔本同,語甚不通;黄本、《注箋》本作“舊出”,是。

以上所示之例可證《大典》本與殘宋本在字句方面非常接近,故殘宋本殘缺之處,首先當用《大典》本來補足。以《渭水篇》爲例,殘宋本卷十八“劉曜之世是山崩長安人劉忠於崩”下,有一整葉四百多字,黄本、吴本、《注箋》本〔二〕、陳本、譚本、項本、沈本〔三〕皆脱,若不見殘宋本,便無從得知諸本脱去的大致是何文字、爲何脱去這些文字;不過,即使有了殘宋本,因文字殘缺,仍不能將這四百多字補全。而《大典》本卷一一一三四葉七下至葉八上恰好完整地保留了這四百多字,除去字詞鈔訛方面的問題〔四〕,這些文字按照殘宋本的行款一一比對,均合若符契〔五〕。

其三,《大典》本偶勝殘宋本之例。如卷一一一三四葉十三上第十二行“又有通門亥門也”,其中的“有”字,朱藏明鈔本同,殘宋本作“右”。按,作“有”是。其四,《大典》本字句勝於

〔一〕中華書局,一九六二年,頁二八四七。

〔二〕《注箋》本引《十六國春秋》得“長安人劉終於崩所得白玉”事。

〔三〕沈本附録《十六國春秋》相關文字。

〔四〕如“赤牛犍靮其盡乎”,《大典》本鈔脱“赤牛”二字,“靮”字,《大典》本作“靳”。

〔五〕殿本此處稱:“案‘所得白玉’至此句‘謬’字止,共四百二十七字,近刻脱落,據原本補。”按,“原本”應即《大典》本,然所補文字與今所見《大典》本不盡相合。

朱藏明鈔本之例。如卷一一一三四葉十九上第四行“陵之西北有杜縣故城”,其中的“有”字,殘宋本同,朱藏明鈔本訛作“原”。同卷葉十四下第十二至十三行“夜渡作城立於是水之次也”, 其中的“夜渡”二字, 朱藏明鈔本訛作“夜度”〔一〕。

不過,《大典》本由於經過了兩次鈔寫,故不免偶有鈔脱〔二〕及字句訛誤。如卷一一一三四葉十下第三至第四行“故相如請爲天子游獵之賦稱烏有先生立是公”, 其中的“立是公”三字, 殘宋本、朱藏明鈔本、黄本、《注箋》本皆作“亡是公”。按,《漢書》卷五七《司馬相如傳》作“亡是公”。《大典》本“立”爲“亡”之訛。同卷葉十九上第十一至十二行“釋之曰使其中有可欲雖錮南山猶有隙便無可欲無不郭又何成焉”,此句甚不通。按,“錮”諸本作“錮”;“便無可欲”, 殘宋本、朱藏明鈔本、黄本、《注箋》本作“使無可欲”;“無不郭”, 殘宋本、朱藏明鈔本、黄本、《注箋》本作“雖無石郭”;“又何成焉”, 殘宋本缺, 朱藏明鈔本同, 黄本、《注箋》本作“又何戚焉”。由此可見, 僅此一句文字中,《大典》本鈔錯、鈔脱的便有四處之多。

此類訛脱在《大典》本中尚不乏見,故在校勘中須將《大典》本與殘宋本、朱藏明鈔本等互校, 方可還原一個較爲完善的古本《水經注》〔三〕。

〔一〕又, 黄本訛作“夜波”;《注箋》本作“夜汲”, 朱《箋》曰:“《魏志》作:‘夜渡兵作城, 比明城立。’”

〔二〕胡適曾舉十例以明《大典》本鈔寫的脱誤,參見所撰《〈永樂大典〉的〈水經注〉合鈔本影印本》,《胡適全集》卷一七, 頁四六三—四六四。

〔三〕李曉傑主編《水經注校箋圖釋·渭水流域諸篇》之《附録二》即遵循此方法對古本《水經注》渭水流域諸篇的文字進行了系統的整理與復原。

水經注

四十卷

明鈔本

（朱藏明鈔本）

海鹽朱希祖舊藏

現藏中國國家圖書館

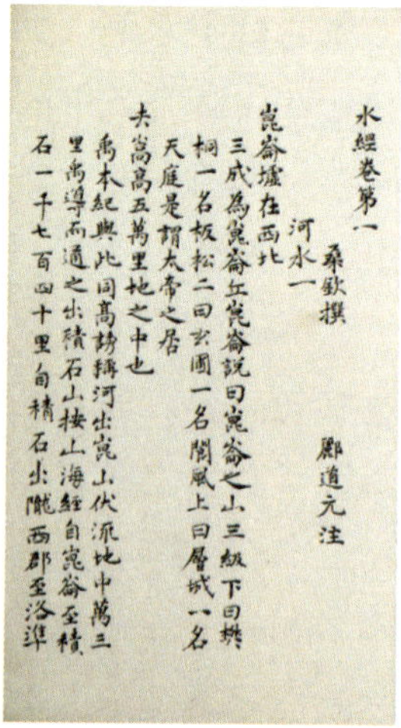
水經卷第一　　桑欽撰　　酈道元注
河水一
崑崙墟在西北
三成爲崑崙丘崑崙說曰崑崙之山三級下曰樊
桐一名板松二曰玄圃一名閬風上曰層城一名
天庭是謂太帝之居
去嵩高五萬里地之中也
禹本紀與此同高誘稱河出崑山伏流地中萬三
里禹導而通之出積石山按山海經自崑崙至積
石一千七百四十里自積石出隴西郡至洛準

圖 3-1　◎朱藏明鈔本卷一首葉

二十册。半葉十一行，行二十字，經文頂格，注文低一格，無欄。每卷目下題“桑欽撰　酈道元注”。書前無酈氏原序。書中有朱希祖及胡適所作夾葉箋注〔一〕。書後又有王國維、章太炎、錢玄同跋〔二〕。

此明鈔本從行款内容來看，當鈔自宋刊本〔三〕，年代較近於

〔一〕朱希祖箋注甚多，胡適箋注亦時有可見。如卷十六第六葉第一行：“後張方入洛，破千金堨，公私頓之。”胡氏箋曰：“‘公私頓之’，《大典》亦作‘頓’。黄省曾以下皆作‘賴’。”按，此條校勘後收入胡適《記朱逖先家鈔本〈水經注〉》，《胡適全集》卷一五，頁三〇〇—三〇一。

〔二〕朱希祖之子朱偰又請胡適撰寫了長篇跋文。參見朱元曙、朱樂川撰《朱希祖先生年譜長編》，中華書局，二〇一三年，頁一九八。

〔三〕王國維《明鈔本〈水經注〉跋》，《王國維全集》卷一四，頁四九四。

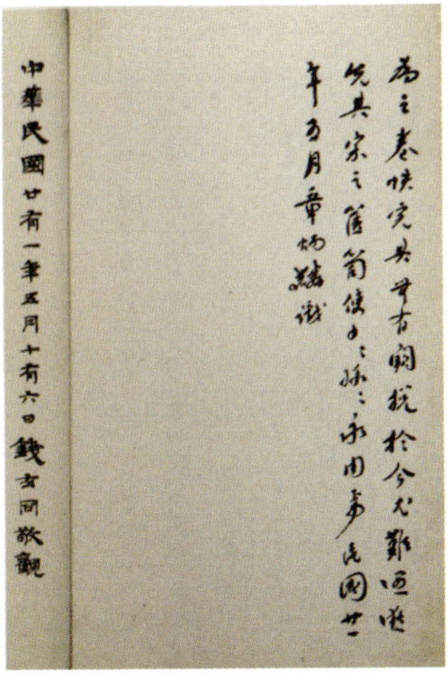

圖 3-2　◎朱藏明鈔本卷末章炳麟、錢玄同跋语

《大典》本。在現存的幾部明鈔本中，此本也因其内容完整、錯誤相對較少而頗具版本價值〔一〕。以下從幾個方面論述此本在校勘方面的價值〔二〕。

其一，文字方面，朱藏明鈔本佳處可與殘宋本、《大典》本相印證。如卷十八黄本等脱去的四百多字，殘宋本、《大典》本存，朱藏明鈔本亦存；又如卷十七“山下石穴廣四尺高七尺水溢石空懸波側注淵滀震盪發源成川北流注於汧”，其中“發源成川”，

〔一〕王國維其時所見《大典》本不全，因此認爲“此本（按，指朱藏明鈔本）獨首尾完具，今日鄺書舊本，不得不推此爲第一矣。”參見所撰《明鈔本〈水經注〉跋》，《王國維全集》卷一四，頁四九四。按，其實《大典》本全本的價值要高於朱藏明鈔本。

〔二〕胡適亦肯定朱藏明鈔本在校勘中的價值。參見所撰《記朱逖先家鈔本〈水經注〉》，《胡適全集》卷一五，頁三〇〇。

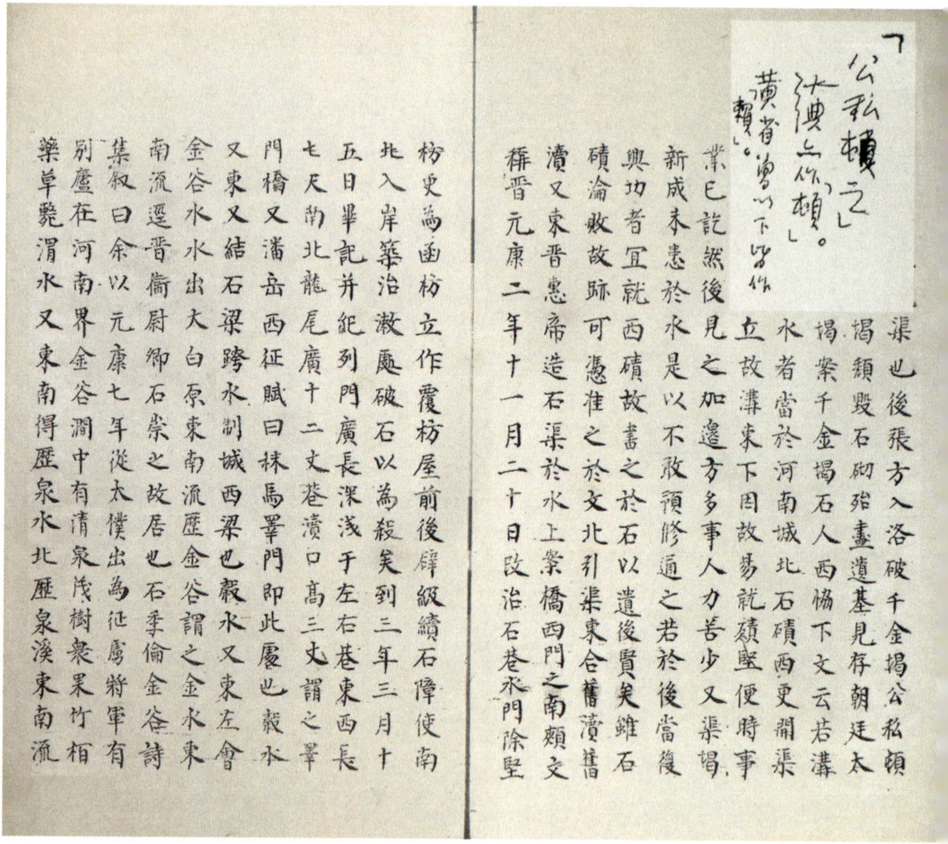
「公私頓」之「頓」，《大典》亦作「頓」。黃省曾以下皆作「頓」。

渠也後張方入洛破千金堨公私頓
堨頹毀石砌殆盡遺基見存朝廷太
堨案千金堨石人西脇下文云若溝
水者當於河南城北石磧西更開渠
立故溝東下因故易就磧堅便時事
業已訖然後見之加邊方多事人力苦少又渠堨
新成未患於水是以不敢預修通之若於後當復
興功者宜就西磧故書之於石以遺後賢矣雖石
磧淪敗故跡可憑准之於文北引渠東合舊瀆舊
瀆又東晉惠帝造石渠於水上案橋西門之南頹文
稱晉元康二年十一月二十日改治石巷水門除塹

枋吏為函枋立作覆枋屋前後辟級續石障使南
北入岸築治漱處破石以為殺矣到三年三月十
五日畢訖并紀列門廣長深淺于左右巷東西長
七丈南北龍尾廣十二丈巷瀆口高三丈謂之睪
門橋又潘岳西征賦曰秣馬睪門即此處也穀水
又東又結石梁跨水制城西梁也穀水又東左會
金谷水水出大白原東南流歷金谷謂之金水東
南流逕晉衛尉卿石崇之故居也石季倫金谷詩
集叙曰余以元康七年從太僕出為征虜將軍有
別廬在河南界金谷澗中有清泉茂樹衆果竹柏
藥草蔽渭水又東南得歷泉水北歷泉溪東南流

圖 3-3　◎朱藏明鈔本卷十六上胡適所題浮簽

殘宋本、《大典》本同，而黄本、《注箋》本訛作“發源穴川”；同卷“昔郭歙耻王莽之徵而遯跡於斯”，其中“徵”字，殘宋本、《大典》本、《注箋》本同，黄本作“徹”。

其二，在殘宋本缺，且黄本等其他諸本有誤時，朱藏明鈔本往往可與《大典》本相互印證。如卷十七“有羽陽宫秦武王起”，其中“羽陽宫”三字，《大典》本同，黄本、《注箋》本作“羽隱宫”。

按，《漢書》卷二八《地理志》右扶風陳倉縣："有上公、明星、黄帝孫、舜妻盲冢祠。有羽陽宫，秦武王起也。"〔一〕故此句中作"羽陽宫"是。又如卷十八"魏明帝遣將軍太原郝昭築陳倉城"，其中"築"字，《大典》本同，黄本作"榮"，《注箋》本作"營"。按，作"築"是。

其三，朱藏明鈔本也有獨勝《大典》本處。如卷十八"秦人哀之爲賦黄鳥焉"，其中"賦"字，殘宋本、黄本、《注箋》本缺，《大典》本作"賊"，因此朱藏明鈔本所存之"賦"字對於此處校勘便顯得極爲重要。又，卷十九"（懷德城）在渭水之北沙苑之南"，其中"沙苑"，殘宋本同，《大典》本訛作"沙死"。

不過，朱藏明鈔本也有不少缺點。首先，在脱簡錯簡、經注混淆方面多同於殘宋本、《大典》本〔二〕。其次，朱藏明鈔本字句錯誤較多，有鈔錯字者，如卷十七"渭水出隴西首陽縣謂谷亭南鳥鼠山"，"謂谷亭"乃"渭谷亭"之訛；"山在鳳鼠山西北"，其中"鳳鼠山"爲"鳥鼠山"之訛；"又東出黑水歷冀州"，其中"冀州"爲"冀川"之訛；"渭水又逕城南得俗水"，其中"俗水"爲"粟水"之訛；"南安姚瞻以爲異帝生於天水"，"異帝"爲"黄帝"之訛；卷十九"常昭曰高岸夾水爲廁"，其中"常昭"乃"韋昭"之訛。又有漏鈔致誤者，如卷十七"既言其過明非一也"，殘宋本、《大典》本、黄本、《注箋》本作"既言其過明非一水也"，朱藏明鈔本漏一"水"字，文義不通。又有鈔衍致誤者，如卷十七"又東北昌丘水出西出南丘下"，其中"西"下衍一"出"字。又有

〔一〕《漢書》卷二八《地理志》，頁一五四七。

〔二〕參［一一一］。

鈔乙而致誤者，如卷十七“盖以其津流逕通而攝更其通稱”，其中“而攝更”當如殘宋本、《大典》本、黄本、《注箋》本作“而更攝”。

此外，朱藏明鈔本常用俗體字。如卷十七“神仙傳曰老子西出関”之“関”字，“干[一]寳搜神記”之“寳”字，卷十八“時群官畢賀”之“群”字[二]，卷十九“良餘山”之“餘”字[三]。這類俗字有可能造成文句不通。如卷十八“劉均進曰此國滅之象其可尽乎”，此句甚不通，查殘宋本、《大典》本“尽”作“盡”，當是“賀”字形近而訛。朱藏明鈔本將“盡”俗寫爲“尽”，便失去了原貌，導致文義不明，且不易推知致誤之由。

〔一〕按，“干”，朱藏明鈔本訛作“宇”。

〔二〕《大典》本作“羣”。

〔三〕殘宋本、《大典》本、黄本、《注箋》本均作“餘”。

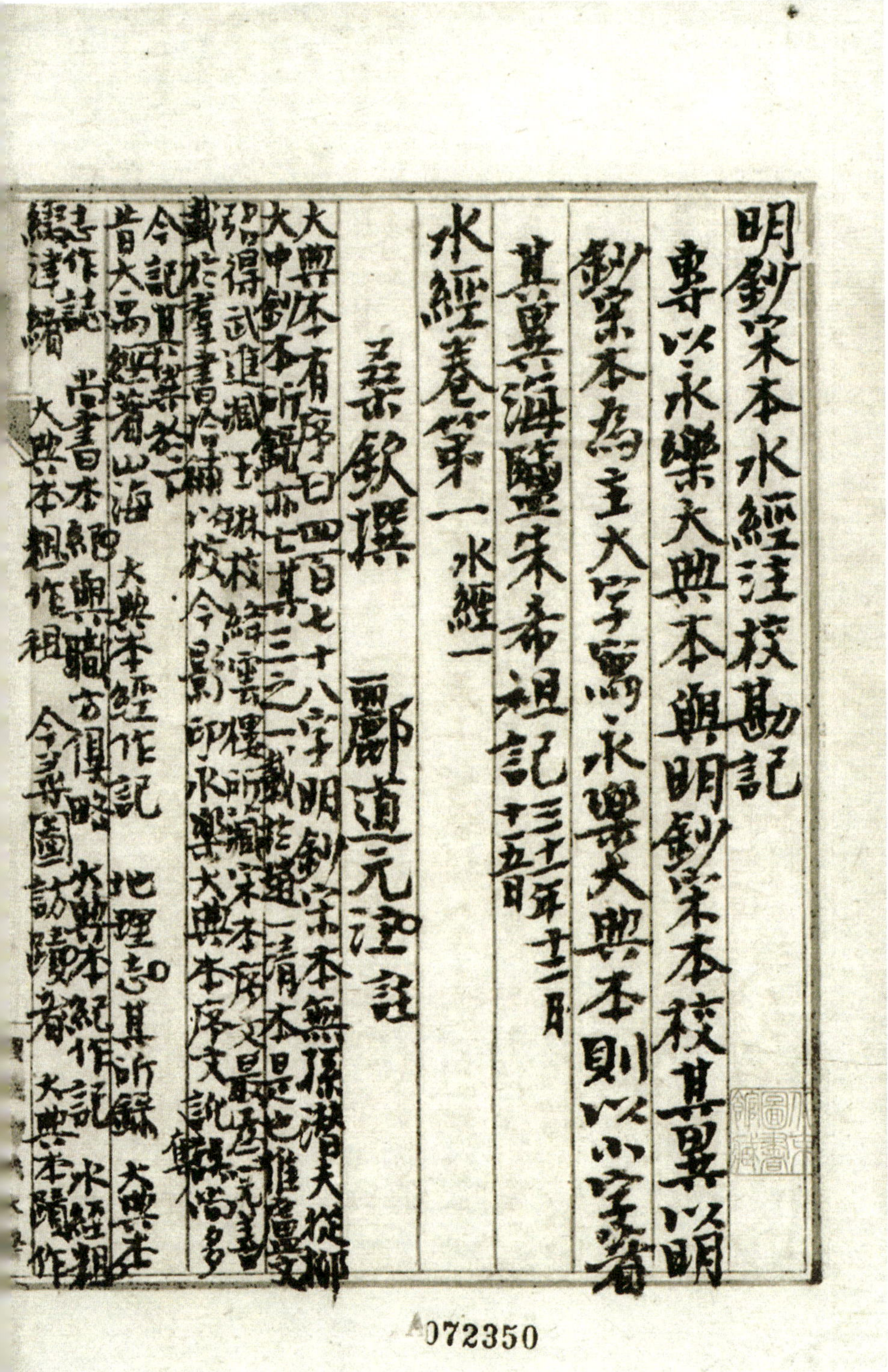
明鈔宋本水經注校勘記
專以永樂大典本與明鈔宋本校其異以明
鈔宋本為主大字寫永樂大典本則以小字旁著
其異海鹽朱希祖記 三十年十二月十五日
水經卷第一 水經一
桑欽撰 酈道元注

圖 3-4 ◎朱希祖手稿《明鈔宋本水經注校勘記》

水經注

四十卷

明鈔本

（瞿藏明鈔本）

常熟瞿氏鐵琴銅劍樓舊藏

現藏中國國家圖書館

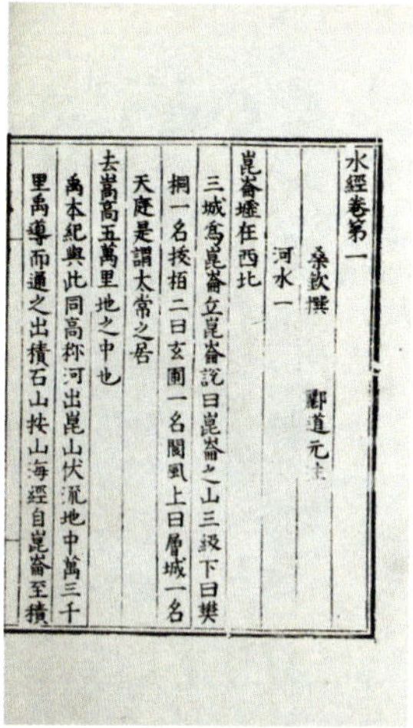
水經卷第一
桑欽撰　酈道元注
河水一
崑崙墟在西北
三城爲崑崙丘崑崙說曰崑崙之山三級下曰樊
挏一名挍栢二曰玄圃一名閬風上曰層城一名
天庭是謂太常之居
去嵩高五萬里地之中也
禹本紀與此同高抑河出崑山伏流地中萬三千
里禹導而通之出積石山按山海經自崑崙至積

圖 4-1　◎瞿藏明鈔本卷一首葉

十二册。半葉十行，行二十字，偶有行十九字或二十二三字者，經文頂格〔一〕，注低一格，藍絲欄。有酈道元原序，題“水經注敘”，中間缺半葉二二一字〔二〕。目録分四十卷，正文題“水經”，卷目或以大寫數字標示，如“水經卷第拾柒”“水經卷第拾捌”等，每卷卷目下題“桑欽撰酈道元注”。又，每册首葉有“海隅”印，又有“吴省欽印”“白華”印，據之可斷此本爲嘉靖、

〔一〕卷十六首句例外。

〔二〕此處所缺，行款與馮校明鈔本全同，唯後者注明：“缺二百二十字。”（參〔一二四〕）胡適亦言缺二二〇字，又曰：“柳大中鈔宋本也有此序，也缺這半頁。”參見所撰《記鐵琴銅劍樓瞿氏藏明鈔本〈水經注〉》，《胡適全集》卷一五，頁三五七。按，今檢《大典》本酈道元序，則瞿藏明鈔本此處所缺爲二二一字。

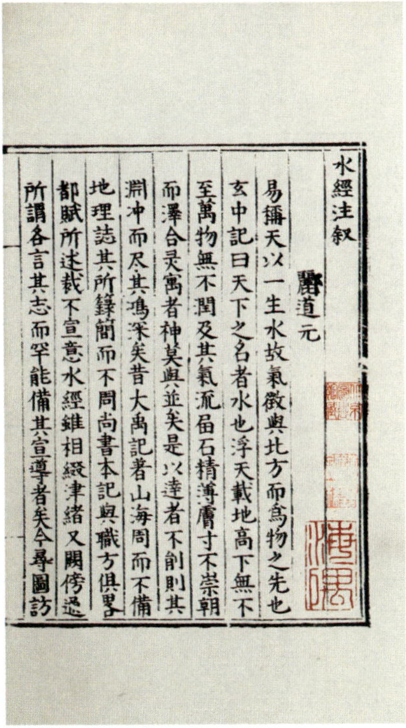

水經注叙

酈道元

易稱天以一生水故氣微與北方而爲物之先也
玄中記曰天下之名者水也浮天載地高下無不
至萬物無不潤及其氣流届石精薄膚寸不崇朝
而澤合灵寓者神莫與並矣是以達者不削則其
淵冲而尽其鴻深矣昔大禹記著山海周而不備
地理誌其所録簡而不周尚書本記與職方俱畧
都賦所述裁不宣意水經雖相綴津緒又闕傍通
所謂各言其志而罕能備其宣導者矣今尋圖訪

圖 4-2 ◎瞿藏明鈔本卷首酈道元自序之一

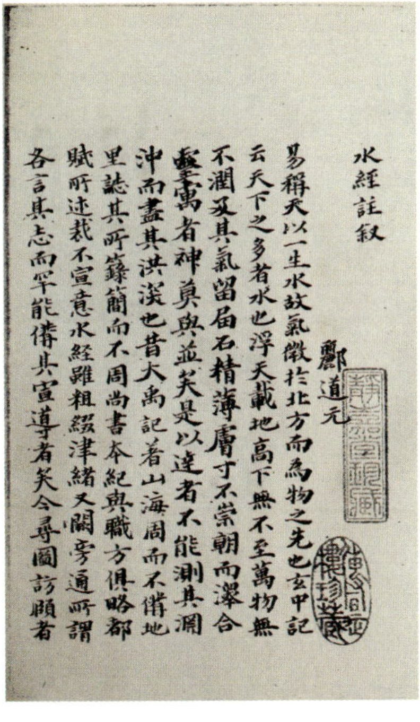

水經註叙

酈道元

易稱天以一生水故氣微於北方而爲物之先也玄中記
云天下之多者水也浮天載地高下無不至萬物無
不潤及其氣流届石精薄膚寸不崇朝而澤合
靈寓者神莫與並矣是以達者不能測其淵
沖而盡其洪深也昔大禹記著山海周而不備地
里誌其所録簡而不周尚書本紀與職方俱略都
賦所述裁不宣意水經雖粗綴津緒又闕旁通所謂
各言其志而罕能備其宣導者矣今尋圖訪賾者

圖 4-3 ◎馮校明鈔本卷首酈道元自序之一

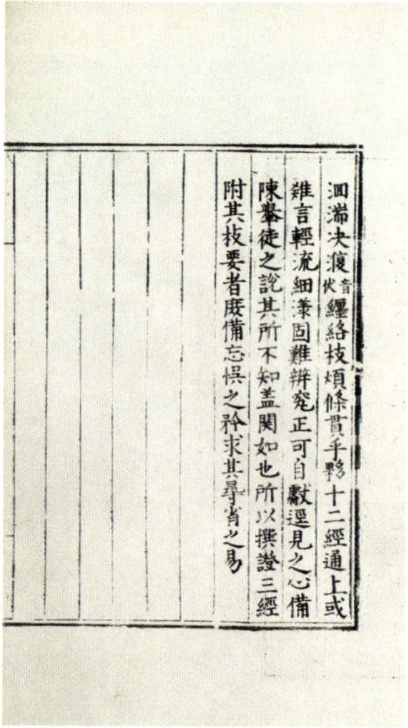

洄湍決澓(音伏)纆絡枝煩條貫手綮十二經通上或
雜言輕流細漾固難辨究正可自獻逕見之心備
陳輋徒之說其所不知蓋闕如也所以撰證三經
附其枝要者庶備忘誤之矜求其尋省之易

圖4-4 ◎瞿藏明鈔本卷首酈道元自序之二

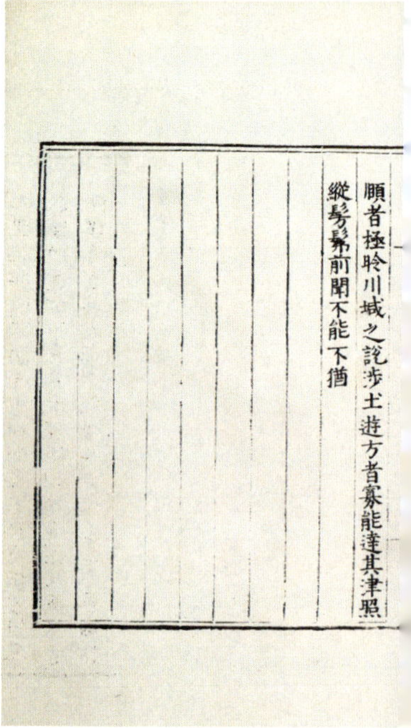

賾者極聆川域之說涉土遊方者寡能達其津照
縱髣髴前聞不能不猶

圖4-5 ◎瞿藏明鈔本卷首酈道元自序之三

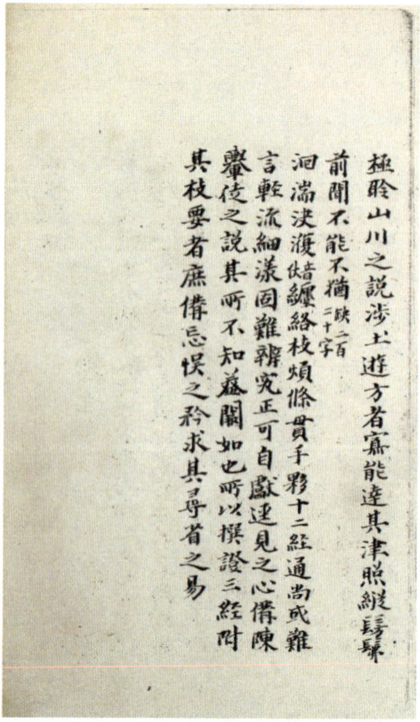

極聆山川之說涉土遊方者寡能達其津照縱髣髴
前聞不能不猶(缺二百二十字)
洄湍決澓(音伏)纆絡枝煩條貫手綮十二經通尚或雜
言輕流細漾固難辨究正可自獻逕見之心備陳
輋徒之說其所不知蓋闕如也所以撰證三經附
其枝要者庶備忘誤之矜求其尋省之易

圖4-6 ◎馮校明鈔本卷首酈道元自序之二

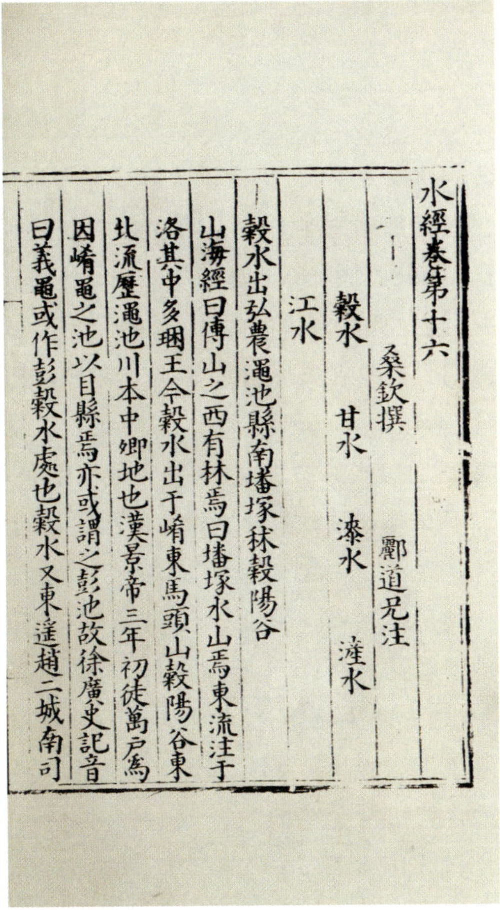

水經卷第十六

桑欽撰　酈道兄注

穀水　甘水　漆水　滻水

江水

穀水出弘農澠池縣南墦塚林穀陽谷

山海經曰傅山之西有林焉曰墦塚水出焉東流注于洛其中多珚玉今穀水出千崤東馬頭山穀陽谷東北流歷澠池川本中卿地也漢景帝三年初徙萬戶為因崤黽之池以目縣焉亦或謂之彭池故徐廣史記音曰義黽或作彭穀水處也穀水又東逕趙二城南司

圖 4-7 ◎瞿藏明鈔本卷十六首葉

其中行二「酈道元注」之「元」字誤作「兄」，且首句經文未頂格書寫。

萬曆年間鈔本〔一〕。卷中有夾葉箋注。

〔一〕胡適《記鐵琴銅劍樓瞿氏藏明鈔本〈水經注〉》："徐森玉先生與趙斐雲先生都説'海隅'是徐學謨。徐學謨是嘉靖廿九年進士，生於嘉靖元年（一五二二年），死於萬曆廿一年（一五九三年）。吴省欽生於雍正七年（一七二九年），死於嘉慶八年（一八〇三年）。徐學謨有《海隅集》七十九卷，又曾修《胡廣總志》九十八卷。瞿氏此本出於他家，是一部十六世紀的鈔本，其鈔寫年代與《大典》重鈔的時代，與黄省曾刻《水經注》（一五四三年）的時代，都相去不遠。（《鐵琴銅劍樓書目録》卷十一頁一四記此本，僅記"吴省欽印""白華"二印，未記"海隅"一印）"參見《胡適全集》卷一五，頁三五七。

瞿藏明鈔本的成書年代，比較接近於《大典》本與黄本〔一〕，且首尾完全，並存酈序之半，故在版本學上有獨到的價值。但從校勘角度看，因其訛誤頗多，遠非朱藏明鈔本可比，不宜作爲重要參考，以下將就此點詳細論述。

其一，瞿藏明鈔本在文字方面錯誤非常多。如卷十六《沮水注》“昔韓欲秦無東代”，殘宋本、朱藏明鈔本作“昔韓欲令秦無東伐”，瞿藏明鈔本鈔脱“令”字，“伐”字誤鈔；“爾雅以馬周集護矣”，殘宋本、朱藏明鈔本作“爾雅以爲周焦護矣”，瞿藏明鈔本“爲”誤作“馬”，“焦護”誤作“集護”。又，“溉澤鹵四萬余尉”，“尉”乃“頃”之訛〔二〕；“秦以當强卒并諸侯”，“當强”乃“富强”之訛；“漢高地夢皇考於是縣”，“地”爲“帝”之訛；“（石川水）西與西渠枝渠合”，“西渠”爲“白渠”之訛；“又自沮直絶注絶水”，“絶水”爲“濁水”之訛；“又東逕蓮灼縣故城北”，“蓮灼縣”爲“蓮芍縣”之訛。另有鈔衍者，如同卷“宜君水宜又南出土門山”，多一“宜”字；又有鈔乙者，如同卷“東與澤泉合出水沮東澤中”，“出水”當爲“水出”等。僅《沮水注》四個半葉的篇幅，錯誤就如此之多，且多錯在地名、水名這樣關鍵的文字上。再如卷十九“司馬欣”訛作“司馬所”，“又北與赤水會”訛作“又北與赤之會”，“在水東鄠縣”訛作“在水陳鄠縣”，“張昌曰橋在長安西北茂陵東”訛作“張昌曰邪在長按西北茂陵東”，“柏谷關訛作“柏谷開”，“滮池”訛作“虎池”，“卻

〔一〕胡適《記鐵琴銅劍樓瞿氏藏明鈔本〈水經注〉》，《胡適全集》卷一五，頁三五七。

〔二〕黄本亦作“尉”。

胡門”訛作“卻吾門”,“慚尹商之仁”訛作“暫君商之仁”,“西京賦”訛作“西逕賦”,“杜伯冢”訛作“杜北冢”,“東北流入于沈水”訛作“東北流入於流水”,“阿房殿”訛作“阿秀殿”,“廣雅曰水自渭出爲滎”訛作“廣雅曰水自謂山爲學”,“便門橋”訛作“更門橋”,“阮籍”訛作“院籍”,“秦孝公”訛作“秦考公”,“曹瞞傳”訛作“曹購傳”,“新豐縣”訛作“心豐縣”等,此類常識性錯誤極多,其他語句訛誤亦復不少。

其二,在錯葉〔一〕與錯簡方面,瞿藏明鈔本較殘宋本、《大典》本、朱藏明鈔本更多。如卷十九的二十處錯簡,瞿藏明鈔本與上述三本同者達十七處;這十七處中又有一處瞿藏明鈔本缺一大段〔二〕;另有三處之文字,上述三本雖錯簡,但尚存此卷中,而瞿藏明鈔本則不在〔三〕。

其三,在經注文混淆方面,瞿藏明鈔本的錯誤較上述三本也

〔一〕胡適《記鐵琴銅劍樓瞿氏藏明鈔本〈水經注〉》:“此本錯頁最多,不可勝數。瞿鳳起先生曾用《大典》本改作錯頁甚多,但仍有改未盡的。例如卷一‘放弓仗塔’的故事,‘賊知是母,即放弓仗。父母作是思惟,皆得壁(辟)支’,此下‘佛,今一一猶在’一頁,錯在前一頁。此是黄省曾不誤的。瞿君失校。瞿君校正之錯頁,第三卷有六處之多,第六卷有四處之多。”參見《胡適全集》卷一五,頁三六一。

〔二〕“霸水又北會兩川”至“帶劍上吾丘陵之”一段,瞿藏明鈔本與上述三本錯簡位置同,然獨缺“尚書僕射行大將軍事鮑永持節安集河東”至“帶劍上吾丘,陵之”之文字。又,瞿藏明鈔本此處有夾頁箋注曰:“‘更始’下接卷二十末第二頁‘尚書僕射’至‘敗犬戎於渭’止接‘隊服處曰’。”

〔三〕此三處錯簡分别爲:“故遂葬焉”至“故時人謂之馬冢”一段,“故渠又北分爲二渠”至“一水北合渭今無水”一段,“故渠又東逕茂陵縣故城南”至“又東逕長陵南亦曰長山也”一段。

更多。如卷十六“沮水出北地直路縣東過馮翊祋祤縣北東入於洛”句，殘宋本、《大典》本、朱藏明鈔本皆作經文，瞿藏明鈔本作注文，接在“地理志曰漨水北至灞陵入灞水”下。

不過，瞿藏明鈔本不誤之處，也常常可以與殘宋本、《大典》本、朱藏明鈔本相印證。如卷十八中黄本等脱去的四百多字，上述三本存，瞿藏明鈔本亦存〔一〕；卷十八末經文“又東芒水從南來流注之”後黄本等脱去的八十五字，上述三本不脱，瞿藏明鈔本亦存〔二〕；卷十九“東有漏水出南山赤谷”，其中“漏水”，殘宋本、《大典》本、朱藏明鈔本同〔三〕；“期諸殿門故有期門之號”，其中“殿門”，殘宋本、《大典》本、朱藏明鈔本同〔四〕；“渭水又逕太公廟北前有太公碑文字褫缺全無可尋”，其中“全無可尋”，殘宋本、《大典》本、朱藏明鈔本同〔五〕，瞿藏明鈔本亦皆同；又“東去新豐既近何惡項伯夜與張良共見高祖乎”，其中“既近”“何惡”，殘宋本、《大典》本、朱藏明鈔本皆不誤，瞿藏明鈔本亦然。

此外，瞿藏明鈔本還偶有勝於朱藏明鈔本之處〔六〕。如卷十九“中殿十二間階陛咸以玉爲之鑄銅鳳五丈飾以黄金棲屋上”，其

〔一〕參〔一一一〕與〔一二一〕。

〔二〕此點胡適已指出，參見所撰《記鐵琴銅劍樓瞿氏藏明鈔本〈水經注〉》附件一《第二次借校瞿藏明鈔本的筆記》，《胡適全集》卷一五，頁三六三。

〔三〕黄本、《注箋》本作“湧水”。

〔四〕黄本、《注箋》本作“殿下”。

〔五〕黄本、《注箋》本作“今無可尋”。按，“全無可尋”似更佳。

〔六〕胡適《記鐵琴銅劍樓瞿氏藏明鈔本〈水經注〉》文中曾舉卷三記酒泉延壽縣南山的石油一段爲例，證明瞿藏明鈔本偶有勝於朱藏明鈔本處。參見《胡適全集》卷一五，頁三五九—三六〇。

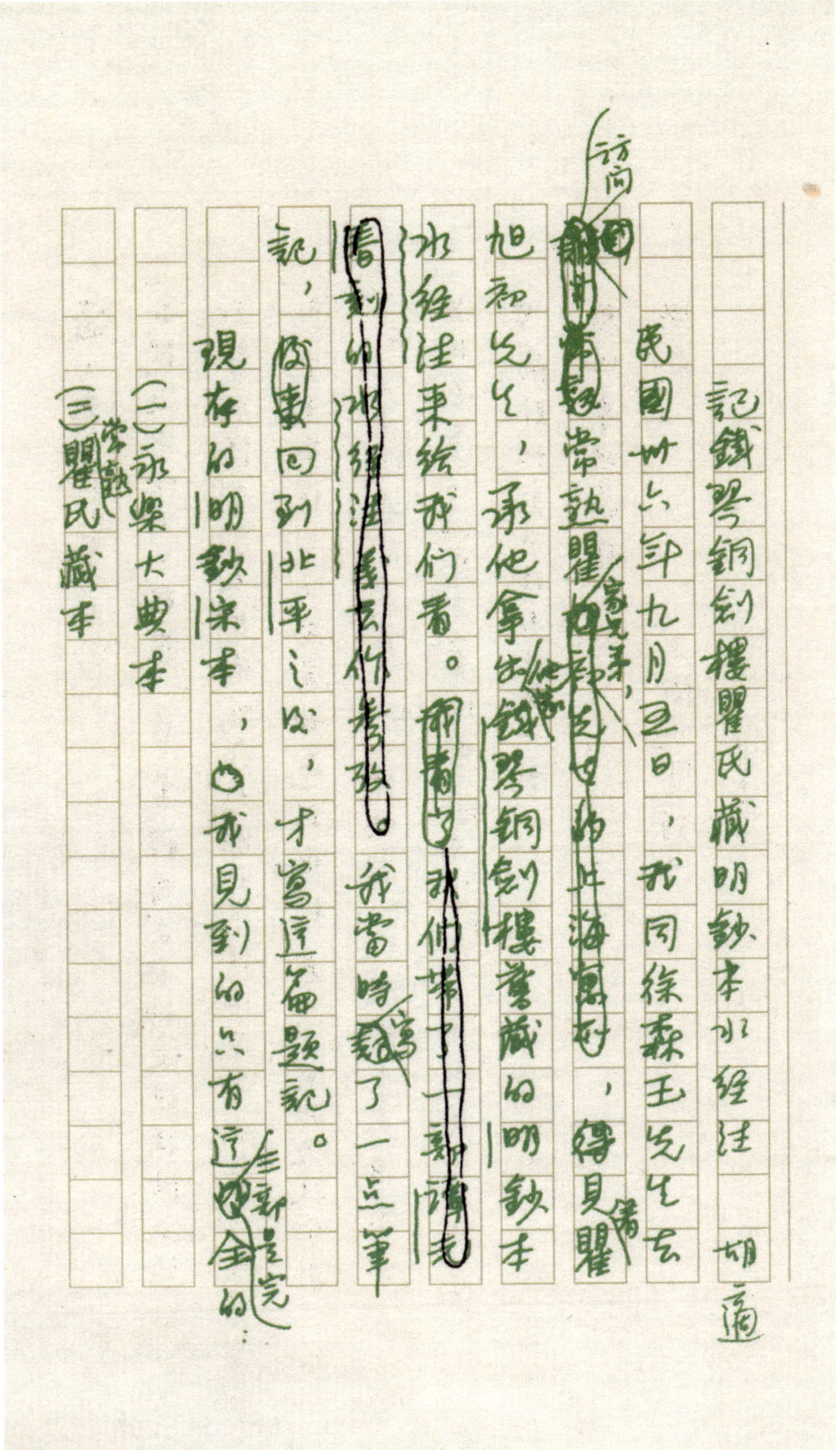
記鐵琴銅劍樓瞿氏藏明鈔本水經注　胡適

民國卅六年九月三日，我同徐森玉先生去

訪問常熟瞿家兄弟，得見瞿

旭初先生，承他拿出他家鐵琴銅劍樓舊藏的明鈔本

水經注來給我們看。

我當時寫了一點筆

記，後來回到北平之後，才寫這篇題記。

現存的明鈔宋本，我見到的只有這些完全的：

（一）永樂大典本

（二）常熟瞿氏藏本

圖 4-8 ◎胡適手稿《記鐵琴銅劍樓瞿氏藏明鈔本水經注》

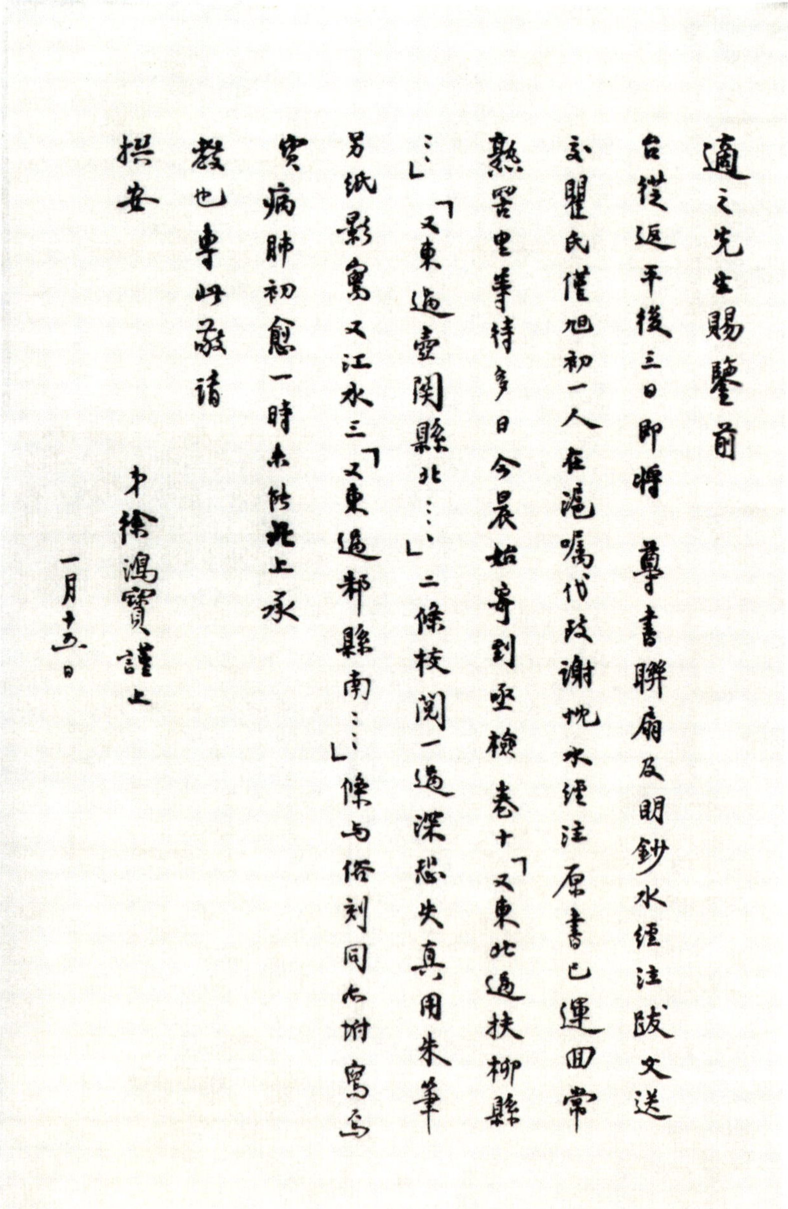
適之先生賜鑒：
台從返平後三日即將　尊書聯扇及明鈔水經注跋文送
交瞿氏，僅旭初一人在滬，囑代致謝。抄水經注原書已運回常
熟，罟里寺待多日，今晨始寄到。亟檢卷十「又東北過扶柳縣
……」「又東過壺關縣北……」二條校閱一過，深恐失真，用朱筆
另紙影寫。又江水三「又東過郫縣南……」條与俗刻同，不附寫焉。
實病肺初愈，一時未能北上承
教也。專此敬請
撰安
弟徐鴻寶謹上
一月十五日

圖 4-9 ◎徐鴻寶致胡適函

中“棲”字，朱藏明鈔本訛作“樓”，瞿藏明鈔本不誤；同卷“亂流北逕宣帝許后陵東而北去杜陵十里”，其中“北去”，朱藏明鈔本訛作“杜去”，瞿藏明鈔本不誤。

瞿藏明鈔本又常用俗字。如卷十八“原在武功十里余水出武功縣故亦謂武功水也”之“余”，卷十九“渭水又逕太公庙北”之“庙”，“水出良余山之陰”之“余”〔一〕等。

〔一〕按，此句之上，“渭水又東餘水注之”之“餘”字未用俗字。

水經注
四十卷

明鈔本　馮舒校

（馮校明鈔本）

湖州陸氏十萬卷樓舊藏

現藏日本靜嘉堂文庫

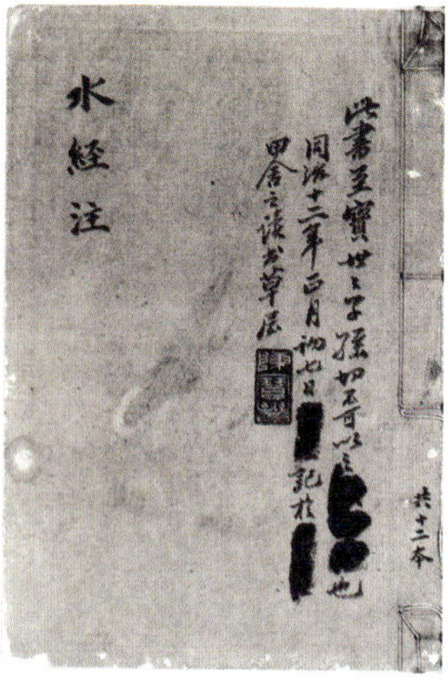

圖 5-1　◎馮校明鈔本第一册封面

十二册。半葉十行，行二十字。經文頂格，注低一格。酈道元自序“不能不猶”下注明“缺二百二十字”。每卷首題“桑欽撰　酈道元注”。

此書目録後及卷一首葉上方有馮舒（己蒼）批校説明〔一〕，卷中有馮舒點讀批校。除卷六、卷七、卷三十九、卷四十外，其餘每卷末皆有識語，記校畢年月〔二〕，兼及

〔一〕目録後馮舒題曰：“校用柳僉本，黄塗改者是；奇事用青◟，朱改亦用青；佳言璋句用黑○或◟；此本不誤而柳本誤者，亦用朱筆側注柳本所作之字；直用紅筆增者，謝耳伯所見宋本也。”卷一首頁書眉題：“校閲此書，俱照柳僉宋版印鈔本。行間青筆，照朱謀㙔郁儀所校。”

〔二〕第七卷以前校於崇禎十五年（一六四二年），第八卷以後校於隆武二年（一六四六年）。按，陸心源據卷一末題記言馮氏校於崇禎十五年，胡適已論其不確。參見陸心源《馮巳蒼校宋本〈水經注〉跋》（按，“巳”當作“己”，下統改），《儀

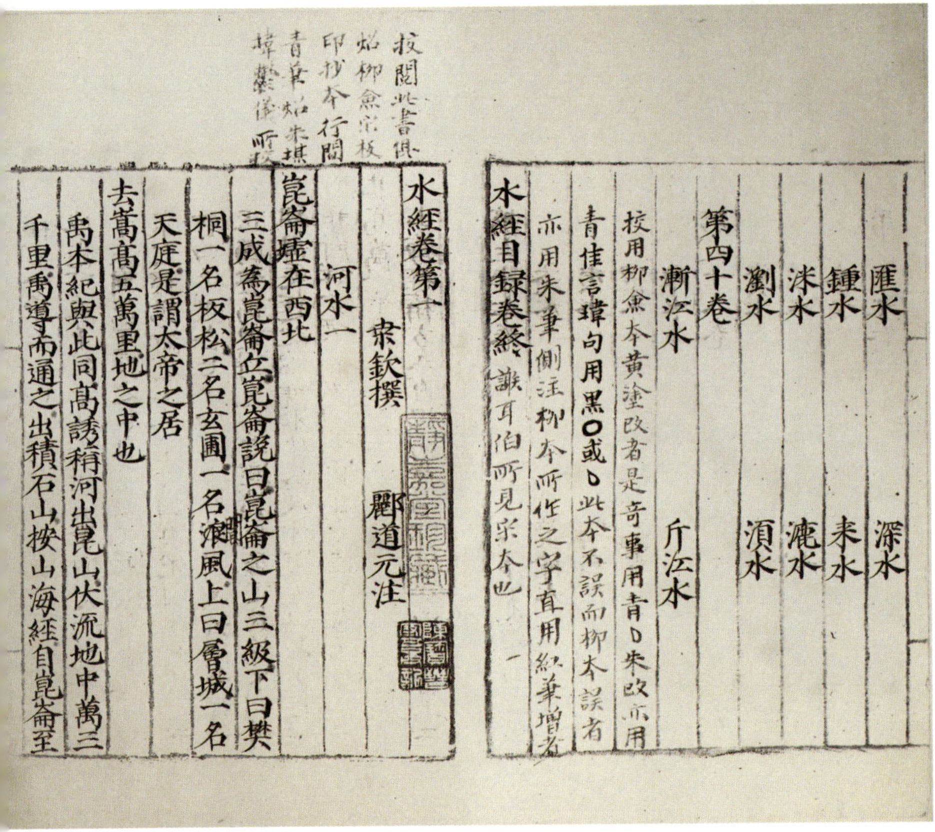

匯水 深水
鍾水 耒水
洣水 漉水
瀏水 溳水
第四十卷
漸江水 斤江水
校用柳僉本黄塗改者是奇事用青D朱改亦用
青佳言瑋句用黑O或D此本不誤而柳本誤者
亦用朱筆側注柳本所作之字直用紅筆增者
水經目録卷終 謙且伯所見宋本也

水經卷第一 宋欽撰 酈道元注
河水一
崑崙墟在西北
三成爲崑崙丘崑崙説曰崑崙之山三級下曰樊
桐一名板松二名玄圃一名閬風上曰層城一名
天庭是謂太帝之居
去嵩高五萬里地之中也
禹本紀與此同高誘稱河出崑山伏流地中萬三
千里禹導而通之出積石山按山海經自崑崙至

圖 5-2 ◎馮校明鈔本目録末頁及卷一首頁

時事〔一〕。又間用"己蒼父""馮己蒼""己蒼""馮舒之印""馮氏己蒼""癸巳人""長樂"等印。

此書本是馮舒家藏本，後藏徐氏傳是樓〔二〕，又爲

顧堂續跋》卷八，《儀顧堂書目題跋彙編》，中華書局，二〇〇九年，頁三五七；胡適《馮舒（己蒼）家藏寫本〈水經注〉》，《胡適全集》卷一六，頁五三五。

〔一〕如卷十六末識曰："六月初七終此卷。是月之初三，白腰兵至張涇劫陽濠村等處。"卷二十六末識曰："廿九日畢此卷。廿八日縣兵入鄉，名曰逐白腰兵，實則搶良民也。顏家灣一帶共搶二十餘家，縛八人歸，殺其二。"

〔二〕酈序下及卷四十末有"傳是樓珍藏"印。

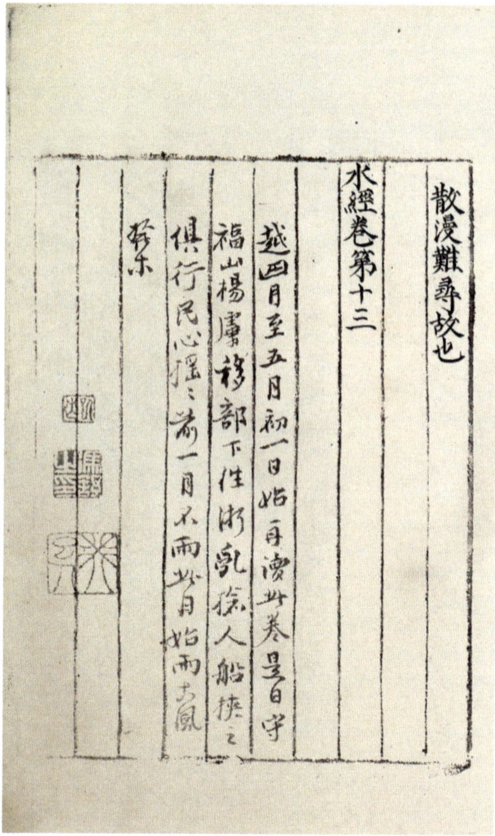
散漫難尋故也
水經卷第十三
越四月至五月初一日始再讀此卷是日守
福山楊廣移部下往淞亂掠人船挾之
俱行民心搖搖前一月不雨此月始雨大風
癸未

圖5-3 ◎馮校明鈔本卷十三末馮舒識語

常熟張金吾所藏〔一〕，一度歸於陳寶晉〔二〕，後歸藏湖州陸心源十萬卷樓，現藏日本静嘉堂文庫。

馮校明鈔本保留了宋寫本的一些特點，從中判斷，此書的鈔成年代似較前述三部明鈔本〔三〕早，其底本很可能是一部宋刻本

〔一〕張金吾《愛日精廬藏書志》，上海古籍出版社，二〇一四年，頁二七五。

〔二〕封面題："此書至寶，世世子孫切不可以之[redacted]也。同治十二年正月初七日[redacted]記於[redacted]田舍之讀書草屋。"（按，"■"處爲塗黑文字）末鈐"陳寶晉"印。

〔三〕指《大典》本、朱藏明鈔本、瞿藏明鈔本。

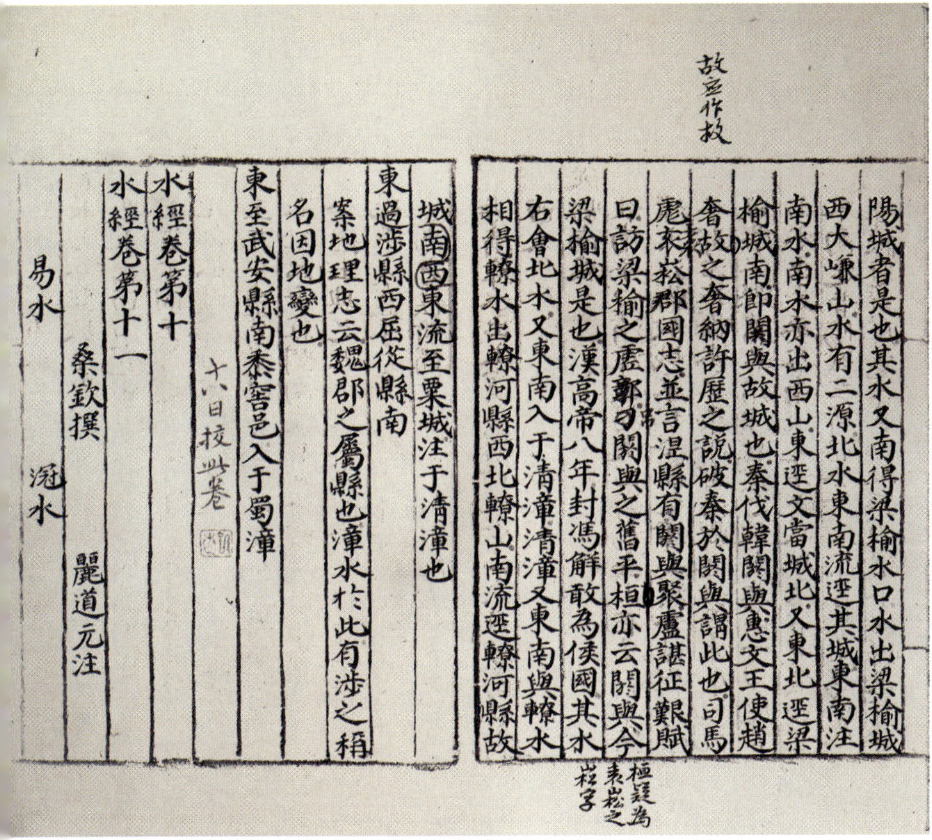

5-4　◎馮校明鈔本卷十末直接卷十一且下題“麗道元注”

或鈔宋本。兹詳論如下。

其一，今所見《水經注》的鈔本、刻本，每卷的卷首總是另起一葉，不會直接接在前一卷卷末葉上。而在馮校明鈔本的卷十末葉上則可看到接寫卷十一的文字，此種情況爲鈔自宋本之證〔一〕。

其二，文中字詞有重複处，以“〲”符號表示重出。如卷

〔一〕陸心源《馮己蒼校宋本〈水經注〉跋》：“卷十後，即接卷十一，不别紙起。宋本往往如此，尤爲從宋本傳録之一證。”參見所著《儀顧堂續跋》卷八，《儀顧堂書目題跋彙編》，頁三五八。

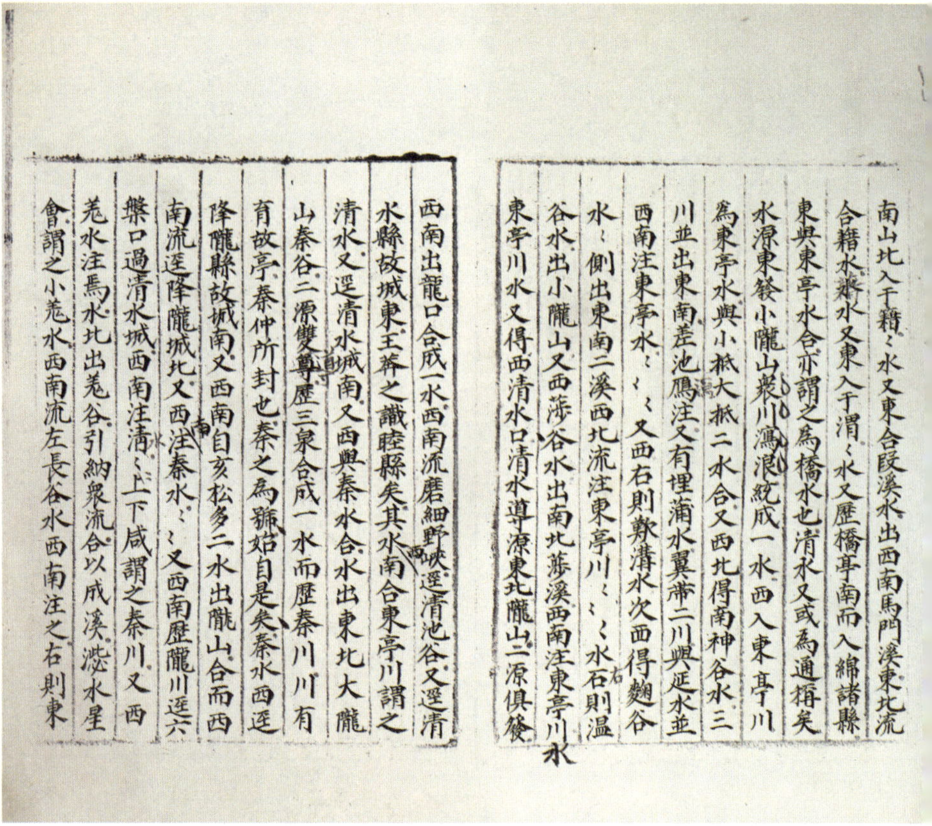
南山北入于耤く水又東合段溪水出西南馬門溪東北流
合耤水耤水又東入于渭く水又歷橋亭南而入綿諸縣
東與東亭水合亦謂之爲橋水也清水又或爲通稱矣
水源東發小隴山衆川瀉浪統成一水西入東亭川
爲東亭水與小祇大祇二水合又西北得南神谷水三
川並出東南差池鴈注又有埋蒲水翼帶二川與延水並
西南注東亭水くく又西右則歎溝水次西得魏谷
水く側出東南二溪西北流注東亭川くく水石則温
谷水出小隴山又西蒻谷水出南北蒻溪西南注東亭川水
東亭川水又得西清水口清水導源東北隴山二源俱發
西南出龍口合成一水西南流磨細野峽逕清池谷又逕清
水縣故城東王莽之識睦縣矣其水南合東亭川謂之
清水又逕清水城南又西與秦水合水出東北大隴
山秦谷二源雙導歷三泉合成一水而歷秦川川有
育故亭秦仲所封也秦之爲號始自是矣秦水西逕
降隴縣故城南又西南自亥松多二水出隴山合而西
南流逕降隴城北又西注秦水くく又西南歷隴川逕六
槃口過清水城西南注清くく上下咸謂之秦川又西
羌水注焉水北出羌谷引納衆流合以成溪溪水星
會謂之小羌水西南流左長谷水西南注之右則東

圖 5-5 ◎馮校明鈔本卷十七有多處重文記號“く”

十七“聲隐く如雷”，第二个“隐”字用“く”代替；“溪谷赤嵩二水並出南山東北入渭水くく又東與新阳崖水合”，第二个“渭水”以“くく”代替；“又東北大旱谷水南出旱溪歷澗北流泉溪委漾同注黄瓜水くくく又東北歷赤谷”，其中的“くくく”代替“黄瓜水”三字。此類例子甚多，反映了早期鈔本的面貌。這種以符號代替重出字詞的寫法，很容易造成後來在鈔寫、刊刻中字詞脱漏現象的發生。

其三，文中偶有不缺字或缺字的空行或空格出現。如卷十三《濕水注》“疑即東代矣”下空一行（爲半葉的最後一行），另起行接“而尚傳將城之名”，中間不缺一字；又如卷十七“其水（按，

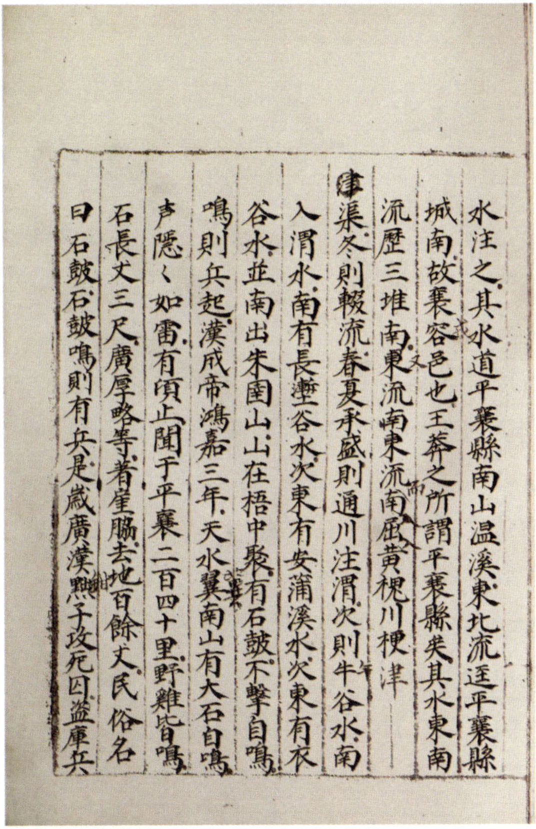

水注之其水道平襄縣南山温溪東北流逕平襄縣
城南故襄容邑也王莽之所謂平襄縣矣其水東南
流歷三堆南東流南東流南屈黄槐川梗
津渠冬則輟流春夏承盛則通川注渭次則牛谷水南
入渭水南有長壍谷水次東有安蒲溪水次東有衣
谷水並南出朱圉山山在梧中聚有石鼓不擊自鳴
鳴則兵起漢成帝鴻嘉三年天水冀南山有大石自鳴
声隱隱如雷有頃止聞于平襄二百四十里野雞皆鳴
石長丈三尺廣厚略等着崖脇去地百餘丈民俗名
曰石鼓石鼓鳴則有兵是歲廣漢鉗子攻死囚盜庫兵

圖 5-6　◎馮校明鈔本卷十八行四缺字提行

指温谷水）東南流歷三堆南東流〔一〕東流南屈黄槐川梗津渠冬則輟流春夏承盛則通川注渭”，其中“梗”字下空四格，“津”字另行頂格寫。這類不缺字的空格，當是反映了此鈔本底本的狀況。另有一類缺字的空格，如卷十八“有文字曰皇□皇□敗趙昌”〔二〕，原文空缺二“亡”字，也應是底本原貌的反映。

其四，書中卷十一下題“麗道元注”，“麗”字與别處不同，疑底本原即如此。

〔一〕按，此“東流”二字疑衍。

〔二〕按，馮校增改爲“有文字曰皇亡皇亡改趙昌”。

另外，書中筆跡並不統一，應是更换鈔手所致。如卷三十九後三葉字跡不同於前後；卷四十“石鼓打之無聲以問張華”至“太守王廣之移亭在水中晉司”二百八十字，兩個半葉，均八行，字跡與前後復有别。

由上述特徵可知，馮校明鈔本保留了宋代寫本的一些特徵，並可據此判斷後世鈔本、刻本間字詞脱漏等致誤的原因，故此書版本價值極高。

從校勘角度看，馮校明鈔本原文有同於他本處，有較他本爲勝之處，同時文字訛脱現象亦爲數不少。原文優勝之處，馮舒已點出數例；原文訛脱之處，大多數已由馮氏以柳僉影宋鈔本〔一〕、謝兆申所見宋本、《注箋》本、譚本及其他古籍進行校改。以下通過具體實例進行論述。

其一，脱簡錯簡方面，馮校明鈔本原文與殘宋本、《大典》本、朱藏明鈔本基本相同。如卷十六《穀水注》“有清泉茂樹衆果竹栢藥草蔽翳”下，錯續“渭水又東南得歷泉水”等三百多字。馮校全删此三百多字，並補出相關文字（側注於行間），另加眉批曰：“已下是十七卷注，誤在此，下失石崇《金谷》序文，現《世説注》。”〔二〕又，卷十八“長安人劉終於崩”下，四百多字不脱；經文“又東芒水從南來流注之”下，“芒水出南芒谷北流”至“一水北流注於渭也”一段亦不脱。卷十九多處錯簡皆同殘宋本、《大

〔一〕按，柳僉鈔本今已亡佚。馮舒校本中保留的柳僉鈔本，是目前所知時代最早、保留最完整的副本；清孫潛亦曾用柳僉鈔本校《水經注》，然其校本今已不全。

〔二〕按，此處《注箋》本已指出錯簡，並以《世説注》載《金谷詩叙》文字補。

典》本、朱藏明鈔本，馮校以眉批標注某段當在某處。

其二，馮校明鈔本原文有較他本爲佳之處〔一〕。如卷五《河水注》"後作堤發卒數十萬詔景與將作謁者王吴治渠築堤防修堨起自滎陽東至千乘海口千有餘里"，馮校："各本'吴'俱作'昊'，按《漢書》、《玉海》俱作'吴'。此本所以佳也。"又，"春秋麟不當見而見孔子書以爲異河者諸侯之象清者陽明之征豈徒諸侯有窺京師也"，馮校："'象'各本俱(作)'相'，謝按宋本作'象'。此本實佳也。"又，"漢安帝父孝德皇以太子被廢爲王薨於此乃葬其地尊陵曰甘陵"，馮校："'安定父追尊孝德王'，'孝'字各本俱'考'，誤也，此本是。"又，"又東北過陽虚縣東商河出焉"，馮校："《漢書》作'虚'，各本俱非，獨此是。"

其三，馮校明鈔本原文在文字上存在諸多訛誤。如卷十七"東北逕襄武縣南東北流入於謂"，"謂"爲"渭"之訛；"赤亭之出東山赤谷"，其中"之"爲"水"之訛；"其水又東北與南川也合"，其中"也"爲"水"之訛；"東北流逕平襄縣城南故襄容邑也"，其中"襄容邑"爲"襄戎邑"之訛；"漢武帝鴻嘉三年天水翼南山有大石自鳴"，其中"翼"爲"冀"之訛；"城即隗囂稱西北所居也"，其中"西北"爲"西伯"之訛；"渭水又東出岑峽入新陽州"，其中"新陽州"爲"新陽川"之訛；"隗

〔一〕陸心源《馮己蒼校宋本〈水經注〉跋》："卷一'昆侖虚'上不衍'河水'二字；'此樹名娑羅樹'，'娑'不誤'婆'；'上我置樓上'不作'置我樓上'，'父母作是思維'，'父母'不訛'二父'；'王布效心誠'，不訛'怖懼心伏作'；'父抱佛像'，'父'不訛'佛'；'送物助成'，'送'不訛'迸'；'九流分逝'，'逝'不誤'遊'；'浮沫揚奔'，'奔'不訛'望'。"參見所著《儀顧堂續跋》卷八，《儀顧堂書目題跋彙編》，頁三五七。

囂開略陽陷悉衆以攻歙”，其中“開”爲“聞”之訛；“光武親將囂西西城”，第一個“西”字爲“走”字之訛；“瓦亭水又東南得大華谷水又東南得折黑溪水”，其中“折黑溪水”爲“折里溪水”之訛；“水出西山北澗聲流總成一川”，其中“北澗聲流”爲“百澗聲流”之訛；“東歷當亭川即當亭縣伯也”，其中“縣伯”爲“縣治”之訛；“望之恒有落世”，其中“世”爲“勢”之訛。卷十八“地理志以爲西虢縣太康記曰虢叔之國矣”，其中兩處“虢”字爲“虢”字之訛等。此類訛誤多爲馮舒校正，或直接改字，或側注於旁。

其四，馮校明鈔本原文又有鈔乙、鈔脱、鈔衍的現象。如卷十七“其水逕北冀縣城北”，其中“逕北”當作“北逕”；“俱出南山北逕冀城東而流北於渭”，其中“流北”當作“北流”；“永始二年成帝罷安定呼他苑以安爲民縣”，其中“以安爲民縣”當作“以爲安民縣”；“石宕水注之水出北山山有上女媧祠”，其中“山有上”當作“山上有”。又，“隗囂聞略陷使牛邯守瓦亭”，其中“略”下鈔脱“陽”字；“其竿踞餌兩膝遺跡猶存”，其中“其”下脱“投”字。又，“史記秦寧公三年徙平平陽”，其中“平”字爲衍文。馮氏對於此類錯誤，或乙正，或增補，或删去衍文。

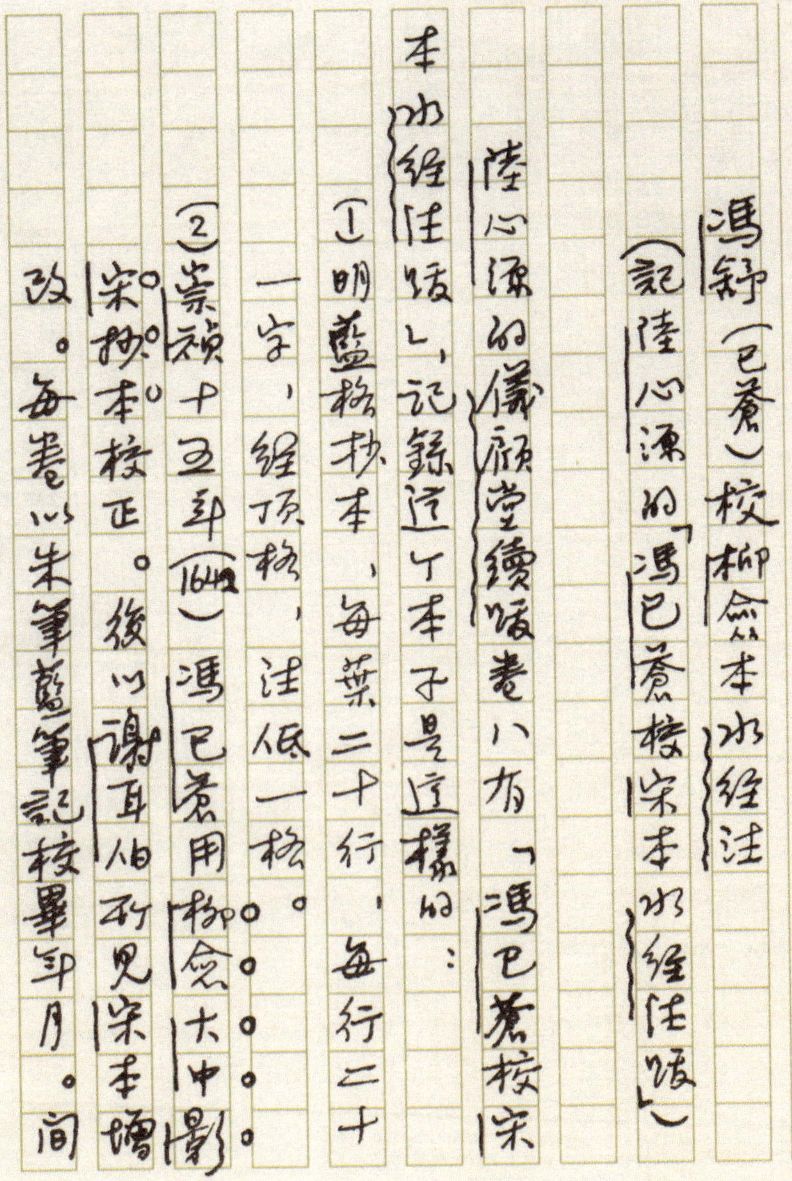

馮舒（己蒼）校柳僉本水經注

（記陸心源的「馮己蒼校宋本水經注跋」）

陸心源的儀顧堂續跋卷八有「馮己蒼校宋本水經注跋」，記錄這个本子是這樣的：

(1)明藍格抄本，每葉二十行，每行二十一字，經頂格，注低一格。

(2)崇禎十五年(1642)馮己蒼用柳僉大中影宋抄本校正。後以謝耳伯所見宋本增改。每卷以朱筆藍筆記校畢年月。间

圖 5-7　◎胡適手稿《馮舒（己蒼）校柳僉本〈水經注〉》

水經注

四十卷

明鈔本

（韓藏明鈔本）

松江韓氏讀有用書齋舊藏

現藏中國國家圖書館

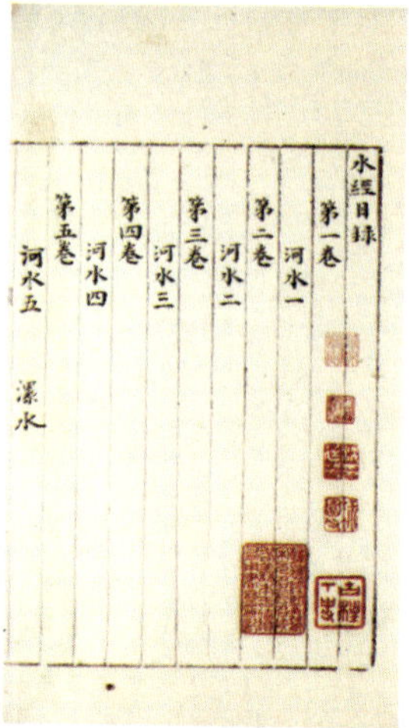
水經目録
第一卷
河水一
第二卷
河水二
第三卷
河水三
第四卷
河水四
第五卷
河水五
漯水

圖 6-1 ◎韓藏明鈔本目録首葉

十二册。半葉十一行，行二十二字，藍欄，白口，四周單邊。卷首有西皋主人識語[一]。每卷目下題“桑欽撰　酈道元注”。卷中有“李更生字南枝”“沈印廷芳”“臣廷芳”“廷芳”“椒園父”“錢塘書屋”“名在漢人中”“古柱丁中父”“盥蒙居士”“韓應陛鑒藏宋元名鈔名校各善本于讀有用書齋印記”“甲子丙寅韓德均錢潤文夫婦兩度攜書避難記”“周暹”等藏印。

〔一〕西皋主人識曰：“《水經》余向有善本，藏於松陵月滿樓中，甲寅兵後遂失之。今購此聊備翻閱，但苦遺謬甚多，不遑讎校，姑存諸以俟歸畊之暇再定丹黄可耳。丙辰夏五竹醉日，西皋主人識。”下鈐“名在漢人中”白文、“有心尋古”朱文二方印，起首鈐有“芳草”朱文印。按，鄒百耐纂《云間韓氏藏書題識彙録》（上海古籍出版社，二〇一三年，頁三二）録此跋文及藏印較詳。

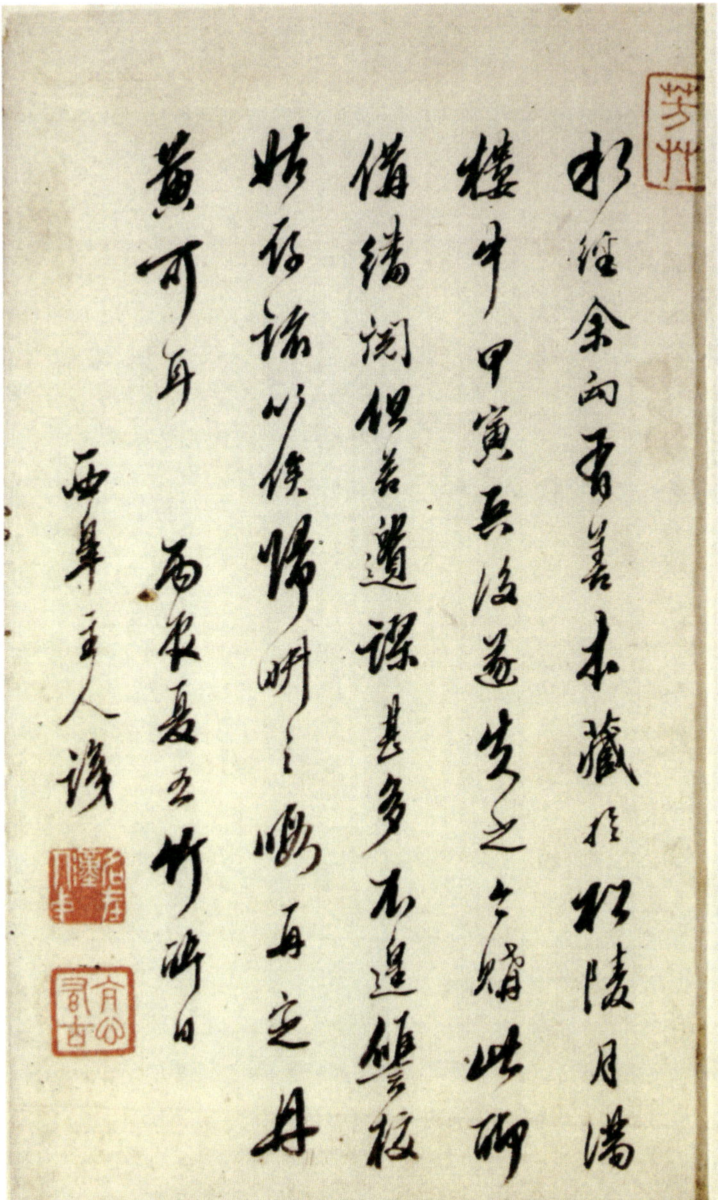

圖6-2 ◎韓藏明鈔本卷首西皋主人識語

卷中有沈廷芳〔一〕、韓應陛〔二〕校跋。此書又曾爲周叔弢所藏〔三〕。

韓藏明鈔本保留了鈔宋本的一些特徵，尤其是保存了舊寫本中經、注區分不嚴格的痕跡，因此具有獨特的版本價值。此本雖系舊鈔，然訛誤甚多，原文之上又有前後校正之筆，這或許反映了不同宋本的面貌〔四〕。以下從五個方面論述此本的特點。

〔一〕沈氏跋曰："此本雖舊鈔，字多粗率，訛謬實繁。中有前後校正之筆，亦未盡當。乾隆戊寅夏初，余甫自東粵歸，將赴修門道，出海昌之石漾，登先外祖官詹查公澹遠堂，獲之書賈，匆匆北上，未暇細讎。旋補涉臬，又以案牘勞形，不遑觸手。今日偶閑，一爲檢視，家藏項氏細刊本以未攜，不能校對。又聞同年全起士祖望、族兄征士炳謙均有訂本，尋當假以改正，書此爲左券云。是歲九月後五日，仁和沈廷芳志於臬署之挹華齋。"

〔二〕卷一卷目下注明"紅筆據明朱謀㙔本"，爲韓應陛親筆。韓氏跋曰："酈氏之學，素未從事。咸豐七年臘月，湖州書友顧姓持此書來，收之。書係舊鈔本，首有丙辰夏五西皋主人題，末有乾隆戊寅九月仁和沈椒園廷芳志語。書坊間人重編，失次不免，手爲更正。因取舊存朱南州謀㙔《箋評》本略爲對勘（中略）書中朱、墨筆校字不著所據之本，當係疏漏，或亦原本已自録入另紙，裝書時爲人失去故耳。余年老，精神衰憊，温習舊業且不足，豈能更從事新學。惟雖不復事此，而固能知此本之佳，因書此以告世之喜此學者，俾知此本之可貴耳。應陛，五日燈下。"

〔三〕周一良主編《自莊嚴堪善本書影》，國家圖書館出版社，二〇一一年，頁三八八。又，傅增湘《藏園群書經眼録》，中華書局，二〇〇九年，頁三七八。

〔四〕韓應陛跋曰："又朱所引宋本，多與此鈔同者，而多爲朱筆抹去。因隨手籤出各條黏上方，據此知此本係從別刻完善宋本未經脱簡者鈔出，而朱筆所據乃係別本，即屬宋本亦係脱簡後校改本耳。"參見鄒百耐《云間韓氏藏書題識彙録》，頁三三。

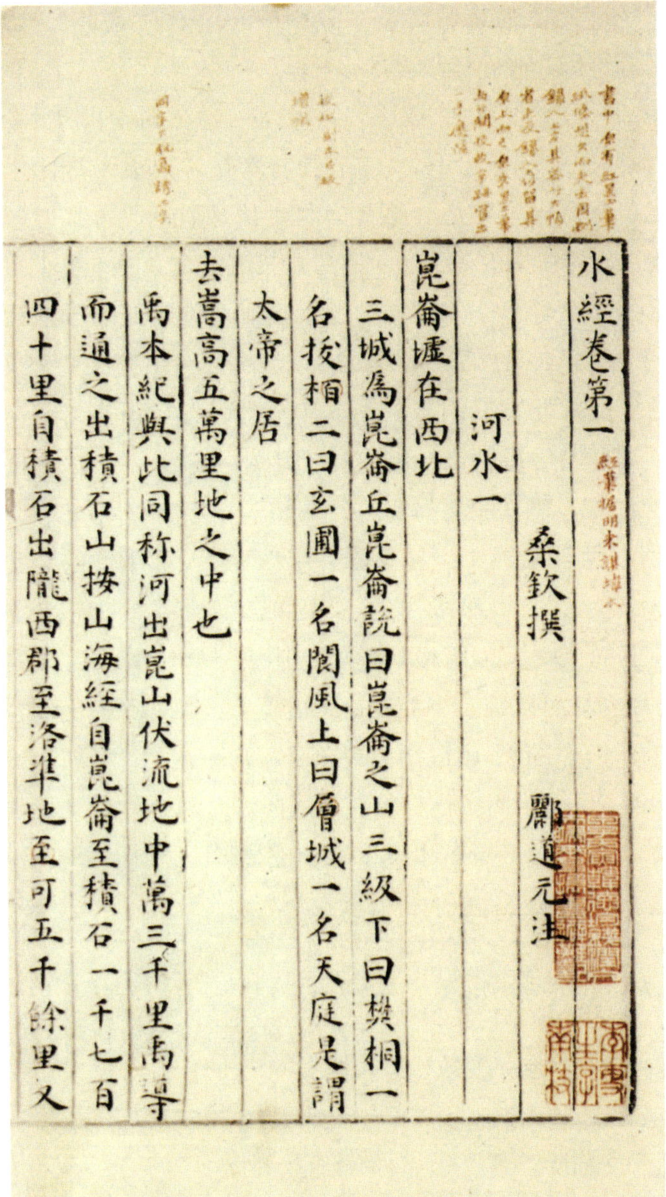

水經卷第一

桑欽撰　酈道元注

河水一

崑崙墟在西北

三城爲崑崙丘崑崙說曰崑崙之山三級下曰樊桐一名板桐二曰玄圃一名閬風上曰層城一名天庭是謂太帝之居

去嵩高五萬里地之中也

禹本紀與此同稱河出崑山伏流地中萬三千里禹導而通之出積石山按山海經自崑崙至積石一千七百四十里自積石出隴西郡至洛準地至可五千餘里又

圖 6–3 ◎韓藏明鈔本卷一首葉

其一，此本前後筆跡不一致，如卷十六與卷十七、十八、十九字跡不同，當係經數人之手鈔成。

其二，用字並無統一規範。如卷首、卷尾的卷目標示上，數字寫法不統一，如卷十七、十八首尾皆寫作“拾柒”“拾捌”〔一〕，卷十九卷首寫作“十九”，卷尾寫作“拾玖”。

其三，經注文的書寫上，不嚴格按照經文頂格、注低一格的格式。如卷十七第一條經文“渭水出隴西首陽縣”云云頂格書寫，其下注文第一行低一格，第二行起又頂格寫；第二條經文“又東北過襄武縣北”低兩格，其下注文另起一行頂格寫；第三條經文“又東過獂道縣南”接寫在上段注文最後一句“遂遷魏而事晉”之後，其下注文另起一行頂格寫；第四條經文“又東過冀縣北”、第五條經文“又東過上邽縣”以及卷十九的經文“渭水又東合甘水”“而沈水注之”“又東過華陰縣北”“東入於河”等及其下的注文，鈔寫格式皆如上述第三條經文。這樣的書寫方式，極容易導致經、注不辨；此種現象，也讓我們比較容易理解後來的本子中經、注混淆的現象是如何出現的。

其四，脱簡錯簡方面，卷十八“長安人劉終於崩”下四百多字不脱〔二〕；經文“又東芒水從南來流注之”下注文八十多字不脱；

〔一〕按，“水經卷第拾捌”之“經”字訛作“終”。

〔二〕此處校者在“劉終於崩”下劃一横綫表示與此下文字隔開，又改“於崩”作“云崩”，並增“亡也”二字於其下。韓應陛論此條校改曰：“即如十八卷内一條，朱筆據刻本改‘於’爲‘云’，‘云崩’下增‘亡也’二字，盖中既脱去二十一行，‘於崩志也’四字接連，‘志’字又或形近‘妄’字致訛，校者以‘劉終於崩妄也’文理不通，遂以‘妄’作‘亡’，而又改‘於’爲‘云’，而‘劉終’竟變爲注釋人，‘長安’以下數字又將變以注語字，卷十九錯簡皆同殘宋本。

其五，文字方面，此本原文鈔錯、鈔脱、鈔衍之處甚多，不過大多數訛脱已經由後人以朱筆校改。試舉數例：卷十七“其來也自東南暉暉聲若雷野雞皆鳴神也”，其中“鳴”字下脱“故曰雞鳴”四字〔一〕；“魏明帝遣將軍太原郝昭築陳倉山城成”，衍“山”字；“岩嶂高峻不通軌軏輒”，衍“軏”字。卷十八“子孫無由起公於子祖宗之墳陵矣”，其中“起公”爲“起宫”之訛，“於”下又衍“子”字。卷十九“闞駰謂之新正妝鄭縣故北”，其中“新正妝”乃“新鄭水”之訛，其下又脱“又東逕”三字，“故”下脱“城”字；“漢鎮遠將軍改威鎮修祠堂碑文”，其中“改威鎮修”乃“段煨更修”之訛；“上畫天文景秀之備下以水銀爲四讀百川五嶽九州”，其中“天文景秀之備”應作“天文星宿之象”，“四讀”乃“四瀆”之訛〔二〕。上述訛誤，皆有朱筆校改，側注於旁。然校改也有不盡準確之處，如卷十七“亮若出武功依山東轉者是其勇也”，校改“勇”字爲“憂”字，似不妥；卷十八“夜度作城立於是水之次也”，校改“夜度”作“夜汲”，不妥〔三〕。

雖可笑，而其校改致誤之由具有條理可尋也。”（《云間韓氏藏書題識彙録》，頁三三）

〔一〕按，校者補此四字，側注於旁。

〔二〕其他錯字如卷十七“渭”訛作“謂”，“地理志”訛作“地里志”，“郁夷縣”訛作“都夷縣”，“郁平”訛作“都平”，“青龍二年”訛作“清龍二年”，“攻之不便”訛作“功之不便”；卷十八“盩厔”訛作“盩屋”，“至若山雨滂湃”訛作“至若山兩煨並黄”等，不勝枚舉。按，疑當時是一人念書一人鈔寫，故常出現同音錯字；念者時有不識之字而念錯，致鈔手同時鈔錯。

〔三〕按，黄本作“夜波”，《注箋》本作“夜汲”，《箋》曰：“《魏志》作‘夜渡兵作城，比明城立。’”

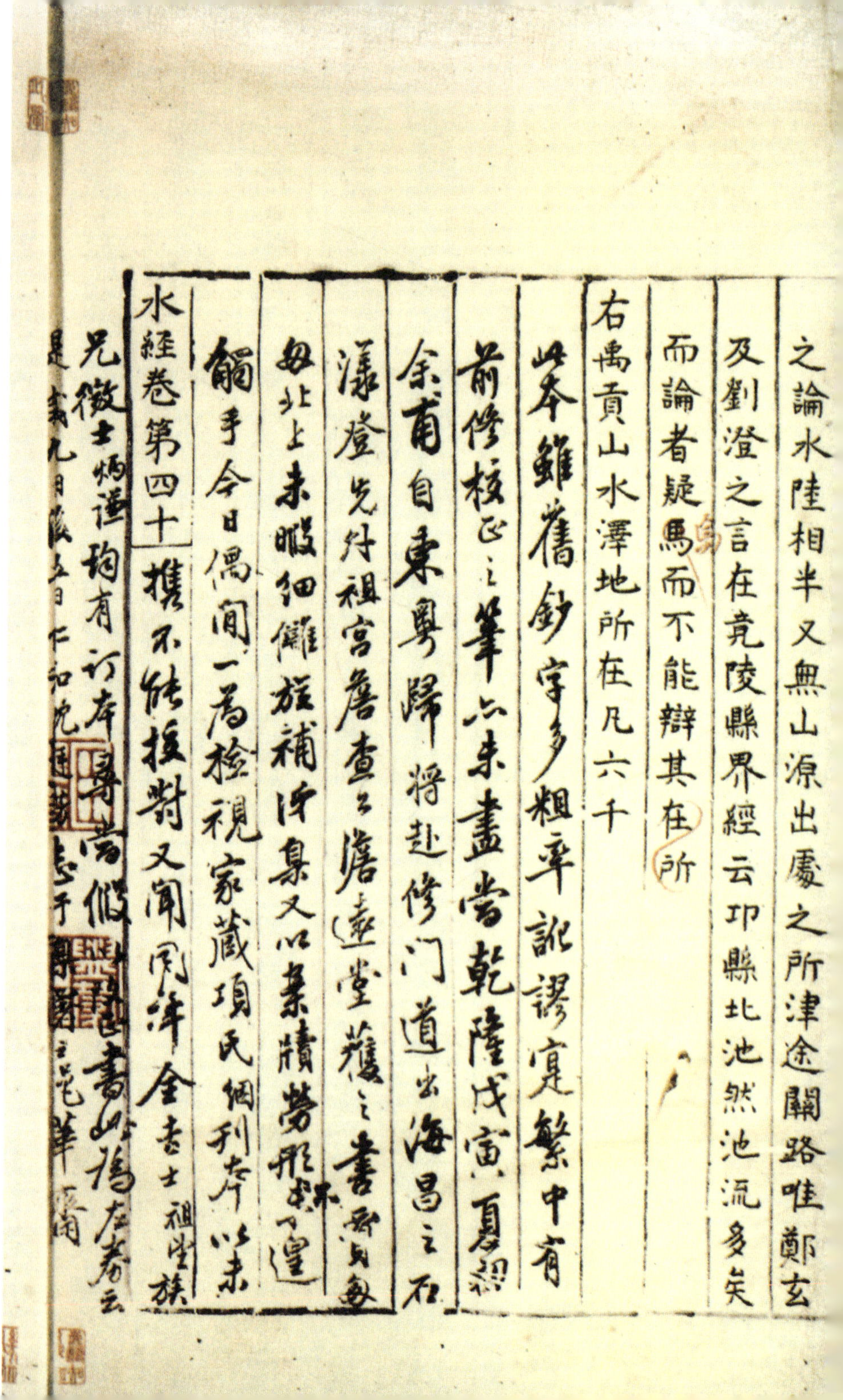
之論水陸相半又無山源出處之所津途闕路唯鄭玄
及劉澄之言在竟陵縣界經云邛縣北池然池流多矣
而論者疑焉而不能辯其在所
右禹貢山水澤地所在凡六十
此本雖舊鈔字多粗率訛謬寔繁中有
前修校正之筆亦未盡當乾隆戊寅夏
余甫自東粵歸將赴修門道出海昌之石
漾登先外祖宮詹查〻[illegible]遠堂藏之書[illegible]
每北上未暇細讎旋補臬又以案牘勞形未遑
翻手今日偶閒一爲檢視家藏項氏綱刊本以未
水經卷第四十
攜不能校對又聞同年全吉士祖望族
兄徵士炳[illegible]有[illegible]嘗假[illegible]書以爲左券云
是歲九月後五日仁和沈廷芳[illegible]

圖6-4 ◎韓藏明鈔本卷末沈廷芳跋語

〔一二五〕

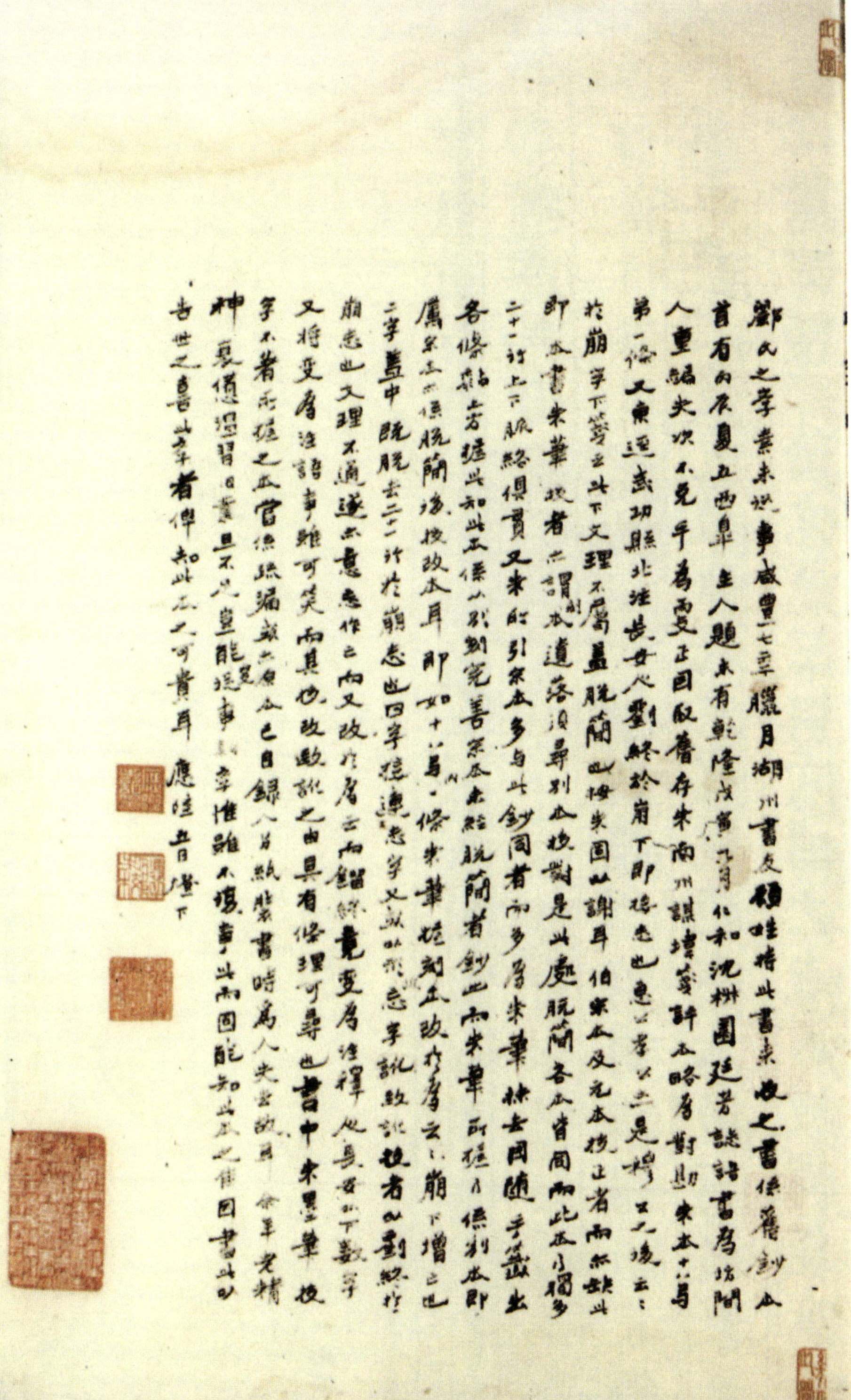

鄭氏之學素未從事。咸豐七年臘月，湖州書友顧姓持此書來，收之。書係舊鈔本，
首有丙辰夏五西皋主人題，末有乾隆戊寅夏四月仁和沈彬園廷芳識語，書為坊間
人重編失次，不免手為更正。因取舊存朱南州謀壇參許本略為對勘，朱本十八篇
第一條又東逕武功縣北注長安人劉終於崩下即條泰也。惠以李以上是一樣又人後云云
於崩字下第三此下文理不屬，蓋脫簡也。按朱國以謂耳。伯家本及元本校正者，而於缺此
即本書朱筆校者亦謂此本遺落，須尋別本校對。是此處脫簡各本皆同，而此本獨多
二十一行上下脈絡俱貫。又朱所引宋本多與此鈔同者，而多為朱筆抹去。因隨手鐵出
各條舊嶺若據此知此本條以別對寫善宋本，未經脫簡者鈔出，而朱筆所據乃係別本，即
屬宋本亦係脫簡後校改本耳。即如十八篇一條，朱筆據刻本改作存云云，崩下增之也
二字，蓋中脫脫去二十一行於崩志也。四字據連志字又敘此形志字訛敘訛，校者以劉終於
崩志也文理不通，遂亦意為作之，而又改作存云而錯解，竟更為注釋，以上並以下數字
又將更為注語，事雖可笑，而具也。改數訛之由，具有條理可尋也。書中朱墨筆校
字不者所據之本，官係疏漏，亦亦原本已目錄。八月紙裝書時，為人失去改耳。余年老精
神衰憊，溫習舊書且不足，豈能從事考？惟雖不壞，專此而固能知此本之佳，因書此以
告世之喜此本者，俾知此本之可貴耳。應陛五日燈下

圖 6-5 ◎韓藏明鈔本卷末韓應陛跋語

水經注

四十卷

明鈔本

（陳藏明鈔本）

常熟陳氏稽瑞樓舊藏

現藏中國國家圖書館

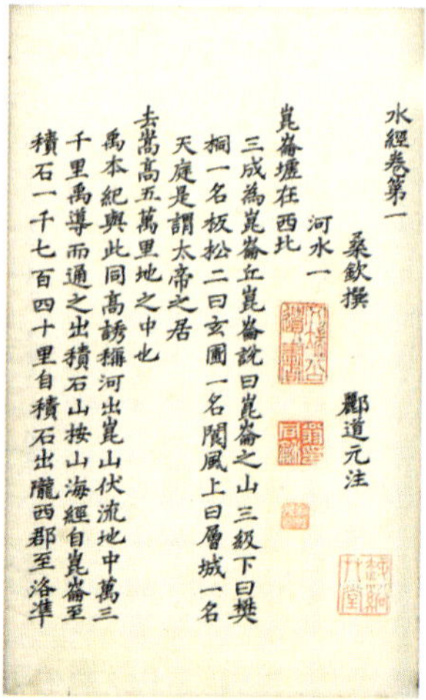
水經卷第一　桑欽撰　酈道元注
河水一
崑崙墟在西北
三成爲崑崙丘崑崙說曰崑崙之山三級下曰樊
桐一名板松二曰玄圃一名閬風上曰層城一名
天庭是謂太帝之居
去嵩高五萬里地之中也
禹本紀與此同高誘稱河出崑山伏流地中萬三
千里禹導而通之出積石山按山海經自崑崙至
積石一千七百四十里自積石出隴西郡至洛準

圖 7-1　◎陳藏明鈔本卷一首葉

十二册。半葉十一行，行二十字，無欄。經文頂格，注低一格。有酈道元原序之半，所缺之字起止、行款皆同瞿藏明鈔本。每卷首題“桑欽撰　酈道元注”。從行款與文字内容上看，此本底本當爲宋刊本。又，書中有些篇目中的“桓”字有缺末筆避諱的現象，推測此鈔本的祖本當是南宋翻元祐二年（一〇八七年）的一部刻本。卷四十後録有宋本跋語〔一〕。

〔一〕所録宋本跋語曰:“右《水經》,舊有三十卷,刊於成都府學宫。元祐二年春，運判孫公始得善本於何聖從家，以舊編校之，纔載其三分之一耳。於是乃與運使晏公委官校正，削其重複，正其訛謬。有不可考者，以疑傳焉。用公布募工鏤板，完缺補漏，比舊本凡益編一十有三，共成四十卷，分爲二十册。其篇秩小大，次序先後，咸以何氏本爲正。元祐二年八月初一日記。涪州司户參軍充成都府府學教授彭戢校勘。朝奉大夫充成都府轉運判官

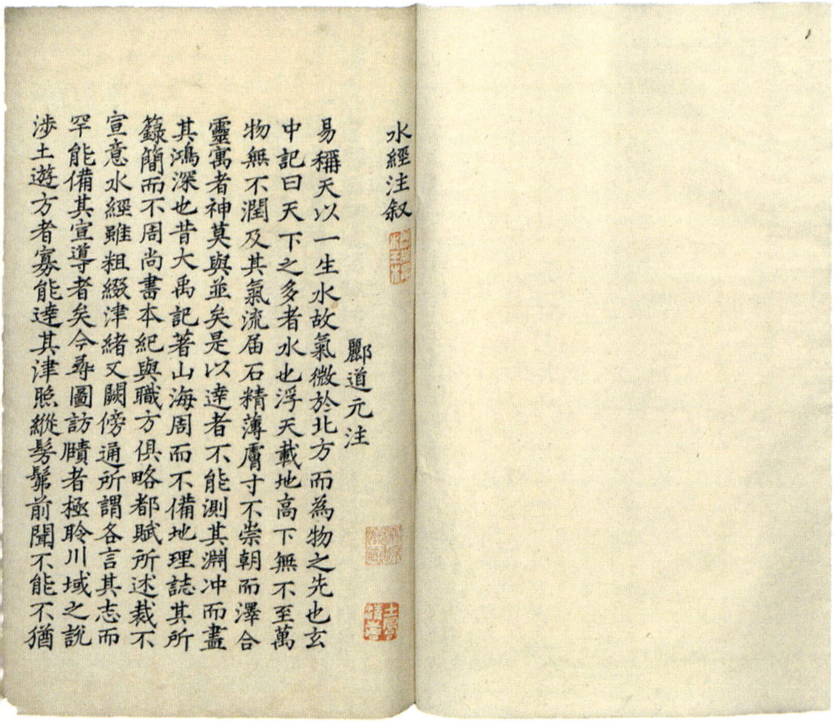

圖 7-2　◎陳藏明鈔本卷首酈道元原序之一

此本卷中有袁廷檮（又愷、受階）校並跋，并過録有何焯、顧廣圻少數校語。又有“何壽仁印”“吴郡沈文”“辨之印”“袁又愷借校過”“稽瑞樓”“文端公遺書”“翁同龢印”“翁斌孫印”“土風清嘉”“越溪草堂”等印。

上護軍賜緋魚袋孫□。朝議大夫充成都府路計度轉運副使兼勸農使上柱國賜紫金魚袋晏知止。”又，清袁又愷校宋本末亦過録此跋，後鈐“廷壽手模”白文印（參見趙萬里過録王國維批校《水經注箋》卷四十末所録題跋）。又，錢曾《讀書敏求記》（管庭芬、章鈺校證，上海古籍出版社，二〇〇七年）卷二下“酈道元注水經四十卷”條下所載與此略同。又，胡適認爲：“此後記甚重要，使我們知道後來刻本皆出於元祐二年的成都增刻本。”説見所撰《袁又愷用顾之逵藏鈔宋本校本的殘本》，收入《胡適全集》卷一七，頁四六七。

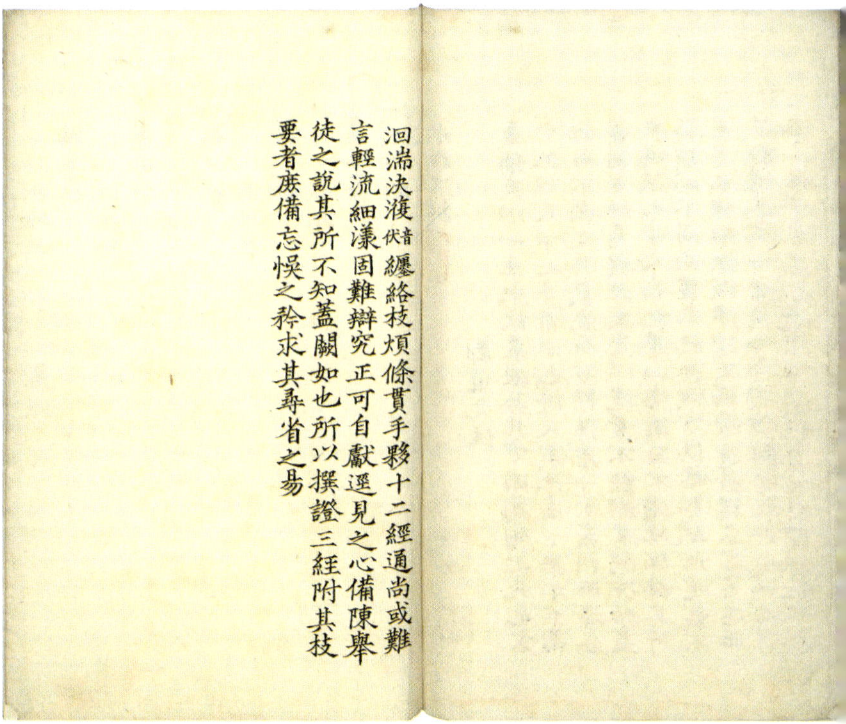
洄湍決澓伏音纒絡枝煩條貫手夥十二經通尚或難
言輕流細漾固難辯究正可自獻逕見之心備陳舉
徒之説其所不知蓋闕如也所以撰證三經附其枝
要者庶備忘悮之矜求其尋省之易

圖 7-3 ◎陳藏明鈔本卷首酈道元原序之二

此本在明先由何壽仁收藏，嘉靖間爲吴郡沈辨之家藏，清乾嘉時爲顧之逵藏，後歸藏陳揆稽瑞樓，陳氏歿，翁心存購得〔一〕。現藏中國國家圖書館。

與另外四部明鈔本不同，學界對陳藏明鈔本的流傳收藏情况瞭解得極爲有限。胡適先生晚年曾治《水經注》二十餘年，所閲《水經注》各種版本可謂無數，並撰寫了百余萬字《水經注》方面的研究著述，其中對明鈔本的問題也多有論及，但令人驚

〔一〕潘文勤（祖蔭）《稽瑞樓書目序》："子准無子，歿後書亦盡散。吾師翁文端公與子准厚，既䘏其身後，以重值收其藏本，僅得三四，散失者已不少矣。"參見陳揆撰《稽瑞樓書目》，商務印書館，一九三九年。

奇的是，他對陳藏明鈔本竟未著一字，想見他生前應該是不知有此鈔本的。僅此一例，即可窺陳藏明鈔本的鮮爲人知。

在陳藏明鈔本上，除了陳揆的"稽瑞樓"藏書章外，還可以看到"何壽仁印""吴郡沈文""辨之印""文端公遺書""翁同龢印""翁斌孫印"等收藏印章。由這些印章在書中的所鈐位置，可以先大致梳理出這一明鈔本的流傳與收藏綫索：在明代先由何壽仁（其人未詳，行跡待考）收藏，嘉靖年間歸吴縣藏書家沈與文（字辨之）。清代嘉慶年間爲陳揆家藏；陳氏歿後，應當爲同鄉好友翁心存購得（潘祖蔭《陳揆〈稽瑞樓書目〉序》中曾提及翁心存曾在陳氏身後得其部分藏書），再經翁同龢（心存之子）、翁斌孫（同龢兄同書之孫）之手，最終當在二十世紀五十年代由翁之熹（斌孫之子）捐贈給當時的北京圖書館。此外，還需要特别注意的是這部鈔本書尾的一則袁廷壽跋語。由這則跋語所透出的信息，可以使上述大致復原的流傳與收藏綫索在沈與文與陳揆之間再補上重要的一環。

袁廷壽（又名廷檮，字又愷，又字壽階，號五硯樓主人），清吴縣人，與黄丕烈（字紹武，號蕘圃、蕘夫，又號複翁）、周錫瓚（字仲漣，號香岩，又號漪塘，别號香岩居士）、顧之逵（字抱沖）並稱乾嘉間吴中"藏書四友"。在陳藏明鈔本書尾，袁氏跋曰："嘉慶乙丑九月借校，因正錯簡脱失。廷壽。"並鈐"袁又愷借校過"章，可見此則跋語字跡當爲袁氏親筆而非過録無疑。而同在乙丑九月，袁氏從顧廣圻（字千里，號澗蘋）處獲得一部孫潛（字潛夫）校《水經注箋》本〔一〕，然後又借得顧之逵小讀書堆所藏影宋鈔本《水經注》，不

〔一〕今僅存十六卷，藏於中國國家圖書館。

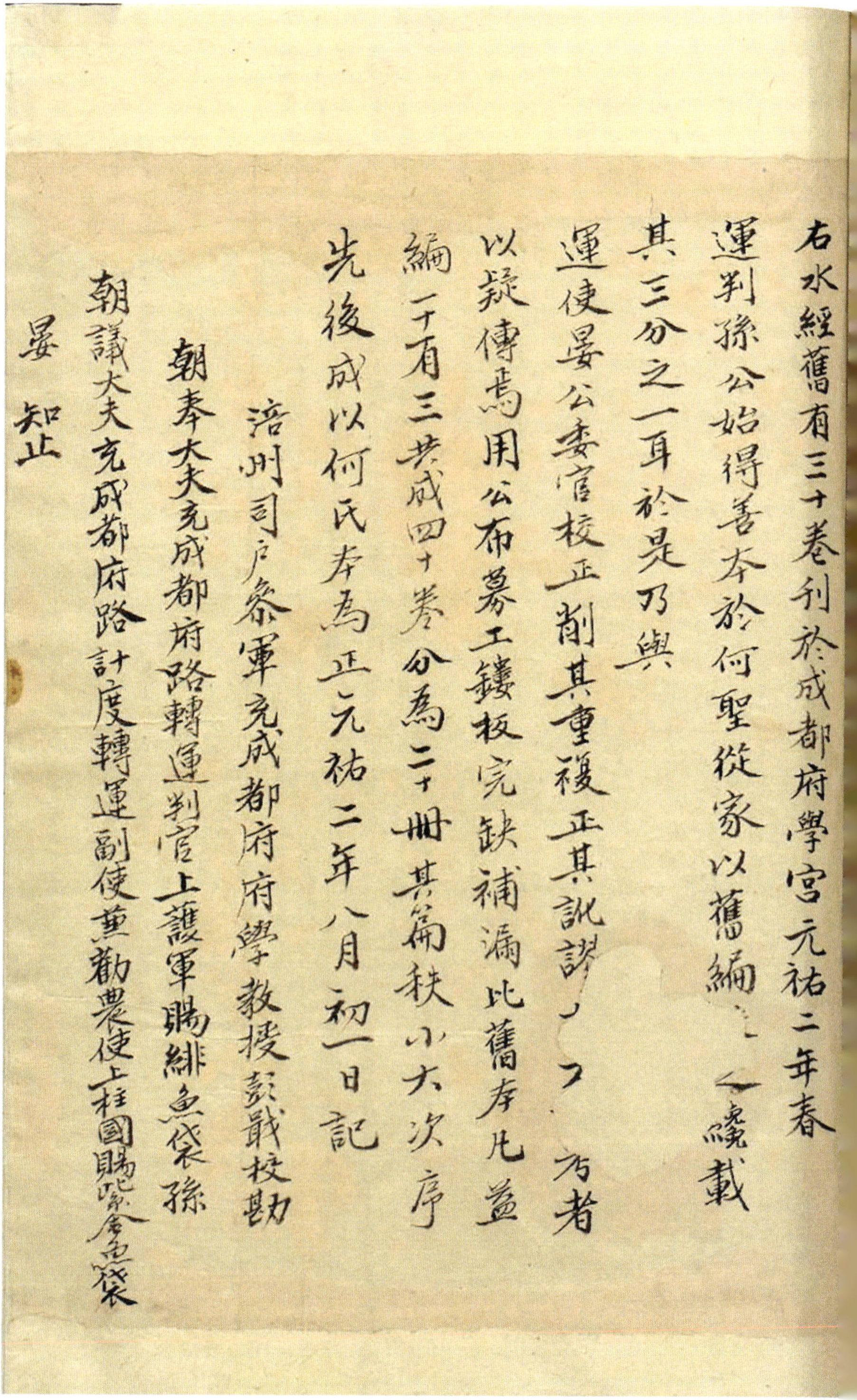
右水經舊有三十卷刊於成都府學宮元祐二年春
運判孫公始得善本於何聖從家以舊編[illegible]纔載
其三分之一耳於是乃與
運使晏公委官校正削其重複正其訛謬[illegible]者
以疑傳焉用公布募工鏤板完缺補漏比舊本凡益
編一十有三共成四十卷分為二十冊其篇秩小大次序
先後成以何氏本為正元祐二年八月初一日記
涪州司户參軍充成都府府學教授彭戩校勘
朝奉大夫充成都府路轉運判官上護軍賜緋魚袋孫
朝議大夫充成都府路計度轉運副使兼勸農使上柱國賜紫金魚袋
晏　知止

圖7-4 ◎陳藏明鈔本卷末所過録宋刊本跋語

【一二六】

圖 7-5 ◎陳藏明鈔本卷四十末葉

相璠曰杜預亦云水濟及邉地名也今南陽清陽
二縣之間淯水之濵有南澨北澨矣而諸儒之論
水陸相半又無山源出處之所津途關路唯鄭玄
及劉澄之言在竟陵縣界經云邛縣北池然池流
多矣而論者疑焉而不能辯其在所
右禹貢山水澤地所在凡六十

水經卷第四十

嘉慶乙丑九月借校因正錯
簡訛失
廷壽

家以舊編校之纔三分之一耳乃與運使晏公
削其重複正其訛謬□□考者以疑傳焉用公布
委官校正募工鏤版完缺補漏比舊本几益編
四十卷其編帙小大次第先後
正元祐二年八月初一日記詳
當時益稱完善惜後人無翻雕
之者余故備録此跋以告世之藏書家

涪州司士參軍充成都府府學教授彭戩校勘
朝奉大夫充成都府路轉運判官上護軍賜緋魚袋孫
朝請大夫充成都府計度轉運副使兼勸農使上柱國賜紫金魚袋
晏 知止

分野一卷 此書余得于東城頤五痴處
以九州配周天度數而以十二時分十二分野
隸之以二十八宿離之合之規布星辰于指掌

圖7-6 ◎清錢曾《讀書敏求記》鈔本卷二葉三十八下

[一二六]

紀勝者凡山川人物碑刻題詠無不蒐集首臨
安以尊行在而幅員之版圖未復者不與焉亦
祝穆之例也鏤刻精雅楮墨如新乃宋本中之
佳者
影本宋碩抱冲
曾得一部
酈道元註水經四十卷
昔者陸孟鳧先生有影鈔宋刻水經注與吾家
藏本相同後多宋板題跋一葉不著名氏余因
録之其跋云（右）水經舊有三十卷刋于成都府學
宮元祐二年春運判孫公始得善本于何聖從

地理輿圖卅八

圖 7-7 ◎清錢曾《讀書敏求記》卷二葉三十八上

明鈔本（陳藏明鈔本）

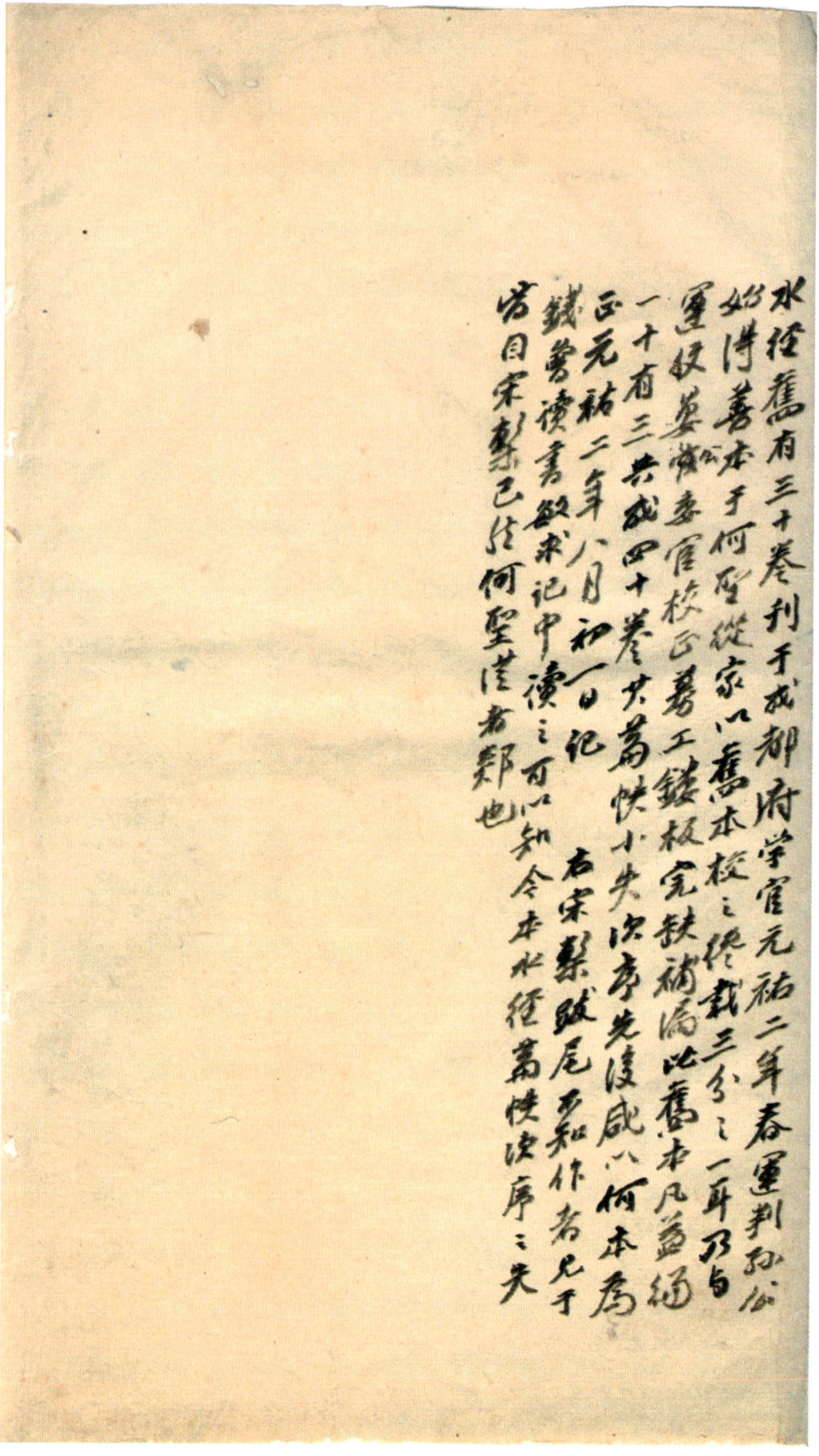
水經舊有三十卷，刊于成都府學官。元祐二年春，運判孫公始得善本于何聖從家，以舊本校之，僅載三分之一耳。乃白運使姜公暨官校正，募工鏤板，完缺補漏，比舊本凡益編一十有三，共成四十卷。其篇帙小失次序，先後咸以何本爲正。元祐二年八月初一日記。　右宋槧跋尾，不知作者，見于錢曾讀書敏求記中，讀之可以知今本水經篇帙次序之失，皆自宋槧已從何聖從者亂也。

圖7-8　◎清全祖望《五校水經注》稿本卷首全祖望過録宋刊本跋語。

僅將其中的文字有異處過録到孫潛校本之上，而且還將這部影宋鈔本的書尾跋語依式手模下來[一]。而此跋語，之前僅見於錢曾《讀書敏求記》一書之中，且文字多有脱漏，加之顧之逵所藏的影宋鈔本《水經注》此後下落不明，因而包括胡適先生在内的學者對袁廷壽手模的那則影宋鈔本的跋語愈發看重，並以爲是僅存於世的能反映宋刊《水經注》原跋語的完整過録。

然而，令人驚喜的是，在這部陳藏明鈔本中，恰恰在書尾處有與袁氏手模相同行款與文字的那則跋語。非但如此，細察袁氏在孫潛校本上所注明的版本行款信息與錯簡脱漏以及過録的異文，等等，無不與這部明鈔本一一契合。凡此數端並結合前述，足可印證這部陳藏明鈔本即是大家皆以爲久已亡佚的顧之逵所藏影宋鈔本《水經注》。顧之逵爲顧廣圻從兄，他的這部明鈔本，除袁氏提及並録異文外，黄丕烈在錢曾《讀書敏求記》之《水經注》條目下也曾記録過，並且用來校訂錢曾所録陸孟凫所藏《水經注》的跋語，所補文字與袁氏録文同[二]。此後，顧之逵收藏的這部影宋明鈔本《水經注》便無人再提。現在看來，顧氏歿後，這部明鈔本可能即歸入陳揆稽瑞樓。迄今爲止，之所以鮮有學者將陳藏明鈔本與袁校所用顧氏影宋鈔本聯繫起來，可能一則此書深藏陳氏、翁氏家中，得見者少；二則此書之上並未鈐有顧氏的任何藏書印章，如果只是做一般的整理著録，自然難以發現二者之間的内在關係並定爲一書。

〔一〕參見傅增湘《藏園群書經眼録》卷五《史部三》"《水經注箋》四十卷"條。

〔二〕參見管庭芬、章鈺《讀書敏求記校證》卷二之下"酈道元注水經四十卷"條所引。

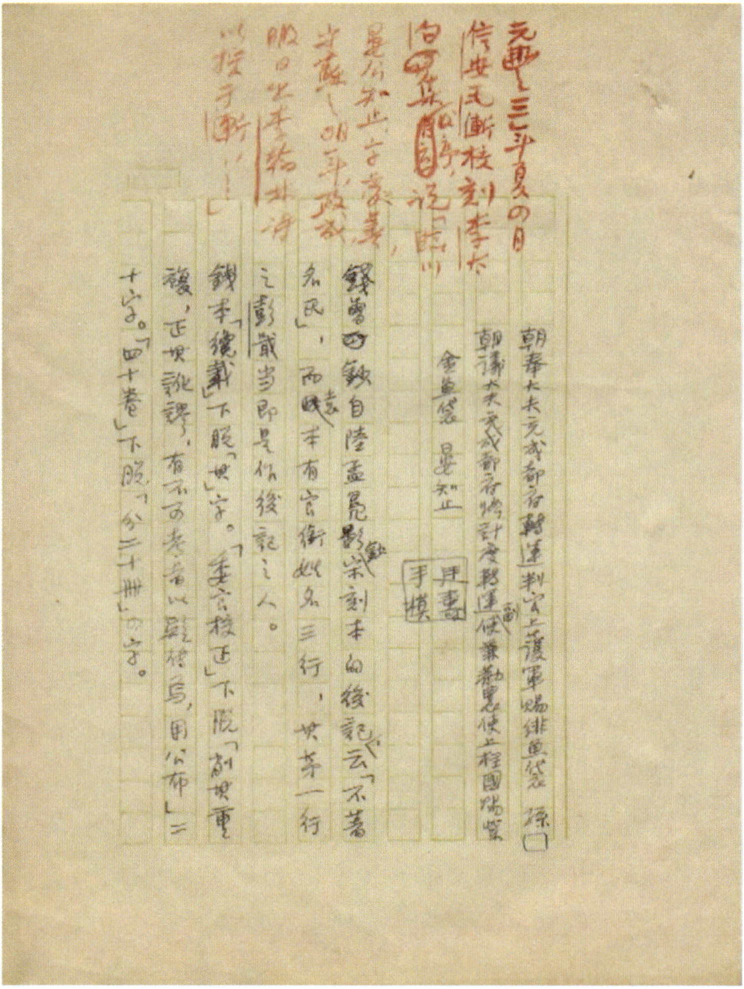
朝奉大夫充成都府轉運判官上護軍賜緋魚袋 孫□
朝議大夫充成都府路計度轉運副使兼勸農使上柱國賜紫
金魚袋 晏知止
手書
手模
錢曾四鈔自陸孟鳧影宋刻本的後記云「不著名氏」，而戴本有官銜姓名三行，其第一行之彭戴當即是作後記之人。
錢本「纔戴」下脫「世」字。「委官校正」下脫「刻世重複，正世訛謬，有不可考者以疑存焉，用公布」二十字。「四十卷」下脫「分二十冊」四字。

圖 7-9 ◎胡適過録宋刊本《水經注》跋語之二

綜合來看，陳藏明鈔本主要有以下的研究價值。

其一，可補殘宋本之缺。由於殘宋本殘缺太甚，無法充分利用。而陳藏明鈔本不僅在行款上與殘宋本相同，甚至每葉每行的字數也都與殘宋本一致（偶會出現每行相差一字）。倘以陳藏明鈔本做底本，並結合其他古本系統的《水經注》版本，來補殘宋本殘缺的每葉每行的文字，最終應可大致恢復南宋刊本《水經注》的面貌。

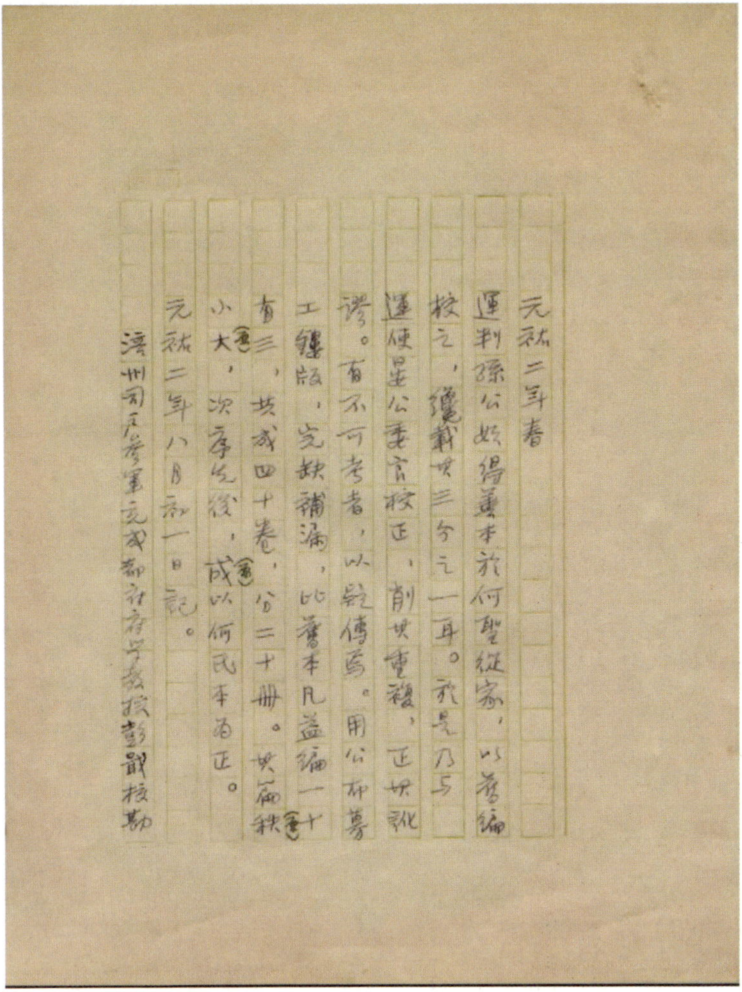
元祐二年春
運判孫公始得善本於何聖從家，以舊編
校之，纔載其三分之一耳。於是乃與
運使晁公委官校正，削其重複，正其訛
謬。有不可考者，以疑傳焉。用公布募
工鏤版，完缺補漏，比舊本凡益編一十
有三，共成四十卷，分二十册。其篇秩
小大，次序先後，成以何氏本為正。
元祐二年八月初一日記。
濟州司戶參軍充成都府府學教授彭戢校勘

圖 7-10 ◎胡適過録宋刊本《水經注》跋語之一

其二，書尾保留的宋刊《水經注》跋語，彌足珍貴。這則跋語即是北宋元祐二年成都官刻本的後記與題名的全文轉録，從中可以對《水經注》在元祐初刻前後的歷史有更加清晰的瞭解，自此之後的《水經注》刊本皆出自元祐二年的成都府官刻本應無疑義。

其三，可以明瞭明刊《水經注》存在的錯簡緣由。在卷一《河水注》中，陳藏明鈔本有一處錯簡。可以清楚看到，這處錯簡的文字爲完整的前後兩葉。換言之，這處錯簡應是在鈔完裝訂成册時，將這兩葉前後錯排誤裝所致。從現存明鈔本《水經注》每葉皆無葉碼標注的特點來看，這種情况極易發生。

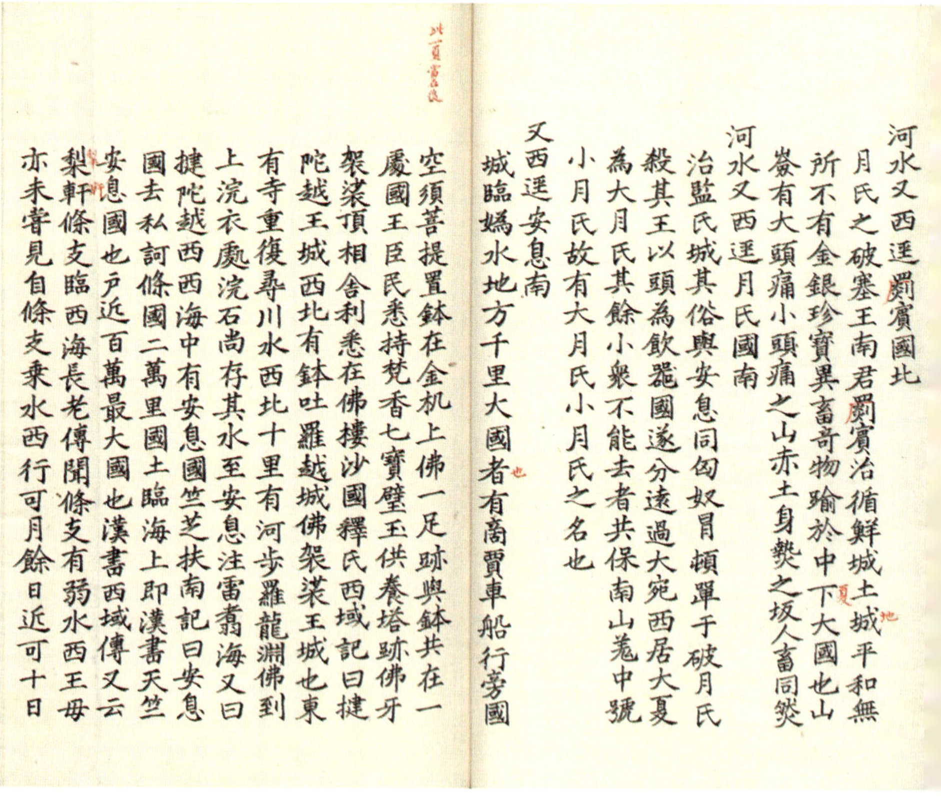
河水又西逕罽賓國北
月氏之破塞王南君罽賓治循鮮城土地平和無所不有金銀珍寶異畜奇物踰於中夏大國也山嶮有大頭痛小頭痛之山赤土身熱之坂人畜同然
河水又西逕月氏國南
治監氏城其俗與安息同匈奴冒頓單于破月氏殺其王以頭爲飲器國遂分遠過大宛西居大夏爲大月氏其餘小衆不能去者共保南山羌中號小月氏故有大月氏小月氏之名也
又西逕安息南
城臨嬀水地方千里大國也有商賈車船行旁國
空須菩提置鉢在金机上佛一足跡與鉢共在一處國王臣民悉持梵香七寶璧玉供養塔跡佛牙袈裟頂相舍利悉在佛樓沙國釋氏西域記曰揵陀越王城西北有鉢吐羅越城佛袈裟王城也東有寺重復尋川水西北十里有河步羅龍淵佛到上浣衣處浣石尚存其水至安息注雷翥海又曰揵陀越西西海中有安息國竺芝扶南記曰安息國去私訶條國二萬里國土臨海上即漢書天竺安息國也户近百萬最大國也漢書西域傳又云黎軒條支臨西海長老傳聞條支有弱水西王母亦未嘗見自條支乘水西行可月餘日近可十日

圖 7-11　◎陳藏明鈔本卷一錯葉

另外需要指出，陳藏明鈔本與明代第一部刊本《水經注》黄省曾本有頗多相近之處。除上面提及的那處錯簡二書相同外，在文字内容上亦復如是。可以推測，陳藏明鈔本與黄本當源於同一個祖本。試舉渭水部分爲例。

其一，陳藏明鈔本在卷十八"長安人劉終於崩"下，脱"所得白玉方一尺"至"余謂崔駰皇覽"四百多字（一整葉）〔一〕，此四百多字殘宋本、《大典》本、朱藏明鈔本皆存，而黄本脱去。

其二，文中某些水名、縣名，陳藏明鈔本獨同於黄本。如卷十七"其水又西入略陽川西得破社谷水"，其中的"破社谷水"四字，黄本同，殘宋本、《大典》本、朱藏明鈔本作"破杜谷水"；"竹嶺東得亂石溪水次東得水門谷水"，其中的"水門谷水"四字，黄本同，殘宋本、《大典》本、朱藏明鈔本作"土門谷水"；"次東得丘谷東溪水次東有銅岩谷水並出南山東北注渭"，其中的"銅岩谷水"四字，黄本同，殘宋本、《大典》本、朱藏明鈔本作"鉗岩谷水"；"闞駰以是水爲沂水言又東汧汙二水入焉"，其中"沂水"二字，黄本同，殘宋本、《大典》本、朱藏明鈔本作"汧水"；再如"渭水又與其扞水合水周道谷北逕武都道縣之故城西王莽更名曰善治也道縣有怒特祠"，其中"與其扞水合"之"其"字、"道縣之故城"中"之"字、"道縣有怒特祠"之"道"字，殘宋本、《大典》本、朱藏明鈔本皆無，而黄本皆有，此例尤可看出黄本與陳藏明鈔本同出一源。

其三，有陳藏明鈔本訛誤，黄本亦誤之處，如卷十六"昔韓欲令秦無東伐使小工鄭國間秦鑿涇引水謂之鄭渠"，其中"小工"二字，黄本同，殘宋本、《大典》本、朱藏明鈔本作"水工"；"爾雅以爲周焦誤矣"，其中"焦誤"二字，黄本同，殘宋本、《大典》本、朱藏明鈔本作"焦護"。卷十七"是歲廣漢鉗子（中略）自號爲仙君黨與漫廣"，其中"漫"字，黄本同，殘宋本、《大典》本、

〔一〕此處眉批："中脱一頁。"

忘也惠公孝公並是穆公之後繼世之君矣子孫
無由起宫於祖宗之墳陵矣以是推之知二證之
非實也而左會左陽水世名之西水北出左陽溪
南流逕岐州城西魏置岐州刺史治左陽水又南
流注于雍水雍水又與東水合俗名也北出河桃
谷南流右會南源世謂之返眼泉亂流南逕岐州
城東而南合雍水州居二水之中南則両川之交
會也世亦名之為滓空水東流鄧公泉注之水出
鄧文祠北故名曰鄧公泉數源俱發於雍縣城南縣故秦德
公所居也晉書道地記以為西虢地也漢書地理志以
為西虢縣太康記曰虢叔之國矣有虢宫平王東遷

圖7-12（本頁）、圖7-13（下頁）
◎陳藏明鈔本卷十八脱葉處

〔一二六〕

亮與步騭書曰馬冢在武功東十餘里有高勢攻之不便是以留耳渭水又逕武功縣故城北王莽之新光也地理志曰縣有太一山古文以為終南杜預以為中南也亦曰太白山在武功縣南去長安二百里不知其高幾何俗云武功太白去天三百山下軍行不得鼓角鼓角則疾風雨至杜彥達曰太白山南連武功山於諸山最為秀傑冬夏積雪望之皓然山上有谷春祠春櫟陽人成帝時病死而尸不寒後忽出櫟南門及光門上而入太白山民為立祠於山嶺春秋來祠中山宿焉山下有太白

朱藏明鈔本作“浸”；“又東與大弁州水出西山二源合注東歷大弁川”，其中“大弁州水”四字，黄本同，殘宋本、《大典》本、朱藏明鈔本作“大弁川水”。

其四，有此書文字乙誤，黄本亦乙誤處。如卷十七“俱出南山北逕城冀東而北流於渭”，其中“城冀”二字，黄本同，殘宋本、《大典》本、朱藏明鈔本作“冀城”；“開山圖所謂靈泉池也俗名之爲石萬灣淵深不測實爲靈異”，其中“石萬灣”三字，黄本同，殘宋本、《大典》本、朱藏明鈔本作“萬石灣”。

不過陳藏明鈔本也有不同於黄本之處，如此書有酈道元原序之半〔一〕，而黄本無；又，脱簡錯簡方面不盡一致，如卷十八“又東芒水從南來流注之”下，陳藏明鈔本有注文八十多字，而黄本無〔二〕；再者，某些字句陳藏明鈔本既不同於殘宋本等古本，亦不同於黄本，此種情況，或是陳藏明鈔本誤，或是黄本已在底本基礎上作了校改（參【二一一】）。

通過陳藏明鈔本與黄本的對比分析，可作如下推斷：黄本的祖本（部分）與陳藏明鈔本的祖本同，但黄省曾刊刻時所見這一系列的宋本已殘缺，故黄本無酈序，亦無“又東芒水從南來流注之”下的注文。

最後，再對陳藏明鈔本目前的著録信息略贅數語。在《北京圖書館古籍善本書目》第二册《史部》中，陳藏明鈔本著録爲“何焯、顧廣圻校，袁廷檮校並跋”。其中的“袁廷檮校並跋”自然没有疑義。但“何焯、顧廣圻校”的表述，則恐怕不够準

〔一〕此書酈序的行款與所缺字之起訖位置，皆同瞿藏明鈔本，唯此本無欄。

〔二〕卷十九的脱簡錯簡，陳藏明鈔本同殘宋本，亦同黄本。

確。遍覽陳藏明鈔本，可以看到只是大致有三種批校正文的筆跡，且從批校内容上看，校者應是以明朱謀㙔《水經注箋》的文字來進行比對的，並不能直接證實乃何、顧二人所爲。目前已知的何焯校本《水經注》真跡，是批校在一部《水經注箋》上的（參[二二二]）。以其中的文字與陳藏明鈔本的校語對比，不難發現内容、筆跡皆不相同。整理者之所以認爲陳藏明鈔本中有何焯校語，可能與其中卷二《河水注》有"'津逮'歸太僕家鈔本、趙清常校本皆作'津達'"一句批校有關。然相似的校語，何氏在《水經注箋》上的親筆則爲："'逮'歸太僕家鈔本、趙清常校本皆作'造'。"（趙一清《水經注釋》中引何氏此句相同）二者表述的文字有異。非但如此，其實何氏的親筆校語是有誤的，所校的文字實際上應是陳藏明鈔本校語中的表述"津達"而不是"津造"。由此似可推斷如果何氏此處不是筆誤，即很可能是並未親眼見過屬於古本系統的歸太僕（即歸有光）家鈔本與趙清常（即趙琦美）校本的《水經注》。换言之，何氏此處很可能亦是過録的他人版本中的校語。至於"顧廣圻校"的著録，則應與陳藏明鈔本卷十八的一則校語"中脱一葉"下小字署"千里"二字有關。"千里"此處指"顧廣圻"自然無誤，但從此四字校語的筆跡來看，並不像顧氏的親筆。况且倘若此處是顧氏的親校，也無須綴上"千里"二字。相反，這種校語下署名的情況，恰爲清人過録他人校語的通例。據上分析，即使陳藏明鈔本中的一些校語内容可視爲與何、顧二人有關的話，也只能是他人的過録，而不應斷爲二人的親筆。

逕塞於白土即此處矣
河水又東左會白土川水
水出白土城西北下東南流逕白土城北又東南
注于河
河水又東北會兩川右合二水
參差夾岸連襄負嶮相望河北有層山山甚靈秀
山峯之上立石數百丈亭亭桀竪競勢爭高遠望
嵾嵾若攢圖之記霄上其下層巖峭舉壁岸無階
懸巖之中多石室焉室中若有積卷矣而世士罕
有津逮者因謂之積書巖巖堂之內每時見神人
往還矣蓋鴻衣羽裳之士練精餌食之夫耳俗人

津逮歸太
僕家抄本趙
清常校本皆
作津達

圖 7-14 ◎陳藏明鈔本卷二疑似過録何焯校語處

〔一二六〕

今本

今本系統

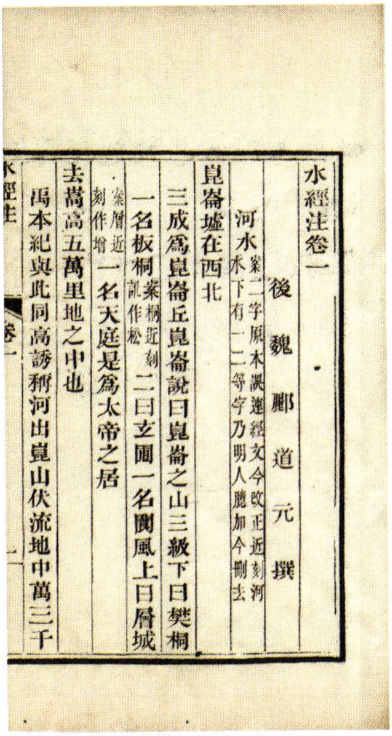
水經注卷一

後魏酈道元撰

河水案二字原本誤連經文今改正近刻河水下有一二等字乃明人臆加今刪去

崑崙墟在西北

三成爲崑崙丘崑崙說曰崑崙之山三級下曰樊桐

一名板桐案桐近刻訛作松二曰玄圃一名閬風上曰層城

案層近刻作增一名天庭是爲太帝之居

去嵩高五萬里地之中也

禹本紀與此同高誘稱河出崑山伏流地中萬三千

水經注　卷一

圖十六　◎清武英殿聚珍版《水經注》卷一首葉

今本系統中,《水經注》多以刊本流通於世，這與以鈔本爲主的古本系統很不相同。諸多刊本中，就其流通之廣、影響之大而言，無出殿本之右者。

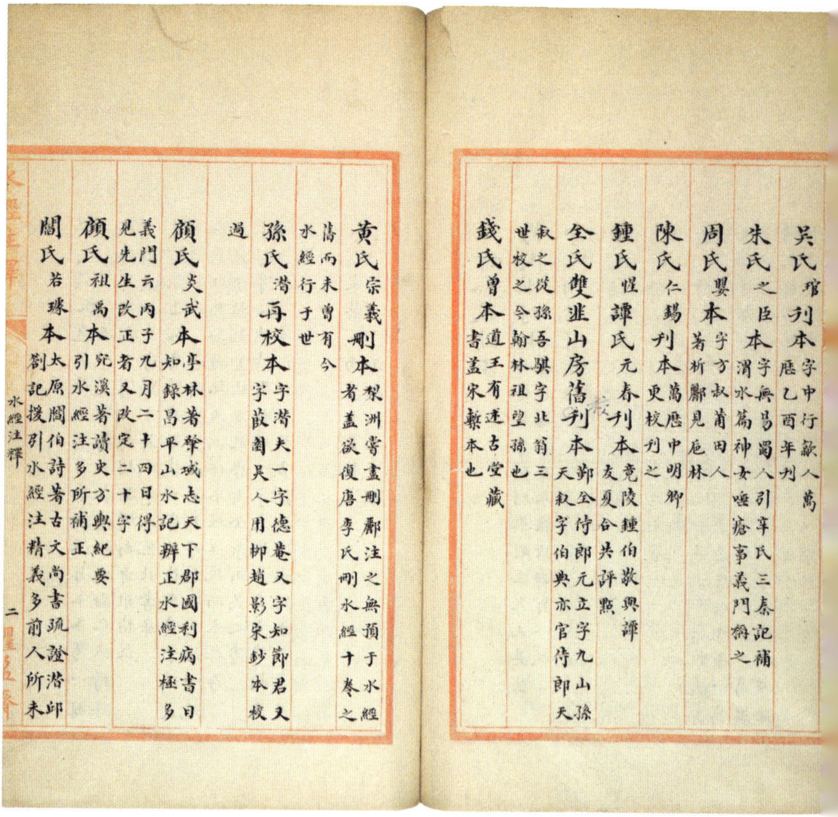
吳氏琯刊本字中行歙人萬曆乙酉年刊
朱氏之臣本字無易蜀人引辛氏三秦記補渭水篇神女唾瘡事義門稱之
周氏嬰本字方叔莆田人著析酈見巵林
陳氏仁錫刊本萬歷中明卿更校刊之
鍾氏惺譚氏元春刊本竟陵鍾伯敬與譚友夏合共評點
全氏雙韭山房舊刊本鄞全侍郎元立字九山孫天叙字伯典亦官侍郎天叙之從孫吾騏字北翁三世校之今翰林祖望孫也
錢氏曾本道王有述古堂藏書蓋宋槧本也

黃氏宗羲刪本梨洲嘗盡刪酈注之無預于水經者蓋欲復唐李氏刪水經十卷之舊而未曾有分水經行于世
孫氏潛再校本字潛夫一字德菴又字知節君又字葭圃吳人用柳趙影宋鈔本校過
顧氏炎武本亭林著肇域志天下郡國利病書日知錄昌平山水記辨正水經注極多義門云丙子九月二十四日得見先生改正者又改定二十字
顧氏祖禹本宛溪著讀史方輿紀要引水經注多所補正
閻氏若璩本太原閻伯詩著古文尚書疏證潛邱劄記援引水經注精義多前人所未
水經注釋 二

圖十七　◎清趙一清《水經注釋》鈔本卷首《參校諸本》葉一下、葉二上
由趙氏《參校諸本》可見，明清時期，《水經注》的校勘受到越來越多學人的關注與重視。

今本系统·明本

對《水經注》的研究肇興於明代，第一部代表性的作品當推嘉靖年間的黄省曾刻本。與前述古本不同，黄本雖仿宋本款式，但在刊刻時對文中的具體内容已有校改，開始了對《水經注》的初步研究。不過，黄本對底本的校改尚屬有限。到萬曆年間，吴琯刊刻《水經注》，以黄本爲底本，並開始參考酈注所引部分古籍，作了一些校改工作；然吴本率多臆改，過於追求文從字順，而不去探求文字佶屈之處的原因，故常常誘導讀者跳過文本疑竇之處，作似是而非的理解。

總體説來，黄本和吴本的校改都還停留在個别字句方面。真正在《水經注》研究的思路和方法上有所突破的則是萬曆四十三年（一六一五年）李長庚刊刻的朱謀㙔撰《水經注箋》。此本以吴本爲底本，參考黄本，並用謝兆申所見宋本及相關古籍進行校勘、箋注。其箋注内容，一方面繼續推進文字校勘，一方面又在經注文區分、調整脱簡錯簡、試補大段脱文等方面做了許多工作。可以説，《注箋》本第一次對《水經注》做了“大手術”。

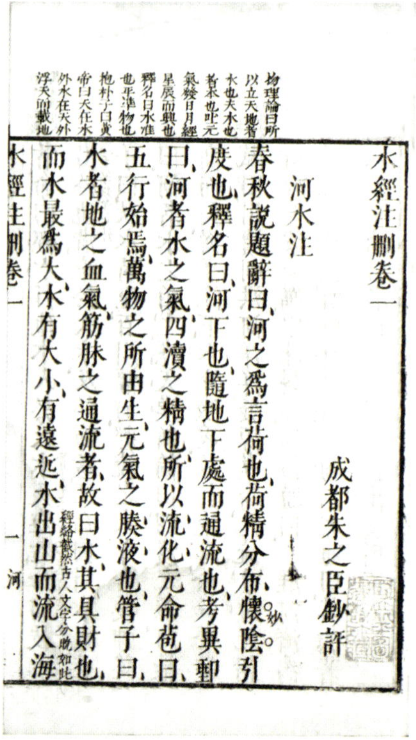
物理論曰所以立天地者水也夫水也者承也吐元氣發日月經星辰而興也釋名曰水准也平準物也抱朴子曰黄帝曰天在水外水在天外浮天而載地

水經注删卷一

成都朱之臣鈔許

河水注

春秋說題辭曰河之爲言荷也荷精分布懷陰引度也釋名曰河下也隨地下處而通流也考異郵曰河者水之氣四瀆之精也所以流化元命苞曰五行始焉萬物之所由生元氣之腠液也管子曰水者地之血氣筋脉之通流者故曰水其具財也而水最爲大水有大小有遠近水出山而流入海

經緯繁然古人文字分曉知此

水經注删卷一　一　河

圖十八　◎明朱之臣《水經注删》卷一首葉上

不過，這一時期的《水經注》研究，受到當時治學風氣的影響，漸漸脱離酈注關注歷史與地理的本意，轉而尋求對詞章的標舉。萬曆年間朱之臣的《水經注删》、鍾惺的《水經注鈔》，已開其端。崇禎二年（一六二九年）由武林嚴忍公刊刻、竟陵學派代表人物譚元春批點的《水經注》，則是這方面的代表作。譚本以《注箋》本爲底本而對箋注略作删節，批點部分除譚元春本人的觀點外，又采入朱、鍾二人之言論，率多虚談，而少實務。崇禎七年（一六三四年）刊刻的陳仁錫（明卿）本，有關詞章的批語亦頻頻見之書眉。這種治學風氣，到清何焯校《水經注》時，還可見其部分影響（參【二二二】）。直到康熙年間"《一統志》館"首開，其中召集了當時優秀的地理學者如胡渭（朏明）、黄儀（子鴻）、

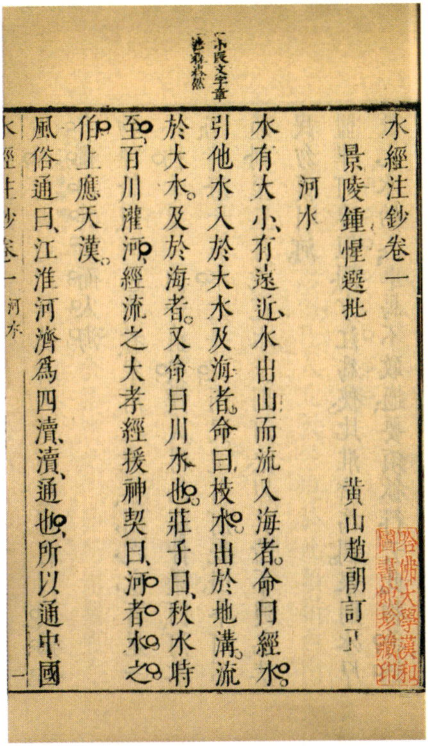
水經注鈔卷一
景陵鍾惺選批　　黃山趙朗訂
河水
水有大小有遠近水出山而流入海者命曰經水引他水入於大水及海者命曰枝水出於地溝流於大水及於海者又命曰川水也莊子曰秋水時至百川灌河經流之大孝經援神契曰河者水之伯上應天漢
風俗通曰江淮河濟爲四瀆瀆通也所以通中國
水經注鈔卷一　河水

圖十九　◎明鍾惺《水經注鈔》卷一首葉上

顧祖禹（宛溪）、閻若璩（百詩）等人親任其事，《水經注》在歷史地理學上的意義才重新被重視起來。

此外，明末有周嬰（方叔）所著《析酈》〔一〕，辨證酈注誤係水名〔二〕、山名〔三〕、人物事蹟〔四〕等頗有可取之處。然非專門之作，故本書暫不納入研究。

〔一〕載周嬰《卮林》卷一，王瑞明點校，福建人民出版社，二〇〇六年。

〔二〕如“沔水”條。參見周嬰《卮林》卷一，頁二〇。

〔三〕如“黃鵠山”條。參見周嬰《卮林》卷一，頁二〇。

〔四〕如“赤松”條。參見周嬰《卮林》卷一，頁二一。

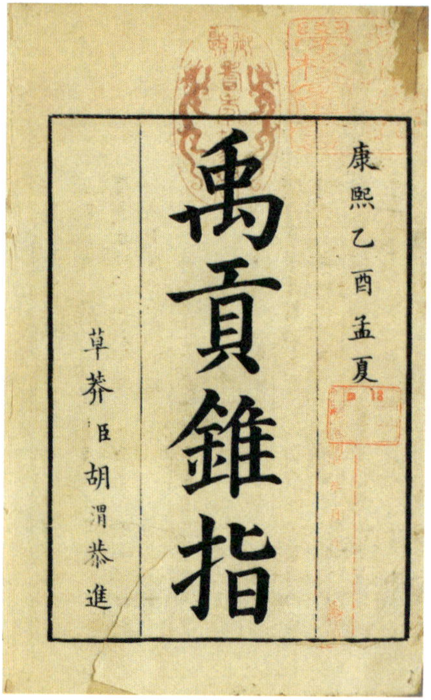

圖二十 ◎清胡渭《禹貢錐指》書名葉

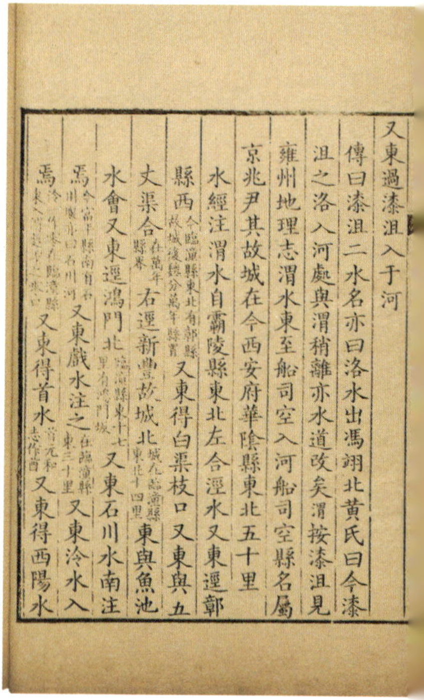

圖二十一 ◎清胡渭《禹貢錐指》卷十七葉六下

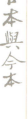

嘉慶乙亥年八月

巵林

蕭山陳氏湖海樓雕本

二十二　◎清周嬰《巵林》書名葉

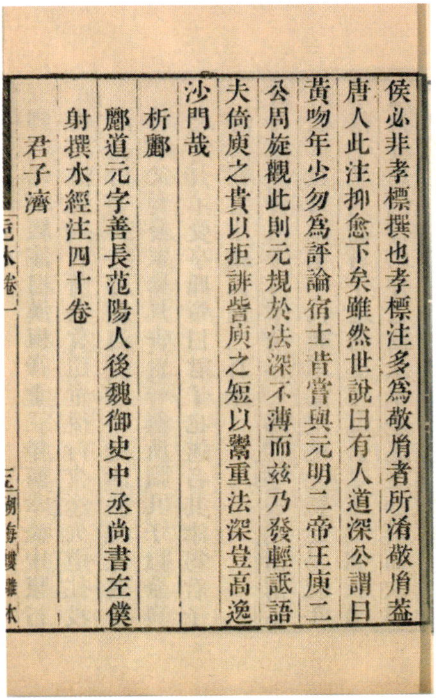
僕必非孝標撰也孝標注多爲敬胤者所淆敬胤蓋
唐人此注抑愈下矣雖然世說曰有人道深公謂曰
黃吻年少勿爲評論宿士昔嘗與元明二帝王庾二
公周旋觀此則元規於法深不薄而茲乃發輕詆語
夫倚庾之貴以拒誹訾庾之短以矜重法深豈高逸
沙門哉

析酈

酈道元字善長范陽人後魏御史中丞尚書左僕
射撰水經注四十卷

君子濟

巵林卷一　三　湖海樓雕本

圖二十三　◎清周嬰《巵林》卷一葉十五上

水經注

四十卷

明嘉靖十三年黄省曾刻本

（黄本）

中國書店藏

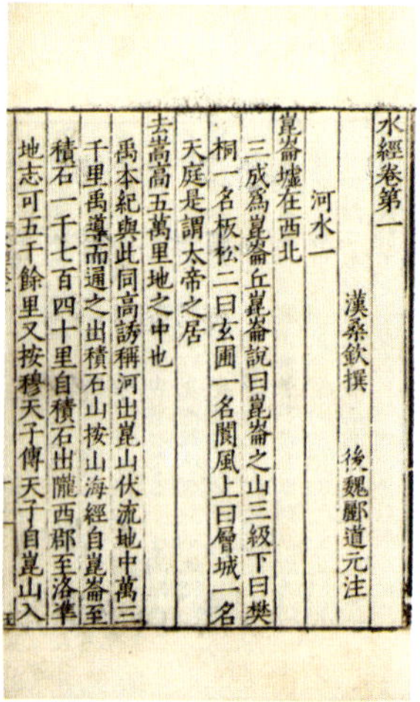
水經卷第一　漢桑欽撰　後魏酈道元注
河水一
崑崙墟在西北
三成爲崑崙丘崑崙說曰崑崙之山三級下曰樊
桐一名板松二曰玄圃一名閬風上曰層城一名
天庭是謂太帝之居
去嵩高五萬里地之中也
禹本紀與此同高誘稱河出崑山伏流地中萬三
千里禹導而通之出積石山按山海經自崑崙至
積石一千七百四十里自積石出隴西郡至洛準
地志可五千餘里又按穆天子傳天子自崑山入

圖 8-1　◎中國書店藏黄本卷一首葉

十册。半葉十二行，行二十字，經文頂格，注低一格。白口左右雙邊。有吴郡黄省曾《刻水經序》。每卷目下題“漢桑欽撰　後魏酈道元注”。

此書尚有多部，分藏中國國家圖書館〔一〕、故宫博物院〔二〕、北京大學圖書館〔三〕、天津圖書館〔四〕、四川省圖

〔一〕三部。參見《北京圖書館古籍善本書目》，頁七九四；鄒百耐《云間韓氏藏書題識彙録》，頁二八一—三一；周一良主編《自莊嚴堪善本書影》，頁三八一。

〔二〕朱家溍《蕭山朱氏舊藏目録》，故宫出版社，二〇一四年，頁一六〇。

〔三〕兩部。參見《北京大學圖書館藏古籍善本書目》，北京大學出版社，一九九九年，頁一五四。

〔四〕兩部。參見天津圖書館編《天津圖書館古籍善本書目》，國家圖書館出版社，二〇〇八年，頁二四四。

書館〔一〕、吉林省圖書館〔二〕等處。

現存的《水經注》明刻本中，黄本刊刻最早，刻工頗精審。其款式頗近宋刻〔三〕，但其底本，至少部分應是不同於殘宋本的另一種宋本〔四〕，與陳藏明鈔本同出一源。此後吴本、《注箋》本、沈本均本於黄本而有所改動，故此本在版本學上價值極高。從文本内容上看，黄本大致與陳藏明鈔本相當，而與殘宋本、《大典》本、朱藏明鈔本等頗有異同。黄省曾在校刊時對底本進行了校改，故此本在校勘方面亦有可取之處。兹詳論如下。

〔一〕《第二批國家珍貴古籍名録圖録》，國家圖書館出版社，二〇一〇年，頁二三六。

〔二〕同上注。

〔三〕于敏中："省曾，字勉之，吴縣人，嘉靖辛卯舉人。嘗著《五嶽山人集》，見朱彝尊《明詩綜小傳》，此序作於嘉靖甲午，即省曾發解後之三年。書賈以其規仿宋槧，因將'嘉靖''靖'字割去，填改'定'字於補紙之上，謬稱'宋刻'，此作僞之顯然易見者。二書版式字畫並同，惟《山海經》版心上方有'前山書屋'四字，而《水經》無之，或《水經》刊梓在先，其時尚未有此書額名也。"參見于敏中等《天禄琳琅書目》卷八，上海古籍出版社，二〇〇七年，頁二七五。

〔四〕明錢功甫跋曰："五嶽山人於嘉靖甲午以宋本《水經》重刊於家，先君隨即刷印一部，不知何故失去首册。爾時補印，似無難者。荏苒因循，板既遠售，首册缺如，迄今深以爲恨。（中略）天啟二年七月十三日，八十二翁燈下書。"參見鄒百耐《云間韓氏藏書題識彙録·史類》"《水經注》四十卷（明黄省曾刊本）"條，頁二八—二九。又，胡適認爲黄本的底本是兩種舊刻本或舊鈔本湊合而成。參見所撰《黄省曾刻的〈水經注〉的十大缺陷》，《胡適全集》卷一七，頁四五四、四五七。其説待考。

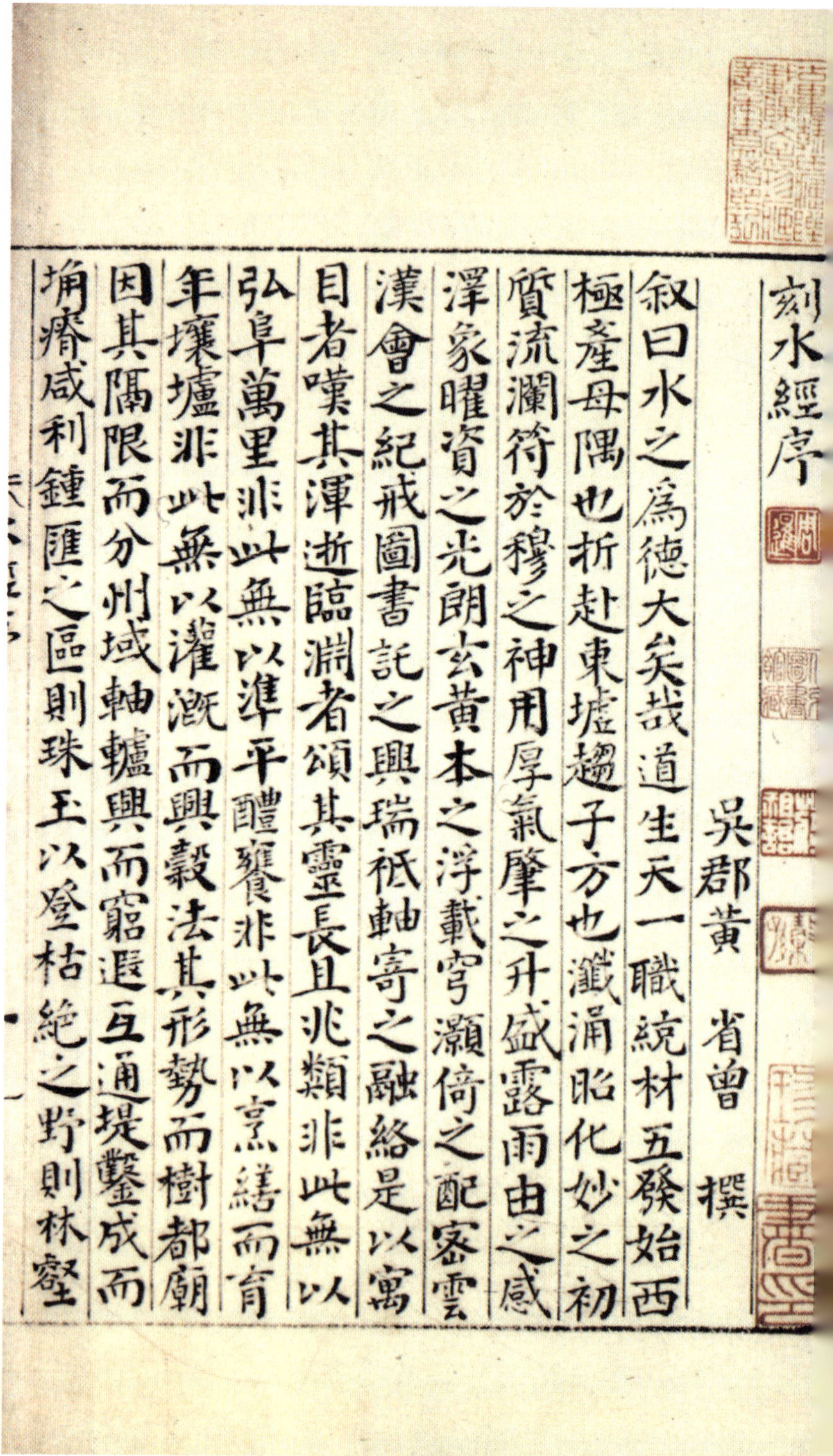

刻水經序

吳郡黃省曾撰

敘曰水之爲德大矣哉道生天一職統材五發始西極產毋隅也析赴東墟趨子方也灑涌昭化妙之初質流瀾符於穆之神用厚氣肇之升盛露雨由之感澤象曜資之光朗玄黃本之浮載穹灝倚之配密雲漢會之紀戒圖書託之興瑞祇軸寄之融絡是以寓目者嘆其渾逝臨淵者頌其靈長且兆類非此無以弘阜萬里非此無以準平醴饔非此無以烹饍而育年壤壚非此無以灌漑而興穀法其形勢而樹都廟因其隔限而分州域軸轤興而窟遐互通堤鑿成而埇瘠咸利鍾匯之區則珠玉以登枯絕之野則林壑

圖8-2 ◎明錢允治鈔配黃本《刻水經序》首葉上

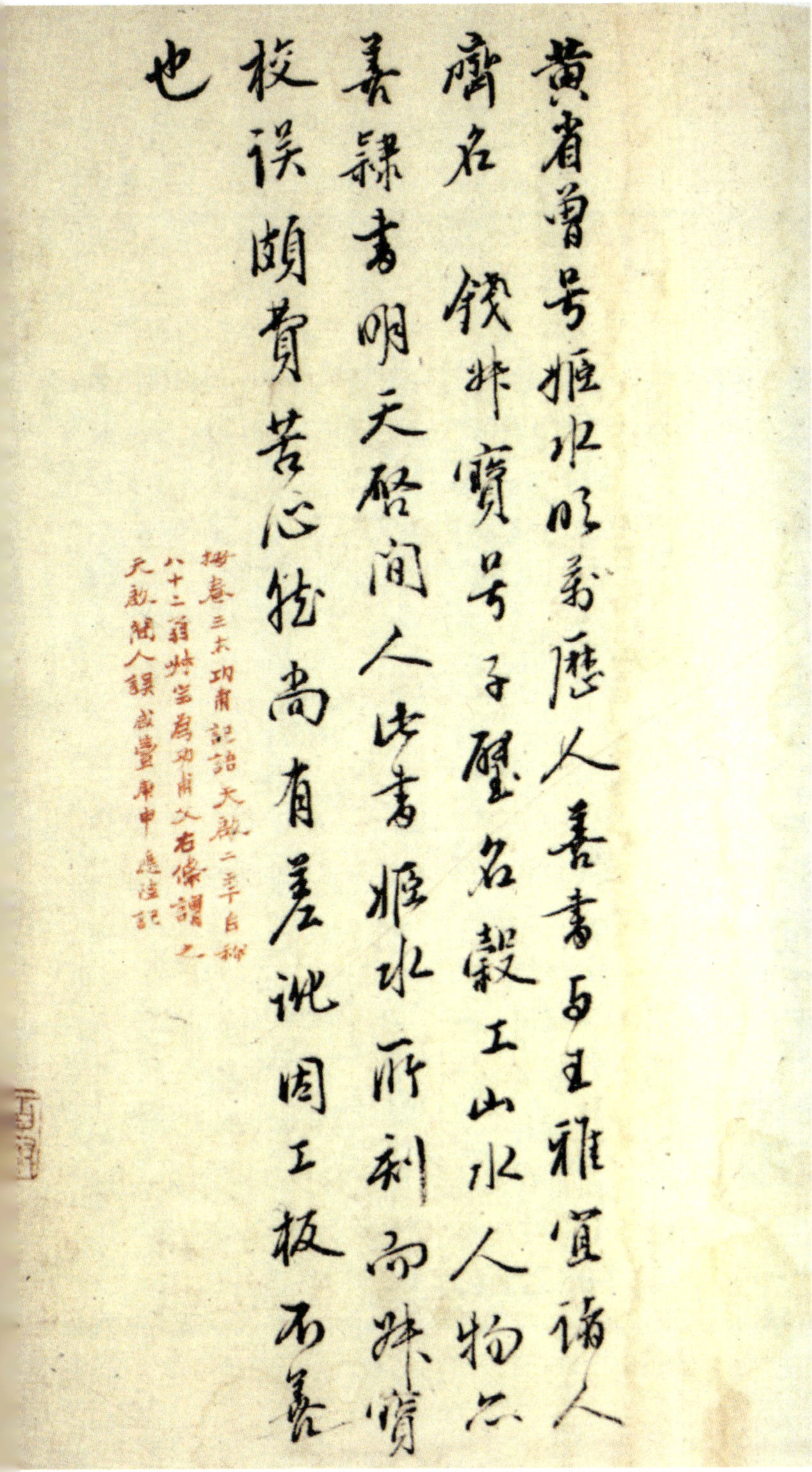
黄省曾号雅水明翁，應人善書，與王雅宜諸人齊名。錢叔寶號子璧，名穀，工山水人物，亦善隸書。明天啓間人。此書雅水所刻，而錢寶校誤，頗費苦心，猶尚有差訛，固工校不善也。

按春三太功甫記語天啟二年白秋八十二翁時當為功甫父右條謂之天啟間人誤 咸豐庚申應陛記

圖 8-3 ◎明錢允治鈔配黄本卷首韓應陛跋語

其一，字句方面黄本不同於殘宋本、《大典》本、朱藏明鈔本處，多同於陳藏明鈔本。此類例子詳見前文〔一二六〕，兹不贅述。

其二，黄氏在刊刻時，遇到底本有可疑之處，往往進行校改。從黄本與陳藏明鈔本的對比，可以看出黄本校改的理路。如卷十七“余按渭地志沂水出汧縣西北”，其中“按渭”，殘宋本、《大典》本、朱藏明鈔本作“按諸”，陳藏明鈔本作“按謂”，蓋因黄省曾覺“謂”字不妥，遂臆改爲“渭”；又，“神仙傳曰（中略）謂之老子書也有老子廟”，其中“老子廟”三字，殘宋本、《大典》本、朱藏明鈔本作“李老廟”，陳藏明鈔本作“老李廟”，蓋因黄氏底本同陳藏明鈔本一樣乙“李老”爲“老李”，黄氏審其不通，遂改“老李”爲“老子”。

其三，黄本對於底本的校改，往往較爲合理。如卷十七“水出東北大隴山秦谷二源雙導歷三泉合成一水”，其中“二源雙導”四字，殘宋本、《大典》本、朱藏明鈔本、陳藏明鈔本皆作“二原雙尊”，據文意則作“二源雙導”是；卷十九“赤眉樊崇于鄭北設壇祀城陽景王而尊右校卒史劉俠卿牧牛兒盆子爲帝”一句，殘宋本作“赤眉樊□□□□□□□□□而尊右旋平史劉俠卿牧□□□□□□”，《大典》本、朱藏明鈔本、陳藏明鈔本作“赤眉樊崇于郭北渠壇祀景王而尊右旋平史劉俠卿牧牛兒盆子爲帝”，然語甚不通。若依黄本，“郭北”作“鄭北”，“渠壇”作“設壇”，“祀景王”作“祀城陽景王”，“右旋平史”作“右校卒史”，則無疑義。

其四，黄本又有多於其他古本的内容，蓋據他書補入。如卷十九“池中有漸臺三十丈漸浸也爲池水所漸一説星名也”，其中

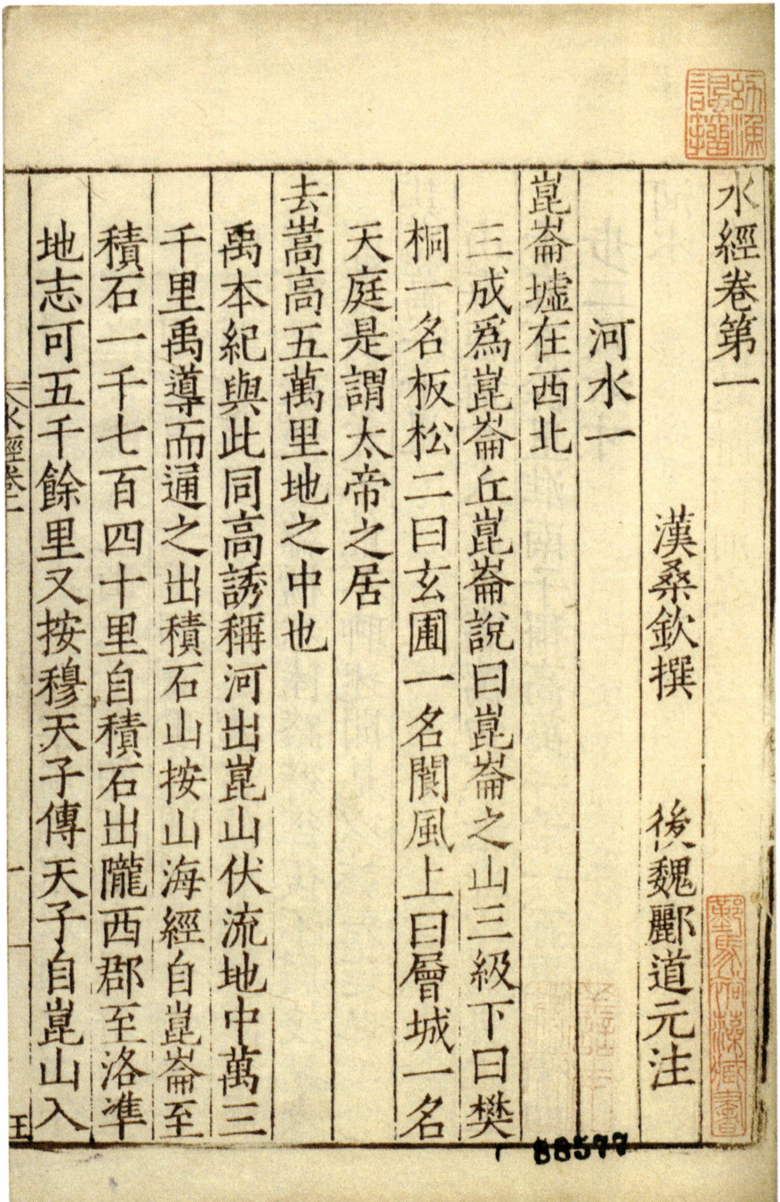
水經卷第一
漢桑欽撰　後魏酈道元注
河水一
崑崙墟在西北
三成爲崑崙丘崑崙說曰崑崙之山三級下曰樊
桐一名板松二曰玄圃一名閬風上曰層城一名
天庭是謂太帝之居
去嵩高五萬里地之中也
禹本紀與此同高誘稱河出崑山伏流地中萬三
千里禹導而通之出積石山按山海經自崑崙至
積石一千七百四十里自積石出隴西郡至洛準
地志可五千餘里又按穆天子傳天子自崑山入

水經卷一

圖 8-4 ◎天津圖書館藏黃本卷一首葉上

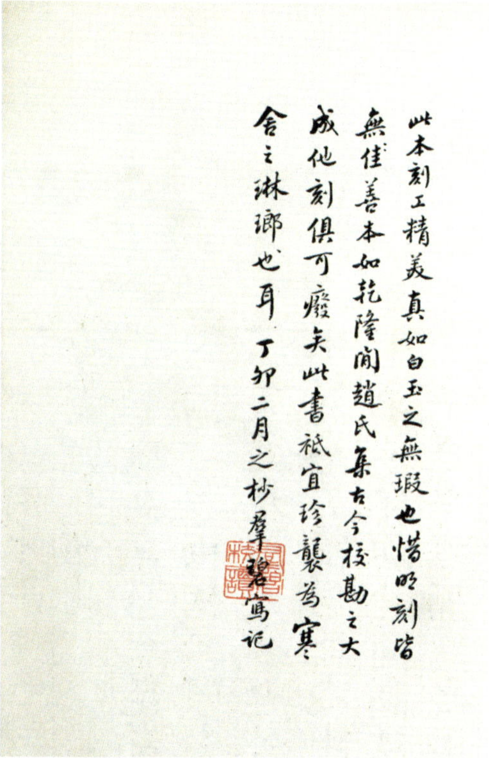
此本刻工精美真如白玉之無瑕也惜明刻皆
無佳善本如乾隆閒趙氏集古今校勘之大
成他刻俱可廢矣此書祇宜珍襲爲寒
舍之琳瑯也耳 丁卯二月之杪羣碧寫記

圖 8-5 ◎中國國家圖書館藏黄本卷首鄧邦述題識

“漸浸也爲池水所漸一説星名也”十三字，殘宋本、《大典》本、朱藏明鈔本、陳藏明鈔本無。按，《三輔黄圖》卷五《臺榭》：“漸臺，在未央宫太液池中，高十丈。漸，浸也，言爲池水所漸。又一説：漸臺，星名，法星以爲臺名。”〔一〕由此，上述十三字出自《三輔黄圖》，其前後文字皆出《漢武故事》，頗疑此十三字乃後人讀酈注時旁注於側，黄本在刊刻時則混入正文。又，“水上舊有便門橋與便門對直武帝建元三年造”，其中“與便門對直”五字，《大典》本、朱藏明鈔本、陳藏明鈔本無。王國維校曰：“宋

〔一〕參見《三輔黄圖》卷五，影印上海涵芬樓藏元刊本，收入《四部叢刊》三編《史部》，商務印書館，一九三五年。

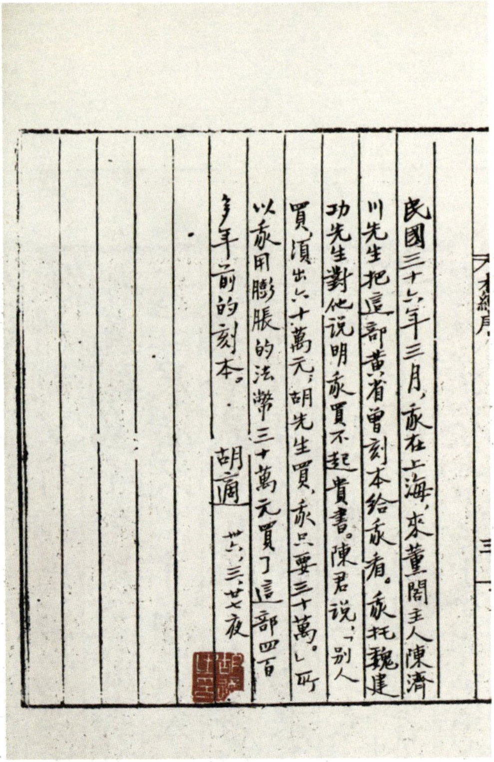
民國三十六年三月，我在上海，來薰閣主人陳濟川先生把這部黃省曾刻本給我看。我托魏建功先生對他說明我買不起貴書。陳君說，「別人買須出六十萬元；胡先生買，我只要三十萬。」所以我用膨脹的法幣三十萬元買了這部四百多年前的刻本。

胡適

卅六，三，廿七夜

圖 8-6　◎中國國家圖書館藏黃本卷首《水經序》末胡適跋語

本此行上只缺十格，而此有十五字，疑奪‘門橋與便’四字。又案，《大典》本出於宋刊本，無‘與便門對直’五字，則宋刊亦當無此五字，正缺十字也。”

不過，部分由於底本不精，部分由於黃氏臆改，以及校刻字誤等方面的原因，黃本的字句訛誤亦不少。如卷十九“史記秦本紀云奉武王三年渭水赤三日”，其中“奉”乃“秦”之訛；“漢祖北定三秦引水濯城”，“濯”爲“灌”之訛；“咸陽十七里令名孝里亭”，其中“令”爲“今”之訛；“池水北逕鎬京東泰阿房宮西”，其中“泰”爲“秦”之訛；“西出南頭第一門本名章門王莽之名萬秋門億年亭”，其中“之名”爲“更名”之訛；“源西上通懸流數十與華嶽同體”，其中“源西”爲“源泉”之訛；

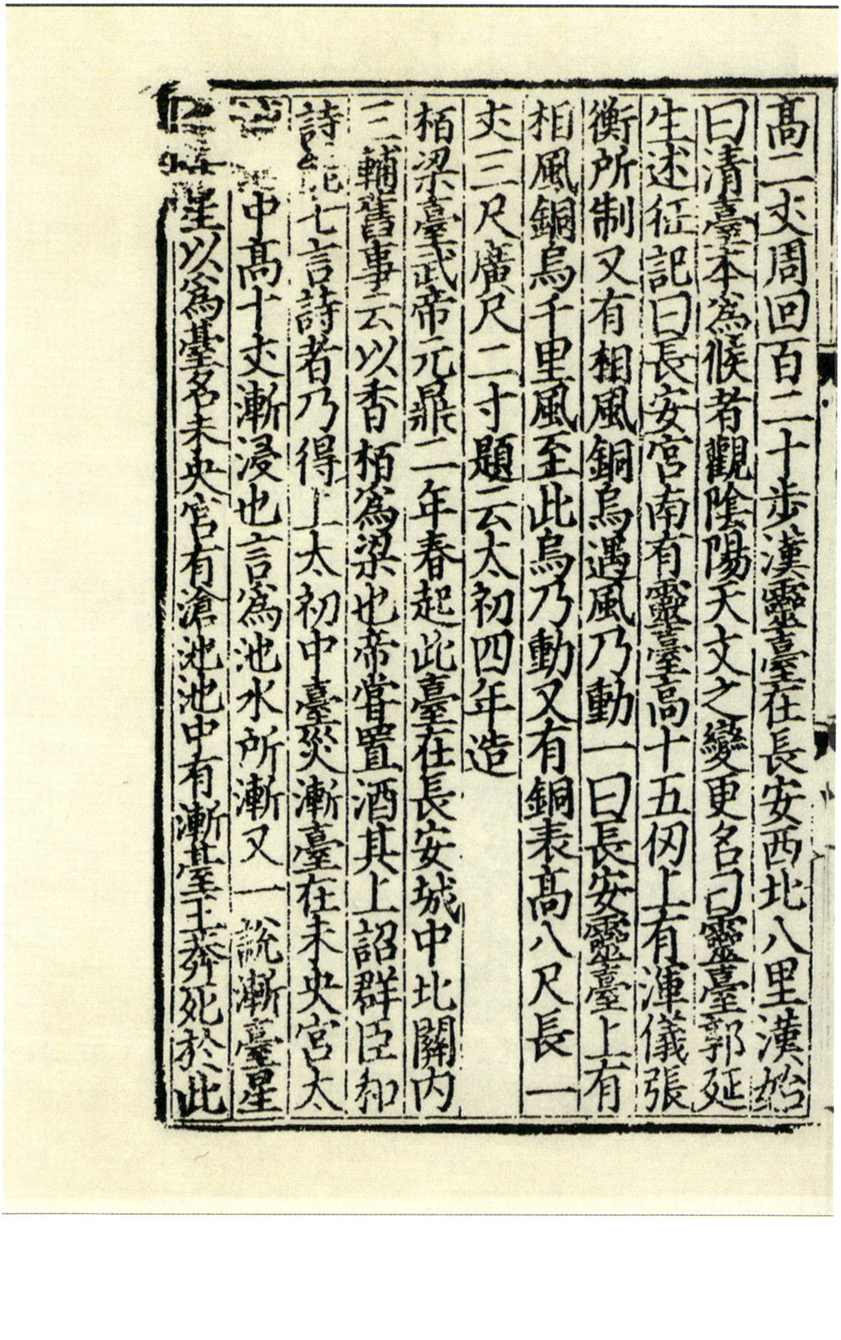
高二丈周回百二十步漢靈臺在長安西北八里漢於
曰清臺本為候者觀陰陽天文之變更名曰靈臺郭延
生述征記曰長安宮南有靈臺高十五仞上有渾儀張
衡所制又有相風銅烏遇風乃動一曰長安靈臺上有
相風銅烏千里風至此烏乃動又有銅表高八尺長一
丈三尺廣尺二寸題云太初四年造
栢梁臺武帝元鼎二年春起此臺在長安城中北闕內
三輔舊事云以香栢為梁也帝嘗置酒其上詔群臣和
詩能七言詩者乃得上太初中臺災漸臺在未央宮太
液池中高十丈漸浸也言為池水所漸又一說漸臺星
[illegible]星以為臺名未央宮有滄池池中有漸臺王莽死於此

圖8-7 ◎《三輔黃圖》卷五葉一下

“度世登華見其父與數人博于石上敕度士令遠”，其中“遠”爲“還”之訛；“後官無子者皆使殉葬甚衆”，其中“後官”爲“後宫”之訛；“三秦記曰麗山西北有温水祭則得入不祭則潤人肉”，其中“潤”爲“爛”之訛；“張衡温泉賦曰餘出麗山觀温泉浴神並”其中，“神並”爲“神井”之訛；“渠北故阪此即龍淵廟”，其中“此”爲“北”之訛；“民歌之曰由於何所池陽谷口”，其中“由於”爲“田於”之訛；“老父泣曰吾王不及矣”，其中“老父”爲“父老”之訛，“不及”爲“不反”之訛；“（漕渠）又東逕于楚陵北”，其中“于楚陵”爲“子楚陵”之訛；“其瀆土承汧水于陳倉東”，其中“土”爲“上”之訛等。此類訛誤頗不少見。又有漏字致誤者，如卷十九“蘇林曰戲邑名在新東南三十里”，其中“新”下脱“豐”字。又有衍誤者，如同卷“就水之右三泉之奇發”，“之”字衍。又有乙誤者，如同卷“此瀆東北流逕魏雍州刺史郭淮南碑”，其中“南碑”當作“碑南”；“其水際北城出謂是水爲陰盤水”，其中“際北城出”當作“際城北出”；“一水逕楊橋下即青門橋也側城北逕鄧艾祠西而北注渭無今水”，其中“無今水”當作“今無水”。

此外，脱簡錯簡方面，卷十八“長安人劉終於崩”下，黄本脱去四百多字；卷末“又東芒水從南來流注之”下，脱去注文八十多字。卷十九諸處錯簡同殘宋本，亦同陳藏明鈔本。

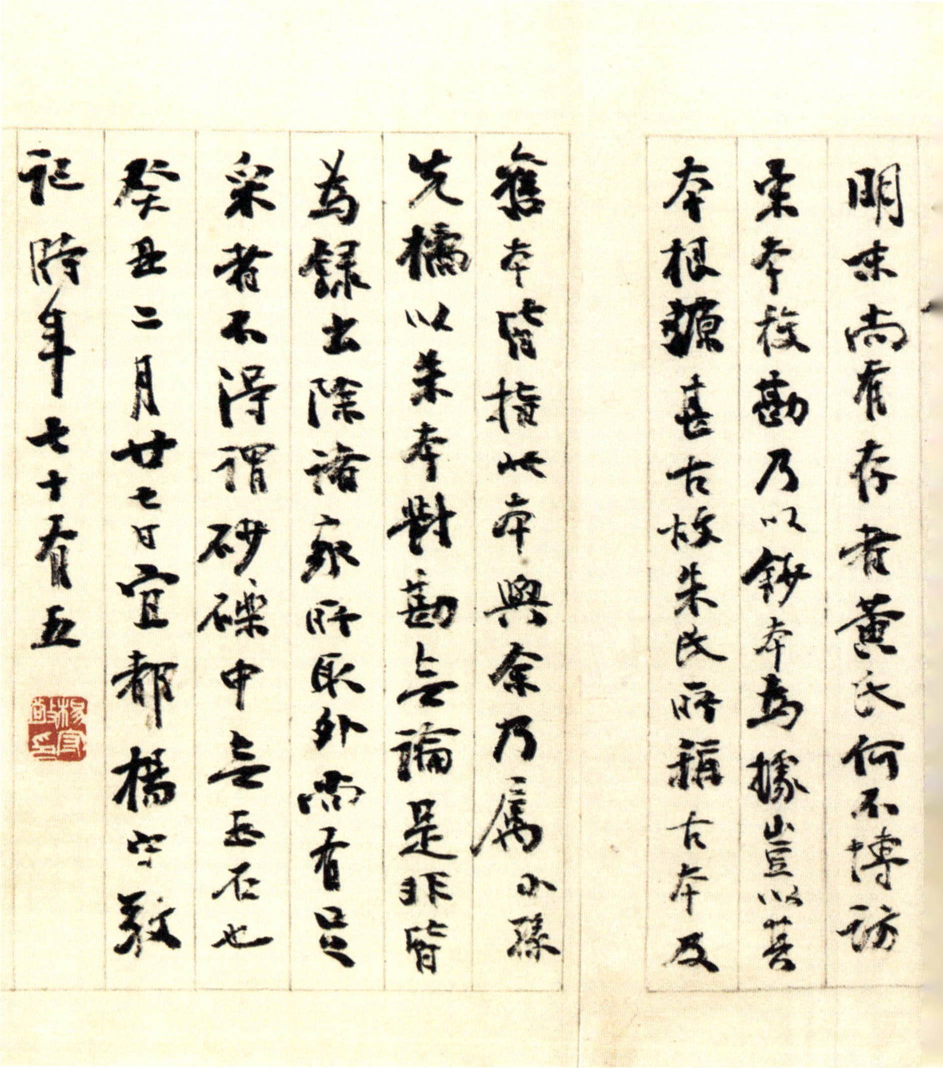

圖 8-8（本頁）、圖 8-9（下頁左）、圖 8-10（下頁右） ◎一九三一年楊守敬跋語

水經注四十卷自崇文總目已缺五
卷丞何聖從刻本仍以缺本為
四十卷知不免有移綴之失明代
有柳大中本為世所稱然未聞
入木自以黃省曾為祖刻余
夙治此學見朱鬱儀引此本
時有佳證心嚮往之久不能得
今年僦居滬上晤老友沈君子
培談次及之乃云新得此本欣然

水經

四十卷

明萬曆十三年吴琯、陸弼校刊本

(吴本)

中國國家圖書館藏

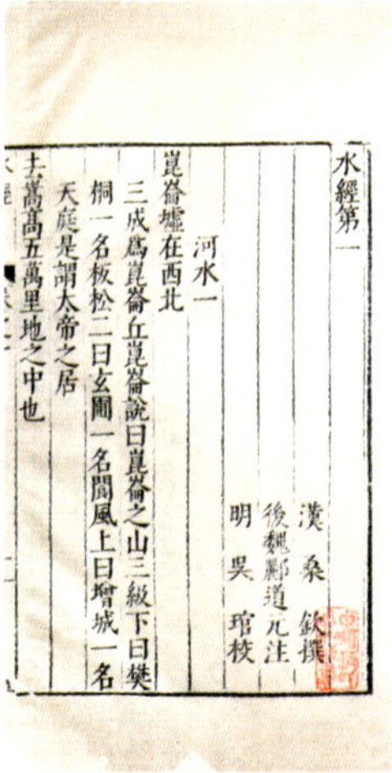
水經第一
漢 桑 欽撰
後魏酈道元注
明 吳 琯校
河水一
崑崙墟在西北
三成爲崑崙丘崑崙說曰崑崙之山三級下曰樊
桐一名板松二曰玄圃一名閬風上曰增城一名
天庭是謂太帝之居
去嵩高五萬里地之中也

圖 9-1　◎范貞如舊藏吴本卷一首葉上

此書爲《山海經》《水經》合刻本，十六册。《山海經》兩册十八卷，在前；《水經》十四册四十卷，在後。《水經》正文前有王世懋《重刻水經序》，又有黄省曾《刻水經序》。正文半葉十行，行二十字，經文頂格，注低一格。每卷目下題“漢桑欽撰　後魏酈道元注　明吴琯校”。卷中有多處剜改的墨丁〔一〕，“恒”字缺末筆避諱。又有傅增湘校，王國維校跋。

此書尚有多部，分藏中國國家圖書館、中國科學院圖書館、浙江省圖書館〔二〕、上海圖書館、天津圖書

〔一〕如卷一葉九上首行“樹名須”下、卷十六葉二十八上行八“宫”字下。

〔二〕浙江圖書館古籍部編《浙江圖書館古籍善本書目》，浙江教育出版社，二〇〇二年，頁二一〇。

館〔一〕、南京圖書館、北京大學圖書館、山東大學圖書館〔二〕、美國國會圖書館〔三〕、加拿大多倫多大學東亞圖書館〔四〕、日本早稻田大學圖書館〔五〕、日本宫内廳書陵部〔六〕等處。

吴本是繼黄本後流傳較廣的明刻本。吴本以黄本爲底本，又參酌酈《注》所引諸書做了許多校改〔七〕，後世研究者往往視

〔一〕天津圖書館編《天津圖書館古籍善本書目》，頁二四四。

〔二〕此部有“丁山題簽，有‘丁山’朱文方印，‘曾在丁山處’朱文長方印”。參見山東大學圖書館編撰《山東大學圖書館古籍善本書目》，齊魯書社，二〇〇七年，頁一四三。

〔三〕美國國會圖書館藏兩部，一部有方沆序（十四册），一部無方沆序（十册），均爲合刻本。參見王重民《中國善本書提要》，上海古籍出版社，一九八三年，頁二〇九；范邦瑾《美國國會圖書館藏中文善本書續録》所附《王重民美國國會圖書館藏中國善本書録訂補》，上海古籍出版社，二〇一一年，頁四〇三—四〇四。

〔四〕余梁戴光、喬曉勤主編，喬曉勤、趙清治撰《加拿大多倫多大學東亞圖書館藏中文古籍善本提要》，廣西師範大學出版社，二〇〇九年，頁一二七—一二八。

〔五〕日本早稻田大學“古典籍総合データベース”網站。

〔六〕此本著録爲：“明萬曆乙酉吴琯校刊本，前有方沆、黄省曾、王世懋序，首有‘季振宜藏書’印，又每册首有‘德藩藏書’印記，男爵毛利元功所獻。”參見日本宫内省圖書寮編《圖書寮漢籍善本書目》，國家圖書館出版社，二〇一二年，頁一四三。

〔七〕按，吴本以黄本爲底本，觀王世懋序可知。序云：“蓋《水經》一書，黄先生省曾序之詳矣。（中略）第校讎未精，亥豕時混，人非邢邵，疇能取適？新安太學吴君絶愛此書，志存嘉惠，乃延江都陸君至白下，假以歲月，窮

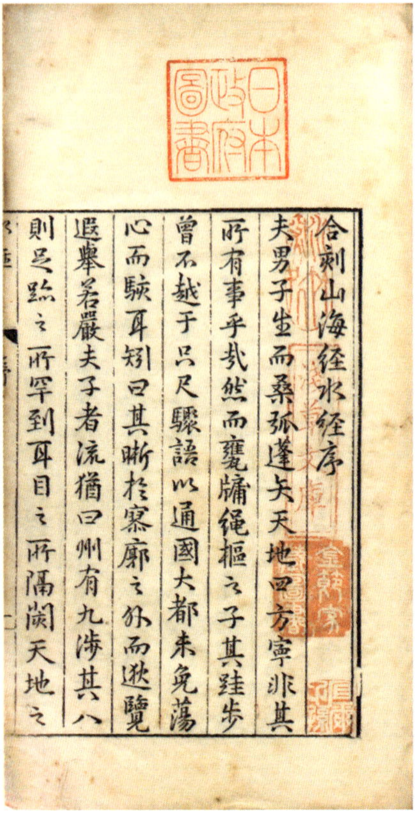

圖 9-2 ◎吴本卷首方沆序首葉上

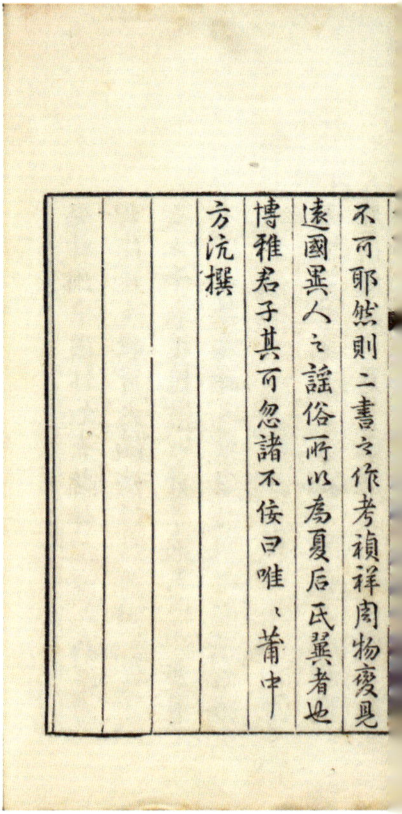

圖 9-3 ◎吴本卷首方沆序末葉下

爲善本〔一〕。不過從校勘角度來看，此本創見較爲有限。以下通過實例論述其主要特點。

其搜剔，於是梓匠殫技，觀者厭心。書成，陸君以屬世懋爲之序。”然後世或以爲吴本所據爲宋本（參見傅增湘《宋刊殘本〈水經注〉書後》，《藏園群書題記》，頁二三五；王國維《朱謀㙔〈水經注箋〉跋》小注，《王國維全集》卷一四，頁四九八），至胡適方指出吴本的底本實爲黄本，且未參校其他古本（參見所撰《吴琯刻〈水經注〉四十卷》，《胡適全集》卷一六，頁三七八）。

〔一〕傅增湘《宋刊殘本〈水經注〉書後》：“明代刻《水經注》者，有黄、朱二家及吴琯本。世以吴本爲最善，謂其所據爲宋本。”參見所著《藏園群書題記》，頁二三五。

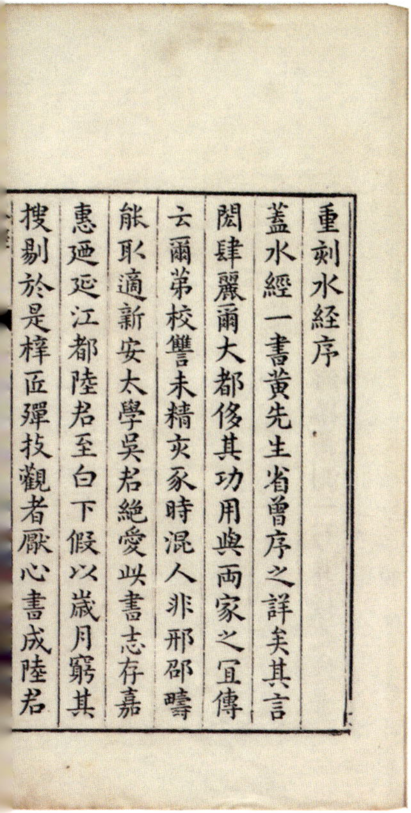
重刻水經序
蓋水經一書黄先生省曾序之詳矣其言
閎肆麗爾大都侈其功用與兩家之宜傳
云爾第校讐未精亥豕時混人非邢邵嗜
能耽適新安太學吴君絶愛此書志存嘉
惠迺延江都陸君至白下假以歲月窮其
搜剔於是梓匠殫技觀者厭心書成陸君

圖 9-4 ◎吴本卷首王世懋序首葉上

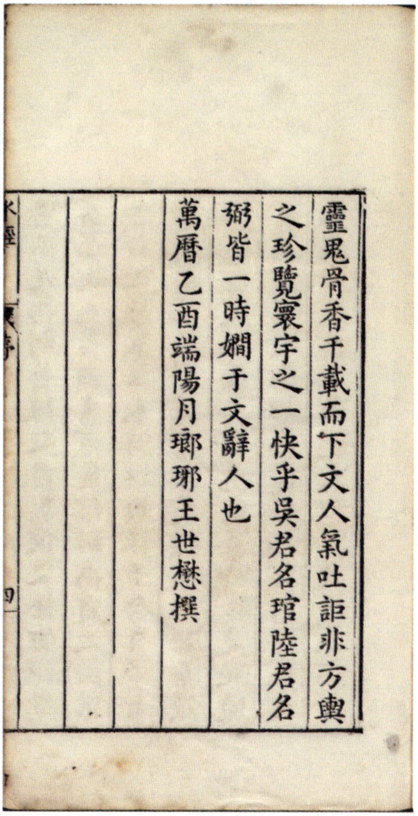
靈鬼骨香千載而下文人氣吐詎非方輿
之珍覽寰宇之一快乎吴君名琯陸君名
弼皆一時嫺于文辭人也
萬曆乙酉端陽月瑯琊王世懋撰

圖 9-5 ◎吴本卷首王世懋序末葉下

其一，脱簡錯簡方面，吴本在黄本的基礎上有少量校改。如卷十九的錯簡，其中一處，“故渠東北逕漢太尉夏侯嬰冢西葬日柩馬悲鳴輕車罔進下得石槨銘云于嗟滕公居此室”，黄本此句下接“霸水又北會兩川又北故源左出焉”。吴本此句下接“故遂葬焉冢在城東八里飲馬橋南四里故時人謂之馬冢”〔一〕。按，此處校改雖仍不確〔二〕，但已較黄本爲勝。

〔一〕胡適已指出此處校改，參見所撰《吴琯刻〈水經注〉四十卷》，《胡適全集》卷一六，頁三八〇—三八一。

〔二〕黄本“故遂葬焉冢在城東八里飲馬橋南四里故時人謂之馬冢”二十三字

其二，吴本校改了部分黄本不妥或有誤的字句。如卷十九“（甘水）北逕秦文王萯陽宫西”，其中“萯陽宫”，黄本作“負陽宫”〔一〕。按，《漢書》卷二八《地理志》右扶風鄠縣：“有萯陽宫，秦文王起。”吴本盖據此校改；同卷“杜伯與其友左儒仕宣王”，“仕”黄本訛作“杜”〔二〕；“父老泣曰吾王不反矣”，“反”黄本訛作“及”〔三〕。又，黄本有衍文處，吴本剜去所衍字，空一格〔四〕，如卷十七“渭水出其中東北▽過同穴枝間”，“▽過”黄本作“過過”〔五〕，衍“過”字。

吴本的不足，首先在於其常常臆改黄本，把原本不通的語句，改得看似文理通順，但却容易導致失去底本原貌，使讀者忽略其中的脱誤〔六〕。如黄本卷十八“長安人劉終於崩忘（按，當作‘志’）也”，其中“崩”字下脱四百多字，整體當作“長安人劉終於崩所得白玉（中略）余謂崔駰及皇覽謬志也”。黄本改“志”

下尚有“故渠又北分爲二渠東逕虎圈南而東入霸一水北合渭今無水”二十五字，前後合計四十八字。此四十八字應整體移至“于嗟縢公居此室”下，但吴本僅移動前二十三字，此後《注箋》本、譚本、項本、注釋本皆同吴本，至殿本方改正。此點胡適已指出，參見所撰《吴琯刻〈水經注〉四十卷》，《胡適全集》卷一六，頁三八一。

〔一〕殘宋本、《大典》本、朱藏明鈔本同。

〔二〕殘宋本、《大典》本、朱藏明鈔本作“仕”。

〔三〕殘宋本、朱藏明鈔本作“反”，《大典》本作“返”。

〔四〕本書中，凡此類空格用“▽”標示。

〔五〕殘宋本、《大典》本同，明鈔本不衍。

〔六〕胡適認爲：“吴琯本没有校記，往往臆改黄本原文，使後人無從知道那一個字是吴本臆改的。這是此本的最大弱點。”參見所撰《吴琯刻〈水經注〉四十卷》，《胡適全集》卷一六，頁三八一。

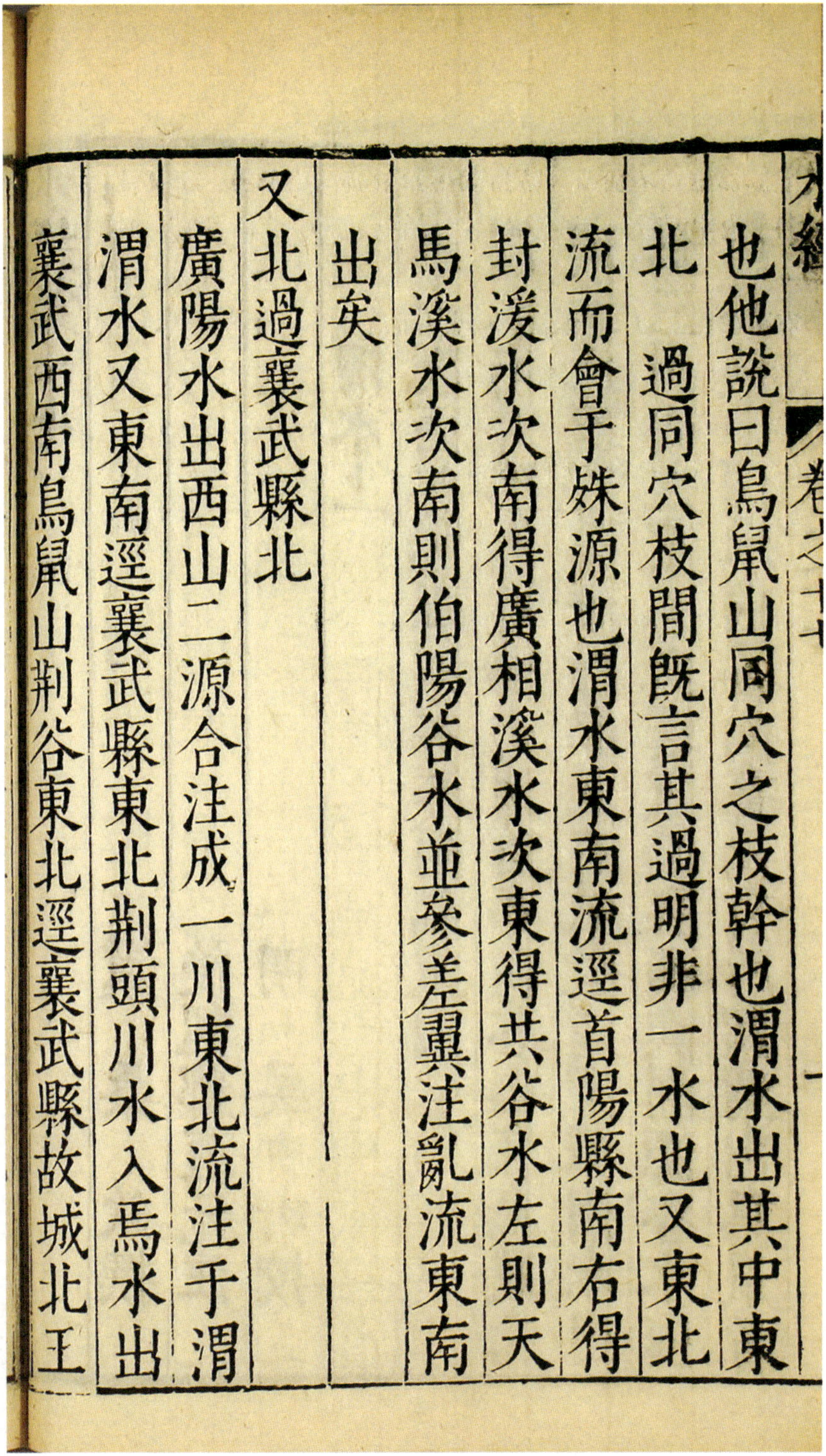
水經　卷之十七

也他說曰鳥鼠山同穴之枝幹也渭水出其中東北　過同穴枝間旣言其過明非一水也又東北流而會于殊源也渭水東南流逕首陽縣南右得封溪水次南得廣相溪水次東得共谷水左則天馬溪水次南則伯陽谷水並參差翼注亂流東南出矣

又北過襄武縣北

廣陽水出西山二源合注成一川東北流注于渭渭水又東南逕襄武縣東北荆頭川水入焉水出襄武西南鳥鼠山荆谷東北逕襄武縣故城北王

圖8-6　◎吴本卷十七葉一下行二「過」字上空一字。

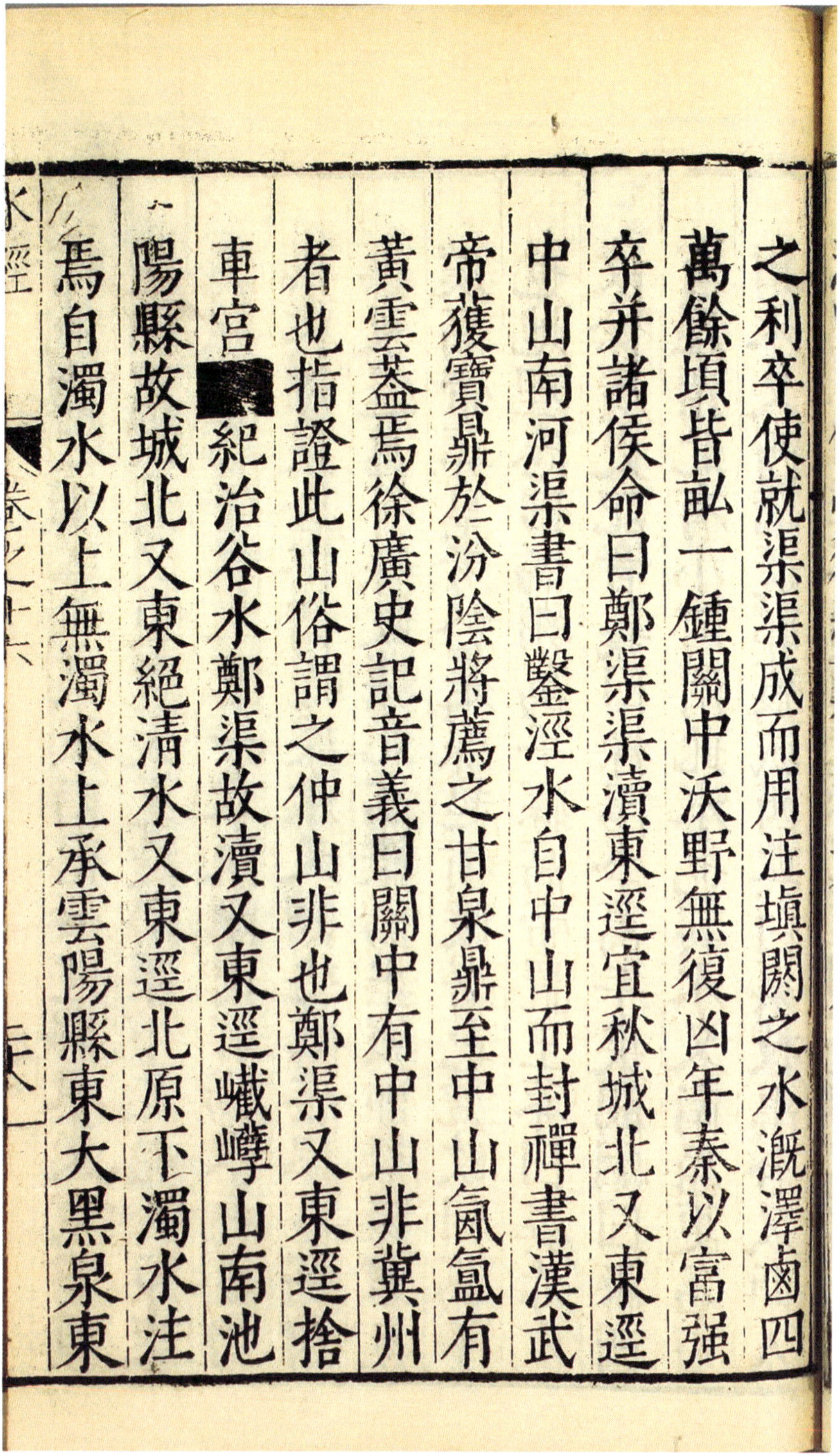
之利卒使就渠渠成而用注填閼之水溉澤鹵四
萬餘頃皆畝一鍾關中沃野無復凶年秦以富强
卒并諸侯命曰鄭渠渠瀆東逕宜秋城北又東逕
中山南河渠書曰鑿涇水自中山而封禪書漢武
帝獲寶鼎於汾陰將薦之甘泉鼎至中山氤氳有
黃雲蓋焉徐廣史記音義曰關中有中山非冀州
者也指證此山俗謂之仲山非也鄭渠又東逕捨
車宮■紀治谷水鄭渠故瀆又東逕巀嶭山南池
陽縣故城北又東絕清水又東逕北原下濁水注
焉自濁水以上無濁水上承雲陽縣東大黑泉東

水經　卷之十六

圖 9-7　◎吳本卷十六葉二十八上行八有墨釘。

作“忘”已誤，吴本又改“於”爲“云”，故吴本此處作“長安人劉終云崩忘也”，看似勉强可讀，其實更易誤導讀者；又如黄本卷十九“東去新豐既近何由（按，“由”本當作“惡”）項伯夜與張良共見高祖乎”，其中黄本改“惡”作“由”已誤，而吴本又改“近”作“遠”，整句作：“東去新豐既遠，何由項伯夜與張良共見高祖乎？”如此則文字貌似通順可讀，然實際文意正與酈《注》原意相反〔一〕。又如卷十九“第三門本名杜門亦曰利城門王莽更名進和門臨水亭其外有客舍故名曰客舍門”，其中“名曰”，黄本作“民曰”，殘宋本、《大典》本、朱藏明鈔本同。按，作“民曰”似更佳。又，“東有蒼龍缺缺内有閶闔公車諸門”，其中“公車”，黄本作“正車”，殘宋本、《大典》本、朱藏明鈔本同，朱《箋》曰：“‘公車’古本作‘正車’，《玉海》引此作‘止車’。”按，吴本改作“公車”，似亦不妥。

其次，黄本有部分訛誤，吴本承繼而無校改。如卷十七“源水東南逕獂道故城西”，其中“源水”二字，黄本同，殘宋本、《大典》本、朱藏明鈔本作“渭水”。按，作“渭水”是。“自號爲仙君黨與漫廣”，其中“漫廣”二字，黄本同，殘宋本、《大典》本、朱藏明鈔本作“浸廣”。按，《漢書》卷二七《五行志》：“（廣漢鉗子）自號曰山君，黨與寖廣。”〔二〕故作“浸廣”是。“東溪南屈逕上邽縣故城西”，其中“東溪南屈”四字，黄本同，《大典》本、朱藏明鈔本作“東流南屈”。按，作“東流南屈”是。

〔一〕此二例胡適已指出，參見所撰《吴琯刻〈水經注〉四十卷》，《胡適全集》卷一六，頁三八三—三八四。

〔二〕師古注曰：“寖，漸也。”

水經注箋

四十卷

明萬曆四十三年李長庚刊本

（《注箋》本）

中國國家圖書館藏

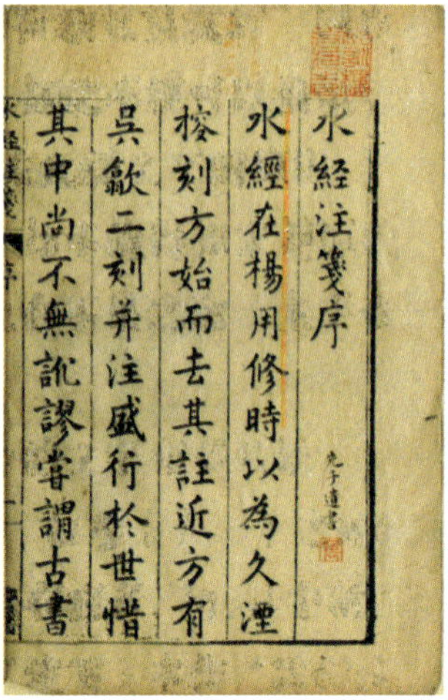

圖 10-1 ◎《注箋》本李長庚序葉一上

八册。半葉十行，行二十字，經文頂格，注低一格。正文前有李長庚《〈水經注箋〉序》、黄省曾《水經序》、朱謀㙔《撰〈水經注箋〉序》。又臚列《〈水經注〉所引書目》甚詳。目録分四十卷。各卷首題"漢桑欽撰，後魏酈道元注，明李長庚訂，朱謀㙔箋，孫汝澄、李克家仝校"。此書正文前有郭毓圻（匏雅）跋語數則。卷中有墨筆〔一〕、朱筆〔二〕批點，又有郭毓圻黄筆録何焯校語。

據書中跋文、印章、題記等判斷，此本曾先後歷藏

〔一〕墨筆眉批多爲用沈炳巽《水經注集釋訂訛》（沈本）校此本之校語。

〔二〕朱筆眉批多爲用他書校此本之校語，所引之書名如《漢志》《漢書·西域傳》《皇華紀聞》《香祖筆記》等。

數家，可考者，“明吴郡諸生非仲先生”〔一〕，清乾隆年間國子監學正郭毓圻〔二〕，清人郁松年（泰峰）〔三〕，渤海陳氏〔四〕等〔五〕。

除此以外，尚有多部《水經注箋》〔六〕，分藏中國國

〔一〕此書正文前有跋曰：“是書看各卷簡端印記，爲前明吴郡諸生非仲先生家傳物也。得之書肆，叅讀麤竟，持以前輩慎厥所守，惟恐失墮。既落我手，不可不識。時乾隆四十二年丁酉八月十有八日。”按，此跋文後又有朱筆題“乾隆四十九年歲次甲辰前三月重讀一過。丁未春日得義門先生校本，復閱（按，此後字跡不可辨）”云云，據筆跡亦當爲匏雅（參下注）親筆。

〔二〕此書又有跋：“予於丁酉歲既獲此書，偶見坊間别有評本，不知何人所訂，而要非無據，因攜歸，用朱筆録出。嗣於甲辰，居先君子憂，復悉心肄及，後遊粤中，由廉渡海至瓊，閲兩年，往來萬餘里，此書貯篋，頗資考證。既歸，復參義門校本，盖信前者考論之精，未可略也。乾隆五十四年歲在己酉閏五月杪。匏雅識於石塘橋新舍鷺持軒中。”按，匏雅即郭毓圻。傅增湘曰：“署款爲乾隆四五十年，間曰‘匏雅’，又曰‘抱雅’‘圻’，‘圻’字當是其名。有印曰‘春草閑堂’（按，當作“春草閒堂”）、曰‘載春私印’、曰‘毓圻印章’、曰‘雙林郭氏家珍’。大要其人爲郭毓圻匏雅耳。”參見傅增湘所著《藏園群書經眼録》，頁三七八。

〔三〕朱謀㙔序目下鈐“泰峰”印。卷二末題“戊午十月朔讀”，鈐“阿泰”印。卷五末題“道光乙巳五月十二日於草城寓舍閲一過，咸豐己未之春又讀一過。”另，卷十一至卷二十六卷末均有郁泰峰讀過題記。

〔四〕卷四十末鈐“渤海陳氏家珍”印。

〔五〕另，此本卷十四第十八葉後，夾有兩頁手鈔文字，録《水經注》文數條，署名“周達”“葉基奎”。

〔六〕胡適云：“我所見朱《箋》，有兩種本子，都是南昌原刻（按，即萬曆四十三年李長庚刊本），而有小異。一本爲哥倫比亞大學所藏，其卷五葉十二上‘裏楷上疏曰’之下，朱《箋》引孫汝澄云，‘裏楷當作斐楷’，此是偶然的誤記。

家圖書館[一]、北京大學圖書館[二]、中國科學院考古所圖書館、上海圖書館、復旦大學圖書館、武漢大學圖書館[三]、天津圖書館[四]、山東大學圖書館[五]、美國國會圖書館[六]、日本内閣文庫[七]、臺北故宫博物院[八]等處。

《注箋》本是開創了《水經注》研究新思路、新方法的一部明刻本。它以吴本爲底本，以黄本、謝兆申（耳伯）所見宋本及

北平圖書館與我自己所藏的一本，朱《箋》此條剜改爲'襄楷詳《後漢書》'。前者是初刻初印本，後者是修改本。"參見所撰《朱謀㙔〈水經注箋〉四十卷》，《胡適全集》卷一七，頁四七〇。

〔一〕兩部，其一"翁同書校"，其一"孫潜、袁廷檮校並跋，貝墉跋。八册。存十六卷：一至五，九至十六，三十八至四十。"參見《北京圖書館古籍善本書目》，頁七九四。又，傅增湘《藏園群書經眼録》録後者跋語、藏印甚詳（頁三七八—三七九）。

〔二〕四部。參見《北京大學圖書館藏古籍善本書目》，頁一五四。

〔三〕陳橋驛述此本較詳。參見所撰《論〈水經注〉的版本》，《水經注論叢》，浙江大學出版社，二〇〇八年，頁一一一。

〔四〕兩部。參見天津圖書館編《天津圖書館古籍善本書目》，頁二四五。

〔五〕兩部。一部上"有朱墨筆眉批，夾注，臨王國維《匯校》；收藏有'彈氏愛讀之書'朱文長方印、'平湖屈氏卷書樓所藏'朱文長方印、'橋川石雄'朱文方印"。另一部"封皮墨書'半竹軒藏'，下鈐'仙舟'朱文方印"。參見山東大學圖書館編《山東大學圖書館古籍善本書目》，頁一四四—一四五。

〔六〕王重民《中國善本書提要》，頁二〇九。

〔七〕參見日本國立公文書館網站。

〔八〕按，此本同爲萬曆刊本，爲蔣光煦别下齋舊藏。王重民定此本爲趙一清校本，胡適亦持此論，參［二二七］。

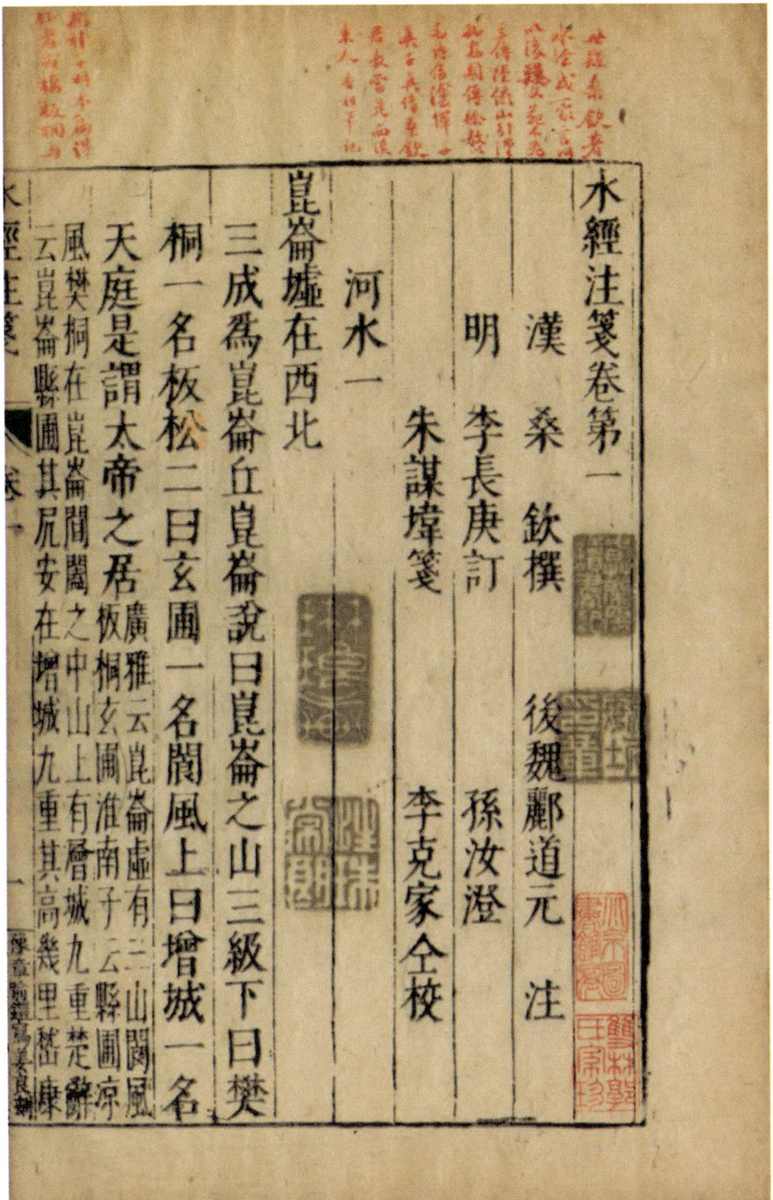
水經注箋卷第一

漢　桑　欽撰　後魏酈道元　注

明　李長庚訂　孫汝澄

朱謀㙔箋　李克家仝校

河水一

崑崙墟在西北

三成爲崑崙丘崑崙說曰崑崙之山三級下曰樊桐一名板松二曰玄圃一名閬風上曰增城一名天庭是謂太帝之居廣雅云崑崙虛有三山閬風板桐玄圃淮南子云縣圃凉風樊桐在崑崙閶闔之中山上有層城九重楚辭云崑崙縣圃其尻安在增城九重其高幾里蓋康

水經注箋　卷一　一

圖 10-2 ◎《注箋》本卷一葉一上

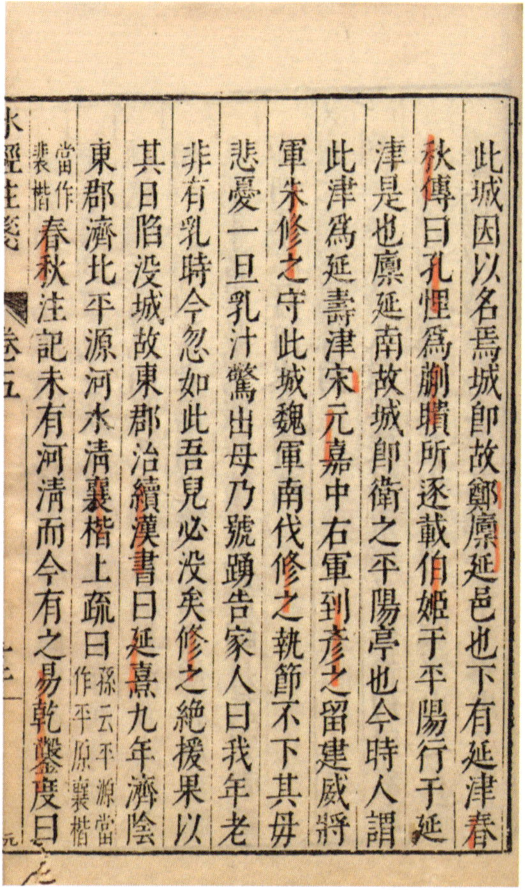

此城因以名焉城即故鄭廩延邑也下有延津春秋傳曰孔悝爲蒯聵所逐載伯姬于平陽行于延津是也廩延南故城即衛之平陽亭也今時人謂此津爲延壽津宋元嘉中右軍到彥之留建威將軍朱修之守此城魏軍南伐修之執節不下其母悲憂一旦乳汁驚出母乃號踊告家人曰我年老非有乳時今忽如此吾兒必没矣修之絶援果以其日陷没城故東郡治續漢書曰延熹九年濟陰東郡濟北平源河水清襄楷上疏曰孫云平源當作平原襄楷當作裴楷春秋注記未有河清而今有之易乾鑿度曰

水經注箋　卷五

圖 10-3　◎《注箋》本（初刻）卷五十二葉十五上行十《箋》云："當作裴楷。"

酈《注》所引諸書爲參考，在《水經注》的校勘、研究上做出了巨大貢獻。其價值，首先在於突破了此前單純校勘字句的方法，開始補充調整文中的脱簡、錯簡，對底本做較大幅度的改動；其次，繼續推進文字校勘，並創用箋注的形式標示疑竇之處，寫明自己的觀點，而不輕易改動原書文字。以下通過實例具體論述。

其一，《注箋》本對舊本的錯簡作了許多重要的調整〔一〕。如卷十九"蘇林曰高門長安城北門也"後，吴本接"又逕觀愚之山"，《注箋》本

〔一〕胡適認爲："謝兆申曾見一部鈔宋本，故他能訂正卷一、卷二、卷九與卷十三、卷三十及卷卅一的錯簡。但謝氏所見鈔宋本似不完好，故朱本未能補《渭水》的脱頁，也未能訂正《潁水》《渠水》的錯頁。"參見所撰《朱謀㙔〈水經注箋〉四十卷》，《胡適全集》卷一七，頁四七〇。

則接“一曰廚門其内有長安廚官”至“于嗟滕公居此室”一段並加《箋》曰：“此間敘長安十二門，故洛門之後繼以廚門、杜門，舊本脱誤，以鄭縣注續此。”又，“于嗟滕公居此室”後接“故遂葬焉冢在城東八里飲馬橋南四里故時人謂之馬冢”一句，《箋》曰：“舊本脱誤，吴琯移‘遂葬焉’二十二字續此，是矣。復誤以霸水注續馬冢之後，錯簡如初，今特改正。”

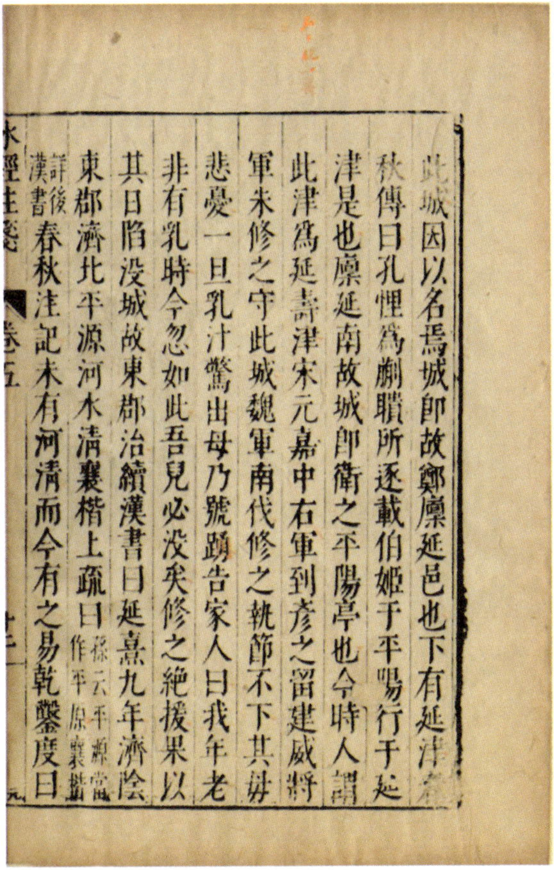

此城因以名焉城卽故鄭廩延邑也下有延津春秋傳曰孔悝爲蒯聵所逐載伯姬于平陽行于延津是也廩延南故城卽衛之平陽亭也今時人謂此津爲延壽津宋元嘉中右軍到彥之留建威將軍朱修之守此城魏軍南伐修之執節不下其母悲憂一旦乳汁驚出母乃號踊告家人曰我年老非有乳時今忽如此吾兒必没矣修之絶援果以其日陷没城故東郡治續漢書曰延熹九年濟陰東郡濟北平源河水清襄楷上疏曰孫云平源當作平原襄楷詳後漢書春秋注記未有河清而今有之易乾鑿度曰

水經注箋　卷五　十二

圖 10-4　◎《注箋》本（重修）卷五十二葉十五上行十《箋》云：“詳《後漢書》。”

其二，《注箋》本參考了謝兆申所見的宋本，因此可以增補底本的許多脱誤，如卷十八經文“又東芒水從南來流注之”後，吴本缺“芒水出南芒谷北流”至“一水北流注於渭也”一段，《注箋》本則不缺，並加《箋》曰：“舊本、吴本俱缺此注，綏安謝耳伯據宋本《水經》鈔補八十五字。”

其三，《注箋》本徵引史書以校正酈《注》中的史事，如卷十八“長安人劉終於崩忘也”，“崩”字下黄本、吴本皆脱去四百多字，《注箋》本雖因未見殘宋本等古本而無法補全這四百多字〔一〕，但通過《十六國春秋》的記載，獲“劉終得白玉”事，箋注於下，這就比吴本僅臆改“於”爲“云”而容易誤導讀者的校改方法顯然高明得多。

此外，字句校勘方面，由於黄本誤字較多，吴本雖曾校改黄本，然率多臆改，故兩本各有不足，而《注箋》本綜合兩家之長，復參謝兆申所見宋本，又採孫汝澄、李克家諸説，故其校勘頗爲精審。

不過，《注箋》本所言“宋本作某”者，往往與殘宋本不盡合；而所云“舊本作某”“古本作某”“當作某”“疑作某”者，往往又與殘宋本合；文中稱“墇按”“謝云”“孫云”“克家云”處，常常與殘宋本合，故被認爲不甚嚴謹，且“不脱明人標榜之習”〔二〕。

〔一〕謝兆申所見宋本當亦脱此四百多字。

〔二〕按，王國維論此頗詳，並曰：“朱《箋》乃江西布政使司參政李長庚所刊，而孫汝澄、李克家二人校之，疑亦爲孫、李所竄亂矣。”參見所撰《朱謀墇〈水經注箋〉跋》，《王國維全集》卷一四，頁四九九。後王重民曾駁王氏此論，曰：“卷内引‘李克家云’或‘克家云’者甚衆，疑稱姓者爲謀墇所採用，不稱姓者則爲克家校刻時所自行增入，行文之法，當若是也。奈王静安先生跋是書，一則曰不脱明人標榜之習，再則曰疑爲孫、李二人所竄亂；克家是謀墇‘忠臣’（當是門下士），不得謂爲標榜！增入之説，名從主人，亦不得謂爲竄亂也。余嘗考克家在是年（萬曆四十三年），與謀墇同爲陳一元校刻《蔡忠惠公文集》及《蔡端明别紀》（三年前克家爲程百二校刻《方輿勝略》）。謀墇序是書：‘萬曆甲寅，齊安李公，詢古先逸典於太學生李嗣宗，嗣宗偶以不佞《水經注箋》對。’盖即長庚所謂‘一日持以相過’之事。克家字

《注箋》本自刊行後頗爲盛行〔一〕，後來治酈者多本此書，如崇禎年間的譚本（參［二一四］）、清初的何焯校本（參［二二二］）、清末民初的王國維校本（參［二三七］），皆以《注箋》本爲底本。不過清初以來，對該書的評價也毁譽參半。褒之者如顧炎武，稱爲“三百年一部書”〔二〕；貶之者如何焯，惜其書“不加旁求博證”〔三〕。相比之下，王國維申其功，語其病，較爲中肯〔四〕。

嗣宗，老於太學生，游諸名公之門，以襄助校刻書籍爲業者。今觀其所校書，亦樸學之士也。”參見所撰《中國善本書提要》，頁二〇九。

〔一〕《四庫全書總目》“史部·地理類”《水經注》提要載：“是書自明以來絶無善本，惟朱謀㙔所校盛行於世。”

〔二〕閻若璩撰，黄槐信、吕翊欣校點《尚書古文疏證》卷六下，上海古籍出版社，二〇一三年，頁四一〇。

〔三〕何校本卷四〇末跋：“洪景伯《隸釋》集善長所載漢魏諸碑爲一卷，書其後云：時無善本，雌黄不可妄下。在當日猶云耳，況今日乎？鬱儀中尉於此書不爲無功，惜如《隸釋》及《通鑒注》之類不加旁求博證耳。康熙戊戌八月，何焯記。”

〔四〕王國維《朱謀㙔〈水經注箋〉跋》，《王國維全集》卷一四，頁四九九。

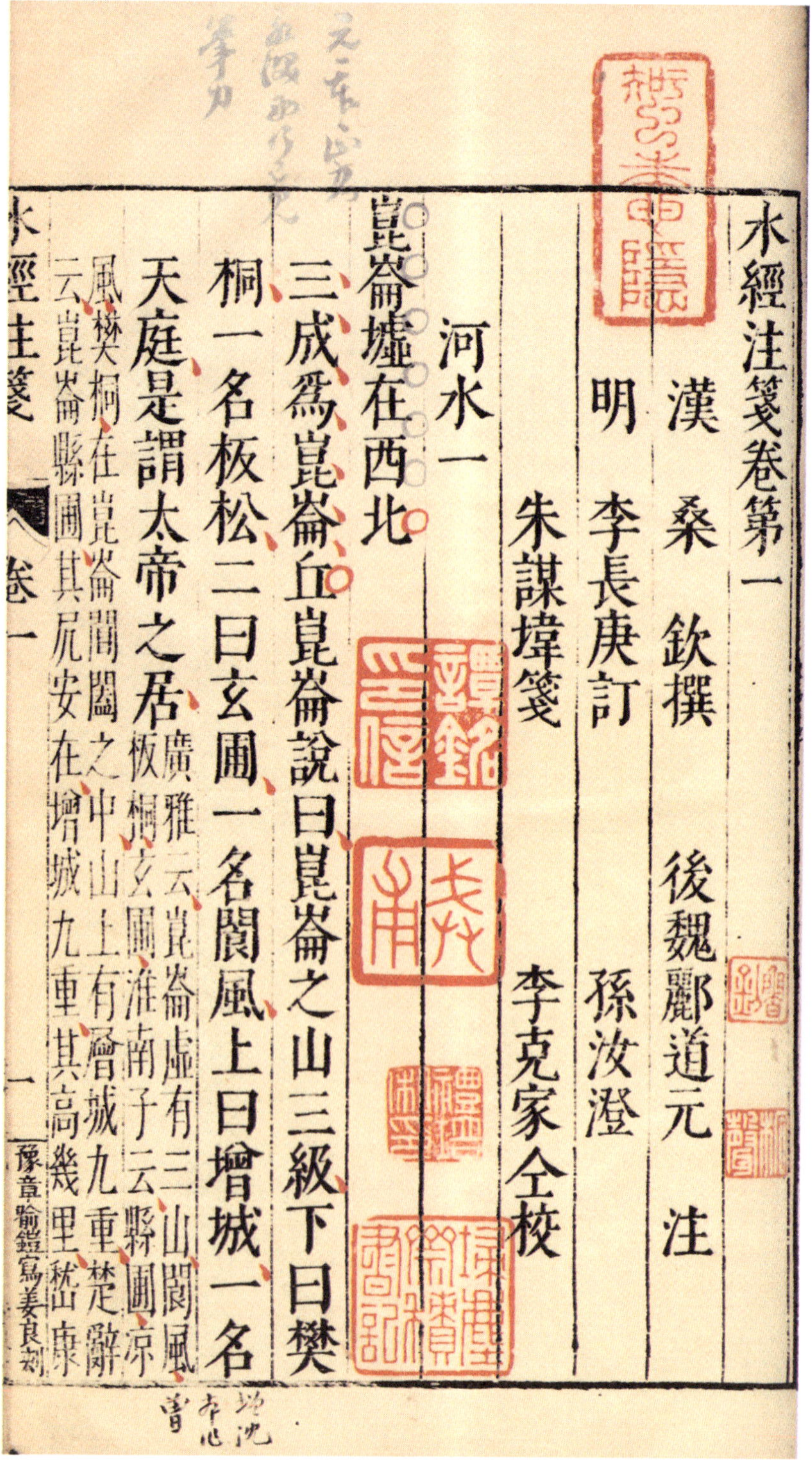
水經注箋卷第一
漢 桑 欽撰　後魏酈道元 注
明 李長庚訂　孫汝澄
朱謀瑋箋　李克家仝校
河水一
崑崙墟在西北
三成爲崑崙丘崑崙說曰崑崙之山三級下曰樊
桐一名板松二曰玄圃一名閬風上曰增城一名
天庭是謂太帝之居廣雅云崑崙虛有三山閬風板桐玄圃淮南子云縣圃凉
風樊桐在崑崙閶闔之中山上有層城九重楚辭云崑崙縣圃其尻安在增城九重其高幾里秫山東
水經注箋　卷一　一
豫章喻鍏寫姜良刻

圖 10-5 ◎王禮培批點《注箋》本卷一葉一上

四字消多少

以兵作佛事者鉢緣何由而至

佛毋教只一願字

變為牧牛小兒聚土為佛塔法王因而成大塔所
謂四大塔也法顯傳曰國有佛鉢月氏王大興兵
衆來伐此國欲持鉢去置鉢象上象不能進更作
四輪車載鉢八象共牽復不進王知鉢（一本無鉢字）緣
未至於是起塔留鉢供養鉢容二斗雜色而黑多
四際分明厚可二分甚光澤貧人以少華投中便
滿富人以多華供養正復百千萬斛終亦不滿佛
圖曰佛鉢青玉也受三斗許彼國寶之供養時願
終日香華不滿則如言願一把滿則亦便如言又
按道人竺法維所說佛鉢在大月支國起浮圖高

水經注箋 卷二 三

圖 10-6 ◎王禮培批點《注箋》卷二葉三上

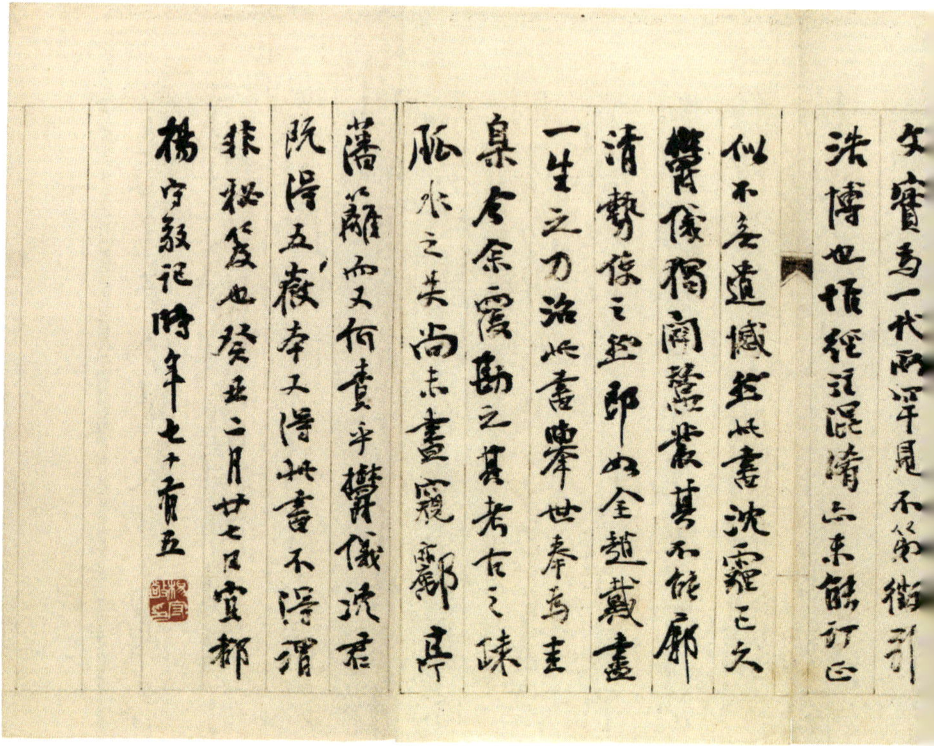
浩博也惜經注混淆亦未能訂正
非秘笈也癸丑二月廿七日宜都
楊守敬記時年七十有五

圖 10-7（本頁左）、圖 10-8（本頁右）、圖 10-9（跨頁）、圖 10-10（下頁左）、圖 10-11（下頁右
◎楊守敬《朱校水經注跋》

楊守敬在此跋語中認爲全祖望、趙一清、戴震三人似未見過《水經注箋》原本。其說不確。胡適爲："趙氏的《水經注箋刊誤》十二卷，共刊正《朱箋》之誤凡四千餘條，逐條皆標出《朱箋》原的卷數和葉數。（中略）楊氏只靠王氏《合校》本，而不知此本全删了這四千條的原書卷數頁數，以他才敢妄猜趙氏未見朱氏原本！" 參見所撰《批評楊守敬審判〈水經注〉疑案的考證方法》，《適全集》卷一五，頁一三〇一一三一。

朱鬱儀博覽羣籍，著述等
身。所校《水經注》，顧亭林推為明
代一部書。顧流傳頗少，余三十
年前從日本得其原刊本，乃知
明代即為鍾譚所删削，厥後又為
項絪以鍾譚本亂之。至天都黄晟
復以項本翻雕，摹印頗精，世之不
得見朱氏原本者，遂以虎賁為
中郎，以全趙戴專門名家亦似未
親見朱刊者。而長沙王氏合校乃
據以戴氏所謂近刻屬之朱箋，其
實不盡讎也。今年僦居上海，從
老友沈君子培得見黄省曾本，又
知朱氏撰歷之功甚鉅，宜亭林之

水經注

四十卷

明崇禎二年嚴忍公刊本

（譚本）

中國國家圖書館藏

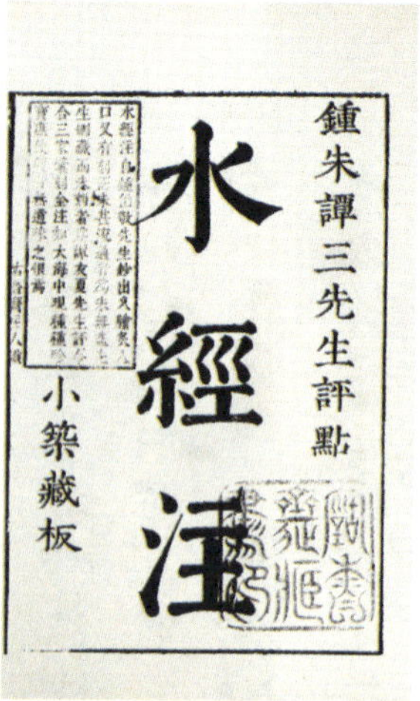

圖 11-11 ◎譚本書名葉

十册。半葉九行，行二十字，經文頂格，注低一格。書名頁題署“鍾朱譚三先生評點　水經注　小築藏板”，並有古香齋主人《識記》。正文前有譚元春《刻〈水經注批點〉叙》，並有“評閱姓氏”一葉，上署“景陵鍾惺伯敬甫　成都朱之臣無易甫　景陵譚元春友夏甫”。又有黄省曾、朱謀㙔、李長庚三家序及《〈水經注〉所引書目》，皆同《注箋》本。正文每卷首題“漢桑欽撰，後魏酈道元注”。卷中鍾、朱、譚三家批點以“鍾云”“朱云”“譚云”别之，列於書眉。又有周夢棠、孔廣栻校記與夾葉箋注〔一〕。

〔一〕如卷十七末校補“渭水又東逕郿塢南，《漢獻帝傳》曰：董卓發卒築郿塢，高與長安城等，積穀爲三十年儲，自云：事成，雄據天下；不成，守此足

譚本尚有多部，分藏北京大學圖書館[一]、上海圖書館、復旦大學圖書館、山東圖書館、南京圖書館、浙江圖書館[二]、廣東中山圖書館、日本内閣文庫[三]等處。

不同於一般的《水經注》校刊之作，譚本是明代竟陵派代表人物譚元春着重評點並刊行的一部書（參譚序可知），其中不僅有其本人的點評，還有朱之臣、鍾惺等人的評點之語。換言之，該書的刊刻，更多是着眼《水經注》中的詞藻，而非文本的具體校勘。此書與同爲評點本的陳本（參［二一五］）在此點上有些共通之處。也正因如此，使得此本在刊刻方面具備了以下幾個特點。

其一，該書雖然以《注箋》本底本，但對其中的箋文作了較多節略[四]。朱箋徵引史書校酈注處，譚本常常删去，如卷十七"野雞皆鳴故曰雞鳴神"下，朱《箋》引《太康地記》《列異傳》《漢書·郊祀志》所載"陳寶"事，譚本皆删去[五]。

以畢老。其愚如此"一段，並録殿本按語於後。又如卷十八"長安人劉終"下鈔補四百多字，並按："上'所得白玉方一尺'"至'皇覽繆'四百二十七字，今本脱，據《大典》本增。"

〔一〕兩部。參見《北京大學圖書館藏古籍善本書目》，頁一五四；王重民《中國善本書提要》，頁二〇九。

〔二〕浙江圖書館古籍部編《浙江圖書館古籍善本書目》，頁二一〇。

〔三〕參見日本國立公文書館網站。

〔四〕胡適《譚元春刻〈水經注批點〉四十卷》，《胡適全集》卷一七，頁四七七。

〔五〕按，亦有不删之例，如卷十九"杜伯射宣王"下，朱《箋》引《國語》等論之，譚本不删。

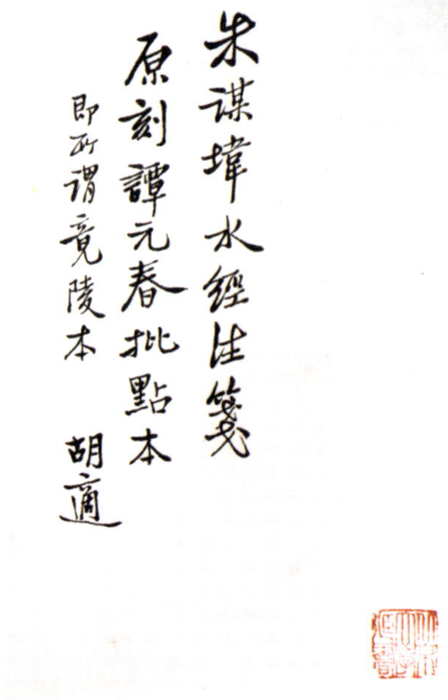

圖 11-2 ◎胡適在譚本上的題記

另外，由於譚本有時刪去朱《箋》的部分信息，致使讀者不易見到朱《箋》在某處所做的完整工作。如卷十九“今斯原夾二水”下，朱《箋》曰：“此後皆叙霸水事，舊本錯，誤以廚門續此。今據《三輔黄圖》所記長安十二門移正，而以‘霸水又北會’續此。”譚本注曰：“此後皆叙霸水事，舊本錯，誤以廚門續此，今移正。”刪去朱《箋》進行校改的依據（《三輔黄圖》），又刪去“以霸水又北會續此”的錯簡調整説明；又，朱《箋》原作“㙔按”處，譚本往往刪“㙔”字〔一〕，朱《箋》原作“謝兆申云”處，譚本往往省作“謝云”〔二〕。

〔一〕此點胡適《譚元春刻〈水經注批點〉四十卷》已指出（《胡適全集》卷一七，頁四七七）。例如卷十九“蘇林曰高門長安城北門也”下，朱《箋》曰：“㙔按，此間叙長安十二門，故洛門之後繼以廚門、杜門，舊本脱誤，以鄭縣《注》續此。”譚本刪“㙔”字。但也有不刪之例，如卷十九“故遂葬馬冢在城東八里飲馬橋南四里故時人謂之馬冢”下，朱《箋》：“㙔按，舊本脱誤，吴琯移‘遂葬焉’二十二字續此，是矣，復誤以霸水《注》續馬冢之後，錯簡如初，今改正。”譚本即不刪“㙔”字。

〔二〕此亦經胡適指出，參見所撰《譚元春刻〈水經注批點〉四十卷》（《胡適全集》卷一七，頁四七七）。例如卷十七“又東與大弁州水出西山”下，朱《箋》：“謝兆申云此脱誤，當云‘又東與大弁川水合水出西山’。”譚本注“謝兆申云”作“謝云”。

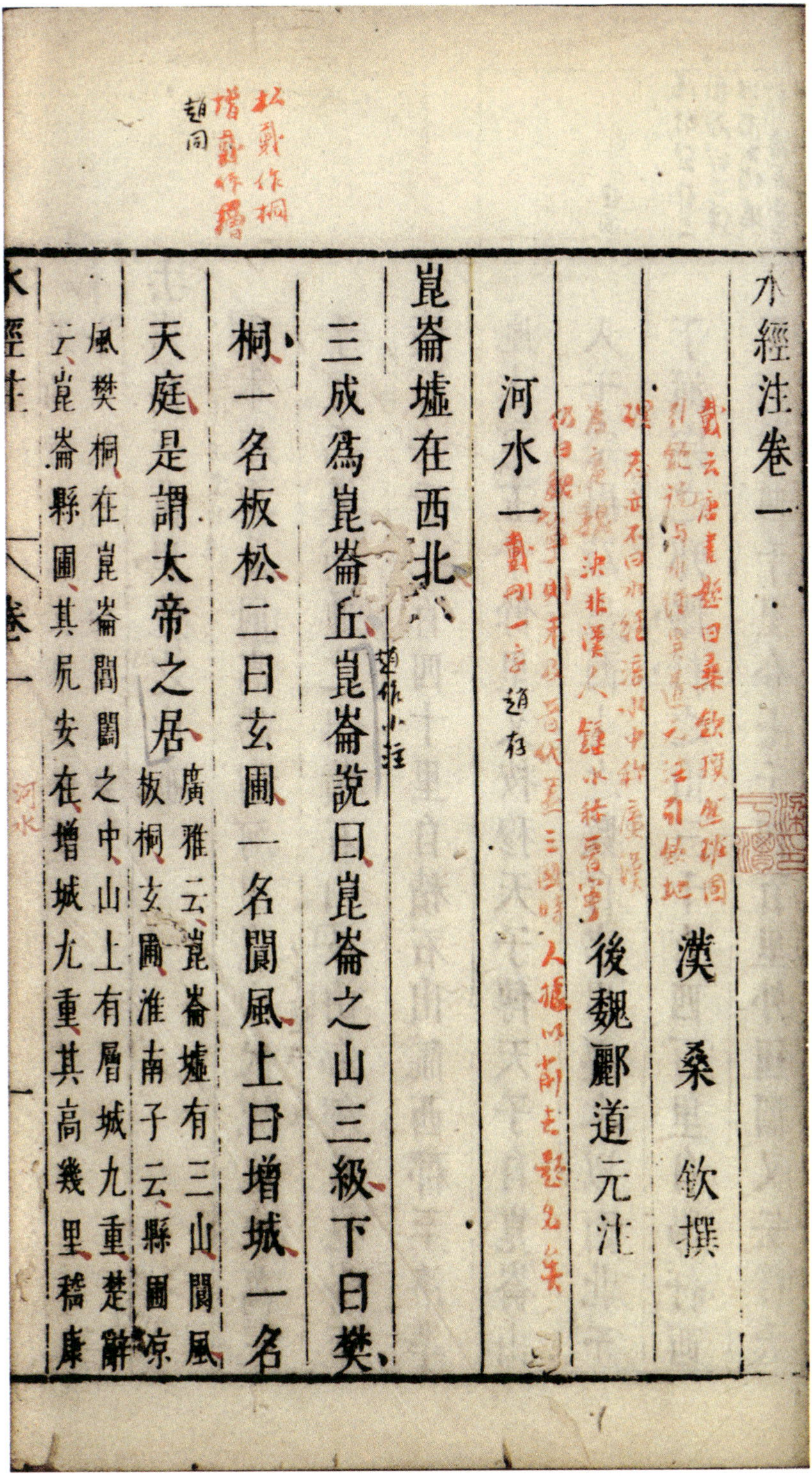

水經注卷一

漢 桑 欽撰

後魏酈道元注

河水一

崑崙墟在西北、

三成爲崑崙丘崑崙說曰崑崙之山三級下曰樊、桐一名板松二曰玄圃一名閬風上曰增城一名天庭是謂太帝之居

廣雅云崑崙墟有三山閬風板桐玄圃淮南子云縣圃涼風樊桐在崑崙閶闔之中山上有層城九重楚辭云崑崙縣圃其尻安在增城九重其高幾里稽康

水經注 卷一 一

圖 11-3 ◎廣東省立中山圖書館藏譚本卷一葉一上

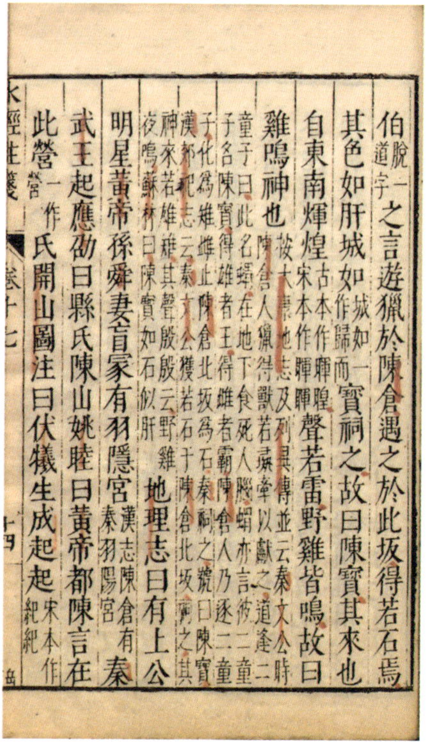
伯脫一道字之言遊獵於陳倉遇之於此坂得若石焉
其色如肝城如城如一作歸而實祠之故曰陳寶其來也
自東南輝煌古本作煇煌宋本作暉暉聲若雷野雞皆鳴故曰
雞鳴神也按太康地志及列異傳並云秦文公時陳倉人獵得獸若彘牽以獻之道逢二
童子曰此名蝹在地下食死人腦蝟亦言彼二童子名陳寶得雄者王得雌者霸陳倉人乃逐二童
子化爲雉雌止陳倉北坂爲石秦祠之號曰陳寶漢郊祀志云秦文公獲若石于陳倉北坂祠之其
神來若雄雉其聲殷殷云野雞夜鳴蘇林曰陳寶如石似肝地理志曰有上公
明星黃帝孫舜妻育冢有羽隱宮漢志陳倉有秦羽陽宮秦
武王起應劭曰縣氏陳山姚睦曰黃帝都陳言在
此營營一作氏開山圖注曰伏犧生成起起宋本作紀紀

圖 11-4 ◎《注箋》本卷十七葉十四上

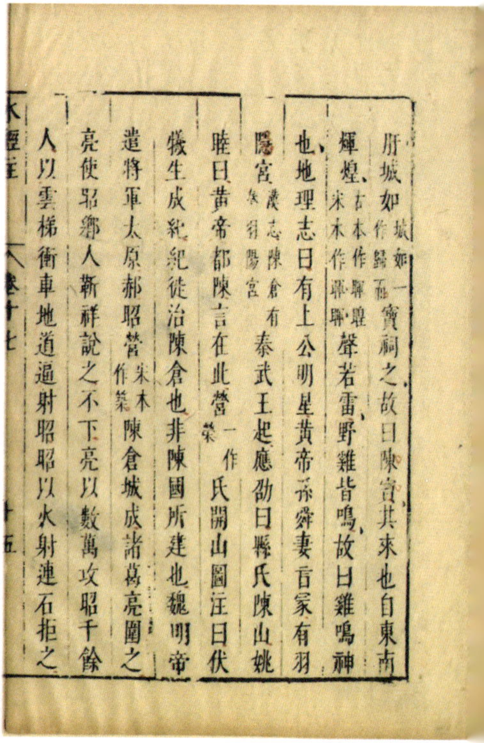
肝城如城如一作歸而實祠之故曰陳寶其來也自東南
煇煌古本作煇煌宋本作暉暉聲若雷野雞皆鳴故曰雞鳴神
也地理志曰有上公明星黃帝孫舜妻育冢有羽
隱宮漢志陳倉有秦羽陽宮秦武王起應劭曰縣氏陳山姚
睦曰黃帝都陳言在此營一作榮氏開山圖注曰伏
犧生成紀紀徙治陳倉也非陳國所建也魏明帝
遣將軍太原郝昭營宋本作榮陳倉城成諸葛亮圍之
亮使昭鄉人靳祥說之不下亮以數萬攻昭千餘
人以雲梯衝車地道逼射昭昭以火射連石拒之

圖 11-5 ◎譚本卷十七葉十五上

其二，譚本不僅節略朱《箋》，還常常在認爲朱《箋》無可疑時逕改原文，而删去《箋》文，且不再作説明。如卷十七“昔秦文公咸伯之言游獵于陳倉”，朱《箋》“（‘咸’）當作‘感’”，“（‘伯’下）脱一‘道’字”，譚本改作“昔秦文公感伯道之言游獵于陳倉”；“因爲是水爲龍魚水”，朱《箋》“（‘爲’）當作‘謂’”，譚本改作“因謂是水爲龍魚水”；卷十九“其水右合東川（中略）川東亦曰白鹿原也”，朱《箋》“（‘白虎’）克家云當作‘白鹿’”，譚本即改“白虎原”作“白鹿原”。

其三，譚本也偶有發明。如卷十九“故渠又東逕茂陵縣故城南”，其中“故城”下朱《箋》：“此故渠篇内不見張本，疑有脱誤。”譚本注曰：“《箋》注謂‘此故渠篇内不見張本，疑有脱誤’，然觀前‘渭水又逕長安城北’《注》中歷舉故渠，疑此至‘分尊卑之名者也’當續前《注》馬冢之後。”此處譚本指出故渠當有所本，雖所指錯簡位置仍不確，但已可見其關於篇内錯簡的思考。又，字句方面，譚本也偶有校改《注箋》本處，唯所見甚少〔一〕。

除此之外，譚本很大程度上保留了《注箋》本原貌〔二〕。因其刻於竟陵，當時又稱爲竟陵本朱《箋》〔三〕。又因其爲武林嚴忍公所刊刻，後又有稱“武林刻朱《箋》本”〔四〕者。該書雖校勘價值不大，但對後世却頗有影響。入清之後，康熙年間的項絪刊本即在此基礎上刊刻，全祖望、趙一清二人也注意到了譚本並加以利用。故譚本在酈學史上有其不可忽視的價值。

〔一〕胡適曾舉數例説明“譚元春本也有校正朱謀㙔本之處”。參見胡適《譚元春刻〈水經注批點〉四十卷》(《胡適全集》卷一七，頁四七七)。

〔二〕朱《箋》云“舊本作某”“古本作某”“一作某”“孫云某”者，譚本往往保留《箋》文，如卷十七“水出汧縣之蒲穀鄉弦中穀決爲弦蒲藪”，第一個“弦”字下《箋》曰“舊本作維”，第二個“弦”字下《箋》曰“舊本作弦”，譚本同；“右曰龍泉泉逕五尺源流奮通淪漪四泄”，箋曰“(‘奮’)古本作‘舊’”，譚本同；“得若石焉其色如肝城如寶祠之”，《箋》曰“‘城如’一作‘歸而’”，譚本同；“瞀氏開山圖注曰”，《箋》曰“(‘瞀’)一作‘榮’”，譚本同；“其水東北流歷澗注以成淵潭漲不測”，《箋》曰“孫云‘漲’當作‘深’”，譚本同。又，朱《箋》云“宋本作某”者，譚本有時逕改，有時保留。如卷十七“山下石穴廣四尺高七尺水溢石空懸波側注淵瀳蕩發源穴川北流注於汧”，《箋》曰“(‘空’)宋本作‘穴’”，“(‘穴’)宋本作‘成川’”，譚本即保留前一處《箋》釋而逕改後一處。

〔三〕胡適《譚元春刻〈水經注批點〉四十卷》，《胡適全集》卷一七，頁四七七。

〔四〕王國維《傳書堂藏書志》卷二《史部》“(校明刊本)《水經》四十卷”，上海古籍出版社，二〇一四年，頁三七六。

水經

二十卷

明崇禎七年陳仁錫奇賞齋古文彙編刊本（陳本）

日本國立國會圖書館藏

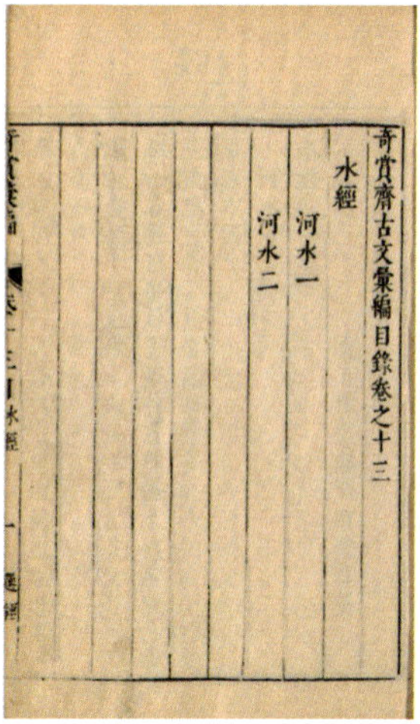

圖 12-1　◎明陳仁錫刊《奇賞齋古文彙編·選經》卷十三目録首葉上

《奇賞齋古文彙編》之一種，列目“選經”〔一〕卷十三至卷三十二。半葉十行，行二十字，經文頂格，注低一格。有黄省曾序。每卷目下題“史官陳仁錫明卿父評選”。文中有墨筆點讀於行間、墨筆批點列於書眉，此本又有朱筆點晝、夾注、眉批〔二〕。

〔一〕陳仁錫云：“在春秋戰國間，罔非子也，不以子著，乃漢以後復得卓肰可子者一人焉。酈道元也，及注《水經》，不以文著，予每欲節取其尤，並蒐近代一家言，别爲一集以行世，亦求其似子者而可矣。世有作手，其將何以自命。”參見所撰《諸子後集序》，《奇賞齋古文彙編》，明萬曆年間陳仁錫刊本，日本國立國會圖書館藏。

〔二〕朱筆批注多爲用宋本、《注箋》本校此本之校語，間或有判斷，如卷二十一《渭水上》“（略陽川）水出隴山香穀西西流在則單溪西注”，“在”字圈劃並注曰：“‘在’《箋》作‘右’，今作‘在’字誤。”按，殘宋本缺，《大典》

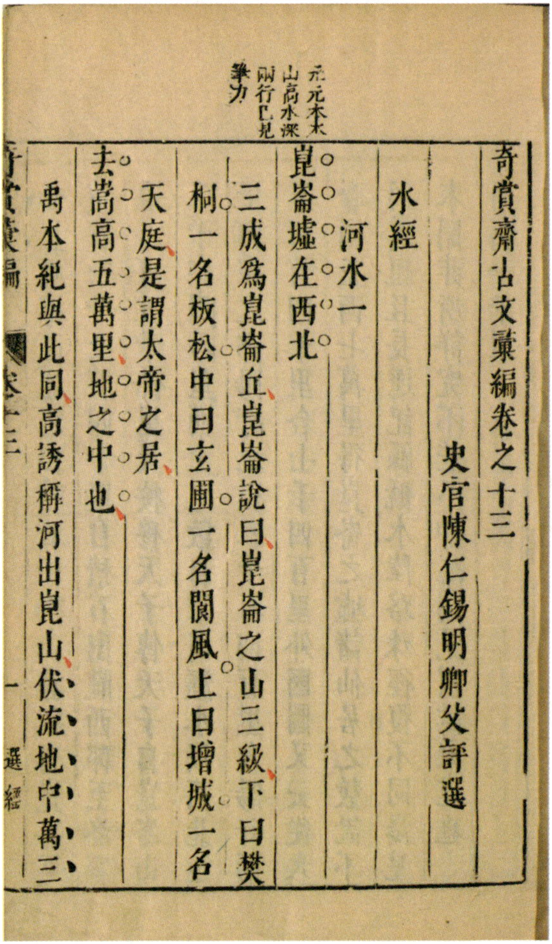
元元本本山高水深兩行已見筆力

奇賞齋古文彙編卷之十三

史官陳仁錫明卿父評選

水經

河水一

崑崙墟在西北

三成爲崑崙丘崑崙說曰崑崙之山三級下曰樊桐一名板松中曰玄圃一名閬風上曰增城一名天庭是謂太帝之居

去嵩高五萬里地之中也

禹本紀與此同高誘稱河出崑山伏流地中萬三

奇賞彙編　卷十三　一　選經

圖 12-2　◎陳本卷十三《水經・河水一》首葉上

本、明鈔本、黄本、吴本作“右”。再如“又南得藉水口水出西山百澗聲流總成一川”，注曰：“倫按，《箋》云‘聲流’當作‘群流’，然不加優，‘聲流’字優。”又如“縣古太丘邑也”，注曰：“‘太’，《箋》作‘犬’，宜從《箋》作‘犬’。”按，“倫”當是朱筆批校者之名號。

圖 12-3 ◎清楊玠鈔本封面

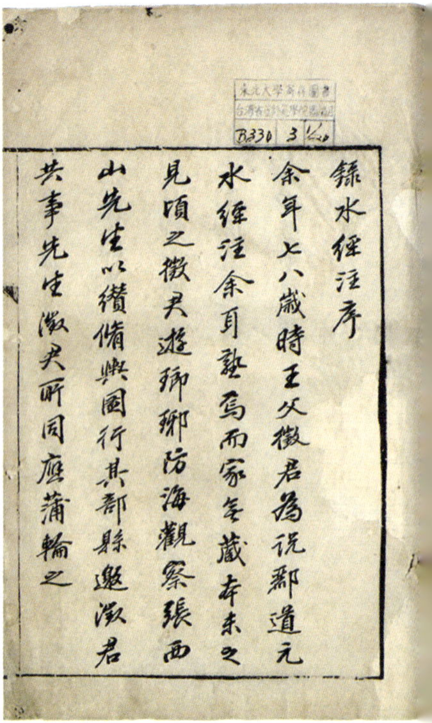

圖 12-4 ◎清楊玠鈔本自序首葉上

此本北京大學圖書館尚存兩部，又收入《四庫全書存目叢書集部》第三五九册《總集類》。另有清康熙年間楊玠鈔本〔一〕，現藏臺灣師範大學圖書館〔二〕。

陳本是一部帶有評點性質的明末刻本。然其書似流傳不廣，

〔一〕清鈔本未明言鈔自陳仁錫本，然其卷七末有“奇賞齋古文彙編卷之十九”字樣；又，鈔本書中朱筆圈點、行間小注與頁眉小字形式，皆與《奇賞齋叢書》之《水經》形式合，然圈點處及頁眉小字鈔録不全。按，清鈔本源自《奇賞齋古文彙編》本《水經》，由楊蕭楊首先發現，特此説明。

〔二〕參見臺灣師範大學圖書館網站。

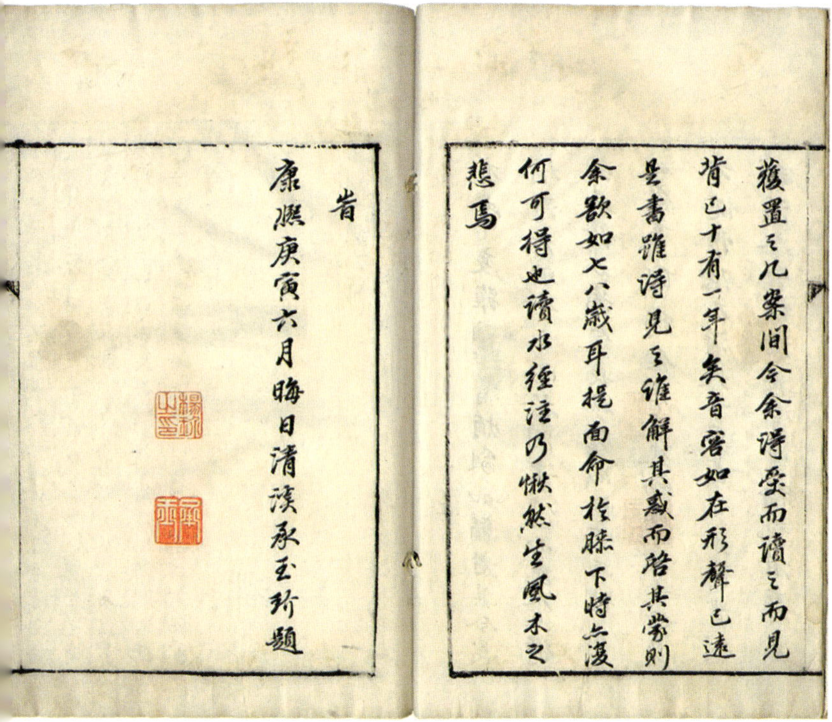
旹
康熙庚寅六月晦日清溪承玉玠題

獲置之几案间今余得受而讀之而見
背已十有一年矣音容如在形聲已遠
是書雖得見之誰解其義而啟其蒙則
余欲如七八歲耳提面命於膝下時亦復
何可得也讀水經注乃愀然生風木之
悲焉

圖 12-5　◎清楊玠鈔本自序末兩葉

清全祖望、趙一清〔一〕之後，治酈者絶少提及，偶有提及者亦以爲其書不存〔二〕。此書之重新發掘，在《水經注》版本史上具有重要意義。

〔一〕全祖望曾親見陳本，《五校》稿本卷四"河水又東正回之水入焉"一句，底本作經文，全氏注曰"十字舊誤入注中，陳明卿本改"可證（參見全祖望校《水經注》稿本合編，中華全國圖書館文獻縮微複製中心，一九九六年）。趙一清亦或親見陳本，《五校》稿本卷三"河水又東逕臨河縣古城北"一句，底本作經文，全氏注曰："一清曰此條各本誤入《注》中，今改正。"按，此條《大典》本、黄本、吴本、《注箋》本均作注文，趙一清或是據陳本而做判斷。

〔二〕鄭德坤《〈水經注〉板本考》著録此書，即從全、趙校本所列目録中得見書名。

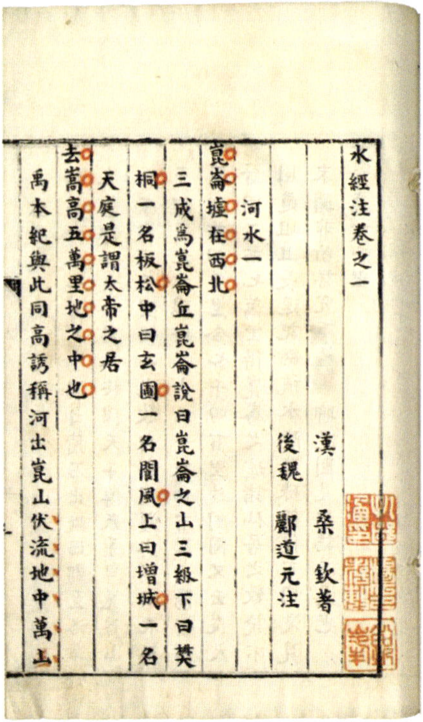
水經注卷之一
漢　桑欽著
後魏　酈道元注
河水一
崑崙墟在西北
三成爲崑崙丘崑崙說曰崑崙之山三級下曰樊
桐一名板松中曰玄圃一名閬風上曰增城一名
天庭是謂太帝之居
去嵩高五萬里地之中也
禹本紀與此同高誘稱河出崑山伏流地中萬山

圖 12-6　◎清楊玠鈔本卷一首葉上

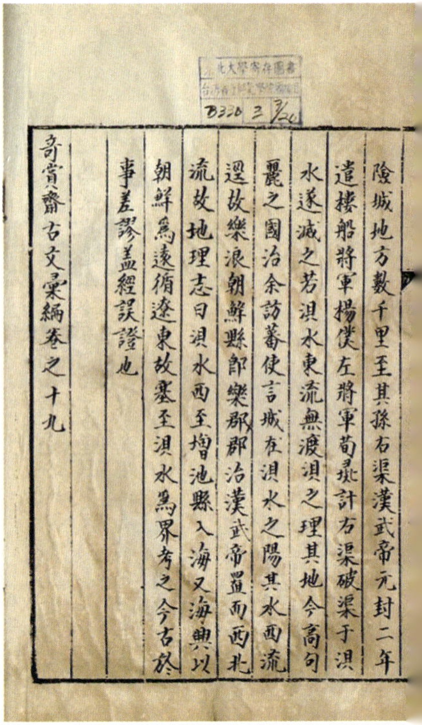
險城地方數千里至其孫右渠漢武帝元封二年
遣樓船將軍楊僕左將軍荀彘討右渠破渠于浿
水遂滅之若浿水東流無渡浿之理其地今高句
麗之國治余訪蕃使言城在浿水之陽其水西流
逕故樂浪朝鮮縣即樂浪郡治漢武帝置而西北
流故地理志曰浿水西至增地縣入海又漢興以
朝鮮爲遠循遼東故塞至浿水爲界考之今古於
事差謬蓋經誤證也
奇賞齋古文彙編卷之十九

圖 12-7　◎清楊玠鈔本卷七末葉下

陳本雖本質上仍是四十卷本，然在形式上合四十卷爲二十卷，其中《渭水篇》三卷即合爲一卷〔一〕，此種編排大概與陳氏《奇賞齋古本彙編》的總體編目有關。陳本的刊刻在吴本與《注箋》本之後，然書中却並未有所提及，書前亦僅收入黄省曾序，若不從文本内容分析，很可能會誤認爲其底本即是黄本。然通過《渭水篇》的校勘，我們發現陳本文字内容最接近吴本而非黄本。試舉例如次：卷二十一《渭水下》"忖留曰我貌獰醜卿善圖物容我不能出"，其中"獰醜"二字，吴本同，黄本作"狼醜"；又，

〔一〕在該書的第二十一卷。

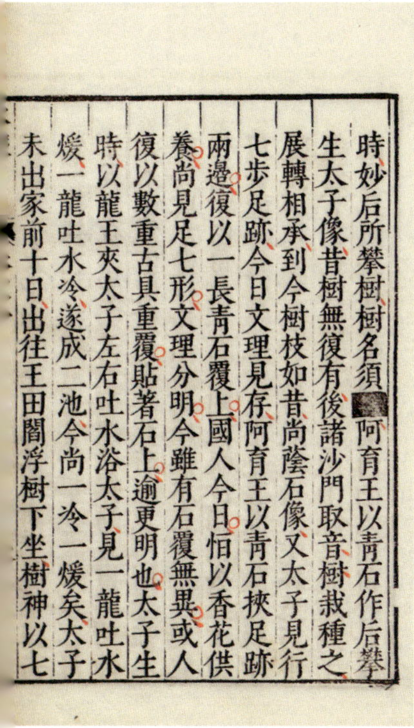
時妙后所攀樹樹名須■阿育王以青石作后攀
生太子像昔樹無復有後諸沙門取昔樹栽種之
展轉相承到今樹枝如昔尚蔭石像又太子見行
七步足跡今日文理見存阿育王以青石挾足跡
兩邊復以一長青石覆上國人今日恒以香花供
養尚見足七形文理分明今雖有石覆無異或人
復以數重古具重覆貼著石上逾更明也太子生
時以龍王夾太子左右吐水浴太子見一龍吐水
煖一龍吐水冷遂成二池今尚一冷一煖矣太子
未出家前十日出往王田閻浮樹下坐樹神以七

圖 12-8 ◎吴本卷一葉九上

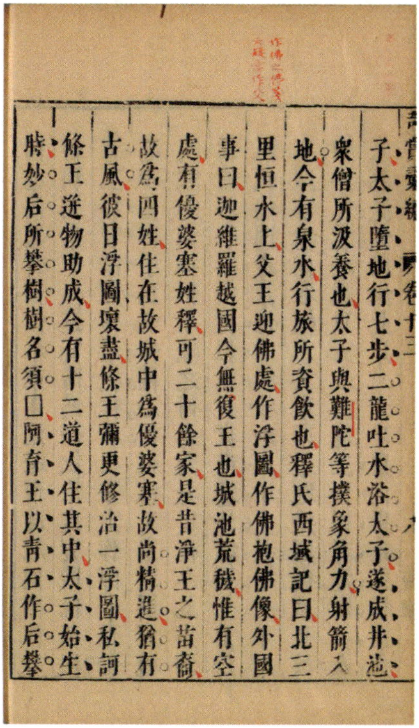
子太子墮地行七步二龍吐水浴太子遂成井池
衆僧所汲養也太子與難陀等撲象角力射箭入
地今有泉水行旅所資飲也釋氏西域記曰北三
里恒水上父王迎佛處作浮圖作佛抱佛像外國
事曰迦維羅越國今無復王也城池荒穢惟有空
處有優婆塞姓釋可二十餘家是昔淨王之苗裔
故爲四姓住在故城中爲優婆塞故尚精進猶有
古風彼日浮圖壞盡條王彌更修治一浮圖私訶
條王送物助成今有十二道人住其中太子始生
時妙后所攀樹樹名須□阿育王以青石作后攀

圖 12-9 ◎陳本卷十三《水經・河水一》葉十三下

“渭水又東逕長安城北（中略）王莽更名長安”，其中“長安”，吴本同，黄本作“常安”；“東逕明堂南，舊引水爲辟雍處，在鼎路門東南七里，其制上圓下方”，其中“制”字，吴本同，黄本作“載”；“未央宫北即桂宫也”，其中“北”字，吴本同，黄本作“此”；“故俗謂之樗里子云我百歲後”，其中“云”字，吴本同，黄本作“也”；“殿之東北有池池北有層臺俗謂是池爲酒池”，其中“俗”字，吴本同，黄本作“沼”，等等。更明顯的例子，如錯簡方面，“故遂葬焉冢在城東八里飲馬橋南四里故時人謂之馬冢”一處，陳本校改與吴本同（參［二一二］），而與黄本不同。觀此數例，已不難看出陳本與吴本的傳承關係。

除此以外，陳本尚有如下特徵。

其一，陳本對酈《注》的關注，重心不在文句的校勘，轉而關注詞章構造，這在該書書眉的批語中有明顯體現。如卷一經文"昆侖墟在西北"，"去嵩高五萬里地之中也"，眉批："元元本本，山高水深，兩行已見筆力。"又如，"(毗舍離城)城之西北三里塔名放弓仗"一段，眉批："塔名放弓仗，遂有此一段文字，怪而不亂。"這種評點風格，與譚本相似。

其二，陳本在釐定經、注混淆方面，頗有超越前人之處。如卷十四《河水三》"河水又東逕臨河縣古城北"，陳本作經文〔一〕，《大典》本、吴本、《注箋》本作注文；又如同卷《河水四》"河水又東正回之水入焉"，陳本作經文〔二〕，《大典》本、吴本、《注箋》本作注文。

其三，陳本有較多異體字，如卷二十一《渭水上》"石嵓水"之"嵓"〔三〕，"亱都溪水"之"亱"〔四〕，"舁東亭水合"之"舁"〔五〕；"山原畂谷逞逞播其名焉"之"逞"等〔六〕。

從校勘角度來看，陳本的價值在於對吴本作了少量改動，雖亦未言所據改之緣由，然仍可作爲參考。如卷二十一"傅子宫

〔一〕朱箋注曰："此經文十一字，《箋》本爲注，續上注'即此處也'之下與此注爲一段。"

〔二〕朱箋注曰："是經文，《箋》本入上注，續是注文以爲一段。"

〔三〕"石嵓水"，殘宋本、《大典》本、明鈔本作"石宕水"，黄本作"石岩水"，吴本作"石巖水"。

〔四〕殘宋本、《大典》本、明鈔本、黄本、吴本作"宜"。

〔五〕殘宋本、《大典》本、明鈔本、黄本、吴本作"舆"。

〔六〕殘宋本、《大典》本、明鈔本、黄本、吴本作"往"。

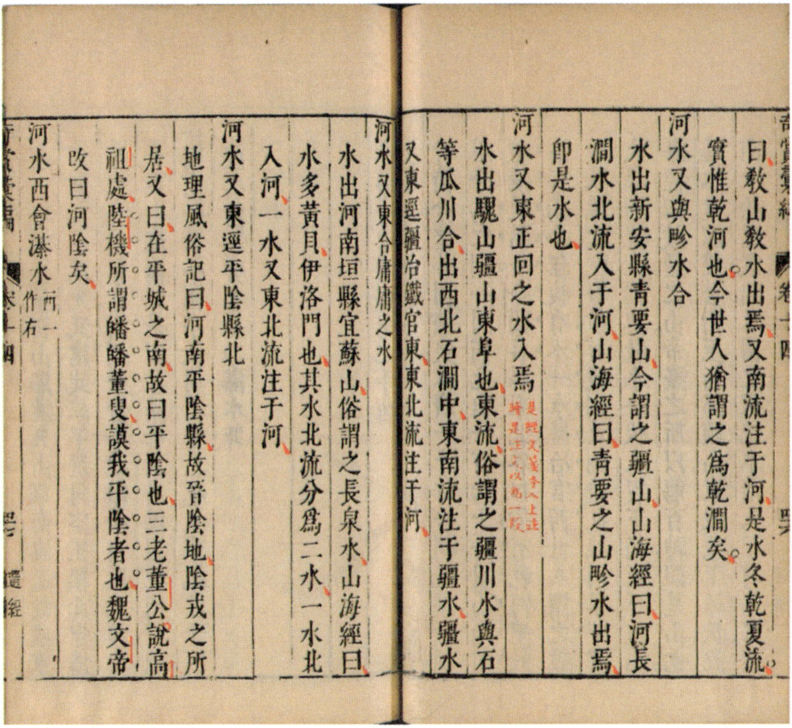
曰敎山敎水出焉又南流注于河是水冬乾夏流
實惟乾河也今世人猶謂之爲乾澗矣
河水又與畛水合
水出新安縣青要山今謂之彊山山海經曰河長
澗水北流入于河山海經曰青要之山畛水出焉
卽是水也
河水又東正回之水入焉
水出騩山彊山東阜也東流俗謂之彊川水與石
等瓜川合出西北石澗中東南流注于彊水彊水
又東逕彊冶鐵官東東北流注于河
河水又東合庸庸之水
水出河南垣縣宜蘇山俗謂之長泉水山海經曰
水多黃貝伊洛門也其水北流分爲二水一水北
入河一水又東北流注于河
河水又東逕平陰縣北
地理風俗記曰河南平陰縣故晉陰地陰戎之所
居又曰在平城之南故曰平陰也三老董公說高
祖處陸機所謂皤皤董叟謨我平陰者也魏文帝
改曰河陰矣
河水西會滐水 西一作右

圖 12-10　◎陳本卷十四《水經·河水四》葉四十六下、四十七上

室曰上于建章中作神明臺井幹樓”，其中“傅子”二字，吴本作“傳子”〔一〕；“其水北入有函里民名曰函里門”，其中“有函里”三字，吴本作“有凾里”〔二〕；“一水逕楊橋下即青門橋也側城北逕鄧艾祠西而北注渭今無水”，其中“今無水”三字，吴本訛作“無今水”〔三〕；“霸水從縣北流注之”，“縣北”二字，吴本作“縣西北”〔四〕。

〔一〕殘宋本、《大典》本、明鈔本、黄本亦作“傳子”。

〔二〕黄本同，殘宋本、《大典》本、明鈔本作“有函里”。

〔三〕黄本同。

〔四〕殘宋本、《大典》本、明鈔本、黄本同。

圖二十四 ◎清黃宗羲《今水經》書名葉

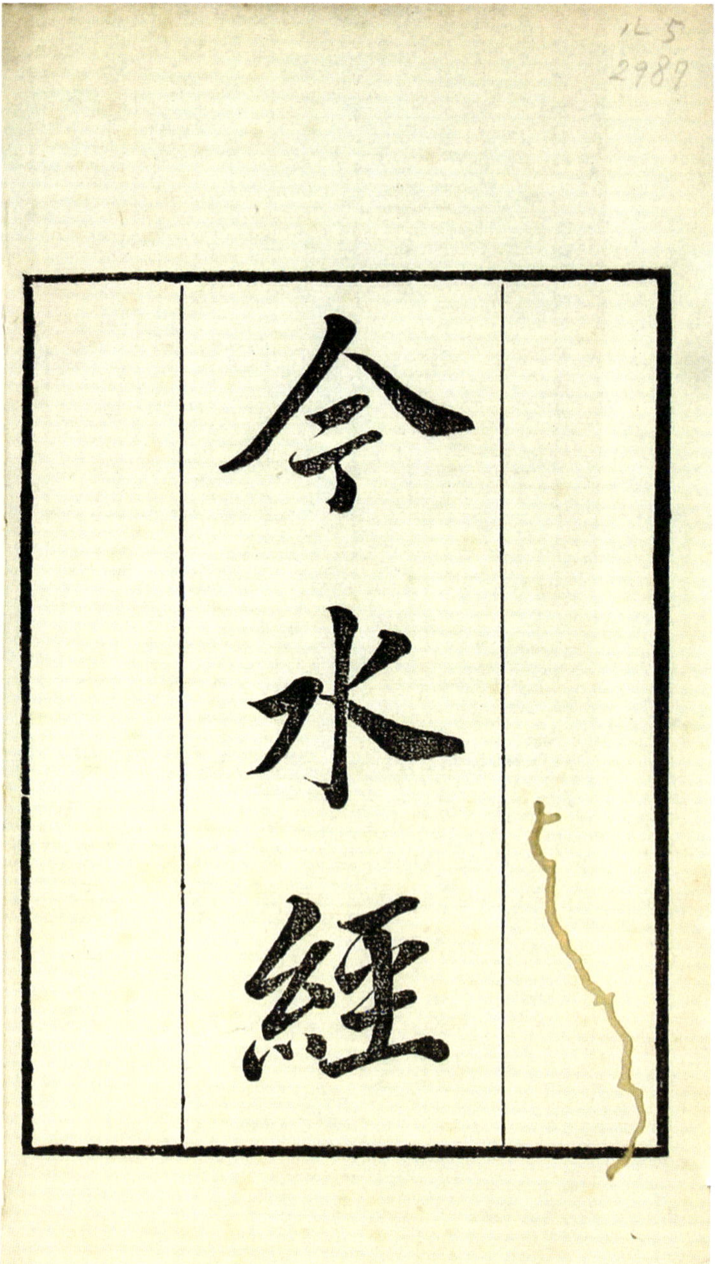

今本系統·清本殿本及其前諸本

對酈書的完善，清人貢獻最大。經注文混淆、脱簡錯簡，明人已經注意到，但對於《水經注》這樣一部廣參博引的大書，辨析殊非易事。欲釐定經、注，首先便是對經文的確定；欲調整錯簡，則需從地理角度去判斷諸水的次第。經文對應大水、叙述簡練的特點，在明代楊慎《水經》、明末清初黄宗羲《今水經》等書中，已基本可辨。但對經注文的全部釐定，則要遲至清乾隆初年全祖望、趙一清治酈書時才有所建樹。在這一階段的摸索過程中，各家的研究成果多是以校本、稿本的形式存在，雖没有定稿成書，客觀上延緩了酈學的發展，但是其中不乏真知灼見。在此期間，胡渭《禹貢錐指》

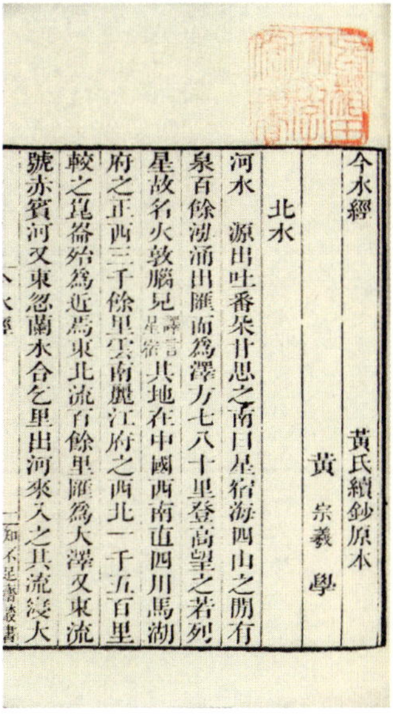
今水經　黃氏續鈔原本
黃　宗羲　學
北水
河水　源出吐番朵甘思之南曰星宿海四山之間有
泉百餘泓涌出匯而爲澤方七八十里登高望之若列
星故名火敦腦兒（譯言星宿）其地在中國西南直四川馬湖
府之正西三千餘里雲南麗江府之西北一千五百里
較之崑崙殆爲近焉東北流百餘里匯爲大澤又東流
號赤賓河又東忽蘭水合乞里出河來入之其流浸大
今水經　一　知不足齋叢書

圖二十五　◎清黄宗羲《今水經》首葉上

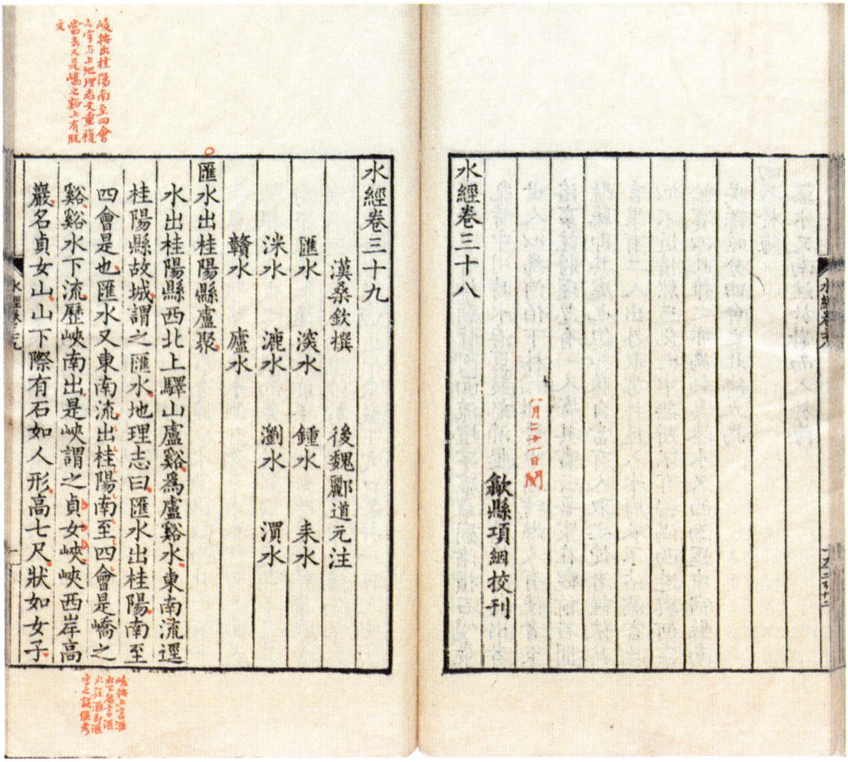

圖二十六　◎清王峻校項絪刊《水經注》卷三十八末葉下、卷三十九首葉上

雖非爲梳理酈書而作，但是其中以《水經注》文字來呈現渭水、沔水的水道，確實極大地啟發了康熙以後的酈學者。在何焯校本、沈本、王峻校本等書中，皆可見到受其影響的痕跡。尤其是沈炳巽、王峻二人在錯簡調整、經注文釐定方面所做的工作，大大超過了之前的學者。例如他們二人採用黄儀、胡渭的方法對卷十九文字所做的調整，與今所見《水經注釋》中的文字順序幾乎全同。沈炳巽治酈書前後數十年，至乾隆十五年，沈氏又帶着自己的校本與全祖望討論，其書中見解大多得到後者肯定，並最終被趙一清收入《水經注釋》中。由此可見，《水經注釋》的許多功績，與此前衆多學者的私學密不可分。與前人相比，趙一清治酈書有兩個優勢，一是小山堂豐富的藏書，讓趙氏得見諸

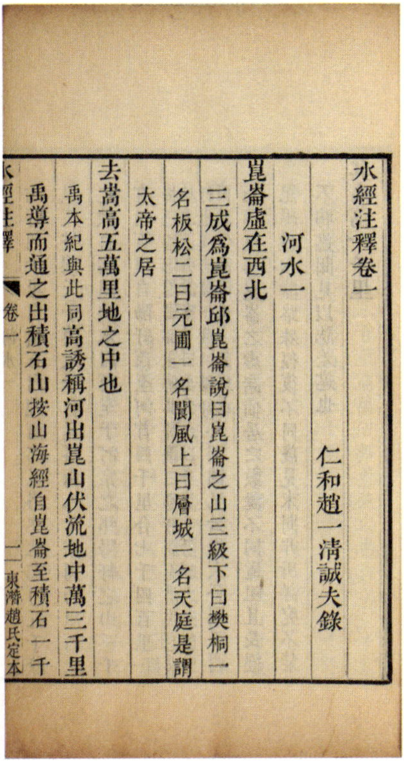
水經注釋卷一
仁和趙一清誠夫錄
河水一
崑崙墟在西北
三成爲崑崙邱崑崙說曰崑崙之山三級下曰樊桐一
名板松二曰元圃一名閬風上曰層城一名天庭是謂
太帝之居
去嵩高五萬里地之中也
禹本紀與此同高誘稱河出崑山伏流地中萬三千里
禹導而通之出積石山按山海經自崑崙至積石一千
水經注釋 卷一 一 東潛趙氏定本

圖二十七 ◎清趙一清《水經注釋》小山堂刊本卷一首葉上

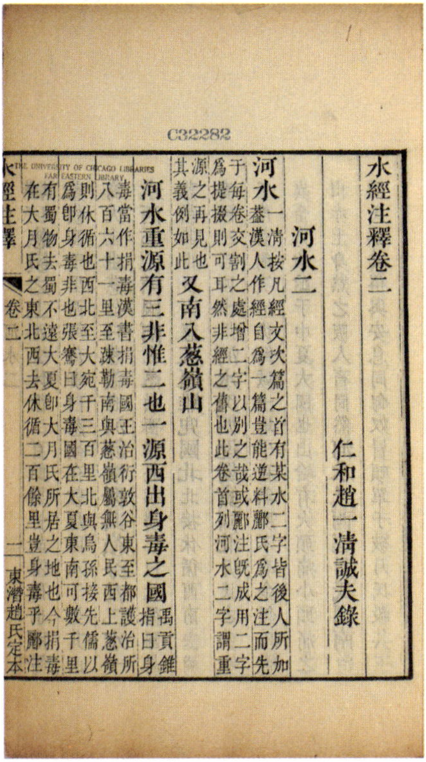

水經注釋卷二
仁和趙一清誠夫錄
河水二
河水一清按凡經文次篇之首有某水二字皆後人所加
葢漢人作經自爲一篇豈能逆料酈氏爲之注而先
于每卷交割之處增二字以別之哉或酈注既成用二字
爲提撥則可耳然非經之舊也此卷首列河水二字謂重
源之再見也 又南入葱嶺山
其義例如此
河水重源有三非惟二也一源西出身毒之國 禹貢錐指曰身
毒當作捐毒漢書捐毒國王治衍敦谷東至都護治所
八百六十一里至踈勒南與葱嶺屬無人民西上葱嶺
則休循也西北至大宛千三百里北與烏孫接先儒以
爲即身毒非也張騫曰身毒國在大夏東南可數千里
有蜀物去蜀不遠大夏即大月氏所居之地也今捐毒
在大月氏之東北西去休循二百餘里豈身毒乎酈注
水經注釋 卷二 一 東潛趙氏定本

圖二十八 ◎清趙一清《水經注釋》小山堂刊本卷二首葉上

多不同的校本，博採衆長，啟迪思路。二是與全祖望的互相討論，讓趙氏得以在諸多問題上深入研究，最終在經注文釐定上取得突破，建樹頗豐。與《水經注釋》相類似，此後具有官修性質的殿本也有着與之類似的兩種優勢，即參閱各種酈書和衆人互相討論，因此殿本在整體的語義通順上取得了更多的進步。但是，殿本的成書過程也有與衆不同之處。此前《水經注》各種校本和稿本的私修特性，決定了其成書時間短則數年，長則數十年，而殿本却在不到一年之間便告完成。或許就是這樣的緣由，決定了殿本的按語不能將其校勘的依據詳述其中，而只能作概略的說明。這在一定程度上也可以解釋殿本所表現出的追求文意通順、體例統一而不顧臆改之嫌的特點。

水經注
四十卷

清康熙五十四年項絪刊本
（項本）

圖 13-1 ◎項本書名葉

十册。半葉十一行，行二十一字。經文頂格，注低一格，箋注雙行夾寫。封面右上標“依宋本挍定”，左下標“項氏群玉書堂”。卷首增録《北史本傳》，又有王世懋序、朱謀㙔序、李長庚序。目録後有項氏跋文。正文每卷首題“漢桑欽撰　後魏酈道元注”，每卷末署“歙縣項絪挍刊”。

項本是最早的清刻本。此書版式精美，字體雋秀，在《水經注》諸刊刻本中獨具特色，然從《水經注》的文本校勘方面來看，則幾無建樹。

項本以譚本爲底本〔一〕，參校黄本，除有一二處據黄本補入

〔一〕全祖望認爲項本實則爲《注箋》本之翻刻，其《五校》稿本卷首所列參

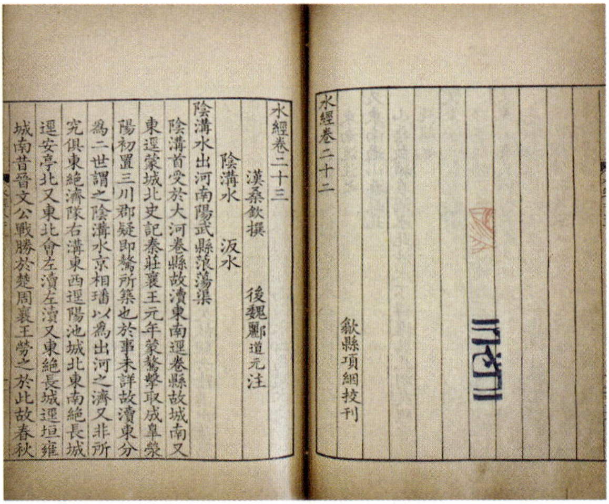

水經卷二十二
歙縣項絪校刊

水經卷二十三
漢桑欽撰　後魏酈道元注
陰溝水　汳水
陰溝水出河南陽武縣浪蕩渠
陰溝首受於大河卷縣故瀆東南逕卷縣故城南又東逕蒙城北史記秦莊襄王元年蒙驁擊取成臯滎陽初置三川郡疑即驁所築也於事未詳故瀆東分爲二世謂之陰溝水京相璠以爲出河之濟又非所究俱東絶濟隊右溝東西逕陽池城北東南絶長城逕安亭北又東北會左瀆左瀆又東絶長城逕垣雍城南昔晉文公戰勝於楚周襄王勞之於此故春秋

圖 13-2　◎項本卷二十二末葉下、卷二十三首葉上

脱文〔一〕外，在《水經注》正文方面幾與譚本無異。項本中亦有箋注，然亦多沿襲譚本，唯將譚本原有之“譚云”“朱云”“孫云”一類字詞删去，或於無關緊要處，略去一二字。故整體而言，此書雖有校補，但校勘價值不大。

不過，項本在酈書發展上有一定的承接作用。因其雕工精美，易得於世，所以康熙以後常有學者以之爲底本做校刊、過録工作。如現藏復旦大學圖書館的一部項本，由王峻校並過録大量何焯校語（參［二二四］）；南京圖書館藏一部項本，上有趙一清、全祖望等人的批語。殿本校勘按語中出現頻率甚高的“近刻”一詞所指的具體内容，也多與項本相合（參［二二八］）。

考書目中，“朱鬱儀謀㙉本”下云：“近有項絪取其書，略加删節以爲己有。”其説誤。

〔一〕例見胡適《項絪校刻〈水經注〉四十卷》，《胡適全集》第一七卷，頁四七九。

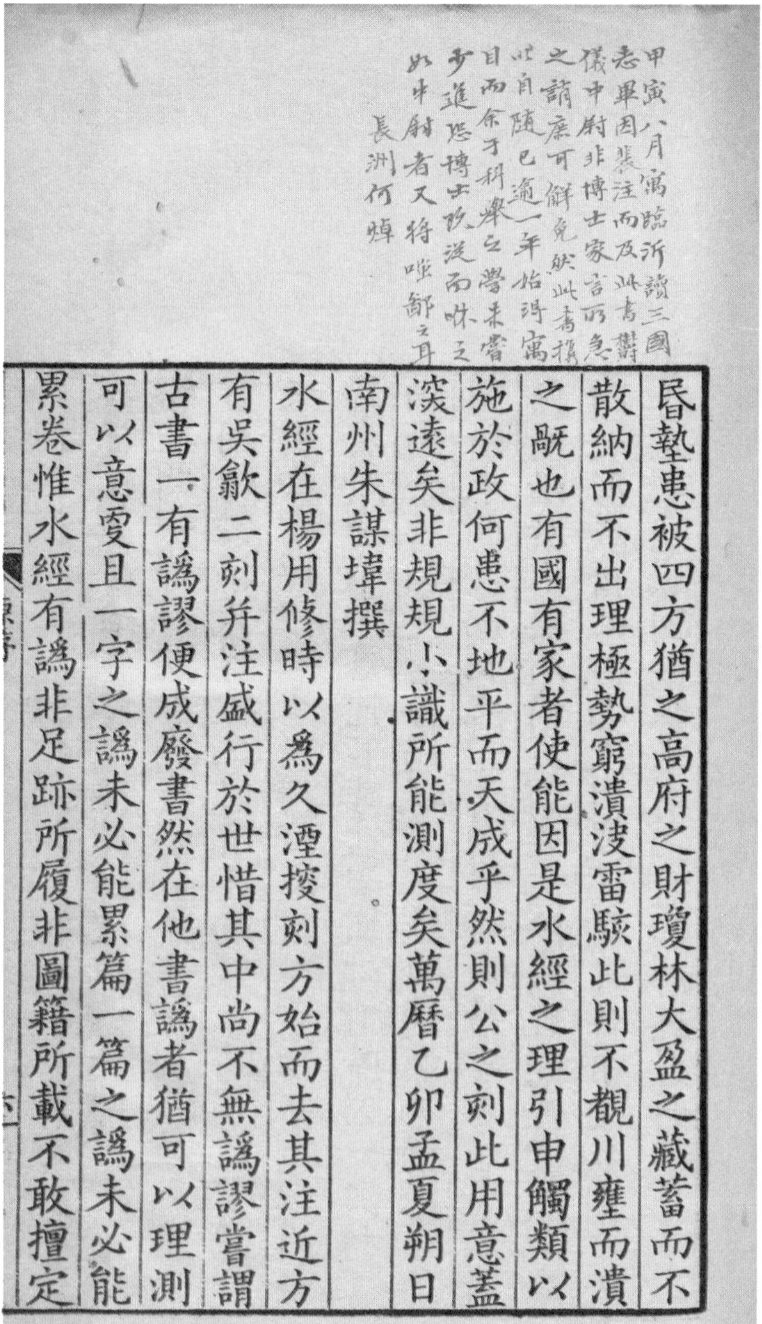

甲寅八月寓臨沂讀三國志畢因裴注而及此書讎儀中尉非博士家言所急之請庶可解免然此書攜以自隨已逾一年始得寓目而余才耕舉亡學未嘗步進退博士設從而味之如中尉者又將嗤鄙之耳 長洲何焯

昬墊患被四方猶之高府之財瓊林大盈之藏蓄而不散納而不出理極勢窮潰洩雷駭此則不覩川壅而潰之慨也有國有家者使能因是水經之理引申觸類以施於政何患不地平而天成乎然則公之刻此用意蓋深遠矣非規規小識所能測度矣萬曆乙卯孟夏朔日

南州朱謀㙔撰

水經在楊用修時以為久湮搜刻方始而去其注近方有吳歙二刻幷注盛行於世惜其中尚不無譌謬嘗謂古書一有譌謬便成廢書然在他書譌者猶可以理測可以意更且一字之譌未必能累篇一篇之譌未必能累卷惟水經有譌非足跡所履非圖籍所載不敢擅定

圖13-3 ◎復旦大學圖書館藏佚名批校項本卷首序之葉六上其上過錄何焯校語。

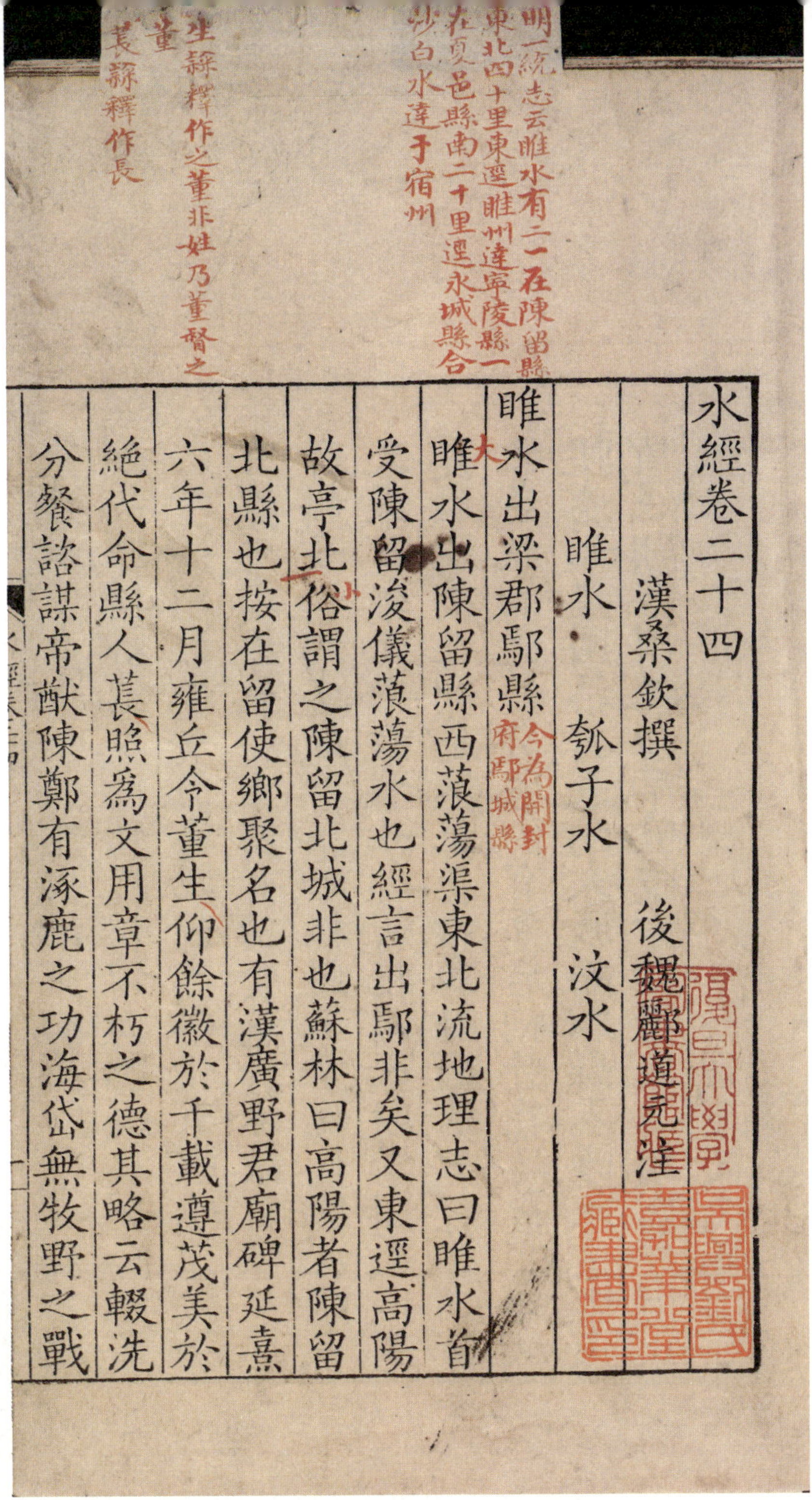

明一統志云睢水有二一在陳留縣東北四十里東逕睢州達寧陵縣一在夏邑縣南二十里逕永城縣合沙白水達于宿州

生辭釋作之董非姓乃董督之

董

萇辭釋作長

水經卷二十四

漢桑欽撰　後魏酈道元注

睢水　瓠子水　汶水

睢水出梁郡鄢縣（今爲開封府鄢城縣）

睢水出陳留縣西蒗蕩渠東北流地理志曰睢水首受陳留浚儀蒗蕩水也經言出鄢非矣又東逕高陽故亭北俗謂之陳留北城非也蘇林曰高陽者陳留北縣也按在留使鄉聚名也有漢廣野君廟碑延熹六年十二月雍丘令董生仰餘徽於千載遵茂美於絕代命縣人萇照爲文用章不朽之德其略云輟洗分餐諮謀帝猷陳鄭有湪鹿之功海岱無牧野之戰

圖 13-4　◎復旦大學圖書館藏吴小谷批校項本卷二十四首葉上

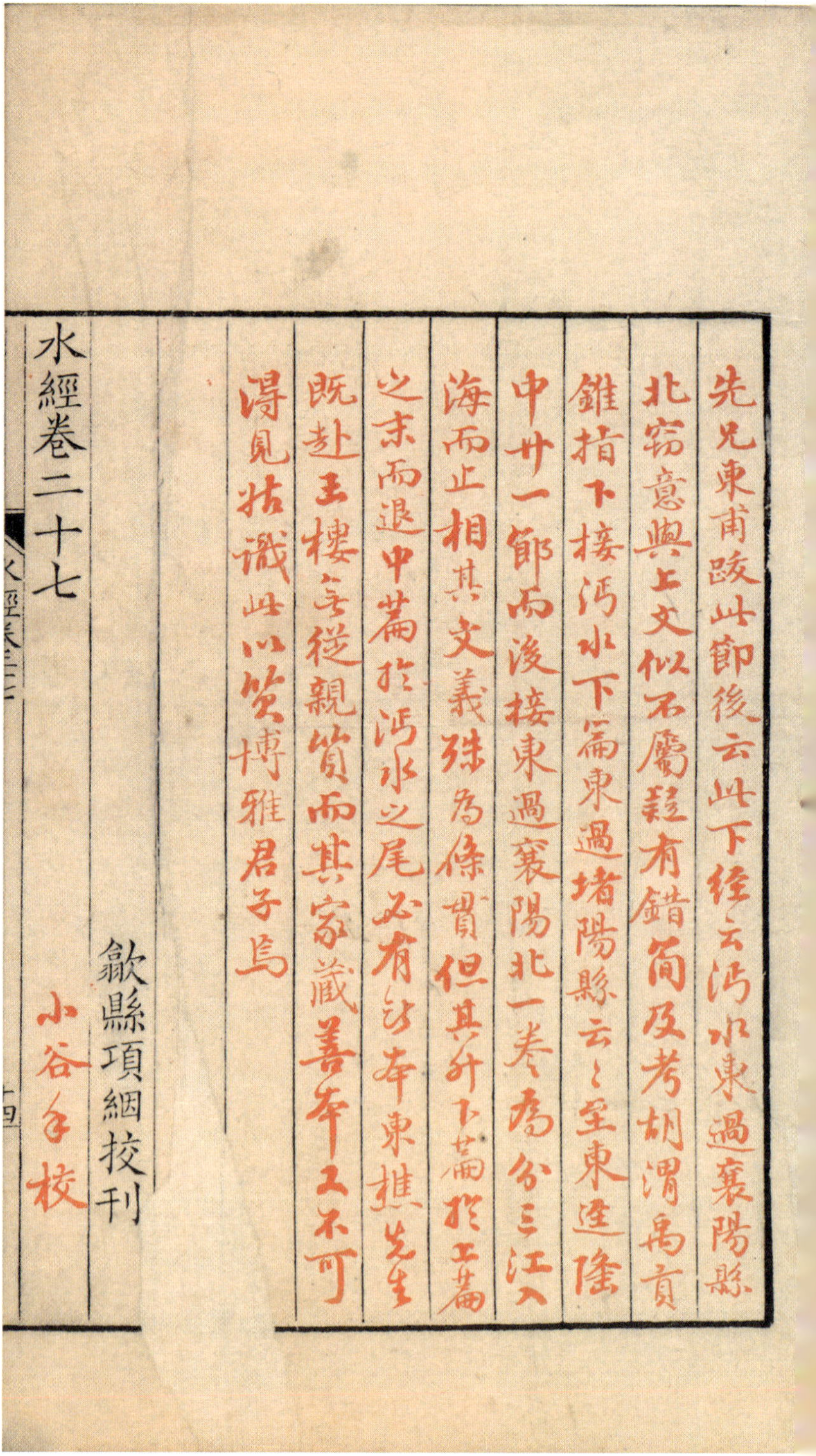
先兄東甫跋此節後云此下經云沔水東過襄陽縣北窃意與上文似不屬疑有錯簡及考胡渭禹貢錐指下接沔水下篇東過堵陽縣云云至東逕隆中廿一節而後接東過襄陽北一卷為分三江入海而止相其文義殊為條貫但其升下篇於上篇之末而退中篇於沔水之尾必有所本東樵先生既赴玉樓客從親質而其家藏善本又不可得見姑識此以質博雅君子焉

水經卷二十七

歙縣項絪校刊

小谷手校

圖 13-5 ◎復旦大學圖書館藏吴小谷批校項本卷二十七末葉上

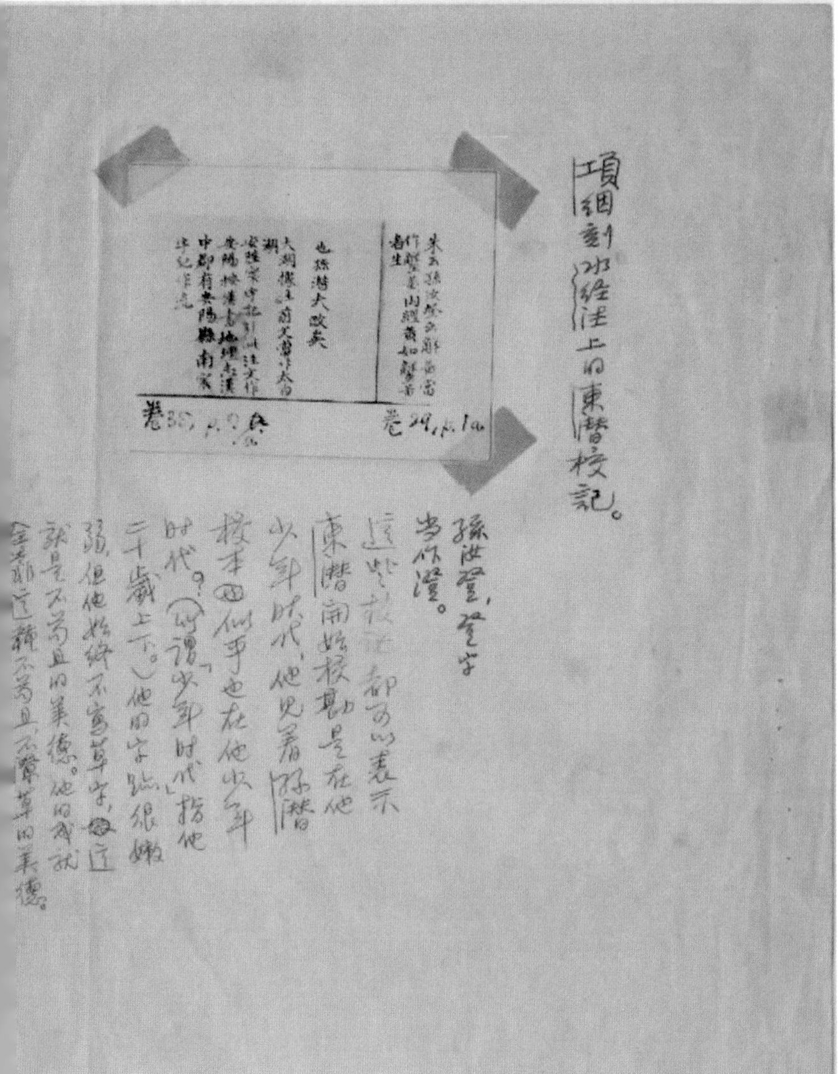
項絪刻水經注上的東潛校記。

孫潛，潛字潛夫。

這些校記都可以表示東潛開始校勘是在他少年時代，他見着孫潛校本似乎也在他少年時代。（所謂「少年時代」指他二十歲上下。）他的字跡很嫩弱，但他始終不寫草字，這就是不苟且的美德。他的成就全靠這種不苟且，不寫草的美德。

圖13-6　◎胡適手稿《項絪刻〈水經注〉上的東潛校記》

水經注

四十卷

何焯校　校本

（何校本）

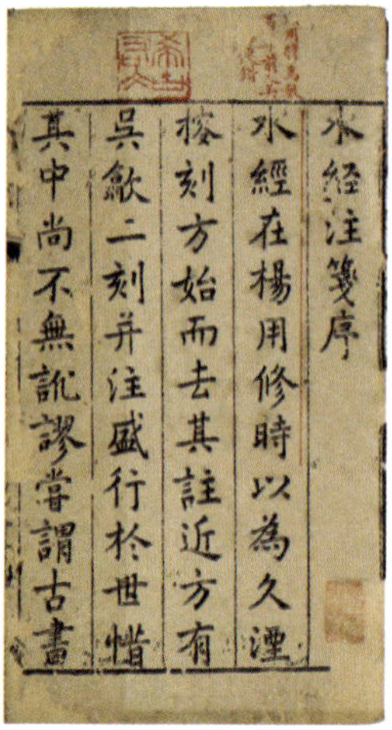

水經注箋序
水經在楊用修時以為久湮
校刻方始而去其註近方有
吳歙二刻并注盛行於世惜
其中尚不無訛謬嘗謂古書

圖 14-1　◎何校本卷首《水經注箋序》葉一上

何焯（義門）以朱筆批校在朱謀㙔《水經注箋》上。朱謀㙔序後有何焯跋，述校此書之源起〔一〕。又有何焯題記，記其前後三次校此書之時間等（詳後）。有“希古右文”“何焯之印”“不薄今人愛古人”等印。今藏臺北“國家圖書館”。

何校本是今所見清代最早的《水經注》批校本。不同於明代譚元春等人的批點，何校基本上擺脱了竟陵派治學的風氣，不

〔一〕何焯跋曰：“甲戌八月，寓臨沂讀《三國志》畢，因裴注而及此書，鬱儀中尉非博士，言所急之誚，庶可解免。然此書攜以自隨，已逾一年，始得寓目，而余於科舉之學未嘗少進，恐博士既從而咻之，如中尉者又將嗤鄙之耳。”

再把對辭藻的關注與批評放在首位〔一〕。何氏不僅參考了衆多古籍，還關注到同時代人（如顧炎武、沈炳巽等）的部分研究成果，因此他在研讀酈《注》時常常目光敏鋭，時有發現與創見；他在校勘上也較爲嚴謹，若字詞改動無依據，則標明爲"意改"〔二〕。何校本出後，大爲學者所推重，過録其校者不勝枚舉〔三〕。全祖望、趙一清都曾將何校本列入參校書目，全氏又專爲其書作跋〔四〕。以下通過實例具體論述何校本所做的工作。

〔一〕不過何校仍有受竟陵之學影響的痕跡。如卷十九"第三門本名西城門，亦曰雍門，王莽更名章義門"，何校："今京師西出第二門曰彰義門，豈知乃王莽西城門名耶？宰相須用讀書人，猶信。"

〔二〕如卷十九"元帝又刊其二是余字"，何校改"帝"作"常"，曰："'常'字以意改。"

〔三〕僅我們所知的何校本過録本就有十數種，如現藏中國臺北故宫博物院的一部《水經注箋》，即過録了何焯校語。胡適、王重民判斷此爲趙一清過録（趙萬里認爲是蔣生沐過録，恐非。參［二二七］）；現藏中國國家圖書館的一部善本《水經注箋》上，亦有佚名全文過録的何焯批校（參見《北京圖書館古籍善本書目》，頁七九五）；楊希閔曾將何焯、沈大成校語過録在乾隆癸酉黄晟刻本上，現藏臺北"中研院"史語所（參見胡適《史語所藏的楊希閔過録的何焯、沈大成兩家的〈水經注〉校本》，《胡適全集》卷一七，頁一四九——六三）；王峻校《水經注》，亦過録何校於項本上，現藏復旦大學圖書館（參［二二四］）；清佚名録何焯校，過録在項本上，現藏復旦大學圖書館，等等。

〔四〕參見全祖望《鮚埼亭集·外編》卷三二，頁一三九八——三九九。按，全氏跋語中有"義門先生《水經》三本，予皆見之"之句，然胡適認爲全氏並未見過何義門的校本，而僅僅是看到了趙一清校録的何校本。參見所撰《史語所藏的楊希閔過録的何焯、沈大成兩家的〈水經注〉校本》，《胡適全集》卷一七，頁一五〇——五三。

其一，何校注意到了經、注混淆的問題，並作了一些嘗試性的區分。如卷三《河水》經文“河水又北薄骨律鎮城”，何校：“‘薄’上當有‘逕’字，此句亦是注，非經也。”又，經文“河水又北逕典農城東”“河水又北逕廉縣故城東”，何校：“此‘河水又北’二句疑是注文。”又，經文“河水於二縣之間濟有君子之名”、“河水又東南左合一水”，何校：“細尋此二語亦當爲注，非經文也。”卷五《河水注》“河水于縣漯水注之”，何校：“‘河水于縣漯水注之’八字疑是經文。”卷三十《淮水》經文“淮水又東油水注之”，何校：“‘淮水又東……’八字疑亦注文。”

其二，指出部分錯簡。如卷七《濟水注》“盖商冀州人在縣市補履數年人奇其不老求其術而不能得也”，何校：“‘盖商’以下疑是錯簡。盖姓之人，非酈商也。”

其三，以古書校酈《注》，探尋訛誤的原因，或指出其中不合理之處，或試補酈《注》佚文。探尋訛誤原因之例，如卷二《河水注》“故姜賴之靈胡”，何校改“靈”作“虛”，並作批校曰：“按，當時北方書體多作八分、小篆，‘靈’、‘虛’諸字皆以字形相類傳寫致誤。”指出酈《注》不合理之處，例如卷四《河水注》“丹陽山東北逕治東俗謂之丹陽城城之左右猶有遺銅矣”，何校：“《漢書·地理志》丹楊郡有銅官。《食貨志》注中‘赤金丹陽銅’者，即指此。道元誤以是山當之耳。”試補酈《注》佚文處，如卷二十九《沔水注》“東北入海爲婁江東南入海爲東江與松江而三也”，何校：“‘而’字下《圖經續記》有‘非禹貢之三江’六字，疑亦酈氏原文。”

其四，吸收同時代人的相關研究成果以校酈《注》。如引顧炎武之説，卷十九“漢世有白鶖羣飛”，何校：“亭林曰：‘白鶖’

雷駭此則不覩川壅而潰之禍也有國有家者使
能因是水經之理引申觸類以施於政何患不地
平而天成乎然則公之刻此用意蓋深遠矣非規
規小識所能測度矣萬曆乙卯孟夏朔日南州朱
謀㙔撰

甲戌八月寓臨沂讀三國志畢因裴注而及此書鬱儀中尉非博
士言所忽之謂庶可解免然此書攜以自隨已逾一年始得萬
目而余於科舉之學未嘗少進愧博士既從而嗤之如中尉
者又將嗤鄙之耳

圖 14-2 ◎何校本卷首《水經注箋序》葉二下

當作‘白蛾’。”又用胡渭《禹貢錐指》作參考[一]。

其五，何校偶爾還以自身遊歷所見來印證酈《注》中所描述的自然風貌。如卷三十二《肥水注》“湖北對八公山山無樹木唯重阜耳”，何校：“余己卯過八公山，見草木都無，心竊訝之。不謂江東分王時已然也。”

其六，何校本正文以朱筆句讀[二]，且於字句精彩處或地名與人名值得注意之處，多以“△”標示之；又文字有訛脱處，或以朱筆校改在原字上，或側注補於行間；又多處指出“疑有脱文”“疑有脱誤”。不過，需要指出的是，由於何校本所參考的古本有限，所校改的字句大致不出此前所述諸本的範圍，因此在現今具體的《水經注》校勘上，其參校價值有限。

另外，何校本中有“繹旃云”“沈本作某”一類校語，當是何焯以沈炳巽早期校本參校所得[三]。試論之如下：第一，從何焯

〔一〕胡適認爲：“胡渭的《禹貢錐指》在當時是新出的書，義門已用《錐指》改正了沔水的中下兩篇的次第了。”又説：“試看他（按，指何焯）此本，每卷目録的每一水，各注明‘入某水’。又看他在全書目録的每一水各注明‘入某水’，又在河、濟、淮、江四大水之下注明‘北戒之第一瀆’、‘第二瀆’，‘南戒之第一瀆’、‘第二瀆’。這就表示他有意思整理《水經》各水的次第，要用‘四瀆’做各水的綱領。（中略）單就全、戴兩家改定各水的次第看來，我們不能不承認何義門的《水經注》校本的目録曾有給後來學人指示新方向的作用了。”（參見所撰《史語所藏的楊希閔過録的何焯、沈大成兩家的〈水經注〉校本》，《胡適全集》卷一七，頁一五二）今檢何焯校原本，其全書目録及每卷目録並無何氏校語，胡適恐是誤將楊希閔過録的他人校語當成了何焯校語。

〔二〕何校於多處指出“句讀未詳”，如卷三十六末云：“此卷句讀多所未詳。”

〔三〕按，王峻亦認爲何焯曾見過沈本，其校本所過録的何焯校語中有云“何從沈本校”者。

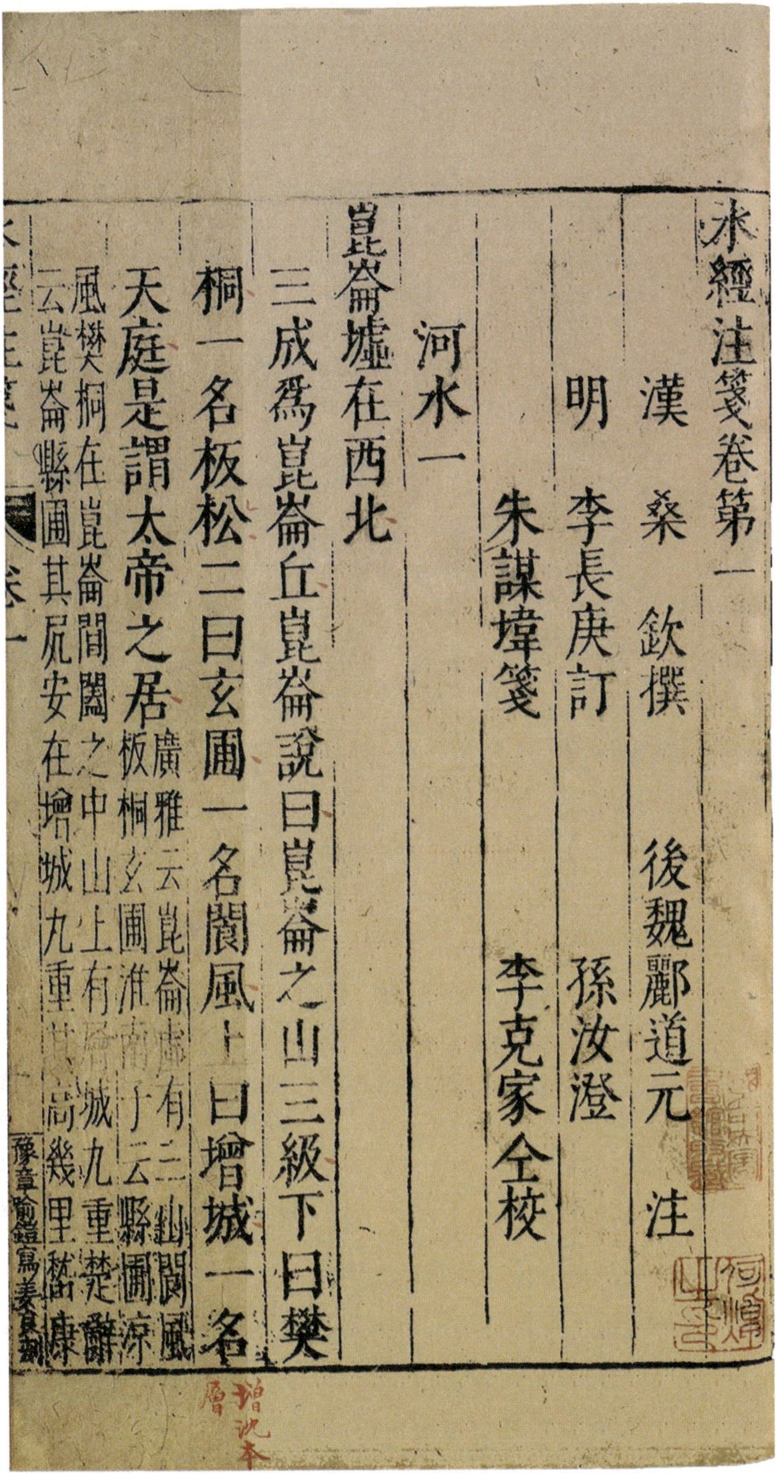
水經注箋卷第一
漢　桑　欽撰　　後魏酈道元　注
明　李長庚訂　　孫汝澄
朱謀㙔箋　　李克家仝校
河水一
崑崙墟在西北
三成爲崑崙丘崑崙說曰崑崙之山三級下曰樊
桐一名板松二曰玄圃一名閬風上曰增城一名
天庭是謂太帝之居廣雅云崑崙虛有三山閬風板桐玄圃淮南子云縣圃涼
風樊桐在崑崙閶闔之中山上有層城九重楚辭一云崑崙縣圃其凥安在增城九重其高幾里[illegible][illegible]
豫章喻鐙寫姜良刻

圖1-3　◎何校本卷一葉一上

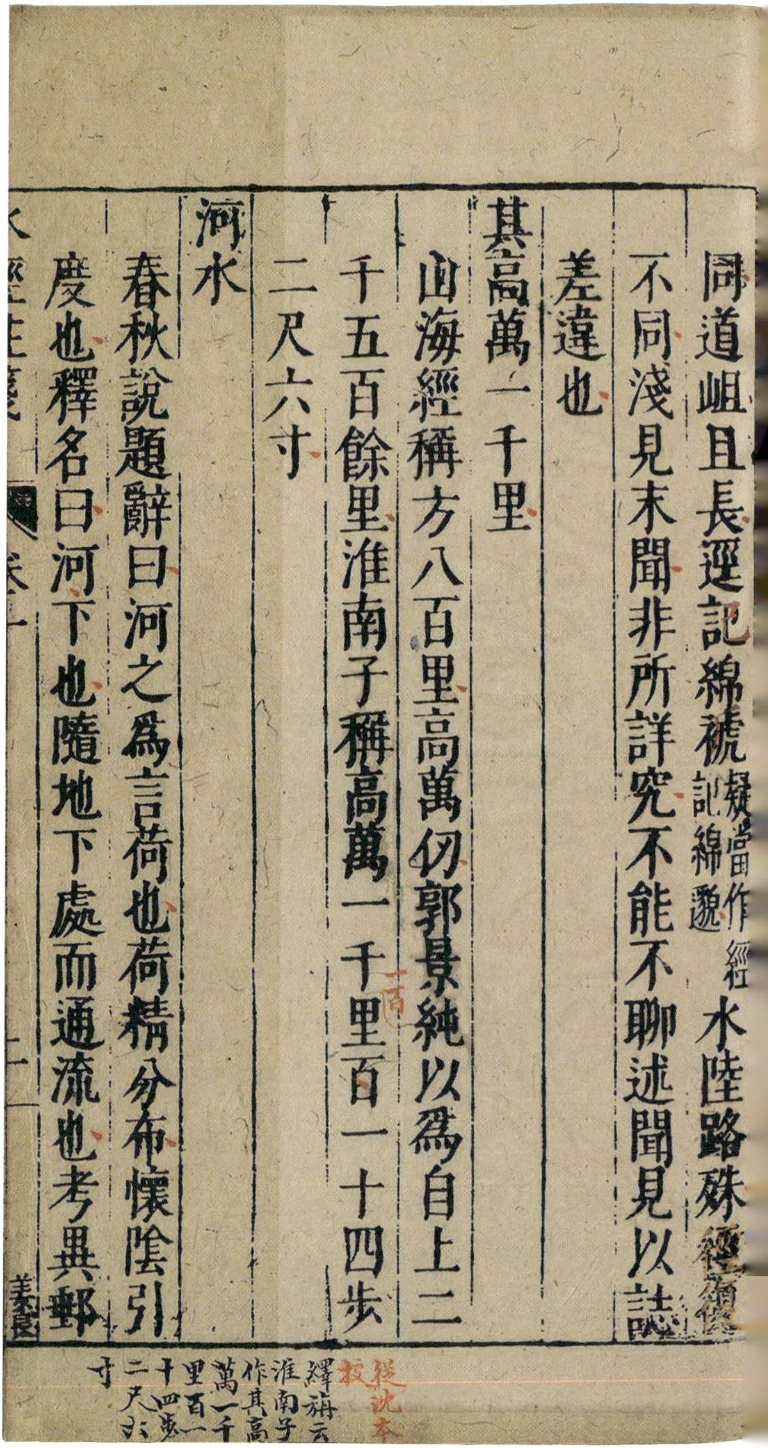
同道岨且長逕記綿褫疑當作經記綿邈水陸路殊徑復
不同淺見末聞非所詳究不能不聊述聞見以誌
差違也
其高萬一千里
山海經稱方八百里高萬仞郭景純以爲自上二
千五百餘里淮南子稱高萬一千里百一十四步
二尺六寸
河水
春秋說題辭曰河之爲言荷也荷精分布懷陰引
度也釋名曰河下也隨地下處而通流也考異郵
水經注箋 卷一 二

圖14-4 ◎何校本卷一葉二上

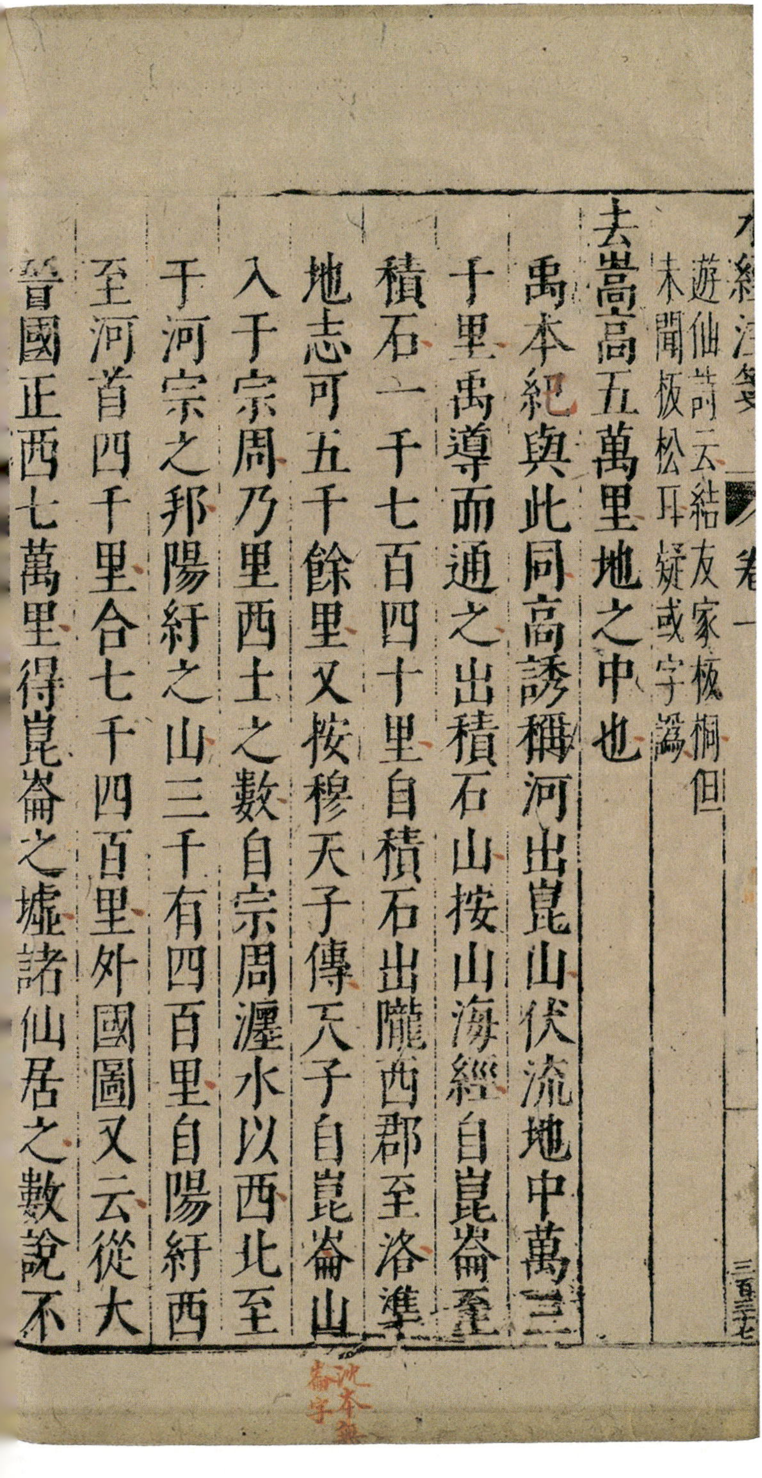
水經注箋　卷一
遊仙詩云結友家板桐但未聞板松耳疑或字爲
去嵩高五萬里地之中也
禹本紀與此同高誘稱河出崑山伏流地中萬三
千里禹導而通之出積石山按山海經自崑崙至
積石一千七百四十里自積石出隴西郡至洛準
地志可五千餘里又按穆天子傳天子自崑崙山
入于宗周乃里西土之數自宗周瀍水以西北至
于河宗之邦陽紆之山三千有四百里自陽紆西
至河首四千里合七千四百里外國圖又云從大
晉國正西七萬里得崑崙之墟諸仙居之數說不
三百三十七
沈本無崙字

圖 14-5 ◎何校本卷一葉一下

何焯校　校本（何校本）

自記可知，他校《水經注》始於康熙甲戌（一六九四年），並于同年首校畢；丙子（一六九六年）參顧亭林之説再校；戊戌（一七一八年）八月又跋。是其校本最終完成的時間是康熙戊戌年（一七一八年）。而沈炳巽《水經注集釋訂訛》撰寫成書要遲至雍正中期。故何焯所見"沈本"斷非沈炳巽此次寫成的沈本。第二，何校本中所言從沈本校者，部分與今所見沈本合，部分則不合。相符合之例，如卷一"上曰增城"，何校："'增'沈本'層'。"今沈本作"層"。又，"淮南子稱高萬一千一百里一十四步二尺六寸"，何校："繹旃云《淮南子》作'其高萬一千里百一十四步二尺六寸'。"今沈本同。又，"穆天子傳曰天子西征至陽紆之山河伯馮誇之所都居"，何校："'所都居'沈本'所居地也'。"今沈本同。不相符合之例，如卷一"穆天子傳自崑崙山入于宗周"，何校："沈本無'崙'字。"然今沈本有"崙"字。又，"穆天子傳曰天子升崑崙封豐隆之葬豐隆雷公也"，何校朱筆改"葬豐"爲"莽封"，曰："從沈本。雷公安得有葬處？"今沈本則仍作"葬豐"。又，"佛遺足跡于此"，何校："沈本無足字。"今沈本仍有"足"字。又，"自新頭河至南天竺國迄於南海四五萬里也"，何校："沈本無'五'字。"今沈本則仍有"五"字。此類例子尤可證何焯所見"沈本"當是沈氏較早期的成果。事實上，沈本又以何校本爲參校本之一，此兩本之間互參的複雜關係，將在下文沈本考述中詳細討論（參〔二二三〕）。

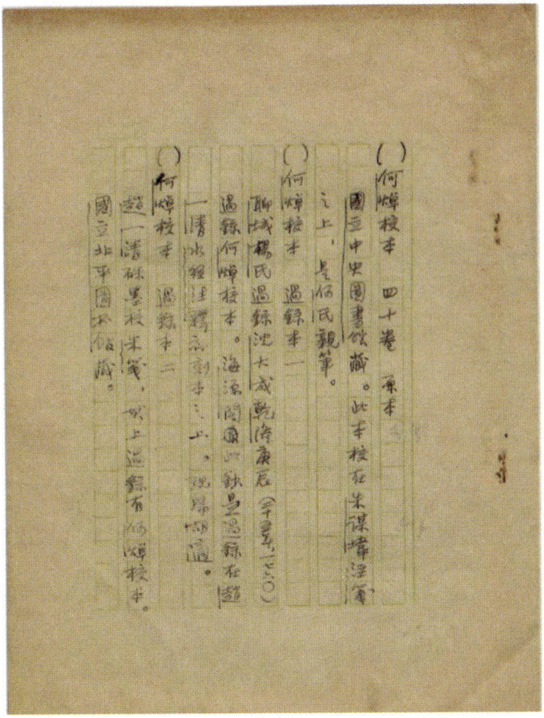
( )何焯校本 四十卷 原本
國立中央圖書館藏。此本校在朱謀㙔箋
之上，是何氏親筆。
( )何焯校本 過錄本一
聊城楊氏過錄沈大成乾隆庚辰（一七六〇）
過錄何焯校本。海源閣的鈔是過錄在趙
一清水經注釋刻本之上，現歸胡適。
( )何焯校本 過錄本二
趙一清朱墨校本箋，此上過錄有何焯校本。
國立北平圖書館藏。

圖 14-6 ◎胡適手稿《何焯校本》之一

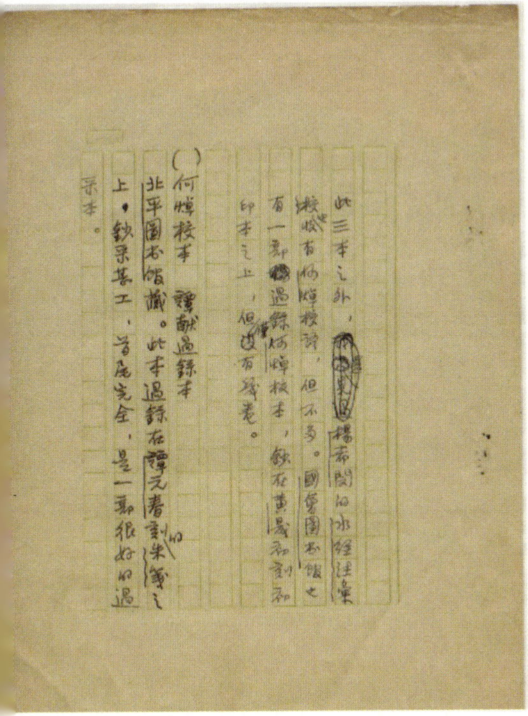
此三本之外，楊希閔的水經注彙
校也校有何焯校語，但不多。國會圖書館也
有一部過錄何焯校本，錄在黃晟刻和
印本之上，但僅有殘卷。
( )何焯校本 譚獻過錄本
北平圖書館藏。此本過錄在譚元春刻的朱箋之
上。鈔錄甚工，首尾完全，是一部很好的過
錄本。

圖 14-7 ◎胡適手稿《何焯校本》之二

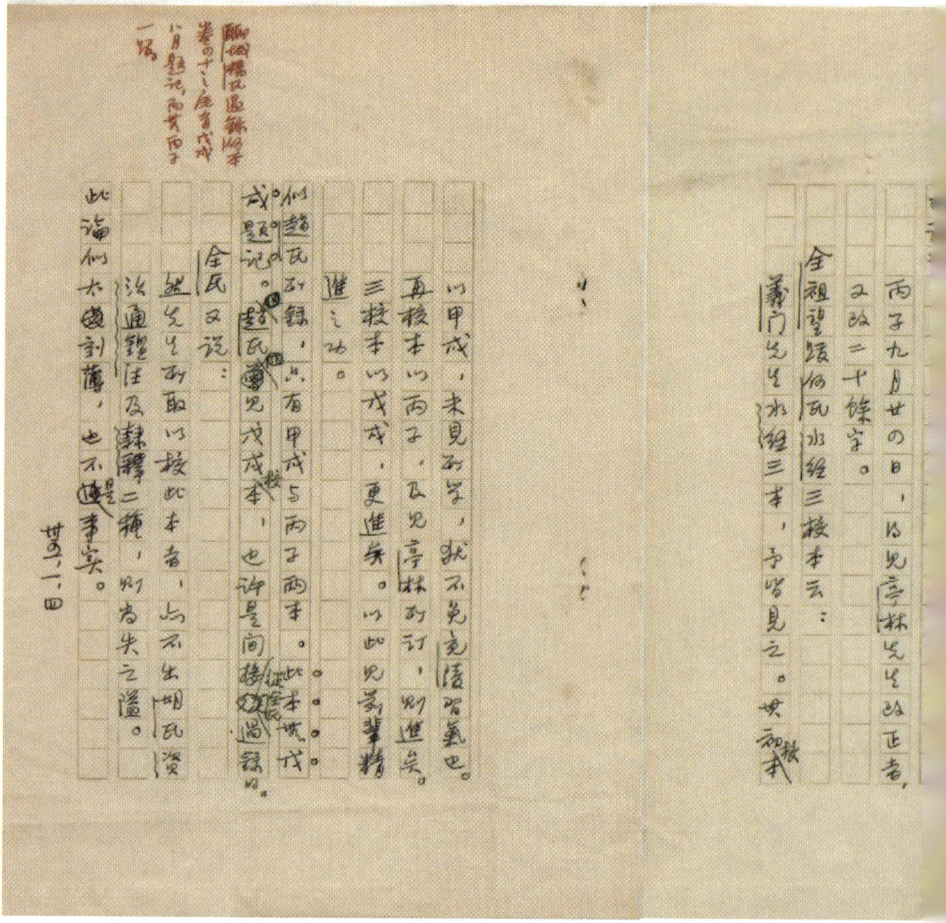

以甲戌，未見所學，然不免竟讀習氣也。再校本以丙子，又見亭林所訂，則進矣。三校本以戊戌，更進矣。以此見義門學業精進之功。

趙氏所錄，亦有甲戌與丙子兩本。此本戊戌題記。趙氏見戊戌本，也許是間接從全校過錄的。

全氏又說：

然先生所取以校此本者，亦不出胡氏資治通鑑注及隸釋二種，則尚失之隘。

此論似太刻薄，也不盡是事實。

卅五，一，四

丙子九月廿四日，得見亭林先生改正者，又改二十餘字。

全祖望跋何氏水經三校本云：

義門先生水經三本，予皆見之。

圖 14-8（本頁左）、圖 14-9（跨頁中）、圖 14-10（下頁右） ◎胡適手稿《何義門校水經注》之三、二、一

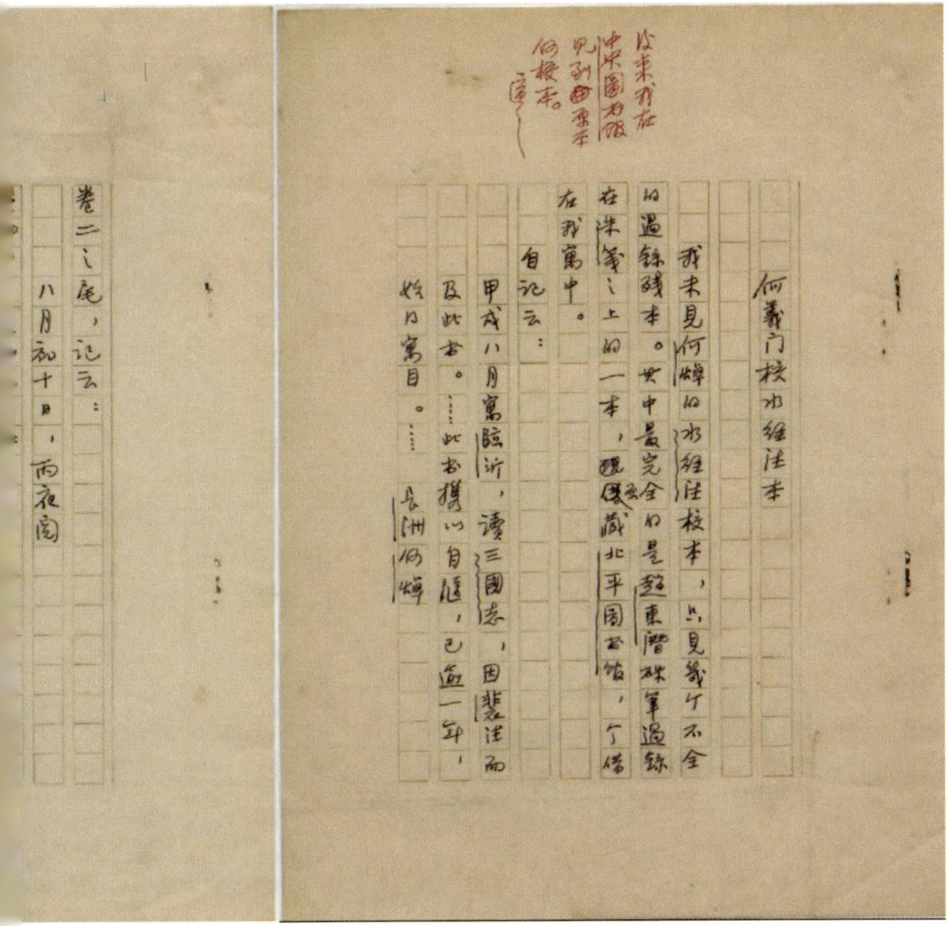
後來我在中央圖書館見到四庫本何校本。適之

何義门校水經注本

我未見何焯的水經注校本，只見幾个不全的過錄殘本。其中最完全的是趙東潛硃筆過錄在沈箋之上的一本，現藏北平圖書館，今借在我寓中。

自記云：

甲戌八月寓臨沂，讀三國志，因裴注而及此書。……此書攜以自隨，已逾一年，始得寓目。……　長洲何焯

卷二之尾，記云：

八月初十日，雨夜閱

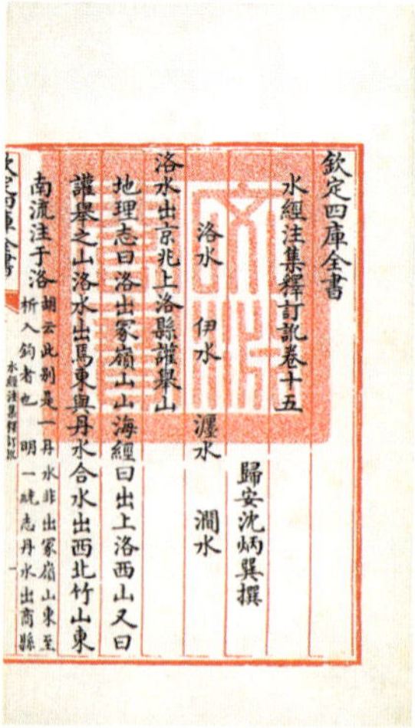
欽定四庫全書
水經注集釋訂訛卷十五
歸安沈炳巽撰
洛水 伊水 瀍水 澗水
洛水出京兆上洛縣讙舉山
地理志曰洛出冢嶺山山海經曰出上洛西山又曰
讙舉之山洛水出焉東與丹水合水出西北竹山東
南流注于洛 胡云此別是一丹水非出冢嶺山東至析入鈞者也 明一統志丹水出商縣
水經注集釋訂訛

圖 15-1 ◎沈本卷十五首葉上

水經注集釋訂訛

四十卷

沈炳巽撰　清乾隆四十三年

《四庫全書》本

（沈本）

十八册。半葉八行，行二十一字。經文頂格，注低一格，按語雙行夾寫。書前有《提要》，題爲乾隆四十三年五月校上。有沈德潜序，題於乾隆十五年（一七五〇年）。有《凡例》，無《目録》。今藏臺北故宫博物院。

此外，另有早期沈氏兄弟校《水經注》的過録本，原爲沈兼士家藏，後歸胡適，今藏於北京大學圖書館〔一〕。

〔一〕此本過録沈氏校語、加按語於項本之上，並有部分引自全祖望的按語。胡適曾仔細比對該過録本之上的沈本的按語，參見所撰《記沈炳巽的〈水經注〉校本的過録本》，《胡適全集》第一六卷，頁二〇七—二二二。

在清代早期的《水經注》研究中，沈本[一]是一部具有承上啓下性質的著作，在錯簡整理、輿地考證、釋源訂訛上均有所創見。沈氏本人早年或與何焯有過交流，晚年又曾與全祖望專就《水經注》進行討論，他的許多觀點爲何、全、趙等人所採納。但是由於其書深藏於四庫館内，後世學者對此書關注不多[二]。

所謂“集釋訂訛”，即是廣參各種史籍，對書中的各種地名軼事詳加考訂，從而發現文字訛誤、錯簡、脱衍等，在此基礎之上，或進行商榷存疑，或直接改定正文。沈炳巽以黄本爲底本進行《水經注》的研究，定稿後，又得見《注箋》本，繼而補入文字異同[三]。

沈炳巽師從其兄沈炳震（東甫）始治酈書[四]，後沈炳震因治新舊《唐書》而無暇旁及，繼由沈炳巽專治酈書，並於雍正三年（一七二五年）起從校本鈔出，至雍正九年（一七三一年）初鈔成書，在此過程中，沈炳謙（字勞山，炳巽弟）亦有貢獻[五]。故沈本雖只署沈炳巽一人之名，但可以看作是沈氏三兄弟先後治酈書的

〔一〕本書所據版本爲《水經注集釋訂訛》的影印本，收入《景印文淵閣四庫全書》第五七四册，臺灣商務印書館，二〇〇八年。

〔二〕沈本影印本刊出後，此種狀況雖有所改變，但對其研究仍不多見。

〔三〕參見沈本《凡例》。

〔四〕參見全祖望《鮚埼亭集·内編》卷十九《碑銘》十四《沈東甫墓志銘》：“又十有二年，予從其叔弟繹旃求其所釋《水經》。繹旃之釋《水經》亦東甫所曾有事，而後以授之者也。”參見《全祖望集彙校集注》，頁三四五。

〔五〕參見沈本《凡例》第六條：“是書經始於雍正三年，脱稿於雍正九年，其考索鈎纂雖屬炳巽一人，而助余不逮者，季弟勞山與有力焉。”又，沈庭芳亦認爲有“炳謙訂本”存在，參見［一二五］沈氏手跋。

遊仙詩云結友家板桐俱作桐無作松者惟樊與板則兩異耳今云板松疑或桐字之訛

去萬五萬里地之中也

禹本紀與此同高誘稱河出崑崙山伏流地中萬三千里禹導而通之出積石山按山海經自崑崙至積石一千七百四十里自積石出隴西郡至洛準地志可五千餘里又按穆天子傳天子自崑崙山入于宗周萬按傳當是乃字里西土之數自宗周瀍水以西北按傳無北字至于河宗之邦陽紆之山三千有四百里自陽紆

圖15-2 ◎沈本卷一葉一下

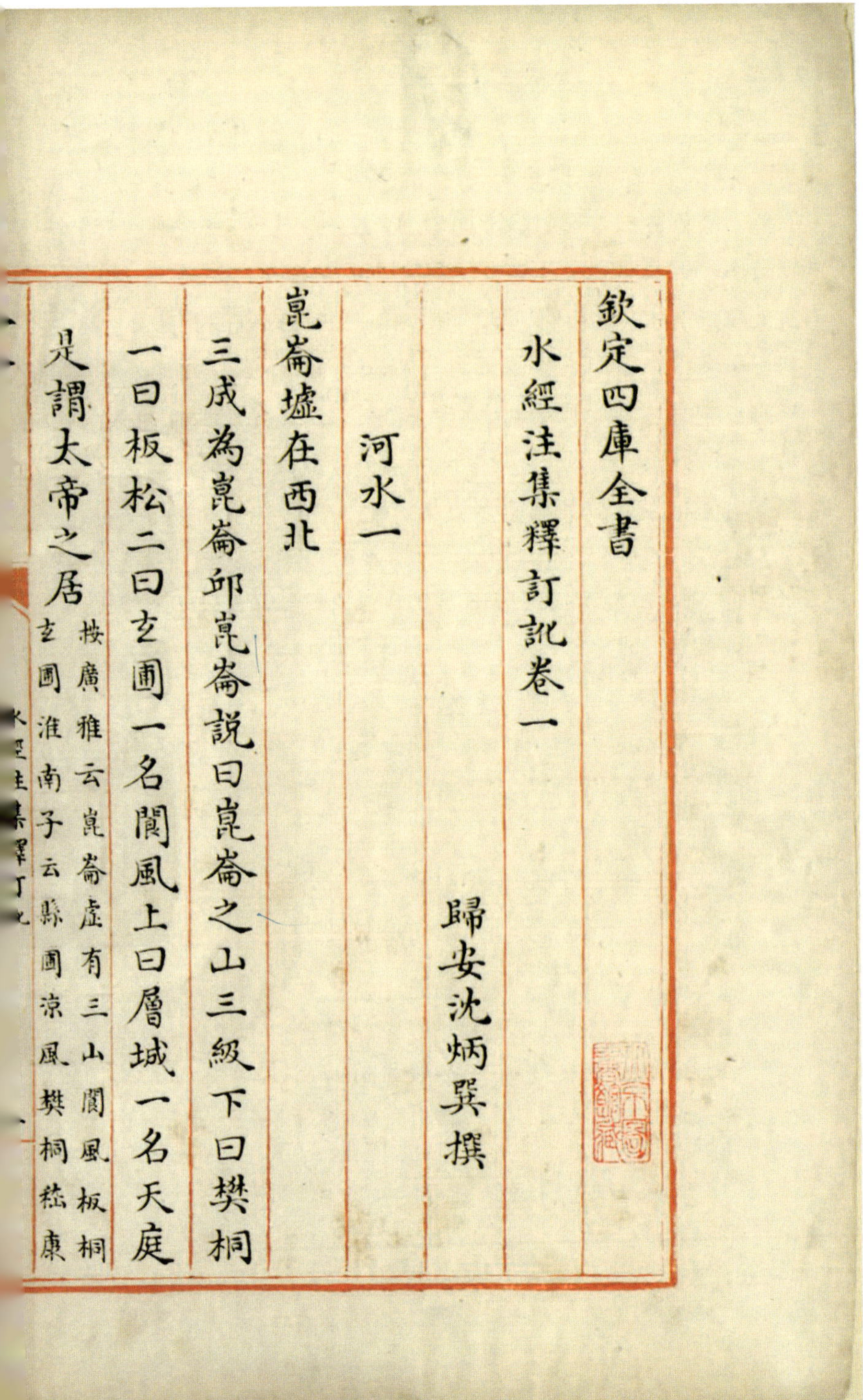
欽定四庫全書
水經注集釋訂訛卷一
歸安沈炳巽撰
河水一
崑崙墟在西北
三成為崑崙邱崑崙說曰崑崙之山三級下曰樊桐
一曰板松二曰玄圃一名閬風上曰層城一名天庭
是謂太帝之居按廣雅云崑崙虛有三山閬風板桐玄圃淮南子云縣圃涼風樊桐嵇康

圖15-3 ◎沈本卷一葉一上

共同之作，而其中，以沈炳巽之功爲最〔一〕。書稿初成后，沈炳巽仍舊不斷修改，直到乾隆十四年（一七四九年）冬，方攜此書請沈德潛作序〔二〕。隨後，沈炳巽又得與全祖望交流。不過，全氏的觀點未收入沈本，但在沈校本的過録本上則可以看到一部分。

在參校書目上，沈炳巽自言以顧炎武《日知録》《亭林集》及何校本爲主要參校書目，並且還採納了其兄沈炳震的一些觀點〔三〕。由於沈氏三兄弟先後校酈書於家藏的一個黄本之上，沈炳震最先批校，故其按語多直書其上，而後炳巽、炳謙二人的校語則多以“巽曰”“繹旃云”“炳謙曰”等形式出現，以示區别〔四〕。因此沈本在鈔出成稿過程中，自然就收入了沈炳震與沈

〔一〕《五校》稿本卷首有全祖望手批曰：“沈繹占（炳巽）本，苕人也，吾友東甫徵君之弟，浙西比之三洪者矣。隱居嗜古，用功於是書最博。”參見《全祖望校水經注稿本合編》，中華全國圖書館文獻縮微複製中心，一九九六年，頁四。

〔二〕沈德潛序：“己巳（按，即乾隆十四年，一七四九年）冬，家繹旃貢士，過予草堂，出《集釋訂訛》一書，索予草序。”

〔三〕參見沈本《凡例》：“崑山顧寧人、長洲何義門兩先生俱于是書各有考訂。顧氏大約採之於《日知録》《亭林集》二書，何氏則從其後人假先生手批之本採入。先兄東甫亦曾究心於此，後緣從事于新、舊兩《唐書》，故不暇旁及，間有一二條亦爲採入。”又，今沈本按語中，明言“余兄東甫”者有三處，分别爲卷五《河水注》“東齊未賓大魏築城以臨之故城得其名也”句下，卷七《濟水注》“濟水又東南礫石溪水注之”句下，以及卷三十三《江水三》“文井水又東逕江都縣”句下。

〔四〕沈本《凡例》：“是書宋本既不可得，今世所行惟明嘉靖間黄氏刊本，其他如朱鬱儀、鍾伯敬及休寧吴氏諸本亦僅或有之。余家所藏止黄氏一本。”按，據此可知，沈氏三兄弟讀酈書當校於同一書之上。

炳謙的部分校語。另一方面，何校本所指的“沈本”當是這個校本上沈炳震的按語，而又以“繹旃云”來標示校本上來自沈炳巽的一些觀點。從何焯見到的這個校本的早期面貌，到沈本的最後成書，沈炳巽一直在做修改和取捨，因此，何校本上所引沈本按語只有一部分能與今沈本相合。由此亦可較好地解釋另外兩種看似難解的情形：其一，今沈本按語中有“按”“（炳）巽按”兩種形式來指代沈氏觀點，若沈本爲一人之作，所用按語提示似無須採用兩種形式；其二，趙一清《水經注釋》的《參校諸本》中包含有兩個沈氏本，其中一本爲何校本中的沈本，另一本爲全祖望所引之沈本，何以趙一清要指出此兩種沈本之别？其實，上述兩種情形皆應源於沈氏三兄弟共同治酈於一本之故，因此，沈本成書時，沈炳巽以“（炳）巽按”强調自己的按語，而趙一清未得見沈本原貌，故只得謹慎地將何焯、全祖望所引沈本區别對待。

沈本在缺文補遺上，較前《水經注》諸本改進不多。其中偶有補漏，基本是從《史記》《漢志》《三輔黄圖》等書中輯入，也有部分是藉由《注箋》本補入。不過，此書在脱文與錯簡的判斷與發現上，有其獨到之見。以卷十九爲例，沈氏根據胡渭《禹貢錐指》進行了大規模的調整，與《注箋》本相比，又調整了十多處〔一〕，爲稍後的全祖望、趙一清進一步釐定經注文打下了堅實的基礎。

沈本按語篇幅中等〔二〕，其内容可分爲三類：

〔一〕參見李曉傑主編《水經注校箋圖釋·渭水流域諸篇》之《附録三》。

〔二〕以卷十八《渭水中》爲例，共有按語二十一處，共計六百六十字。

其一，補充地名的輿地信息。如卷十七“北城中有湖水”下有按語：“今名天水湖，在秦州南七里。其水冬夏無增減。”卷十八“斜谷逕五丈原東”，下有按語：“在今郿縣西三十里。”不過，沈本按語中的地望考證，也有不甚妥當之處。比如卷十七“渭水又東逕郁夷縣故城南”，下有按語：“郁夷故城在隴州西五十里。”按，據酈《注》及相關文獻所載，郁夷縣故城當在隴州故城東南，此處沈本按語明顯有誤。其二，進行史源箋釋。此類按語數量衆多，篇幅較長。如卷十九“周以林木，左右出入，爲徒之經”，下有按語四十一字〔一〕，指出“爲徒之經”當爲《三輔黄圖》中“爲往來之逕”之訛脱，並分析了各字訛脱的過程。其三，文字校勘考訂類。此類按語多具獨到見解，其中有直斷訛誤的，有引據改正的，也有推敲玩味的。如卷十七“秦水西逕降隴縣故城南”，下有按語：“按，《漢志》隴縣屬天水郡，無所謂降隴縣者，‘降’字疑衍。”卷十九“又北逕甘亭西在水東鄠縣”，下有按語：“‘在’上疑有‘亭’字。”

上述三種按語中，後兩類多爲全祖望、趙一清所採納，並收入到了全、趙兩家的《水經注》著作中〔二〕。而第一類的輿地信息，在王峻校本上也可看到類似的批校。因此，倘稱沈氏“爲桑氏

〔一〕按語爲：“按，《三輔皇（黄）圖》作‘爲往來之逕’，玩文義，‘徒’字似難解，盖‘往’字訛作‘徒’字，‘逕’字訛作‘經’字，復脱去‘來’字，故難解耳。”

〔二〕沈氏的許多見解，通過與全氏的討論，則爲全、趙兩家所吸收，趙一清《水經注釋》中所引沈氏按語頗多。《注釋》本趙釋中共有六十七處引沈氏按語，《刊誤》中有九處是據沈氏按語訂正了文字。

之功臣”〔一〕，並不爲過。

不過，沈氏未見宋本，因此按語中所引“宋本”，實多爲轉引朱《箋》，如卷十七“昔秦孝公斬西戎之獂王”，下有按語：“宋本‘王’下尚有‘於此’二字。”又如同卷下“藉水又東”，下有按語：“宋本有‘合’字。”其次，沈本按語有部分與朱《箋》類似，但沈本多不言朱《箋》已有。如卷十七“東南與長思水”，下有按語：“疑漏‘合’字。”此條按語實同《注箋》本謝兆申所言。又如同卷下“又東南流貓谷水”，下有按語：“當作‘苗’。《地道記》云：有三危三苗，所處故曰苗谷。”此條按語亦類同朱《箋》，且《注箋》本已經在注文中訂正文字，而沈本未作訂正。這樣的處理方式，實則緣於沈氏後得《注箋》本而對自己的校改“不忍輕棄”〔二〕。

沈本的不足是由於底本不良、參校版本有限而造成的，因而黄本上的許多舛誤未能勘出。同時，沈本也未能有效利用朱《箋》，因而在文字校勘上給人以停滯不前的印象。另外，對酈學發展中佔據重要地位的經、注區分問題，沈本亦未有發明。沈氏雖和全祖望有過相關討論，但最終並没有在書中反映出來，此點不能不令人感到遺憾。

〔一〕沈德潛序：“得繹旃之好學，深思虚心，順理以訂正之，是不獨還酈氏之舊物，並可爲桑氏之功臣也夫！”

〔二〕參見沈本《凡例》。

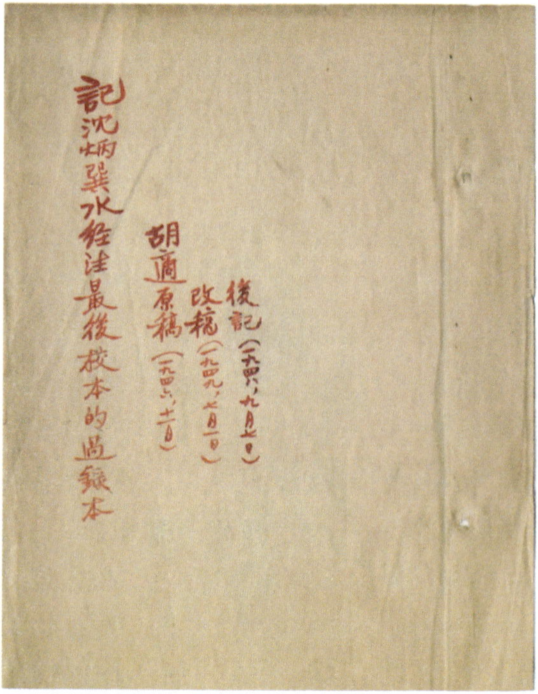

圖15-4 ◎胡適手稿《記沈炳巽水經注最後校本的過録本》之一

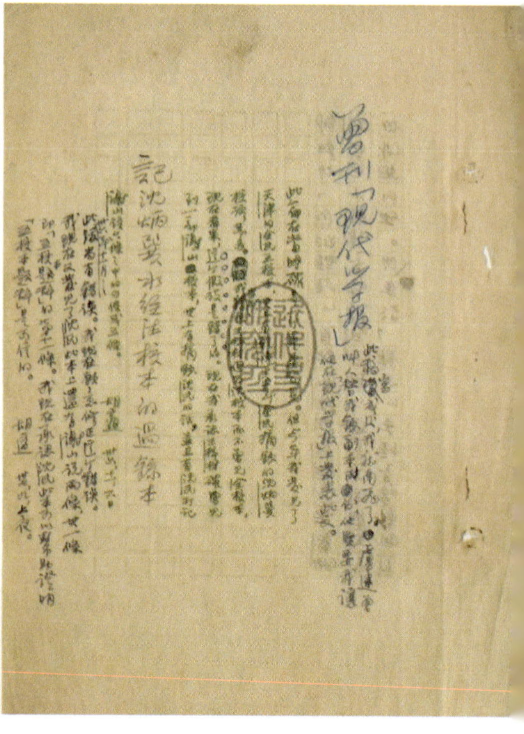

圖15-5 ◎胡適手稿《記沈炳巽水經注最後校本的過録本》之二

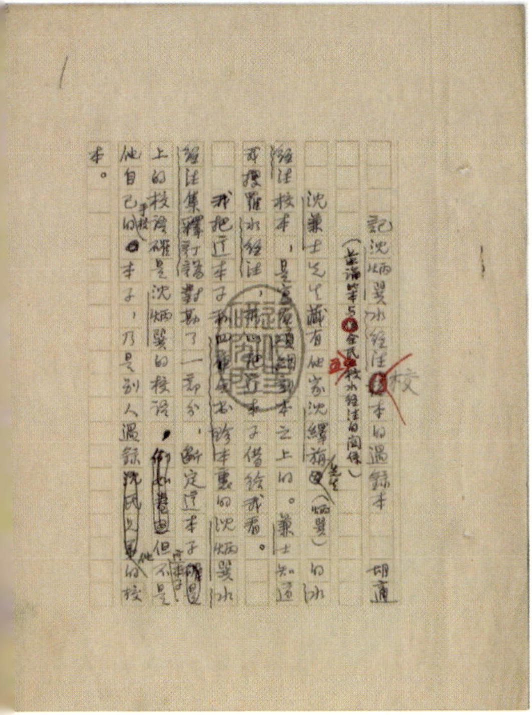
記沈炳巽水經注校本的過錄本　胡適
（並論他與全氏校水經注的關係）
沈兼士先生藏有他家沈繹旃（炳巽）的水經注校本，是寫在項絪刻本之上的。兼士知道我很關心水經注，所以把這本子借給我看。
我把這本子和四庫本裏的沈炳巽水經注集釋訂譌對勘了一部分，斷定這本子上的校語確是沈炳巽的校語，但不是他自己的手校本子，乃是別人過錄沈氏的校本。

圖 15-6　◎胡適手稿《記沈炳巽水經注最後校本的過録本》之三

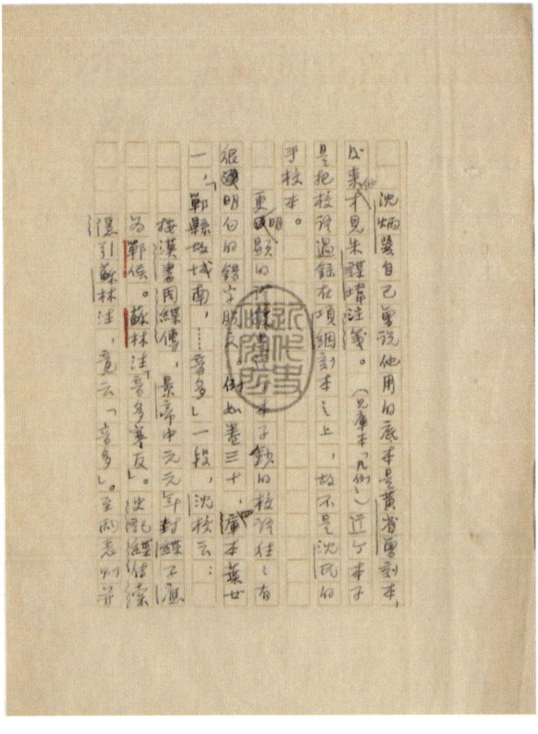
沈炳巽自己曾說他用的底本是黃省曾刻本，他從來未見朱謀㙔注箋。（見庫本「凡例」）這個本子是把校語過錄在項絪刻本之上，故不是沈氏的手校本。
更明顯的證據是這本子裏的校語往往有很明白的錯字脫文。例如卷三十，淮水篇廿一：「鄲縣故城南，……音多」一段，沈校云：
按漢書周緤傳，景帝中元元年封緤子應為鄲侯。蘇林注「音多寒反」。此[illegible]緤傳[illegible]
誤引蘇林注，竟云「音多」。至酈志所引[illegible]

圖 15-7　◎胡適手稿《記沈炳巽水經注最後校本的過録本》之四

水經注

四十卷

王峻校　稿本

（王峻校本）

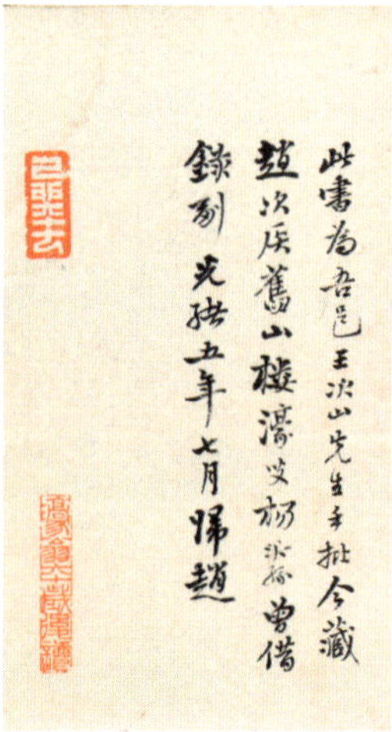

圖 16-1　◎王峻校本卷首題識

王峻（艮齋）以朱筆批校在項本上。該書《北史本傳》後，有王氏親筆録何焯跋語三則；項絪序後，又録胡渭論黄儀考訂酈注之事，並附後者生平、治學數語。卷中朱筆批校遍於眉端卷尾。部分卷尾有閲畢年月，始自卷六末的“八月初三日”，迄至卷四十末的“八月二十二日”，此後又有校勘補充〔一〕。卷四十末有乾隆戊辰（一七四八年）八月王峻手跋，後鈐“王峻之印”〔二〕；又有道光丁未（一八四七年）六月太倉季錫疇跋，後鈐“錫

〔一〕卷五《河水注》“河之故瀆自沙丘南分屯氏河出焉”下有王峻校語，自記“九月廿六日補”。

〔二〕按，此印非王峻自鈐，乃後來季錫疇借閲此本時，以别處所藏王峻名印鈐之。季錫疇跋曰：“原本未有圖記，適石墩顧生翠嵐藏有先生名印，爲鈐諸跋尾，姚氏子孫其寶之哉。”

疇之印”。又有“舊山樓秘藏”等印。

據書中諸跋語及藏書印，可大致推斷此書的流傳過程：原爲王峻家藏；王氏殁後，爲蔡涇汝南氏所得；道光時，歸支溪姚氏[一]；光緒年間，爲趙氏舊山樓所藏，楊沂孫曾藉以録副[二]；現藏復旦大學圖書館。

王峻校本是清乾隆年間一部在《水經注》研究許多方面有突破性成績的著述。惜該本流傳不廣，後來治酈者甚少提及[三]，王峻其人[四]及其在酈學上的貢獻，迄今未受到應有的重視。王峻曾爲《一統志》纂修官，因而得見諸多古書及同時代學人之研究成果，當以最先進技術繪製輿圖[五]，加之又精於地理之學[六]，故在研治《水經注》的思路與方法上站在了時代前

〔一〕季錫疇跋語：“先生藏書散後，此本始爲蔡涇汝南氏所得，今歸支溪姚氏。去秋余假歸讀之，留案頭數月，仿録一本而歸之。”

〔二〕書前有跋云：“此書爲吾邑王次山先生手批，今藏趙次侯舊山樓。濠叟楊沂孫曾借録副。光緒五年七月歸趙。”

〔三〕季錫疇跋語：“此次山侍御先生歸田後手録義門何氏校本，間參以己見，但精核不移。後來武英殿刊本出，戴東原庶常彙校，何説亦曾採入，先生之説雖亦有暗合者，惜東原未見此本酌取訂正，爲遺憾耳。”按，今檢有關酈注版本學的著述，亦未見有專門論及王峻校本的文字。

〔四〕王峻生平見錢大昕《江西道監察御史王先生墓志銘》，《潛研堂文集》卷四三，上海古籍出版社，一九八九年，頁七六九—七七一。

〔五〕王峻跋語：“余自雍正乙巳克《一統志》館纂修，凡十五年。歷觀徐司寇之《志稿》及聖祖西人測量刊定之《輿圖》，參考酈氏此書，凡山川古蹟，古今雖遠，合者居多。”

〔六〕錢大昕《江西道監察御史王先生墓志銘》曰：“尤精地理之學，談九州山

列。他本擬作《水經廣注》,一是要釐定經、注;二是要遍採古籍,於唐宋以後水道變遷、地名異同、大事蹟之當存者,補酈氏所未及〔一〕,然未克完成〔二〕。現在流傳下來的這一校本,是他參考何焯校本並其他典籍而作的批校,其有關《水經注》的思考大體得以呈現,故此書可視作"《水經廣注稿》"〔三〕。以下具體論述此校本的特點。

其一,王峻在《水經注》經、注區分方面做了大量工作,僅在卷一至卷五《河水篇》中明確指出經、注混淆並加按語特別説明的就達二十多處。在此過程中,他探尋出區分經、注的原則與方法,概括起來,他的方法可以分爲五個方面,分述如下。

川形勢,曲折向背,雖足跡所未到,咸瞭若指掌。"參見所撰《潛研堂文集》卷四三,頁七七〇。

〔一〕王峻跋語:"竊欲取唐宋至今輿地諸書,凡古今水道之變遷,名□之異同,與大事蹟之當存者,附注於各篇元文之下,以備後來之考鏡。"又,錢大昕《江西道監察御史王先生墓志銘》:"(王峻)嘗謂《水經》正文與注混淆,欲一一釐正之,而唐以後水道之變遷,地名之同異,酈《注》所未及者,則摭正史及傳記小説、近代志乘以補之,名曰《水經廣注》,手自屬稿,未暇成業。"參見所撰《潛研堂文集》卷四三,頁七七〇。

〔二〕參見錢大昕前揭文。又,或以爲《水經廣注》已成書而未刊傳,參見鄭德坤《〈水經注〉板本考》。

〔三〕葉景葵在别本《水經注》(現藏上海圖書館)跋語中曾提到王峻的《水經廣注稿》:"此書韓綠卿初以爲即王艮齋《水經廣注稿》,後又更正,究不知作者名氏。觀後跋所云王艮齋擬作《廣注》未成等語,與艮齋臨義門校本跋語符合,是必艮齋同時學者所爲,其宗旨與艮齋相近也。己卯十月重裝,景葵記。"參見《〈水經注〉四十卷稿本葉景葵跋》,《上海圖書館藏善本題跋真跡》第六册,上海辭書出版社,二〇一四年,頁一七七。

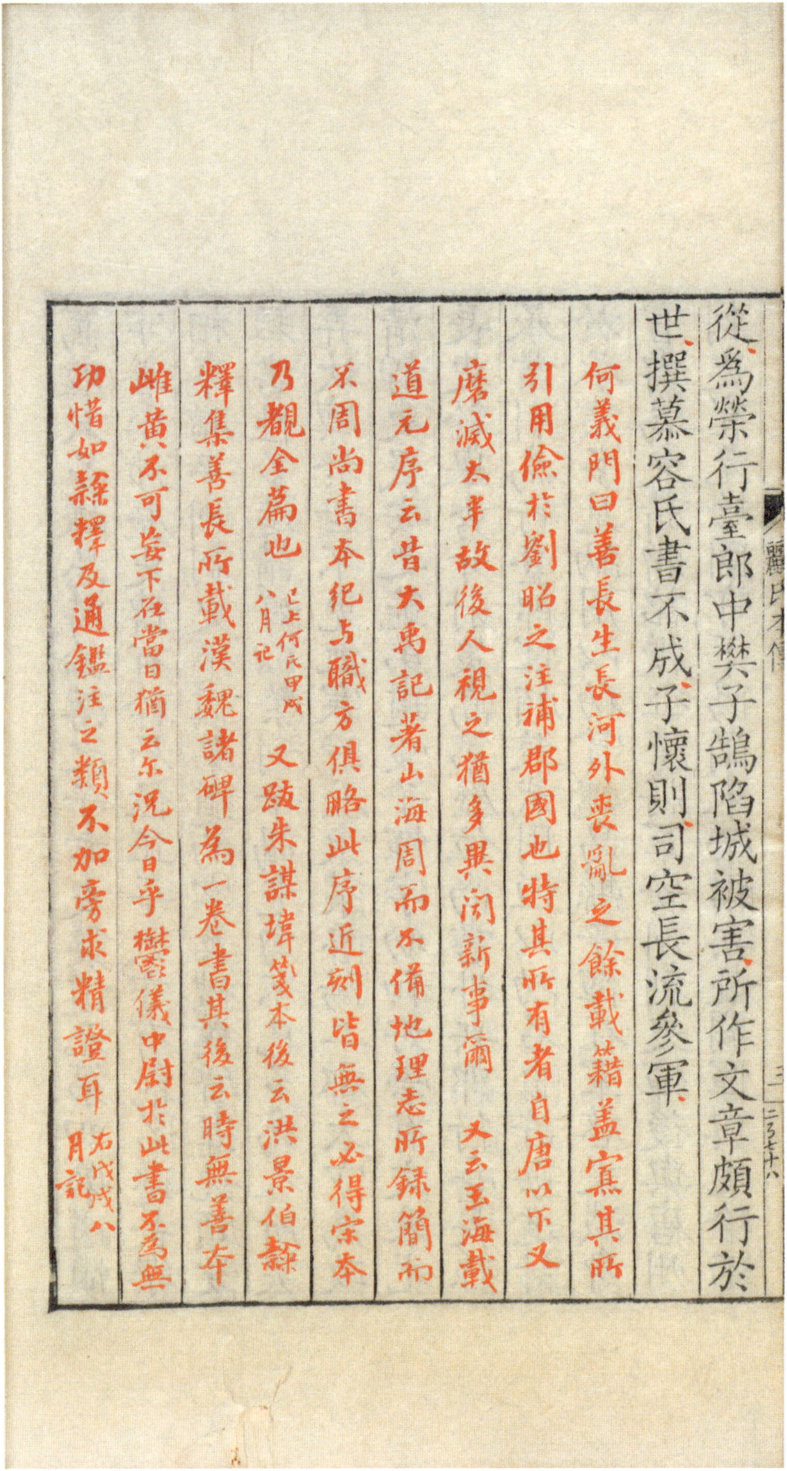
從爲榮行臺郎中樊子鵠陷城被害所作文章頗行於世撰慕容氏書不成子懷則司空長流參軍

何義門曰善長生長河外喪亂之餘載籍蓋寡其所引用僅於劉昭之注補郡國也特其所有者自唐以下又磨滅太半故後人視之猶多異聞新事爾 又云玉海載道元序云昔大禹記著山海周而不備地理志所録簡而不周尚書本紀與職方俱略此序近刻皆無之必得宋本乃覩全篇也 已上何氏甲戌八月記 又跋朱謀㙔箋本後云洪景伯隸釋集善長所載漢魏諸碑爲一卷書其後云時無善本雌黄不可妄下在當日猶云尒況今日乎鬱儀中尉於此書不爲無功惜如隸釋及通鑑注之類不加旁求精證耳 右戊戌八月記

圖16-2 ◎王峻校本卷首《酈氏本傳》末葉下朱筆過録何焯校語

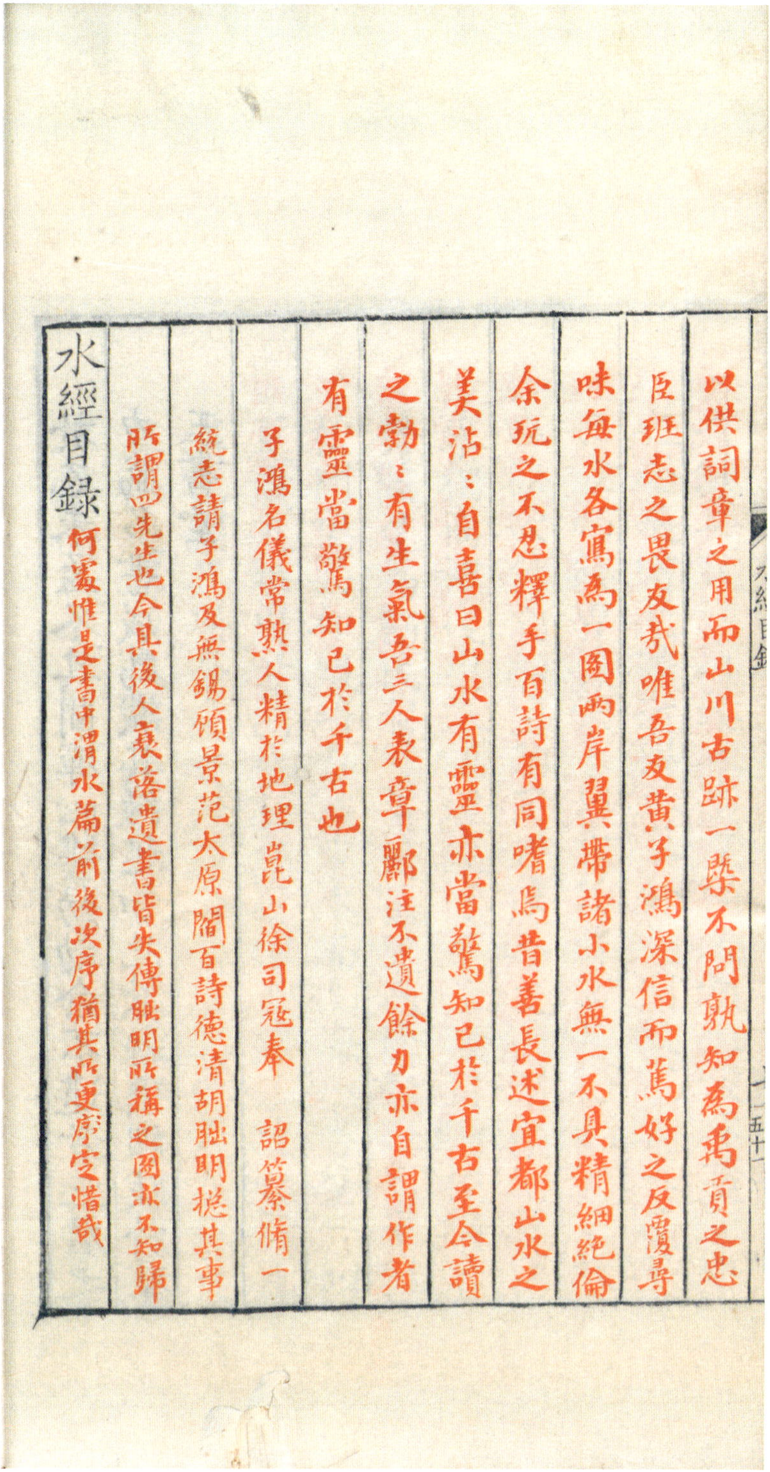

以供詞章之用而山川古跡一槩不問孰知為禹貢之忠臣班志之畏友哉唯吾友黃子鴻深信而篤好之反覆尋味每水各寫為一圖兩岸翼帶諸小水無一不具精細絕倫余玩之不忍釋手百詩有同嗜焉昔善長述宜都山水之美沾沾自喜曰山水有靈亦當驚知己於千古至今讀之勃勃有生氣吾三人表章酈注不遺餘力亦自謂作者有靈當驚知己於千古也

子鴻名儀常熟人精於地理崑山徐司寇奏 詔纂脩一統志請子鴻及無錫顧景范太原閻百詩德清胡朏明撰其事所謂四先生也今其後人衰落遺書皆失傳朏明所稱之圖亦不知歸

水經目録

何處惟是書中渭水篇前後次序猶其所更定惜哉

圖16-3 ◎王峻校本卷首項絪序之後、目録之前王峻跋語之二

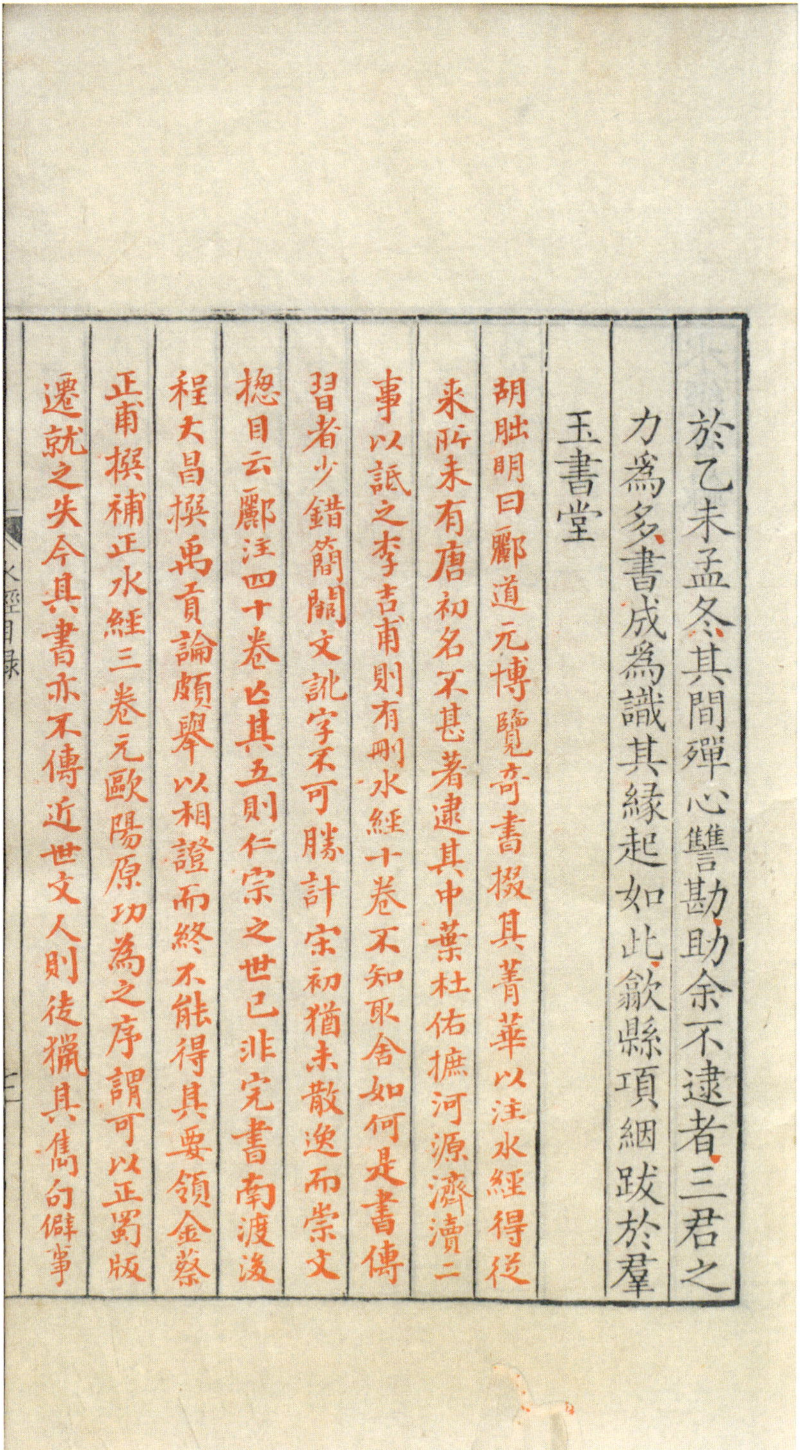
於乙未孟冬其間殫心讐勘助余不逮者三君之力爲多書成爲識其緣起如此歙縣項絪跋於羣玉書堂

胡朏明曰酈道元博覽奇書掇其菁華以注水經得從來所未有唐初名不甚著逮其中葉杜佑摭河源濟瀆二事以詆之李吉甫則有删水經十卷不知取舍如何是書傳習者少錯簡闕文訛字不可勝計宋初猶未散逸而崇文摠目云酈注四十卷亡其五則仁宗之世已非完書南渡後程大昌撰禹貢論頗舉以相證而終不能得其要領金蔡正甫撰補正水經三卷元歐陽原功爲之序謂可以正蜀版遷就之失今其書亦不傳近世文人則徒獵其雋句僻事

圖16-4 ◎王峻校本卷首項絪序之後、目録之前王峻跋語之一

圖16-5 ◎王峻校本卷一葉一上

水經卷一

漢桑欽撰　　後魏酈道元注

河水一

崑崙墟在西北

三成爲崑崙丘崑崙說曰崑崙之山三級下曰樊桐一名板松二曰玄圃一名閬風上曰增城一名天庭是爲太帝之居廣雅云崑崙墟有三山閬風板桐玄圃淮南子云縣圃涼風樊桐在崑崙閶闔之中山上有層城九重楚辭云崑崙縣圃其凥安在增城九重其高幾里嵇康遊仙詩云結友家板桐但未聞板松耳疑或字譌

去嵩高五萬里地之中也

禹本紀與此同高誘稱河出崑山伏流地中萬三千

增沈本層

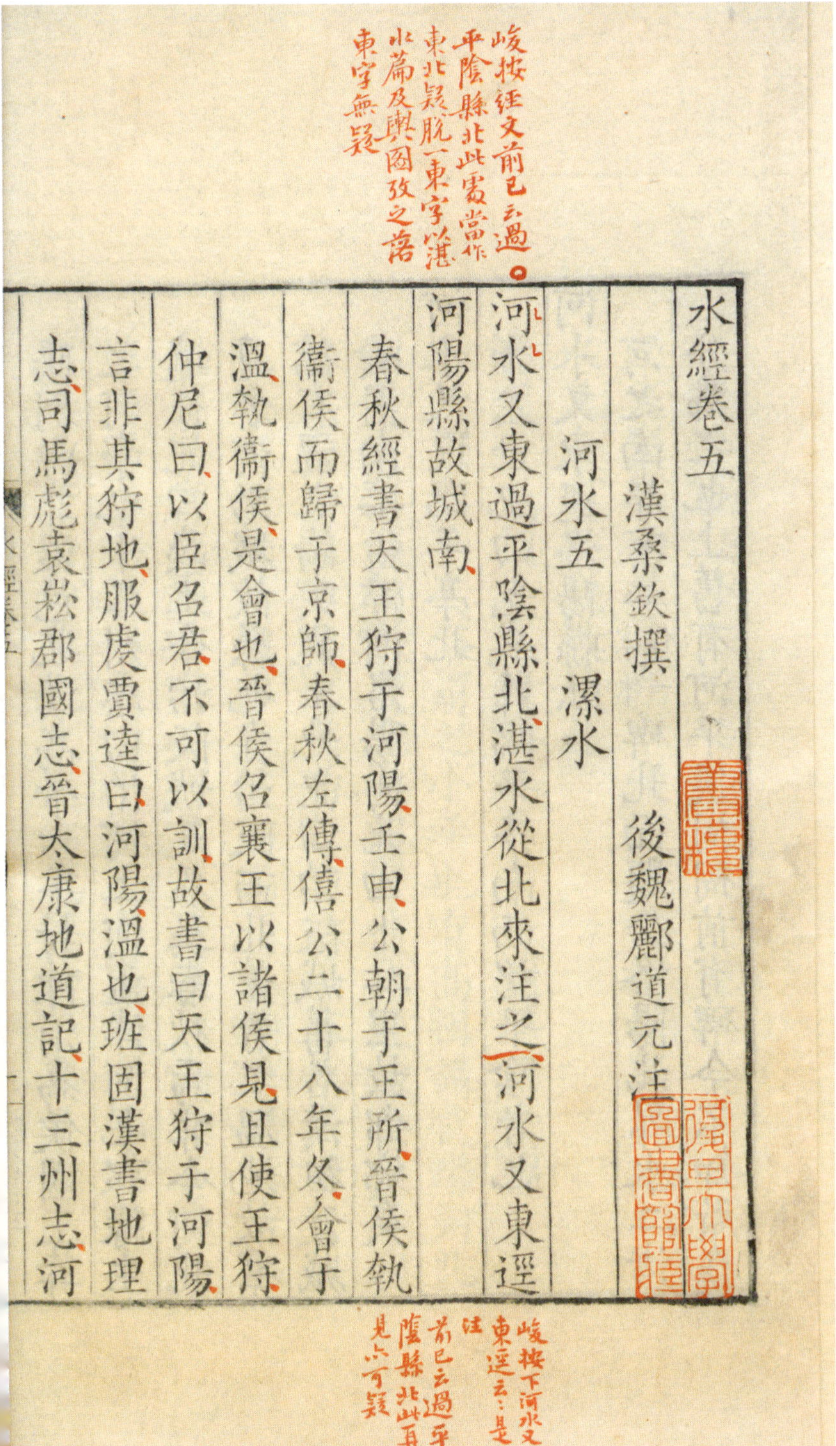
峻按經文前已云過平陰縣北此處當作東北疑脫一東字從湛水篇及輿圖攷之當東字無疑

水經卷五
漢桑欽撰　後魏酈道元注
河水五　㶟水
河水又東過平陰縣北湛水從北來注之河水又東逕
河陽縣故城南
春秋經書天王狩于河陽壬申公朝于王所晉侯執
衞侯而歸于京師春秋左傳僖公二十八年冬會于
溫執衞侯是會也晉侯召襄王以諸侯見且使王狩
仲尼曰以臣召君不可以訓故書曰天王狩于河陽
言非其狩地服虔賈逵曰河陽溫也班固漢書地理
志司馬彪袁崧郡國志晉太康地道記十三州志河

峻按下河水又東逕云云是注前已云過平陰縣北此耳見亦可疑

圖 16-6　◎王峻校本卷五葉一上

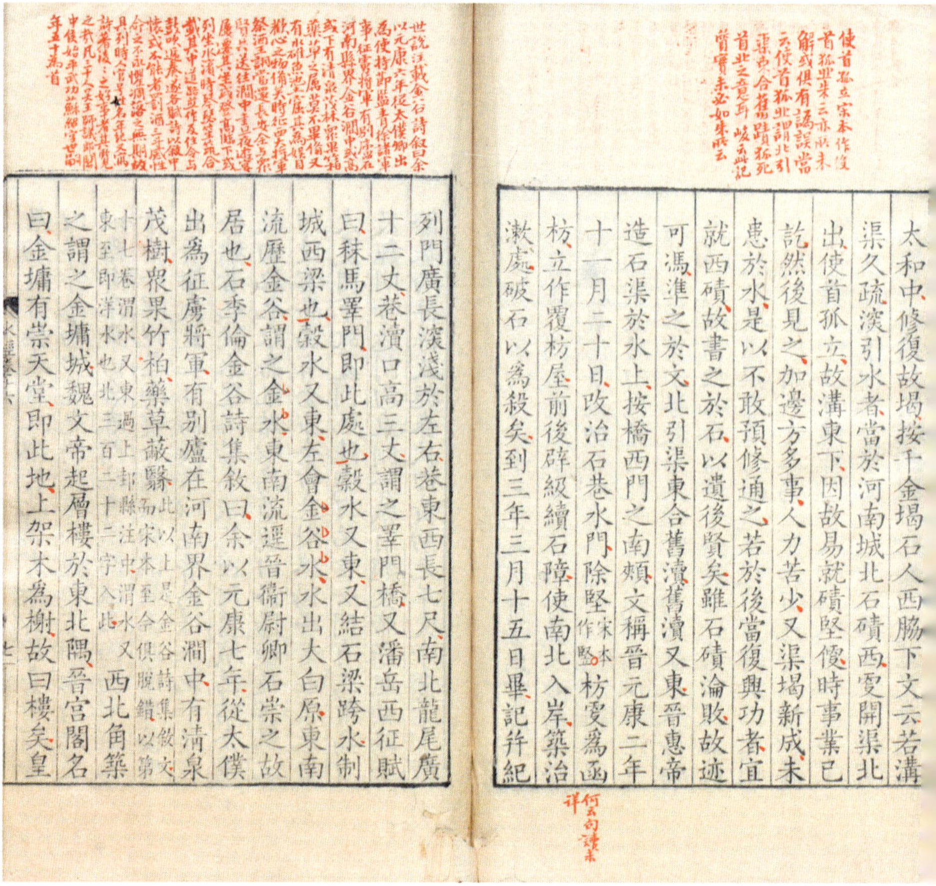
太和中修復故堨按千金堨石人西脇下文云若溝
渠久疏深引水者當於河南城北石磧西更開渠北
出使首孤丘故溝東下因故易就磧堅便時事業已
訖然後見之加邊方多事人力苦少又渠堨新成未
患於水是以不敢預修通之若於後當復興功者宜
就西磧故書之於石以遺後賢矣雖石磧淪敗故迹
可憑準之於文北引渠東合舊瀆舊瀆又東晉惠帝
造石渠於水上按橋西門之南頰文稱晉元康二年
十一月二十日改治石巷水門除豎宋本作豎枋更爲函
枋立作覆枋屋前後辟級續石障使南北入岸築治
漱處破石以爲殺矣到三年三月十五日畢記幷紀
列門廣長湠浅於左右巷東西長七尺南北龍尾廣
十二丈巷瀆口高三丈謂之睪門橋又潘岳西征賦
曰秣馬睪門即此處也穀水又東又結石梁跨水制
城西梁也穀水又東左會金谷水水出大白原東南
流歷金谷謂之金水東南流逕晉衛尉卿石崇之故
居也石季倫金谷詩集敘曰余以元康七年從太僕
出爲征虜將軍有别廬在河南界金谷澗中有清泉
茂樹衆果竹柏藥草蔽翳此以上是金谷詩集敘文而宋本至今俱脱錯以第十七卷渭水又東過上邽縣注中渭水又東至即洋水也北三百二十二字入此又西北角築
之謂之金墉城魏文帝起層樓於東北隅晉宫閣名
曰金墉有崇天堂即此地上架木爲榭故曰樓矣皇

圖 16-7 ◎王峻校本卷十六葉六下、葉七上

（甲）凡言“過”者是經文，言“逕”者是注文。如卷二經文“又東北過安定北界麥田山河水東北流逕安定祖厲縣故城西北”，校曰：“峻按，‘河水東北流’十五字是注。後凡言‘逕’者皆注也。”卷五經文“又東北逕楊墟縣東商河出焉”，朱筆改“逕”作“過”，校曰：“‘逕’，朱《箋》本作‘過’。峻按，‘過’‘逕’二字乃經與注之分，斷不可誤。”

（乙）經文言所經之水必云從何處來。如卷二經文“河水又

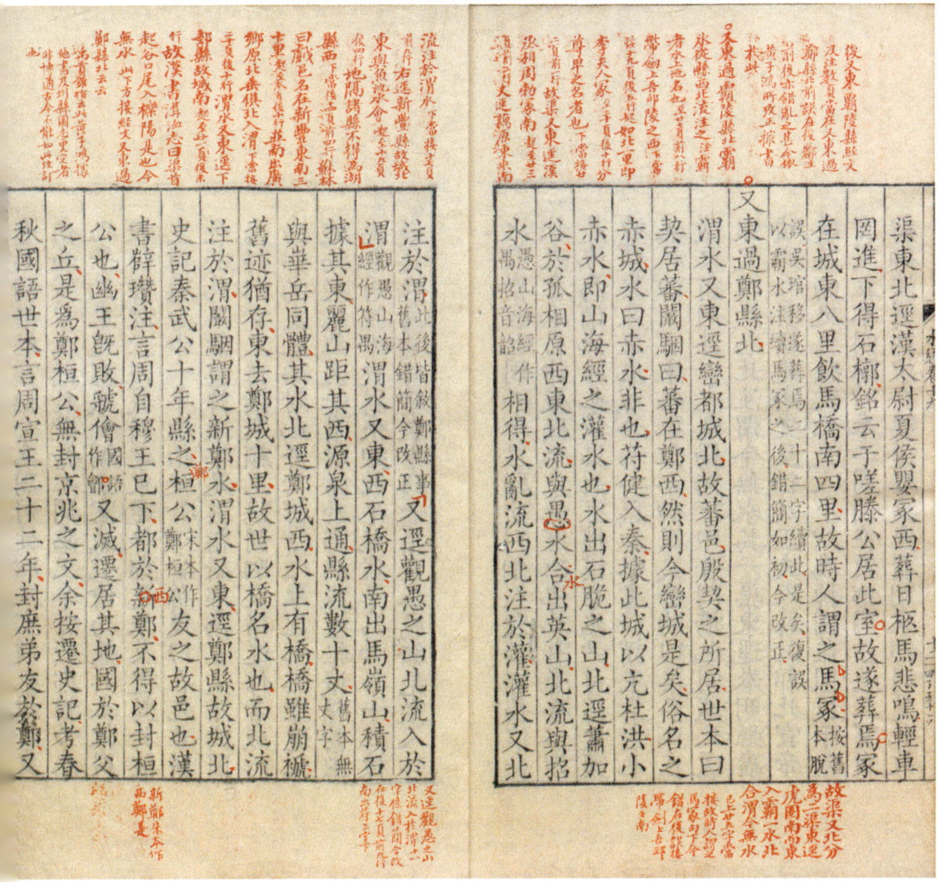
渠東北逕漢太尉夏侯嬰冢西葬日柩馬悲鳴輕車罔進下得石槨銘云于嗟滕公居此室故遂葬馬冢在城東八里飲馬橋南四里故時人謂之馬冢（按舊本脫誤吴琯移遂葬馬冢二十二字續此是矣復誤以霸水注續馬冢之後錯簡如初今改正）

又東過鄭縣北

渭水又東逕巒都城北故蕃邑殷契之所居世本曰契居蕃闞駰曰蕃在鄭西然則今巒城是矣俗名之赤城水曰赤水非也苻健入秦據此城以抗杜洪小赤水即山海經之灌水也水出石脆之山北逕蕭加谷於孤相原西東北流與愚水合出英山北流與招水（愚山海經作招音韶）相得水亂流西北注於灌灌水又北注於渭（此後皆敘鄭縣事舊本錯簡今改正）又逕觀愚之山北流入於渭（觀愚山海經作符禺）渭水又東西石橋水南出馬嶺山積石據其東麗山距其西源泉上通縣流數十丈（舊本無丈字）與華岳同體其水北逕鄭城西水上有橋橋雖崩褫舊迹猶存東去鄭城十里故世以橋名水也而北流注於渭闞駰謂之新鄭水渭水又東逕鄭縣故城北史記秦武公十年縣之桓公（鄭桓公宋本作）友之故邑也漢書薛瓚注言周自穆王已下都於西鄭不得以封桓公也幽王既敗虢儈（國語作鄶）又滅還居其地國於鄭父之丘是爲鄭桓公無封京兆之文余按遷史記考春秋國語世本言周宣王二十二年封庶弟友於鄭又

16-8 ◎王峻校本卷十九葉十二下、葉十三上

東洮水注之”，校曰：“峻乃（按，“乃”當爲“按”之筆誤），洮乃大水，經文不當遺漏。但‘河水’二字亦是後人所增。又按，經文言所經之水必云自何處來，此不言，亦未敢定也。”

（丙）經文中“河水”二字多是後人所增（意即經文中水名一般不應重出）。如卷二經文“河水又南入蔥嶺山”，校曰：“峻按，‘河水’二字是後人所增。”又，卷四經文“河水又南過河東北屈縣西”，校曰：“峻按，此經文上‘河水’二字是後人增。”

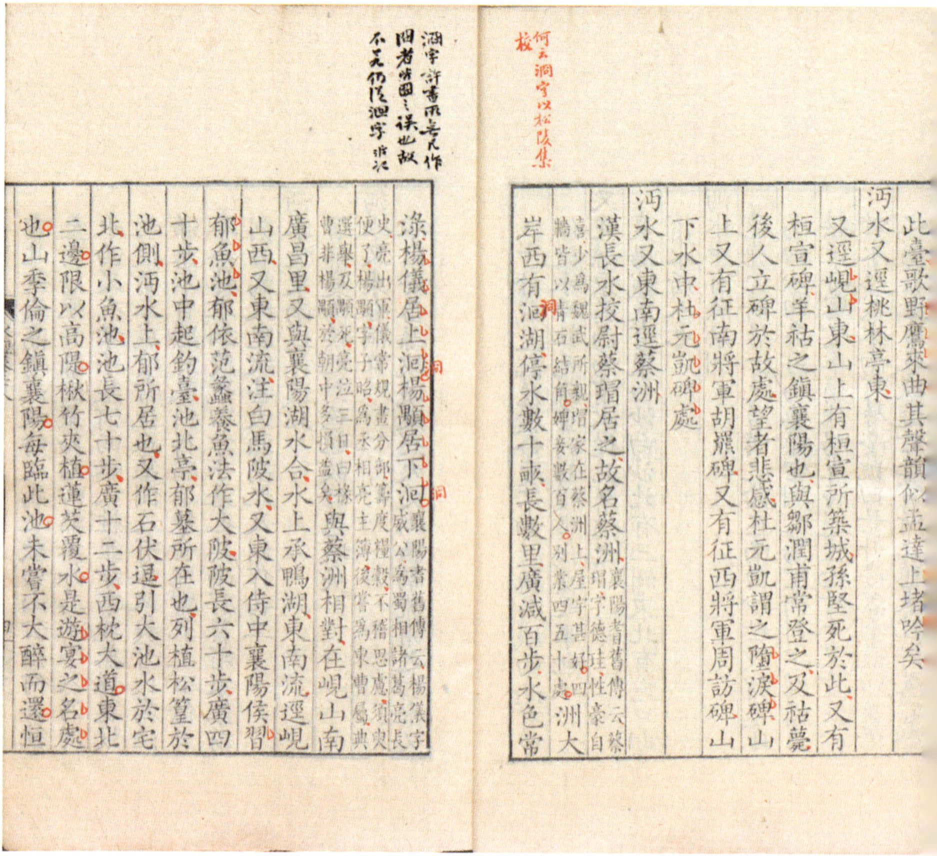

圖 16-9　◎王峻校本卷二十八葉三下、葉四上

（丁）根據書寫體例判斷經、注。如卷三經文“河水又北逕臨戎縣故城西”，校曰：“峻按，上既言‘過臨戎縣西’，此又言‘逕臨戎縣故城西’，可知此是注，非經也。”

（戊）根據上下文意調整經、注文字及順序。如卷五經文“河之故瀆自沙丘南分屯氏河出焉河水故瀆東北逕發幹縣北城西又屈逕其北”，校曰：“峻按，‘河之故瀆’至‘屯氏河出焉’，與下‘河水故瀆’不屬，疑是經文。”又同卷經文“河水又東分爲二水，枝津東逕甲下城南，東南歷常沇，注濟”，注文“經言濟水注河水，

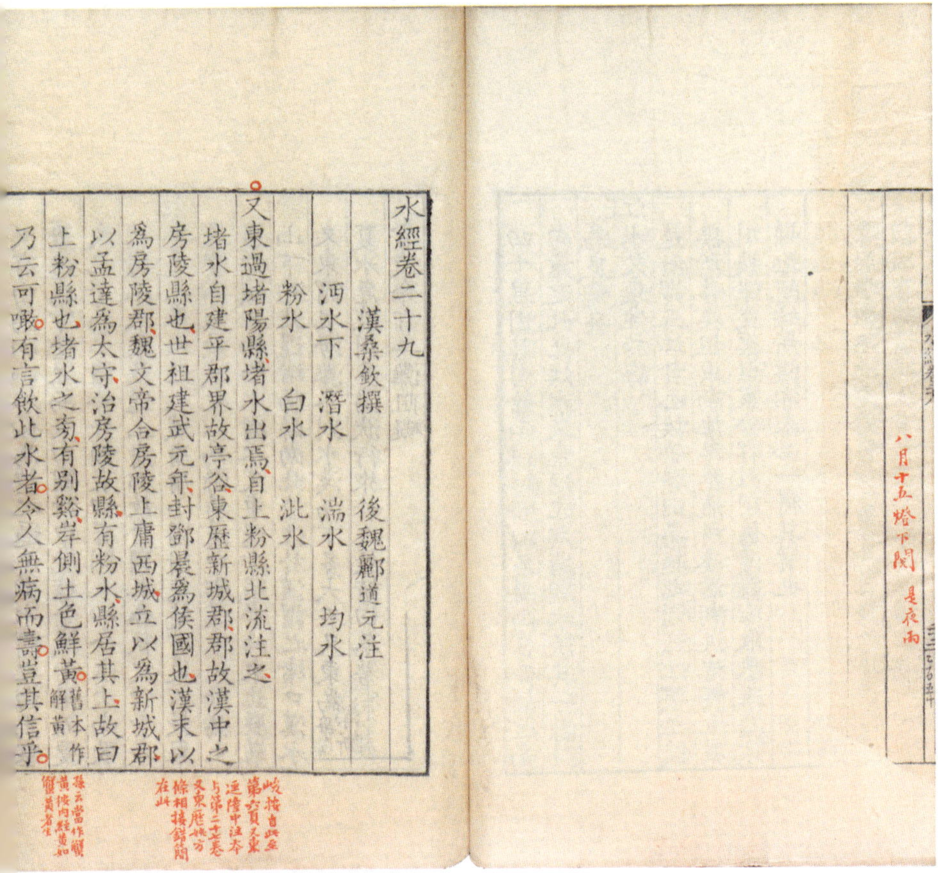
八月十五燈下閱　是夜雨

水經卷二十九
漢桑欽撰　後魏酈道元注
沔水下　潛水　湍水　均水
粉水　白水　泚水
又東過堵陽縣堵水出焉自上粉縣北流注之
堵水自建平郡界故亭谷東歷新城郡郡故漢中之
房陵縣也世祖建武元年封鄧晨爲侯國也漢末以
爲房陵郡魏文帝合房陵上庸西城立以爲新城郡
以孟達爲太守治房陵故縣有粉水縣居其上故曰
上粉縣也堵水之旁有别谿岸側土色鮮黄舊本作解黄
乃云可啜有言飲此水者令人無病而壽豈其信乎

16-10　◎王峻校本卷二十八末葉下、卷二十九葉一上

自枝津東北流，逕甲下邑北，世謂之倉子城，非也”，校曰：“峻按，‘非也’二字當移在‘經言濟水注河水’句下，以上文並《濟水篇注》，放之自見。”

其二，對胡渭與何焯在區分經、注問題上的不妥之處予以駁正。如卷一經文“又出山海外南至積石山下有石門河水冒以西南流”，校曰：“《禹貢錐指》：酈意以經文此二十字爲錯簡，蓋以下文‘南入蔥嶺’觀之，則積石反在蔥嶺之北，必無是理也，今移在後‘又東注於泑澤’之下，則自昆侖而蔥嶺，而蒲昌，而

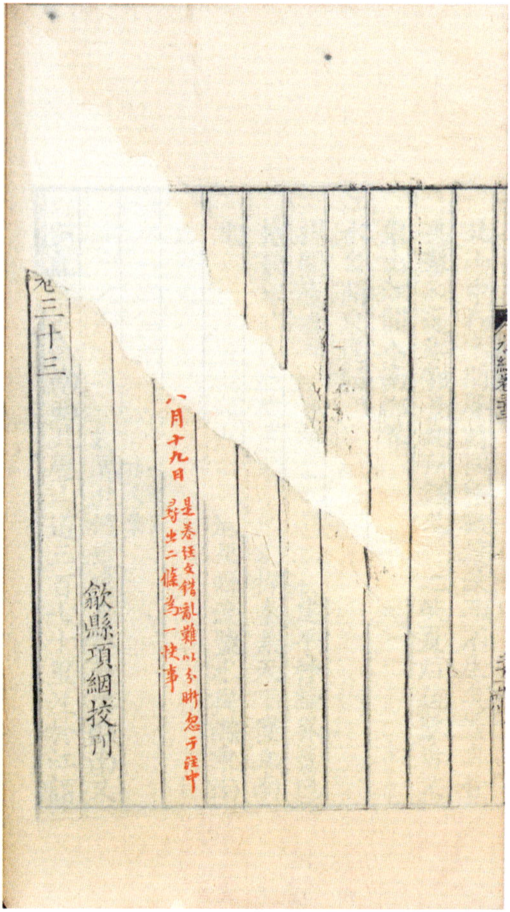

圖 16-11 ◎王峻校本卷三十三末葉下

積石，原委秩然，方位悉當矣。峻按，此條錯簡自道元時已然，注文既明，不可輕移，亦不必移。胡氏《禹貢錐指》引用此書，每合經、注爲一，其意以經、注久混合之，且便於閲者。不知經自經，注自注，本自分明，不可混也。”如卷五“河水于縣漯水注之”，校曰：“何云‘河水于縣漯水注之’八字疑是注文。峻按，非經文。”又同卷經文“大河又東北逕高唐縣故城西”，校曰：“何校，‘因注駁改東’。峻按，此是注不宜改東。”

其三，調整錯簡。如卷二十八《沔水注》首葉批校曰："第二十九卷'沔水又東過堵陽縣'至'又東逕隆中'，凡六頁，當在二十七卷之後、此卷之前。"又，依據黄儀的考訂，改正卷十九的錯簡。王峻在正文前跋語中已言及黄子鴻更定《渭水篇》錯簡之事〔一〕，復於卷十九"又東過鄭縣北"一葉眉批中詳録黄氏考定錯簡之成績〔二〕，且在篇中具體位置逐一注明，並提出要明其錯簡，需考證地理。如"故渠（《箋》注謂"此故渠篇内不見張本疑有脱誤"，然觀前"渭水又逕長安城北"注中歷舉"故渠"，疑此至"分尊卑之名者也"當續前注"馬冢"之後。）又東逕茂陵縣故城南"，校曰："峻按，即霸水後成國故渠也。不考地理，焉能明哉？"

〔一〕王峻跋語："子鴻名儀，常熟人，精於地理，昆山徐司寇奉詔纂修《一統志》，請子鴻及無錫顧景范、太原閻百詩、德清胡朏明挖其事，時謂四先生也。今具後人衰落，遺書皆失傳，朏明所稱之《圖》亦不知歸何處。惟是書中《渭水篇》前後次序，猶其所更定。惜哉！"

〔二〕王峻校曰："後'又東霸陵縣'經文及注數頁當在'又東過鄭縣北'前，誤在後。酈《注》前後亦錯亂之甚。今依黄子鴻所考正，總書於此：'又東過霸陵縣北霸水從縣西北流注之'（注）'霸者水上地名也'（至廿七頁前八行）'帶劍上吾丘陵之西'，（下當接十九頁後五行起）'如北一里即李夫人冢'（至二十頁後十行）'分尊卑之名者也'，（下當接廿二頁前一行）'故渠又東逕漢丞相周勃冢南'（起至廿三頁前二行）'又逕藕原東東南流注于渭水'，（下當接十七頁前九行）'右逕新豐縣故城北東與魚池水會'（起至十九頁後四行）'地隔諸縣不得爲湖縣西'，（下當接十四頁前四行）'蘇林曰戲邑名在新豐東南三十里'（起至本頁後十行）'並南出廣鄉原北垂俱北入渭'，（下當接二十頁後十行）'渭水又東逕下邽縣故城南'（起至廿一頁後末行）'故漢書溝洫志白渠首起穀口尾入櫟陽是也今無水'，（此下方接經文）'又東過鄭縣北'云云。《禹貢錐指》云此黄子鴻據他書及州縣《圖》、《志》更定者，非博通古今，不能如此考訂也。"

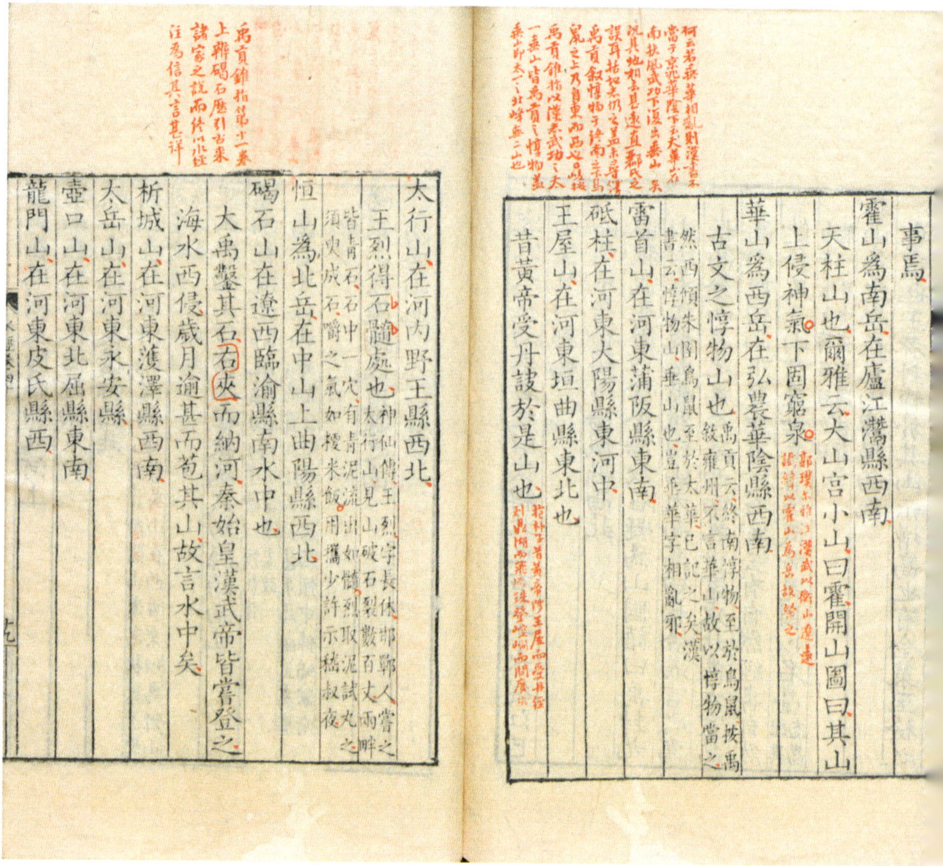

事焉
霍山爲南岳在廬江灊縣西南
天柱山也爾雅云大山宮小山曰霍開山圖曰其山上侵神氣下固窮泉
華山爲西岳在弘農華陰縣西南
古文之惇物山也禹貢云終南惇物至於鳥鼠按禹敘雍州不言華山故以惇物當之然西傾朱圉鳥鼠至於太華已記之矣漢書云惇物山垂山也豈垂華字相亂邪
雷首山在河東蒲阪縣東南
砥柱在河東大陽縣東河中
王屋山在河東垣曲縣東北也
昔黄帝受丹訣於是山也

太行山在河内野王縣西北
王烈得石髓處也神仙傳王烈字長休邯鄲人嘗之太行山見山破石裂數百丈兩畔皆青石石中一穴有青泥流出如髓烈取泥試丸之須臾成石嚼之氣如粳米飯用攜少許示嵇叔夜
恒山爲北岳在中山上曲陽縣西北
碣石山在遼西臨渝縣南水中也
大禹鑿其石右夾而納河秦始皇漢武帝皆嘗登之
海水西侵歲月逾甚而苞其山故言水中矣
析城山在河東濩澤縣西南
太岳山在河東永安縣
壺口山在河東北屈縣東南
龍門山在河東皮氏縣西

圖 16-12 ◎王峻校本卷四十葉十八下、葉十九上

其四，依據當時輿圖進行校勘，改正原文在方位上的舛錯。如卷五經文“河水又東過平陰縣北湛水從北來注之”，校曰：“峻按，經文前已云‘過平陰縣北’，此處當作‘東北’，疑脱一‘東’字。從《湛水篇》及輿圖改之，落‘東’字無疑。”

其五，注意到地理上的古今對應。如卷二“風俗記曰敦煌酒泉其水甘若酒”，校曰：“敦煌，今肅州西八百里廢沙州衛；酒泉，今肅州；張掖，今甘州府。”

另外，在具體校勘方面，由於王峻得見黄本〔一〕等時代較早的本子，又得見時代較近的《注箋》本、何校本、沈本〔二〕，同時還利用《長安志》《太平寰宇記》《一統志稿》〔三〕及顧亭林等人的研究成果，故該本可資參考之處頗多。不過，其校語中所稱“宋本”，恐非親見，頗疑即是轉述朱《箋》中引謝兆申所見之宋本〔四〕。又，校語中所言“鈔本”〔五〕“舊本”〔六〕，亦未詳何據本。

〔一〕如卷十七“依山東轉者是其勇也”，王峻校曰：“‘勇’黄本作‘憂’。”

〔二〕王峻校語中引用諸本時以“何云”“何校”“沈本”“《箋》云”等别之。

〔三〕如卷十九“他説云渭水又東與豐水會於短陰山内水會無他高山異巒”，王峻校曰：“《一統志稿》改‘内’爲‘南’，删‘水會’二字。”

〔四〕王峻校語中稱引宋本者甚少，且其所言宋本處，與朱《箋》同，而與殘宋本異。如卷七《濟水注》“楚項羽城之漢破曹咎羽還廣武爲高祖置太公其上曰”，王峻於行間朱筆改“祖”爲“俎”，並加校曰：“宋本作‘俎’。”按，朱《箋》此處亦注“宋本作‘俎’”。然殘宋本作“壇”。又，卷十八“劉終於崩”下脱文四百多字，王峻補出“又東温泉水注之”至“余謂崔駰及皇覽謬”一段，又改“忘”作“志”，並標明“徐健庵《一統志稿》引《水經注》有此條”，似亦未見殘宋本。

〔五〕如卷四《河水注》經文“河水又南黑水注之”，其下朱筆注曰：“宋本、鈔本俱無‘注之’二字。”

〔六〕如卷六《汾水注》“昔魯哀公祖載其父孔子問曰”，王峻校曰：“舊本無‘問’字。”

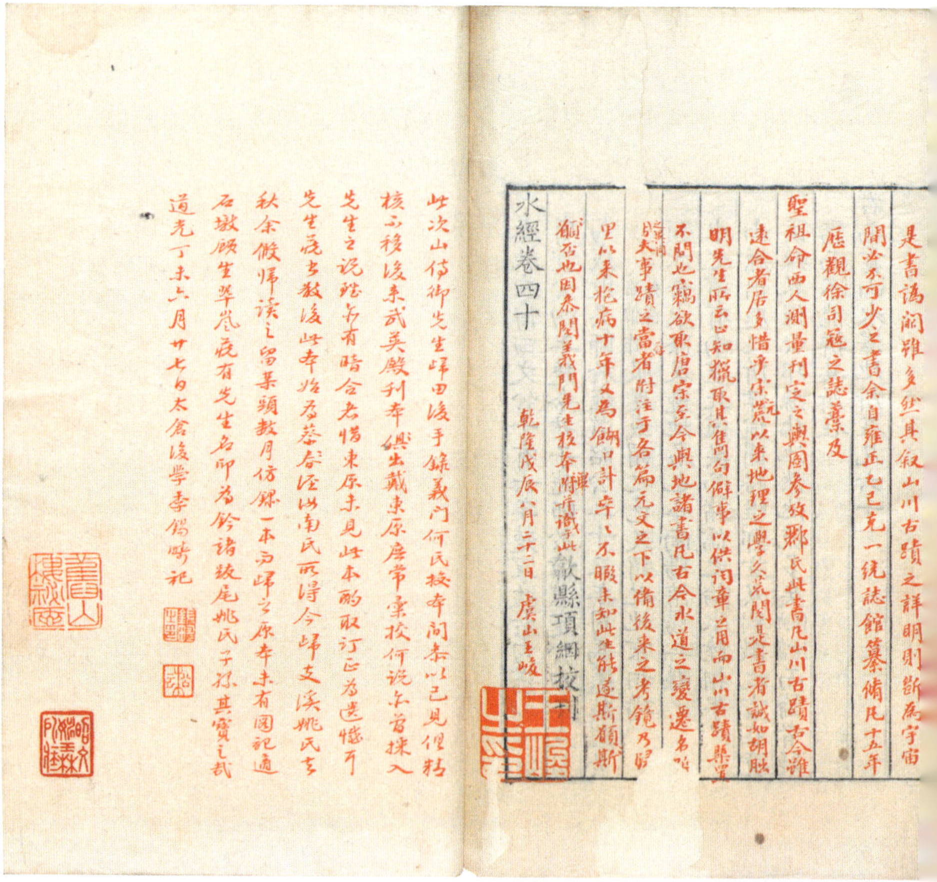
是書論澗雖多然其叙山川古蹟之詳明則斷為宇宙
間必不可少之書余自雍正乙巳充一統誌館纂脩凡十五年
歷觀徐司寇之誌稾及
聖祖命西人測量刊定之輿圖参攷酈氏此書凡山川古蹟古今雖
遠合者居多惜乎宋元以來地理之學久荒閱是書者誠如胡朏
明先生所云但知攟取其隽句僻事以供詞章之用而山川古蹟槩置
不問也竊欲取唐宋至今輿地諸書凡古今水道之變遷名跡
大事蹟之當者附注于各篇元文之下以備後來之考鏡乃歸
里以來抱病十年又為餬口計卒卒不暇未知此生能遂斯願
願否也因參閱義門先生校本附識于此
水經卷四十　歙縣項絪校刊
乾隆戊辰八月二十二日　虞山王峻

此次山侍御先生歸田後手錄義門何氏校本間參以己見但粘
核不移後來武英殿刊本僅出戴東原庶常稾校何說亦皆採入
先生之說雖亦有暗合者惜東原未見此本取訂正為遺憾耳
先生歿書散後此本始為蔡春涇以南氏所得今歸支溪姚氏去
秋余假歸讀之留案頭數月仿錄一本而歸之原本未有圖記適
石墩顧生翠嵐藏有先生名印為鈐諸跋尾姚氏子孫其寶之哉
道光丁未六月廿七日太倉後學季錫疇記

圖 16-13　◎王峻校本卷四十末葉下王峻跋語及書後季錫疇跋語

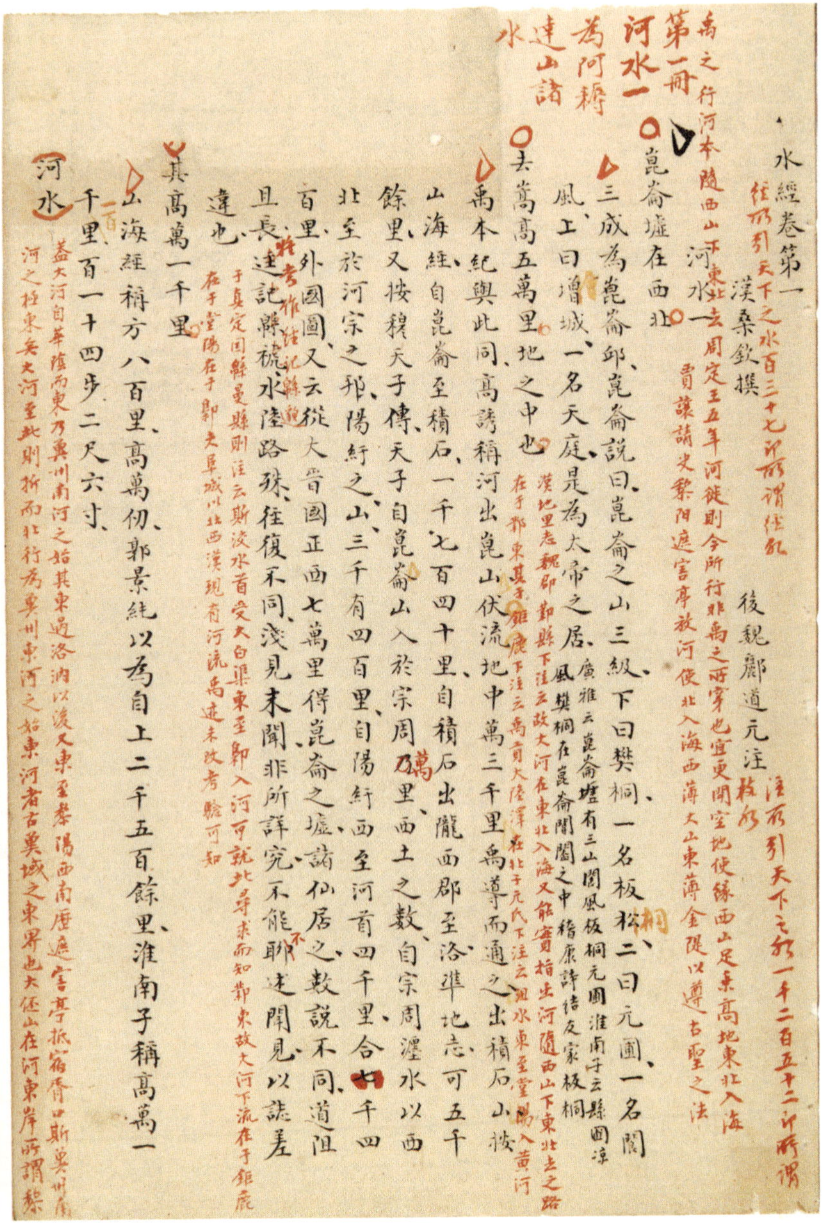

水經卷第一

漢桑欽撰　後魏酈道元注

河水一

禹之行河本隨西山下東北去周定王五年河徙則今所行非禹之所穿也宜更開空地使緣西山足乘高地東北入海

賈讓請史欒阳遮害亭放河使北入海西薄大山東薄金隄以遵古聖之法

崑崙墟在西北

三成為崑崙邱、崑崙說曰、崑崙之山三級、下曰樊桐、一名板松、二曰元圃、一名閬風、上曰增城、一名天庭、是為太帝之居、廣雅云崑崙墟有三山閬風板桐元圃淮南子云縣圃涼風樊桐在崑崙閶闔之中稽康詩結友家板桐

漢地里志魏郡鄴縣下注云故大河在東北入海又能實指出河隨西山下東北去之路

去嵩高五萬里、地之中也、

在于鄴東其于鉅鹿下注云禹貢大陸澤在北于元氏下注云泜水東至堂陽入黃河

禹本紀與此同、高誘稱河出崑山、伏流地中萬三千里、禹導而通之、出積石山、按山海經、自崑崙至積石、一千七百四十里、自積石出隴西郡、至洛、準地志、可五千餘里、又按穆天子傳、天子自崑崙山入於宗周、乃萬里、西土之數、自宗周瀍水以西北、至於河宗之邦、陽紆之山、三千有四百里、自陽紆西至河首、四千里、合七千四百里、外國圖、又云從大晉國正西七萬里、得崑崙之墟、諸仙居之、數說不同、道阻且長、經記綿褫、水陸路殊、徑復不同、淺見末聞、非所詳究、不能不聊述聞見、以誌差違也、

于真定國綿曼縣則注云斯洨水首受大白渠東至鄡入河可就此尋求而知鄴東故大河下流在于鉅鹿

在于堂陽在于鄡夫阜城以北西漢現有河流禹迹未改考驗可知

其高萬一千里

山海經稱方八百里、高萬仞、郭景純以為自上二千五百餘里、淮南子稱高萬一千里、百一十四步二尺六寸、

河水

蓋大河自華陰而東乃冀州南河之始其東過洛汭以後又東至黎陽西南歷遮害亭抵宿胥口斯冀州

河之極東無大河至此則折而北行為冀州東河之始東河者古冀域之東界也大伾山在河東岸所謂黎

圖16–14　◎清佚名注稿本卷一首葉上

水經注

四十卷

清乾隆十八年黄晟刊本

（黄晟本）

圖 17–1 ◎黄晟本書名葉

十册。行款與項本全同。書名頁右上有"天都黄曉峰挍刊共十本",左下有"槐蔭草堂藏版"字樣。

黄晟本和項本幾乎全同〔一〕,書中雖言校勘,然其校勘名不副實,後來治酈者多有批評〔二〕。不過因此書刊印較多,故在酈書的

〔一〕除胡適外,多認爲黄晟本是完全翻刻了項本,而無半點校刊。其實不確,卷十葉四下行五"即庚眩"下有二十字按語,項本全引朱《箋》,而黄晟本則已經指出此"庚"字爲"庚"字之訛。參見胡適《〈水經注〉版本展覽目録》。

〔二〕趙一清曰:"近年真州重又鏤板,頗稱工致,然竊朱《箋》以爲己有,中多删節,尤乖旨趣,俗學疑焉,故表出之。"參見《水經注釋·附録》卷下。王先謙曰:"新安歙西黄晟曉峰者,於乾隆十八年癸酉刻《水經注》,前列歐陽、黄、王、朱、李五序,自跋云爰取舊本重爲校刊,而不著其何本。書

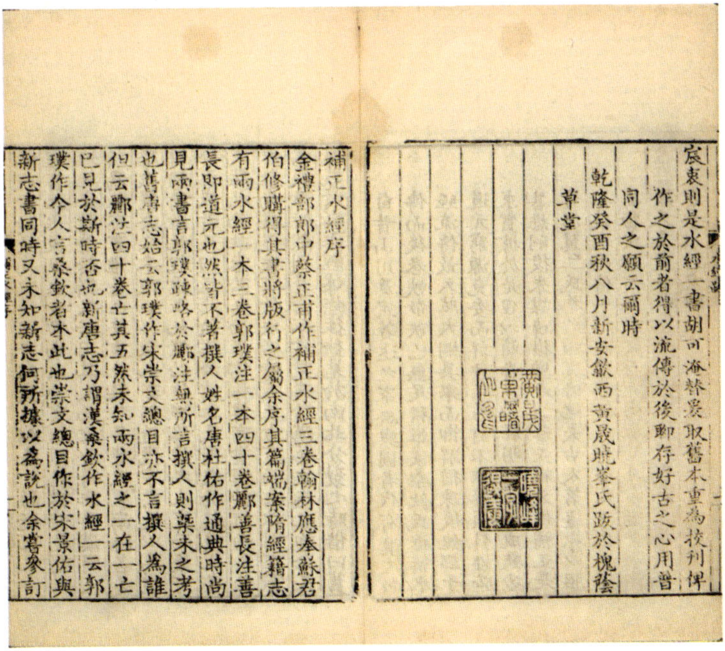
宸衷則是水經一書胡可淹粹景取舊本重爲校刊俾
作之於前者得以流傳於後聊存好古之心用普
同人之願云爾時
乾隆癸酉秋八月新安歙西黄晟曉峯氏跋於槐蔭
草堂

補正水經序
金禮部郎中蔡正甫作補正水經三卷翰林應奉蘇君
伯修購得其書將版行之屬余序其篇端案隋經籍志
有兩水經一本三卷郭璞注一本四十卷酈善長注善
長即道元也然皆不著撰人姓名唐杜佑作通典時尚
見兩書言郭璞疏略於酈注無所言撰人則桑未之考
也舊唐志始云郭璞作宋崇文總目亦不言撰人爲誰
但云酈注四十卷亡其五然未知兩水經之一在一亡
已見於斯時否也新唐志乃謂漢桑欽作水經一云郭
璞作今人言桑欽者本此也崇文總目作於宋景佑與
新志書同時又未知新志何所據以爲說也余嘗參訂

圖 17-2 ◎黄晟本自序末葉下、《補正水經序》葉一上

普及上有一定作用〔一〕。

黄晟是項絪的同鄉，室名槐蔭草堂，多翻刻他書。乾隆十八

中校語，大氏與朱《箋》合，豈即趙所稱邪？”參見王先謙《合校水經注凡例》。胡適認爲，趙氏所指非黄晟本，而是項本。參見所撰《項絪校刻〈水經注〉四十卷》，《胡適全集》卷一七，頁四七九—四八四。鄭德坤《〈水經注〉板本考》認爲趙氏所指即黄晟本。陳橋驛認爲趙氏所指另有一書，即“真州版”，今已亡佚。參見所撰《趙一清與〈水經注〉》，原載《中華文史論叢》第五十一輯，一九九三年，後收入《水經注論叢》，頁一八〇。按，觀趙氏所言“近年”，則其所斥爲黄晟本於理較合。不過黄晟所據底本爲項本，而非《注箋》本。

〔一〕陳橋驛認爲黄晟本是“流傳甚廣的贋本”，“是酈注版本中的糟粕”，參見所撰《論〈水經注〉的版本》，頁一一〇—一一一。其説似可商榷。黄氏的槐蔭草堂多以翻刻他書爲主，並大量刊行，因而此書易得於世，故在酈書的普及上還是有一定功績的。

年（一七五三年）黄晟得到了項本的雕版後，去除了項絪的原跋以及各卷末葉的署名，加入了自己的跋語，以爲己有，大行刊刻。其行款、字體與項本全同，粗看並無二致，故趙一清斥其“竊朱《箋》以爲己有，中多删節，尤乖旨趣，俗學疑焉”〔一〕。

黄晟本在初次刊刻之後，又在各地刊行多次，有新安黄氏刻本、張氏勵志書屋刻本等，故其現存數量較多。治酈學者亦多以黄晟本易得而以之爲工作本，在其上校刊過録。如現藏於國家圖書館的黄晟本上，有孫星衍校注並跋、顧廣圻跋。復旦大學圖書館藏的黄晟本上，由王欣夫過録了惠棟（定宇）校語。另外，遇到其他版本有殘缺之處時，也常用黄晟本去補配。如上海圖書館藏有一部楊希閔跋並過録何焯校跋的殿本重刻本，其書殘缺的三卷便以黄晟本配補。

〔一〕參見趙一清《水經注釋·附録》卷下。

水經卷一

漢桑欽撰　後魏酈道元注

河水一

崑崙墟在西北

三成爲崑崙丘崑崙說曰崑崙之山三級下曰樊桐一名板松二曰玄圃一名閬風上曰增城一名天庭是爲太帝之居廣雅云崑崙墟有三山閬風板桐玄圃淮南子云縣圃凉風樊桐在崑崙閶闔之中山上有層城九重楚辭云崑崙縣圃其凥安在增城九重其高幾里嵇康遊仙詩云結友家板桐但未聞板松耳疑或字譌

去嵩高五萬里地之中也

禹本紀與此同高誘稱河出崑山伏流地中萬三千

圖 17-3　◎寧波市圖書館藏黃晟本卷一葉一上

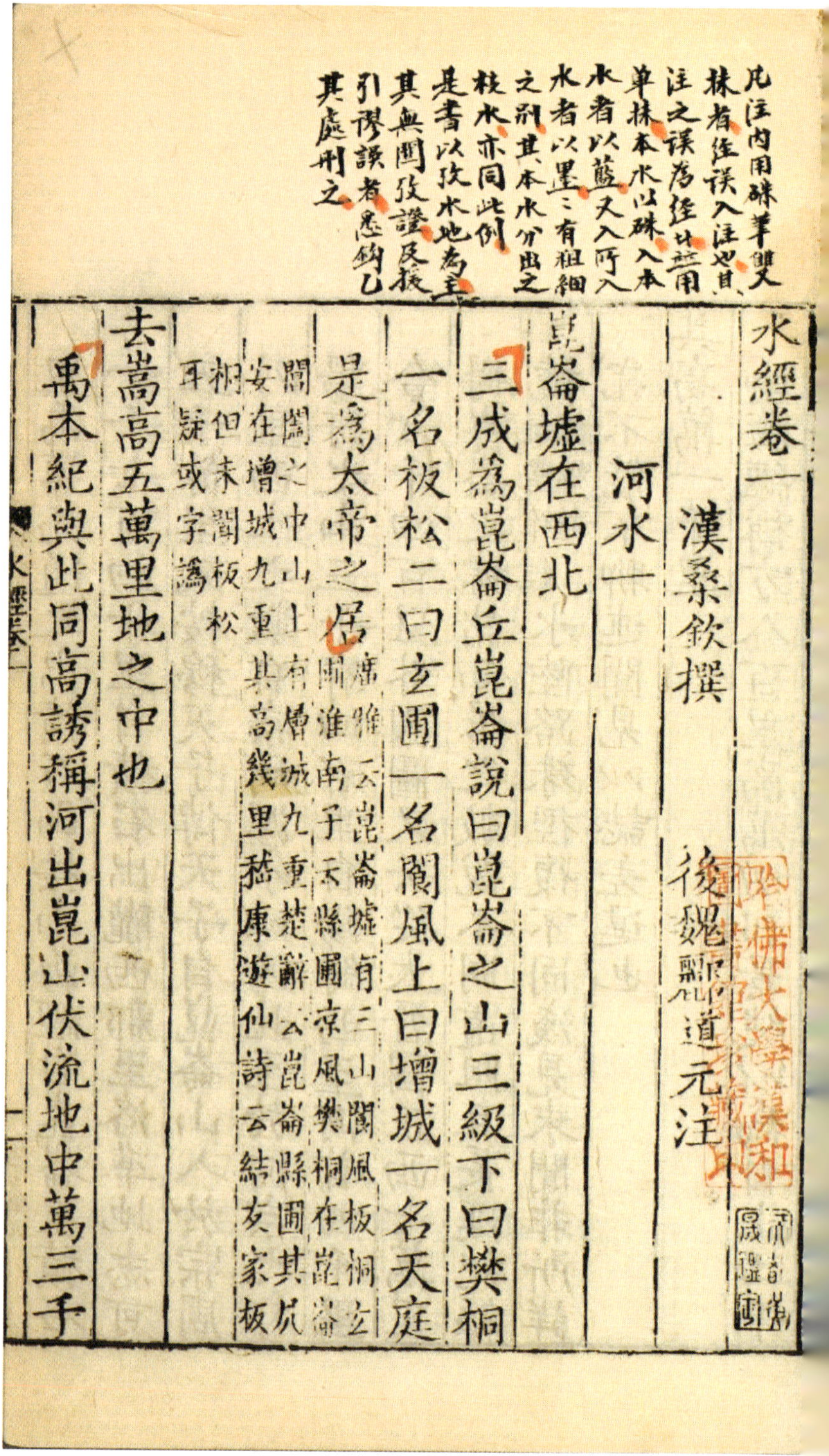
凡注内用硃筆圈又抹者經誤入注也其注之誤為經者並用單抹本水以硃入本水者以藍又入所入水者以墨三有粗細之别其本水分出之枝水亦同此例
是書以考水地為主其與圖考證及援引謬誤者悉鈎乙其處刪之

水經卷一　漢桑欽撰　後魏酈道元注

河水一

崑崙墟在西北

三成為崑崙丘崑崙說曰崑崙之山三級下曰樊桐一名板松二曰玄圃一名閬風上曰增城一名天庭是謂太帝之居爾雅云崑崙墟有三山閬風板桐玄圃淮南子云縣圃涼風樊桐在崑崙閶闔之中山上有層城九重楚辭云崑崙縣圃其尻安在增城九重其高幾里嵇康遊仙詩云結友家板桐但未聞板松耳疑或字譌

去嵩高五萬里地之中也

禹本紀與此同高誘稱河出崑山伏流地中萬三千

圖17-4　◎美國哈佛燕京圖書館藏黃晟本卷一葉一上

古本與今本

〔二二五〕

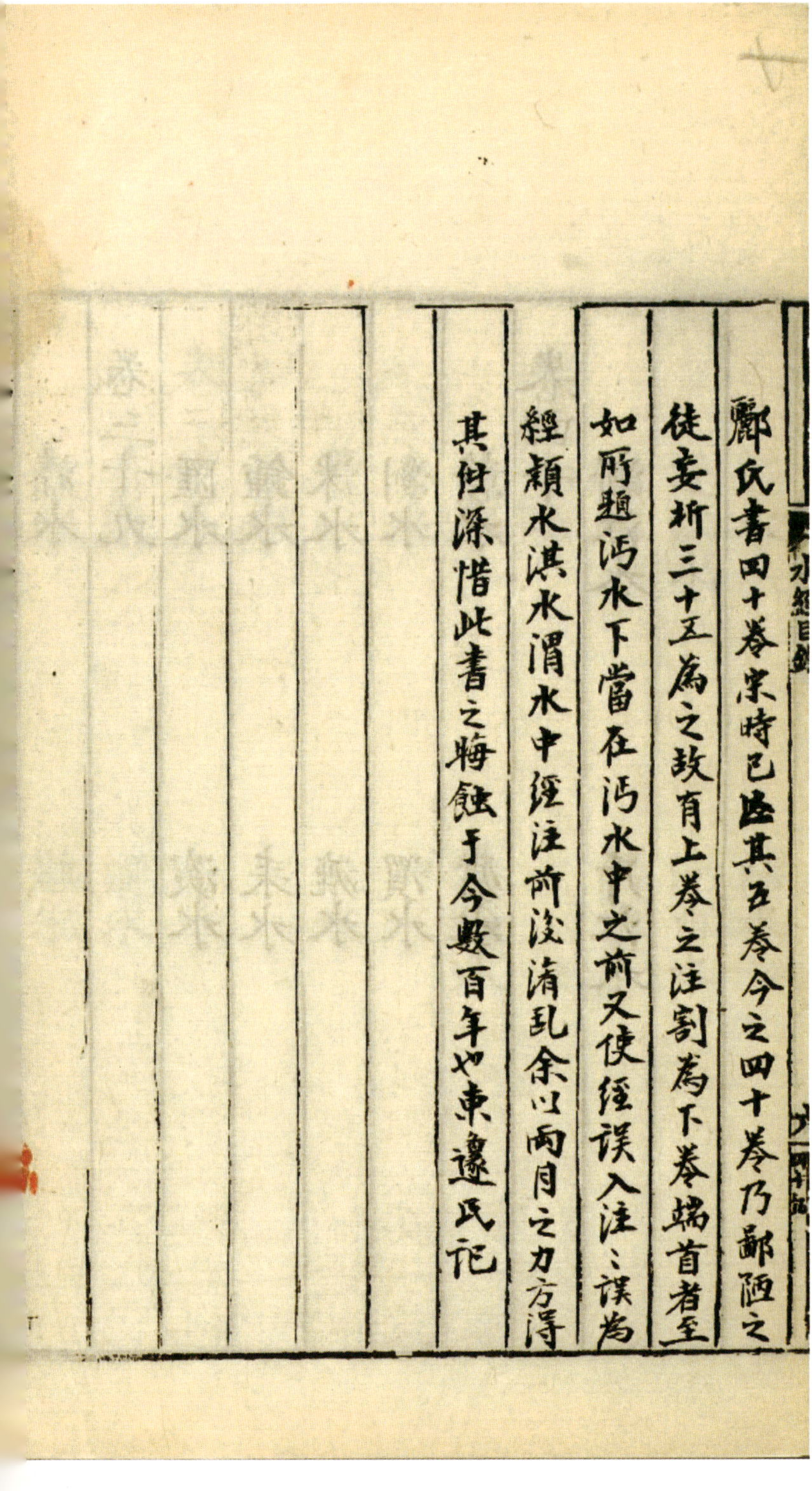
酈氏書四十卷宋時已亡其五卷今之四十卷乃鄙陋之
徒妄析三十五爲之致有上卷之注割爲下卷端首者至
如所趨沔水下當在沔水中之前又使經誤入注〻誤爲
經潁水淇水渭水中經注前後淆亂余以兩月之力方得
其附滌惜此書之晦蝕于今數百年也東邊氏記

圖 17-5 ◎美國哈佛燕京圖書館藏黃晟本卷首目録葉六下戴震跋語

底從此條經文當有
硃筆[illegible]。

北河又東南逕溫宿國
治溫宿城土地物類與鄯善同北至烏孫赤谷六百
一十里東通姑墨二百七十里於此枝河右入北河
北河又東逕姑墨國南
入姑墨川水注之導姑墨西北赤沙山東南流逕姑
墨國西治南至于闐馬行十五日土出銅鐵及雌黃
其水又東南流右注北波河又東逕龜兹國南又東
左合龜兹川水有二源西源出北大山南釋氏西域
記曰屈茨北二百里有山夜則火光晝日但煙人取
此山石炭冶此山鐵恒充三十六國用故郭義恭廣
志龜兹能鑄冶其水南流逕赤沙山釋氏西域記曰

圖17-6 ◎美國哈佛燕京圖書館藏黃晟本卷二葉七下

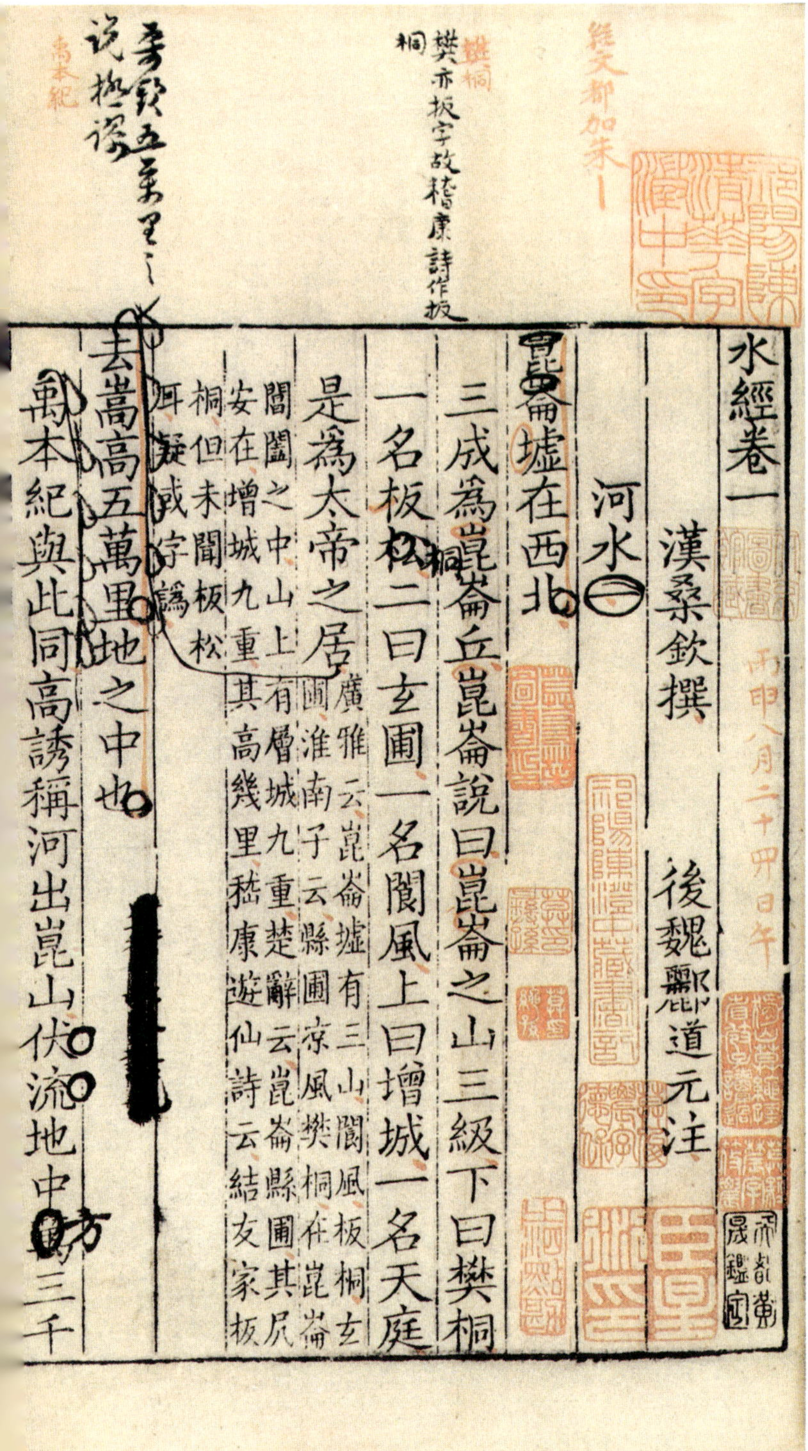
水經卷一

漢桑欽撰　後魏酈道元注

河水一

崑崙墟在西北

三成爲崑崙丘崑崙說曰崑崙之山三級下曰樊桐一名板松二曰玄圃一名閬風上曰增城一名天庭是爲太帝之居廣雅云崑崙墟有三山閬風板桐玄圃淮南子云縣圃凉風樊桐在崑崙閶闔之中山上有層城九重楚辭云崑崙縣圃其尻安在增城九重其高幾里嵇康遊仙詩云結友家板桐但未聞板松耳疑誠字譌

去嵩高五萬里地之中也禹本紀與此同高誘稱河出崑山伏流地中萬三千

圖 17-7　◎中國國家圖書館藏黃晟本卷一葉一上

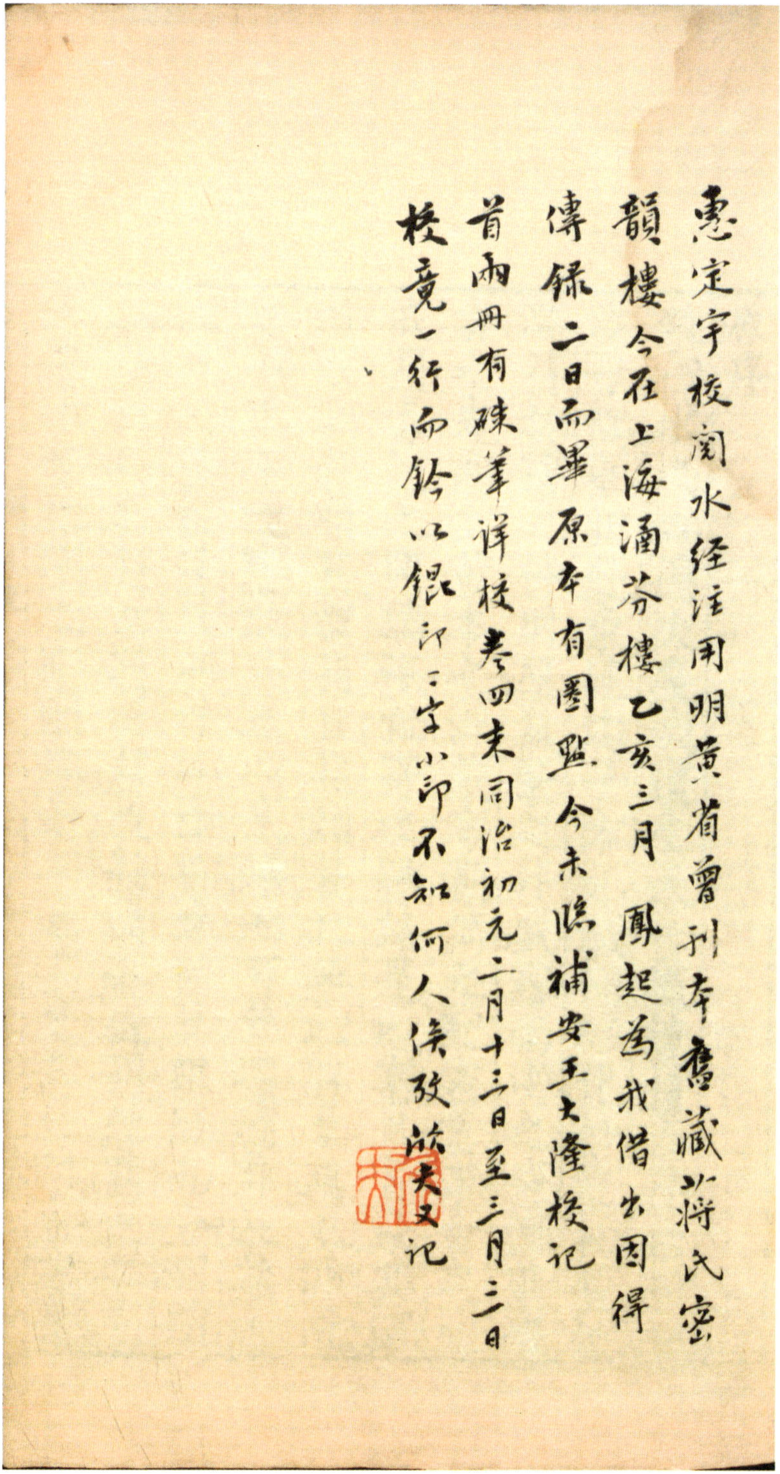

惠定宇校閱水經注用明黃省曾刊本舊藏小蔣氏密韻樓今在上海涵芬樓乙亥三月 廓起爲我借出因得傳錄二日而畢原本有圈點今未臨補安王大隆校記

首兩冊有殊筆詳校卷四末同治初元二月十三日至三月三日校竟一行而鈐以銀印二字小印不知何人俟考 欣夫又記

圖 17-8 ◎復旦大學圖書館藏黃晟本卷首王欣夫跋語

按仲郵鄉三字疑有誤趙氏琦美曰小學書無郵字疑是郭字亦未有據說文高陵有郵徒歷切則郵本地名

按朱氏既以桐釋洞又欲改庭為渦洞渦水名與曲沃無涉自相乖繆何也漢河東聞喜縣故晉之曲沃秦改為左邑者也武帝紀云將幸緱氏至左邑桐鄉聞南越破以為聞喜縣師古曰左邑河東之縣也桐鄉其鄉名也桐為左邑之鄉即是曲沃之鄉北近都邑翼侯伐曲沃敗曲沃而還自其地桐庭即桐鄉矣城當作成

又西南過其縣南

涑水又西逕仲郵鄉北又西逕桐鄉城北竹書紀年曰翼侯伐曲沃大捷武公請城於翼至洞一讀作桐庭當作渦乃返者也今竹書云武公請城於翼至桐而還漢書曰漢武帝元鼎六年將幸緱氏至左邑桐鄉聞南越破以為聞喜縣者也涑水又西與沙渠水合水出東南近川西北流注於涑水涑水又西南逕左邑縣故城南故曲沃也晉武公自晉陽徙此秦改為左邑縣詩所謂從子于鵠者也春秋傳曰下國有宗廟謂之國在絳曰下國矣即新城也王莽之洮亭也涑水自城西注水流急濬輕津無緩故詩人以為激揚之水言不能流移束

薪耳水側即狐突遇申生處也春秋傳曰秋狐突適

大誤為水成誤為城洞庭竹書作桐又作相至相而還誤當依此

圖 17-9 ◎復旦大學圖書館藏黃晟本卷六葉十五下

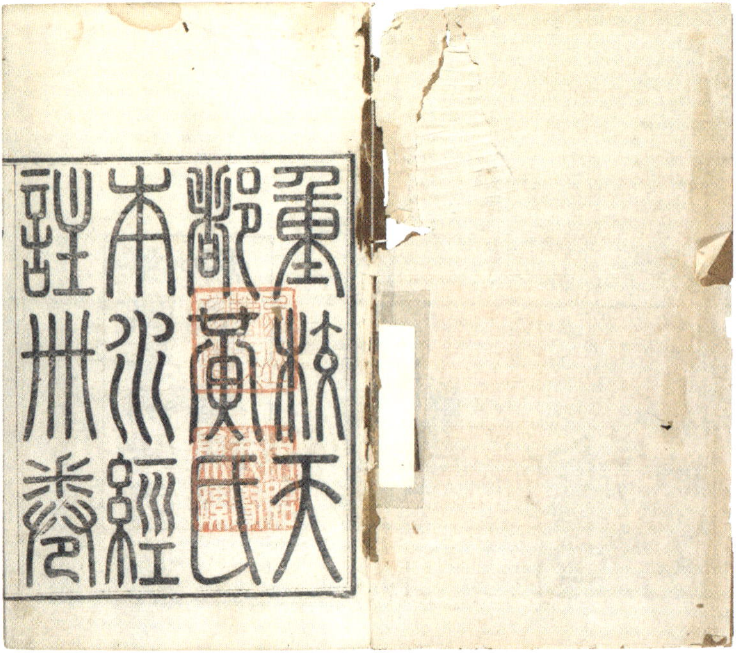
重校天都黃氏本水經注卅卷

圖17-10 ◎清張惟馨重校版黃晟本書名葉

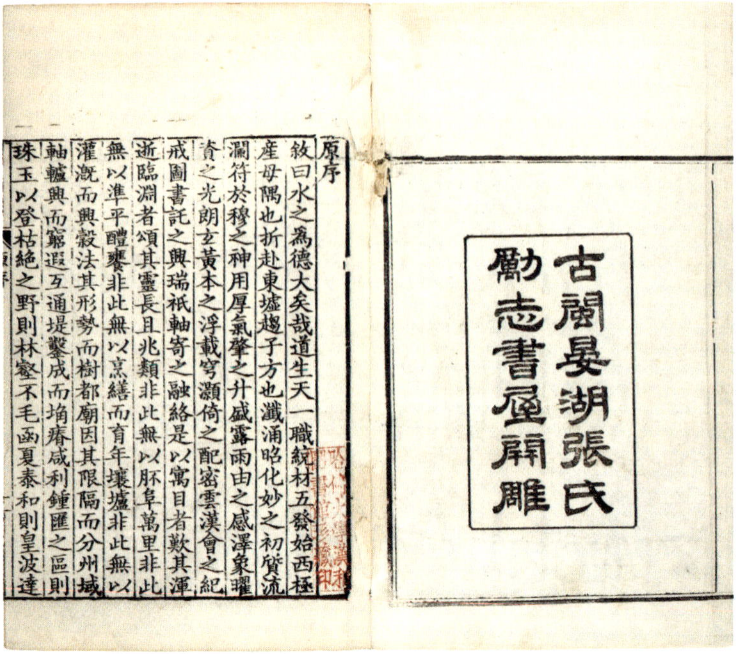
古歙晏湖張氏勵志書屋開雕

原序

敘曰水之爲德大矣哉道生天一職統材五發始西極産母隅也折赴東墟趨子方也瀸涌昭化妙之初質流瀾符於穆之神用厚氣肇之升盛露雨由之感澤象躍資之光朗玄黃本之浮載穹灝倚之配密雲漢會之紀戒圖書託之興瑞祇軸寄之融絡是以寓目者歎其渾逝臨淵者頌其靈長且兆類非此無以脉阜萬里非此無以準平醴饔非此無以烹饍而育年壤墟非此無以灌溉而興穀法其形勢而樹都鄙因其限隔而分州域軸轤興而窮遐互通堤鑿成而堉瘠咸利鍾匯之區則珠玉以登枯絶之野則林巒不毛函夏泰和則皇波達

圖17-11 ◎清張惟馨重校版黃晟本牌名葉及黃省曾序葉一上

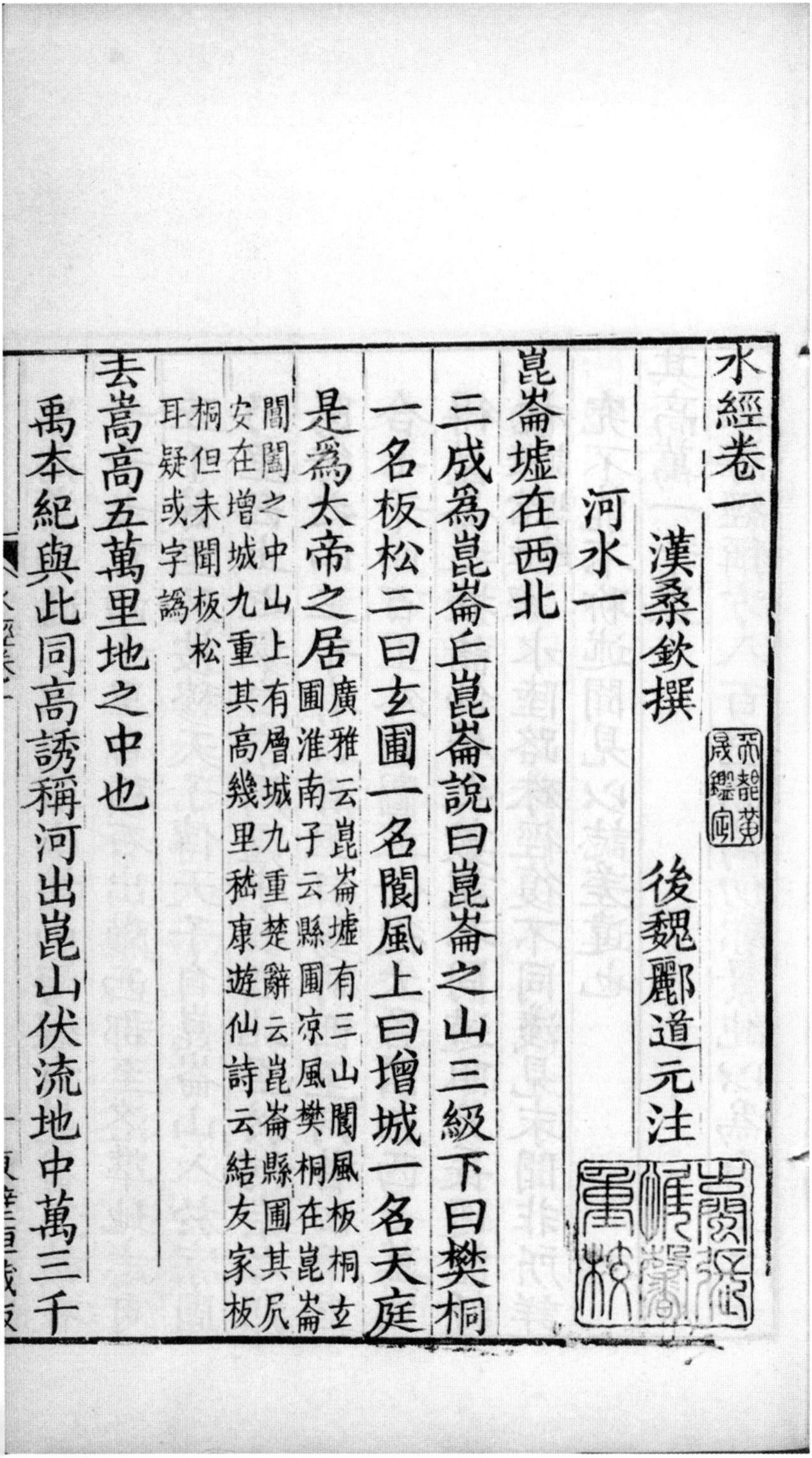

水經卷一

漢桑欽撰　後魏酈道元注

河水一

崑崙墟在西北

三成爲崑崙丘崑崙說曰崑崙之山三級下曰樊桐一名板松二曰玄圃一名閬風上曰增城一名天庭是爲太帝之居廣雅云崑崙墟有三山閬風板桐玄圃淮南子云縣圃凉風樊桐在崑崙閶闔之中山上有層城九重楚辭云崑崙縣圃其尻安在增城九重其高幾里嵇康遊仙詩云結友家板桐但未聞板松耳疑或字譌

去嵩高五萬里地之中也

禹本紀與此同高誘稱河出崑山伏流地中萬三千

圖 17-12 ◎清張惟馨重校版黃晟本卷一葉一上

［二二六］甲

全謝山五校水經注

四十卷

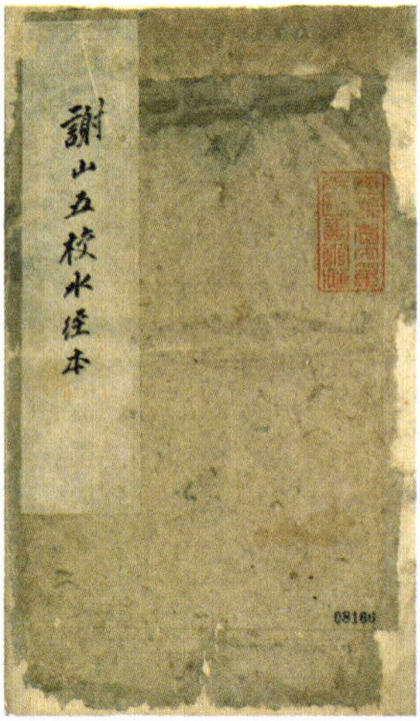

圖 18-1　◎《五校》稿本封面

趙一清鈔　全祖望校　稿本

（《五校》稿本）

八册〔一〕。十行二十字。經文頂格，注低一格，按語雙行夾寫。《五校》稿本的底本爲趙一清《水經注》小山堂鈔本，故每下半葉左下欄外印有“小山堂鈔本”字樣〔二〕。第一册封面有全氏自題“謝山五校水經本”，前三葉爲全祖望手書〔三〕，有宋槧跋尾及全氏跋語〔四〕、

〔一〕胡適認爲原本應有九册，其缺失的第一册内容當是王梓材重録本《全氏七校水經本》中的《題辭》和《序目》内容。説見所撰《記全祖望的“五校水經本”》，《胡適全集》第一六卷，頁八。參見［二二六］乙。

〔二〕有部分葉無此五字，蓋全祖望剪裁拼接此本之故。

〔三〕胡適曾全部過録此三葉文字，參見所撰《天津市立圖書館藏〈全謝山五校水經注〉》，《胡適全集》卷一五，頁三四一——三四三。

〔四〕此宋槧跋尾即錢曾《讀書敏求記》中自“《水經》舊有三十卷”至“元祐二年八月初一日記”的内容，《水經注釋·附録》卷下中亦收入錢氏全文。

參校諸本及全氏跋語〔一〕，跋語自題爲乾隆“戊午年五校畢”。葉三左側又貼一浮箋〔二〕。此後的正文部分均由趙一清手鈔而成〔三〕，卷首爲酈氏《水經注》序（缺半）〔四〕，無《北史本傳》和《附録》。此本行間天頭地尾多有各種記號和校語〔五〕，並於十五處有夾條〔六〕。此本上有“直隸省立第一圖書館藏”“四明盧氏抱經樓珍藏”“善本鑒定”“直隸教育廳檢查圖書之印”“正和號定廠荆州太史紙”等印。

此本現藏天津圖書館。

〔一〕參校諸本二十七種（葉二爲《水經注》本子十六種，葉三爲《水經注》本子九種，後續全氏跋語二。跋語中又提到《水經注》本子兩種，故總計二十七種本子），此後趙一清《水經注釋·參校諸本》全部收入，各本之下所附按語大多相似。

〔二〕全氏書：“丁敬云，杭有汪師韓所藏一本甚舊，多校正，但不記出誰人之手，他日當訪杭州汪師韓藏本。”

〔三〕胡適在一九四八年五月十二日的日記中寫道：“我忽然大悟，這個小山堂鈔本乃是趙一清自己鈔的。全書卅四萬字，他一筆不苟的鈔寫成第一定本。昨天我請張政烺、王重民、趙萬里、袁同禮四先生復審。今天我請毛子水先生復審。他們都認爲無可疑。”（參見《胡適全集》卷三三，頁六八八）

〔四〕此酈序後有明顯的剪裁痕跡，今仍可見“從柳大中鈔本”六字的右半邊殘留痕跡。其剪去的部分，當爲《水經注釋》（乾隆五十一年初刻本）中在酈氏原序後的趙一清跋語。（參見胡適所撰《記趙一清的〈水經注〉的第一次寫定本》，《胡適全集》卷一五，頁五二一）

〔五〕記號主要用於釐定經注文，區分注中注。校語有兩種，依筆跡可知，分别出自趙一清和全祖望之手。

〔六〕夾條上是全氏校語。今影印本（中華全國圖書館文獻縮微複製中心一九九六年影印出版，即《全祖望校水經注稿本合編》第一至第三册）將夾條統一影印於各册之後。

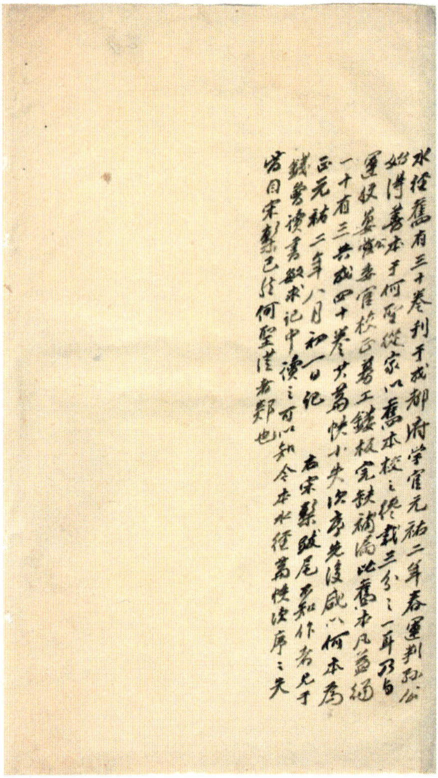

圖18-2 ◎《五校》稿本卷首全祖望録宋刊跋語

《五校》稿本反映了全祖望與趙一清共治《水經注》的原貌，其中的按語和校改，對於研究兩家共同釐定經注文〔一〕、區分注中注、文字校勘等提供了重要依據，是此後《注釋》本和全氏《七校》鈔本形成的基礎。

《五校》稿本可分兩部分討論。第一部分是趙一清據《水經注箋》爲底本，經過校改後親筆鈔成的《水經注》（即趙氏小山堂鈔本），具體鈔成年月不詳，其下限當在乾隆十三年（一七四八年）〔二〕；第二部分是全祖望在趙氏鈔本上的批校（即全氏五校稿），當完成於乾隆十五年

〔一〕胡適曾以《五校》稿本爲基礎，通過與《七校》本、《注釋》本的對勘，初步論述了全、趙二氏各自在經注文辨析上的發現與功績，參見所撰《趙一清與全祖望辨别經注的通則》，原載臺灣《"中央研究院"院刊》第一輯，一九五四年，後收入《胡適全集》卷一六，頁二四一—二五二。

〔二〕胡適認爲，此本首先由趙一清鈔成於乾隆九年至十一年間，其後全祖望在趙氏鈔本上批注校改（説見所撰《記趙一清的〈水經注〉的第一次寫定本》，《胡適全集》卷一五，頁五二二—五二五）。蔣天樞《全謝山先生年譜》卷四"乾隆十四年"下曰："《董譜》云：《水經注》晚年精力所注，用功最勤，實始於是夏。今案：校《水經注》當始於乾隆十三年或十二年。"（商務印書館，一九三〇年，頁一四一）以此推知，趙氏鈔本的鈔成最遲在乾隆十三年。

（一七五〇年）[一]。此書的發現非常晚[二]，至今酈學界對於此書的評述仍不多見[三]。

趙一清在《水經注》小山堂鈔本上的批語可大致分爲兩種：第一種是文字校改，其形式是直接以小字校改於正文行間，這説明趙氏在清鈔完整部《水經注》之後，又有仔細校勘；第二種

〔一〕全祖望的校改完成於何時，主要依據是此本卷首的跋語，其題爲“戊午年”。胡適考證此“戊午年”（乾隆三年）當爲“庚午年”（乾隆十五年）之誤（説見所撰《記全祖望的五校水經本》，《胡適全集》卷一六，頁八）。陳橋驛在一九八三年仍將此本定於乾隆三年（參見所撰《論酈學研究及其學派的形成與發展》，《歷史研究》一九八三年第六期；收入《水經注論叢》，浙江大學出版社，二〇〇八年，頁三二三），十年後復修正爲《五校》當作於乾隆十四年（一七四九年）以後（參見所撰《全祖望與〈水經注〉》，《歷史地理》一九九三年第十一輯；收入《水經注論叢》，頁一五九—一六〇）。一九九六年，陳氏此本影印版（《全祖望校水經注稿本合編》）的序言中指出：“《五校》本當成於十八世紀五十年代之初。”而影印版的謝忠岳的《影印前記》中，仍以此書作於乾隆三年，其説誤。

〔二〕全氏卒於乾隆二十年（一七五五年），其藏書大部分歸於盧氏抱經樓，後傅增湘從抱經樓購得此書，轉送於時直隸省立第一圖書館。一九四〇年，傅增湘首次提及此書。一九四七年五月初，胡適託人從天津圖書館善本書架中尋出，此書方爲學界所知。

〔三〕陳橋驛在《論〈水經注〉的版本附記》中對《五校》稿本的描述非常簡略，其中值得商榷處不少。比如陳氏認爲此本是全氏作於乾隆三年，卷首酈序是從《讀書敏求記》中録得，共列出二十五種參校本等（參見所撰《論〈水經注〉的版本附記》，收入《水經注論叢》，頁一一九）。另外，在陳氏所撰《〈全祖望校水經注稿本合編〉序言》中，主要是基於《七校》本論述全氏治酈書的功績，其中涉及《五校》稿本的内容亦不多。對於此稿本有詳細介紹的只有胡適，除《記全祖望的五校水經本》（《胡適全集》卷一六，頁一—二一）外，胡適另有多篇文章論及此稿本，今多收入《胡適全集》卷一四—一七。

而涉土遊方者寡能達其津照縱髣髴前聞不能不猶闕文洄湍決澓音伏纏絡枝煩條貫手夥十二經通尚或難言輕流細漾固難辯究正可自獻逕見之心備陳轝徒之說其所不知蓋闕如也所以撰證三經附其枝要者庶備忘誤之矜求其尋省之易下俱闕

圖18-3 ◎《五校》稿本卷首趙一清録酈道元原序之二

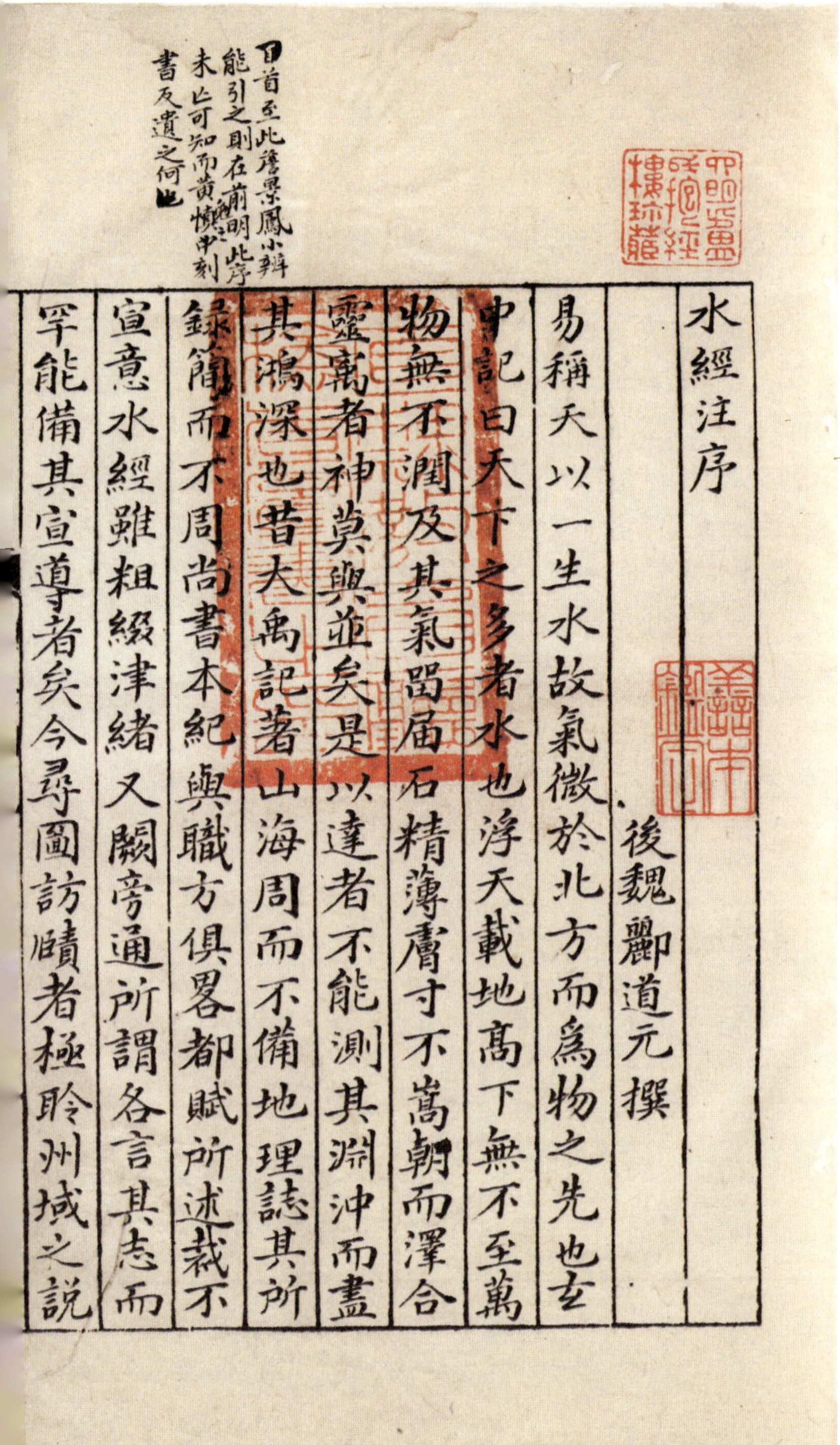

自首至此詹景鳳小辨能引之則在前明此序未亡可知而黃懋中刻書反遺之何也

水經注序

後魏酈道元撰

易稱天以一生水故氣微於北方而為物之先也玄中記曰天下之多者水也浮天載地高下無不至萬物無不潤及其氣流屆石精薄膚寸不崇朝而澤合靈寓者神莫與並矣是以達者不能測其淵沖而盡其鴻深也昔大禹記著山海周而不備地理誌其所録簡而不周尚書本紀與職方俱略都賦所述裁不宣意水經雖粗綴津緒又闕旁通所謂各言其志而罕能備其宣導者矣今尋圖訪賾者極聆州域之説

圖 18-4 ◎《五校》稿本卷首趙一清録酈道元原序之一

批語則是以工整的小字鈔於天頭地脚，文字頗多，内容多與趙一清後來所撰寫的《水經注釋》按語相合。可見，其時《水經注釋》這部大書已具雛形。

全祖望在趙氏校改的基礎上所做的批注則可細分爲以下幾種：一種是規範趙氏按語，例如卷一《河水一》首葉第二行，全氏圈去“後魏酈道元注”〔一〕，又本葉第七行下，將趙氏八十六字按語精簡到四十五字〔二〕。可見這是爲趙氏成書而作的體例規範；另一種是全氏參校他本《水經注》後加上的校語，如“沈炳巽曰：按本傳無‘北’字”〔三〕，“十字舊誤入注中，陳明卿本改”〔四〕等；第三種是全氏自己補充的注語，如在各水下加注《漢書·地

〔一〕趙氏《水經注釋》的《四庫》本中，已經以“仁和趙一清撰”替代此條。

〔二〕原趙氏按語曰：“南州朱謀㙔箋曰：《廣雅》云，昆侖虚有三山：閬風、板桐、玄圃。《淮南子》云，縣圃、凉風、樊桐在昆侖閶闔之中，山上有層城九重。《楚辭》云，昆侖縣圃，其凥安在，增城九重，其高幾里。嵇康《遊仙詩》云，結友家板桐。但未聞板松耳，疑或字訛。”全氏修改爲：“中尉曰：板松，《廣雅》作板桐。玄圃，《淮南子》作縣圃，閬風作凉風，增城作層城。《楚辭》亦作縣圃。嵇康《遊仙詩》云，結友家板桐。”兩者相比，全氏的校改更爲簡練規範。《注釋》本中，此句直接改“增”字爲“層”字，而省去了按語。

〔三〕此條在卷一《河水注》葉一下半葉第五行注文“自宗周瀍水以西北至於河宗之邦”下。趙一清《水經注釋》中已去除“北”字，在《水經注箋刊誤》中此條下則有“一清按，全祖望校衍‘北’字”。

〔四〕此條在卷四《河水注》葉二二上半葉第四行經文“河水又東正回之水入焉”下。趙氏鈔本此條作經文，而全氏據陳本補入此注，其後又用記號將此條改爲注文。在趙氏《水經注釋》中，此條爲注文。由全氏批語中的“誤”字可見，全氏原先同意趙氏定爲經文的做法，後又改之。

水經注卷一

後魏酈道元注

河水一

崑崙墟在西北

山三成爲崑崙丘崑崙說曰崑崙之山三級下曰
樊桐一名板松二曰玄圃一名閬風上曰增城一
名天庭是謂太帝之居南州朱謀㙔曰廣雅云閬風崑崙虛有三山閬風板桐
玄圃淮南子玄圃涼風樊桐在崑崙閶闔之中
山上有層城九重楚辭云崑崙縣圃其尻安在增
城九重其高幾里嵇康遊仙詩云結
友家板桐未聞板松耶疑或字譌
去嵩高五萬里地之中也

圖 18-5　◎《五校》稿本卷一葉一上

理志》的相關内容〔一〕。此外,全氏還用多種記號,來更正經注文混淆、標明注中注等。在整體結構上,全氏又重新調整了各水的次序〔二〕,因而,雖然此書仍是四十卷,却是“以四瀆爲之綱”、先北瀆後南瀆的順序〔三〕,重新剪裁拼貼而成。如《渭水篇》上、中、下三卷,通行本卷次爲卷十七、卷十八、卷十九〔四〕,而經全氏在《五校》稿本中重排後,則改爲卷七、卷八兩卷〔五〕。尤其是卷八《渭水下》“東入於河”的後一葉,首二行無一字,版心無卷數、葉數,其利用趙氏小山堂鈔本進行拼接的痕跡十分明顯。不過,這個調整後的新次序與王梓材輯録的《全氏七校水經本》中《雙韭山房水經序目》却是一致的〔六〕。

〔一〕趙一清在《水經注釋》中將這些注語大多移到目録中各水名之下。

〔二〕胡適曾記録這個序目,並與之和王梓材輯録《全氏七校水經本》相對比。參見所撰《天津市立圖書館藏〈全謝山五校水經注〉》,《胡適全集》卷一五,頁三四四—三四七。

〔三〕全祖望《雙韭山房水經序目》:“予於是書凡五校,乃别爲一目以序之。總以四瀆爲之綱,披郤導窾,無須棼絲,非敢割裂舊本也。”參見王梓材輯録《全氏七校水經本》。

〔四〕在此稿本的版心仍保留原來小山堂鈔本中卷數的信息。

〔五〕原卷十七、十八合爲卷七《渭水上》,原卷十九改爲卷八《渭水下》。全氏同時將趙氏原來卷首的“水經注十七”、“水經注十九”中的“十七”、“十九”圈改爲“七”和“八”。原來卷十八《渭水中》首葉首句經文以前的内容均裁去,直接接於上卷末。

〔六〕胡適據此以爲,此稿本當還有一册,其内容即《題辭》與《序目》,因故與此稿本分置,後留在盧鎬家中,其後才由王梓材録得而編入《全氏七校水經》本中。説見所撰《記全祖望的五校水經本》,《胡適全集》卷一六,頁八。

厚致曾子書以為在蒲坂舜都者得之余謂莫徵信于酈注然已兩說互存既云河北縣雷首山有齊夷廟闞駰十三州志曰山一名獨頭山夷齊所隱也山南有古冢陵柏蔚然攢茂丘阜俗謂之夷齊墓又云平縣故城有首陽山春秋所謂首戴也夷齊之歌所矣曰登彼西山上有夷齊之廟蓋莫能定爾

初學記蒲州引水經注云涑川水在桑泉縣界太平寰宇記蒲州河東縣下引水經注云涑水出河東雷首山一名雷水經桑泉界今本無桑泉之目蓋缺文矣

水經注卷……涇桑泉縣界……按五字初學記太平寰宇記皆引之今

水西南流亦曰雷水穆天子傳曰壬戌天子至于雷首犬戎胡觴天子於雷首之阿乃獻良馬四六天子使孔牙受之于雷水之干是也昔趙盾田首山食祁彌明翳桑之下即於此也涑水又西南流注于河春秋左傳謂之涑川者也俗謂之陽安澗水

又南至華陰潼關渭水從西來注之

汲郡竹書紀年曰晉惠公十五年秦穆公帥師送公子重耳涉自河曲春秋左氏僖公二十四年秦伯納之及河子犯以璧授公子曰臣負羈紲從君巡於天下臣之罪多矣臣猶知之而況君乎請由

左傳作提彌明

小山堂鈔本

圖 18-6 ◎《五校》稿本卷四葉九下

要之,《五校》稿本是理解從《注箋》本到《注釋》本酈學發展的關鍵所在。對於全氏、趙氏如何共治《水經注》,此稿本提供了豐富的信息。透過此本,除可獲知全氏在分辨經注文、重排水序上的貢獻〔一〕外,尤可洞悉全、趙兩家的思路異同,以及趙氏對於全氏意見的取捨修改。凡此種種,對於酈學研究來説,都是不可多得的材料。在文字校勘上,此稿本也有極高的價值,多數校改和《注釋》本相合,夯實了後者的校勘基礎〔二〕。

當然,此稿本也給後人留下了些許遺憾。由於全氏的剪裁,小山堂鈔本中的一些趙氏按語也被捨去,而且經過全氏的重排,此稿本在整體結構上已無法呈現趙氏鈔成《水經注》時的原貌了,各卷、各水也並不能完全和《水經注釋》一一對應,給各本間的校勘帶來諸多不便。

〔一〕胡適曾全部過録此稿本上的批語,並歸納總結其特點爲:"這個《五校》本表示他(按,指全氏)的三大貢獻:(一)辨析經文與注文,(二)認酈氏注文有大小注的分别,(三)重新排列一百二十三水的次序。"參見所撰《〈水經注〉版本展覽目録(北京大學五十周年紀念)》,《胡適文集》第一〇册,北京大學出版社,一九九六年,頁六五四。

〔二〕在以往對於趙、戴相襲的討論中,清代學者如段玉裁等,多未見此稿本,所以便有指責趙氏後人剽竊殿本之説。此稿本的發現,則證明了《水經注釋》確實是趙所撰作。例如,卷七《渭水下》中,"武帝建元三年造"中的"元"字,"王莽更名常安"中的"常"字,在此稿本中都已經在正文中改正,可見這些校勘均是由趙氏在謄清以前便已經訂正了的。通過與他本對勘發現,有許多處像這樣的校改確實是由趙氏首發,而非後來的殿本。

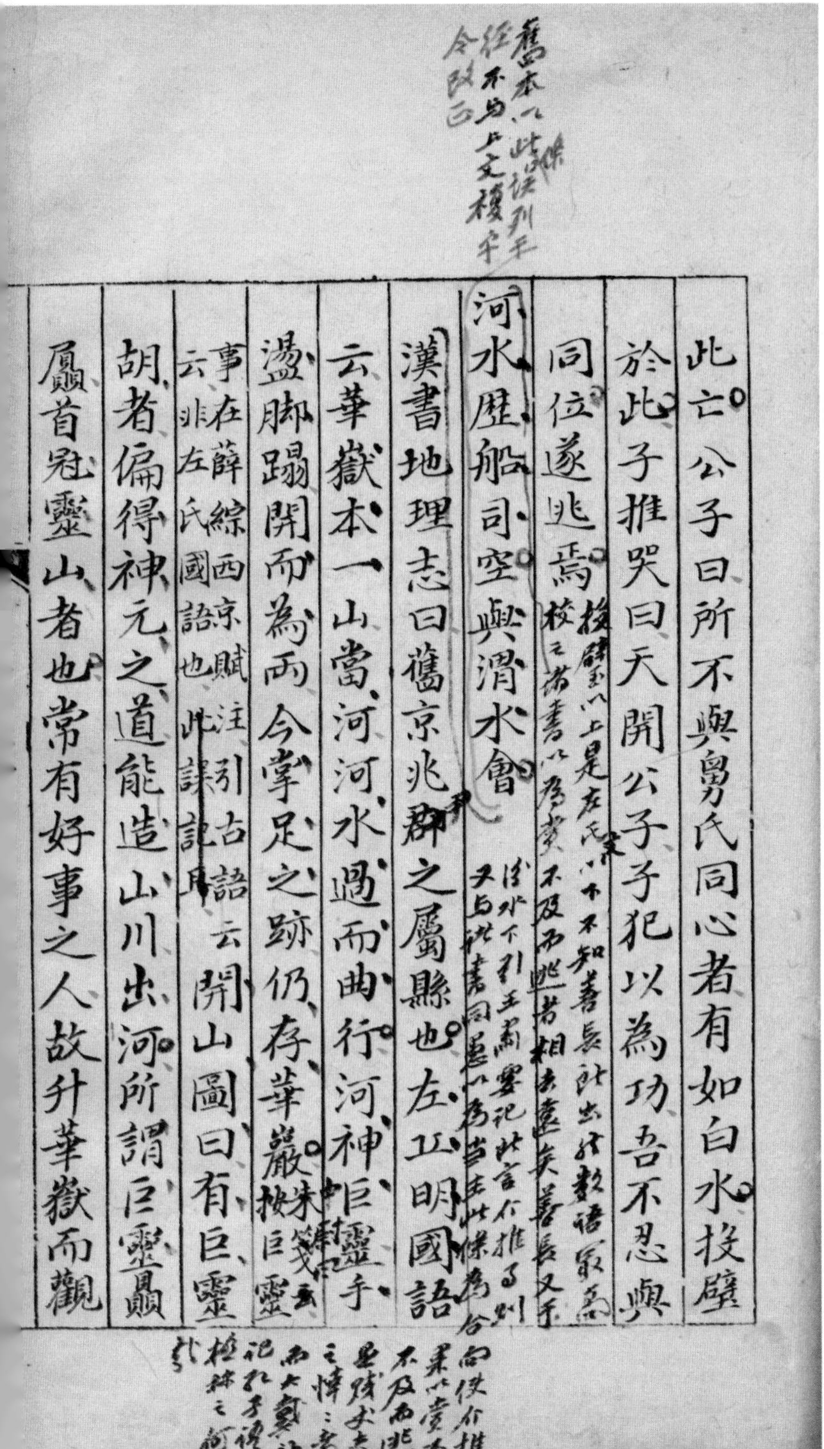
此亡。公子曰所不與舅氏同心者有如白水。投璧於此。子推哭曰天開公子子犯以為功吾不忍與同位遂逃焉。

河水歷船司空與渭水會

漢書地理志曰舊京兆郡之屬縣也左丘明國語云華嶽本一山當河河水過而曲行河神巨靈手盪腳蹋開而為兩今掌足之跡仍存華巖

事在薛綜西京賦注引古語云
云非左氏國語也此誤記耳

開山圖曰有巨靈胡者偏得神元之道能造山川出河所謂巨靈贔屭首冠靈山者也常有好事之人故升華嶽而觀

圖 18-7 ◎《五校》稿本卷四葉十上

圖18-8 ◎《稿本》卷四葉二十二上

河水又與畛水合

水出新安縣青要山今謂之彊山山海經曰青要

之山畛水出焉北流注于河即是水也 中尉曰舊本此處有誤文今改

河水又東正回之水入焉 十字舊誤入注中陳明卿本改

水出騩山彊山東阜也東流俗謂之彊川水與石

等瓜川合出西北石澗中東南流注于彊水彊水

又東逕彊冶鐵官東東北流注于河

河水又東合庸庸之水 中尉曰山經作滽滽

水出河南垣縣宜蘇山俗謂之長泉水山海經曰

水多黃貝伊洛門也其水北流分為二水一水北

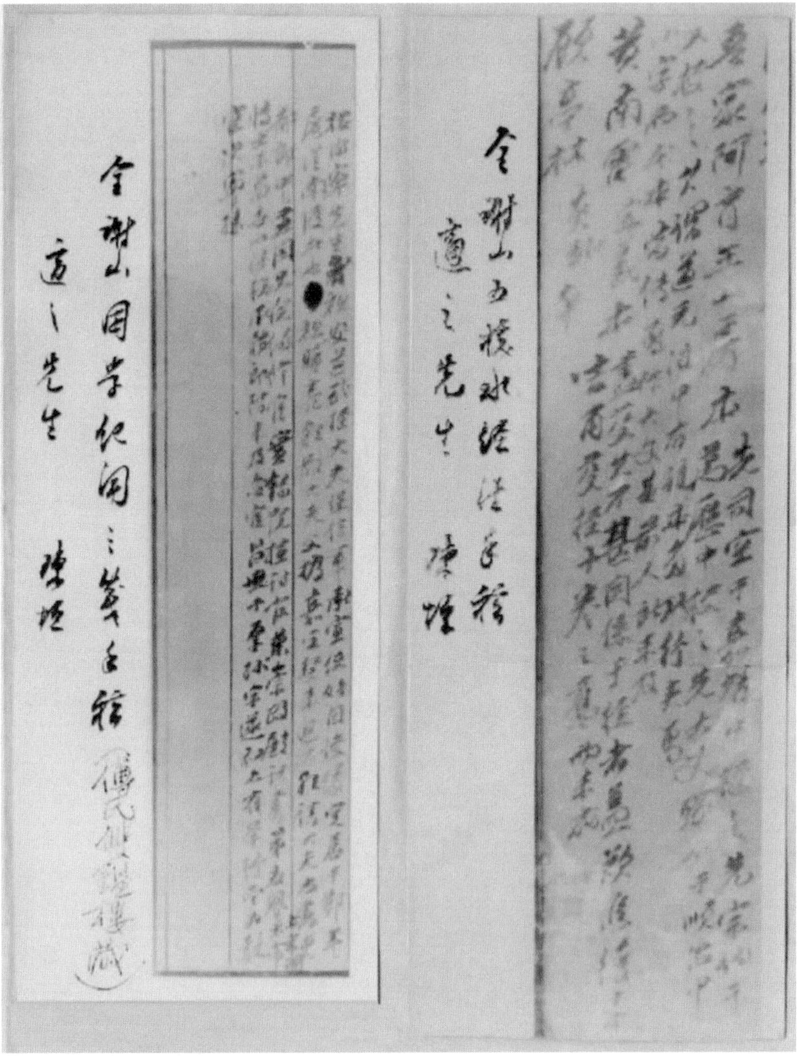

圖 18-9　◎全祖望手跡（陳垣贈胡適）

全氏七校水經本

四十卷

全祖望校　王梓材輯　鈔本

(《七校》鈔本)

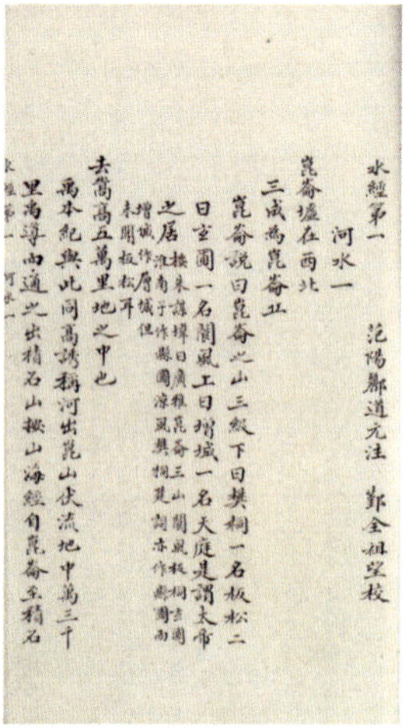
水經第一　　范陽酈道元注　鄞全祖望校
河水一
崑崙墟在西北
三成爲崑崙丘
崑崙說曰崑崙之山三級下曰樊桐一名板松二
日玄圃一名閬風上曰增城一名天庭是謂太帝
之居按禾譜埤日廣雅崑崙三山閬風板桐玄圃淮南子作縣圃涼風樊桐是詞亦作縣圃而增城作層城但未聞板松耳
去嵩高五萬里地之中也
禹本紀與此同高誘稱河出崑山伏流地中萬三千
里禹導而通之出積石山按山海經自崑崙至積石

圖 19-1　◎《七校》鈔本卷一葉一上

八冊。半葉十一行，行二十一字，經文頂格，注低一格，注中注低兩格[一]，按語雙行夾寫，無欄。卷首有葉志詵題識[二]，陳勱跋[三]，王梓材(楚材)跋二則[四]，《全氏七校水經本考異》，《全氏七校水經本目次考略》[五]，

〔一〕注中注下若還有注，則再低一格，例見下文。

〔二〕題“道光庚戌(一八五〇)春正月十日”。

〔三〕題“同治四年(一八六五)十二月十九日”。

〔四〕分别題“道光二十四年(一八四四)五月既望”和“道光二十七年戊申(按，戊申年爲道光二十八年即一八四八年，原文此處有誤)四月十有六日”。此二跋及後王梓材三跋之具體内容可參見胡適《王梓材重録本〈水經注〉的三篇序跋》，《胡適全集》卷一七，頁一。

〔五〕胡適曾全録此文，參見所撰《王梓材的〈全氏七校水經注目次考異〉》，《胡適全集》卷一六，頁五八。

陳勱再跋〔一〕,王梓材三跋〔二〕,酈道元《水經注序》,《雙韭山房水經序目》〔三〕,《水經題辭》〔四〕。每卷末葉末行下有"後學王梓材録"。

此本今藏天津圖書館〔五〕。此外,《七校》鈔本另有王斗瞻鈔本,今藏於寧波天一閣博物館;又有張約園鈔本,今藏於中國國家圖書館。

《七校》鈔本是繼《五校》稿本之後又一部反映全祖望研究《水經注》成果的著述。此本經後人整理而成,其中部分内容可與《五校》稿本相互印證。

王梓材于道光二十四年(一八四四年)至二十九年(一八四九年)間,陸續得到了與全祖望治《水經注》相關的三批資料,並據以認爲這些就是全氏《七校》本的底本,經其整理並重録成書〔六〕。書成後,王氏又令人分鈔出兩個鈔本,分别寄予張穆與馮

〔一〕題有"道光二十六年丙午歲(一八四六)七月廿又八日,同里後學陳勱謹跋於月湖徐氏之煙嶼樓"。

〔二〕題有"己酉(一八四九)二月廿二日,臒軒王楚材識"。

〔三〕胡適曾全録此文,見所撰《雙韭山房水經序目》,《胡適全集》卷一六,頁二七五。

〔四〕胡適曾全録此文,見所撰《全祖望〈水經注五校本〉的首卷題辭》,《胡適全集》卷一六,頁二九一。

〔五〕此本由中華全國圖書館文獻縮微複製中心於一九九六年影印出版,編入《全祖望校水經注稿本合編》第四至第六册。

〔六〕關於此本輯録的詳細過程,可參見其中王梓材、陳勱各跋。並可參見胡適《研究〈水經注〉的各種本子(殘稿)》,《胡適全集》卷一六,頁七〇—七九。

圖 19-2 ◎《七校》鈔本卷首陳勱跋語

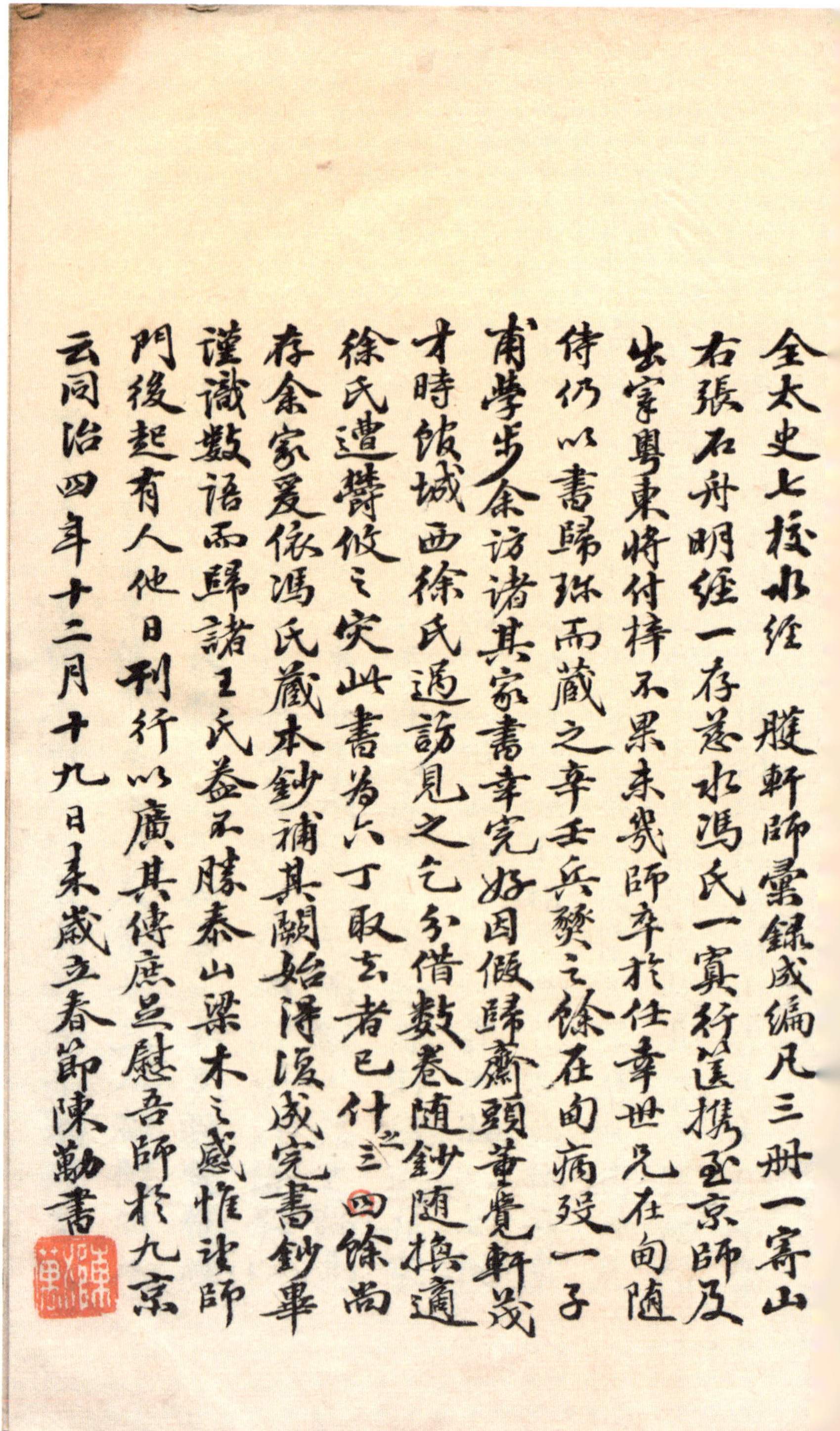
全太史七校水经　朧軒師彙録成編凡三册一寄山
右張石舟明经一存慈水馮氏一寘行篋携至京師及
出宰粤東將付梓不果未幾師卒於任季世兄在甸隨
侍仍以書歸珠而藏之辛壬兵燹之餘在甸病殁一子
甫學步余訪諸其家書幸完好因假歸齋頭華覺軒茂
才時館城西徐氏過訪見之乞分借數卷隨鈔隨損適
徐氏遭讐彼之突此書為六丁取去者已什之三四餘尚
存余家爰依馮氏藏本鈔補其闕始得復成完書鈔畢
謹識數語而歸諸王氏益不勝泰山梁木之感惟冀師
門後起有人他日刊行以廣其傳庶足慰吾師於九京
云同治四年十二月十九日末歲立春節陳勱書

雲濠，底本未及刊刻而王氏卒，其書則由其子王在甸保存，後輾轉至陳勱處，因戰火而書殘，至同治四年（一八六五年），陳勱依照馮氏藏本補齊，是爲今所見《七校》鈔本〔一〕。

此本中《雙韭山房水經序目》（以下簡稱《序目》）、《水經題辭》（以下簡稱《題辭》）便是王氏從第一批資料〔二〕中鈔録的，其中觀點與《五校》稿本亦可相對應〔三〕，是研究全祖望治《水經注》的重要資料。此本鈔録的第二批資料，則是由陳勱於道光二十六年（一八四六年）從林啟成處鈔得的陳勱鈔本〔四〕，殘存二十九卷，是爲此本主體。此本前六卷的全氏校語則大部分來自於第三批資料，即《〈水經注〉重校本》六卷〔五〕。此六卷中已採用了注低

〔一〕事見陳勱跋。謝忠岳認爲："同治四年，陳勱到王家觀書，並帶回家中。董沛（覺軒）訪陳氏，見此本，乞分借數卷，隨鈔隨換，但後遭災，損失什之三四。陳勱又依馮雲濠所藏本補其缺。"參見所撰《〈全祖望校水經注稿本合編〉影印前記》，《全祖望校水經注稿本合編》第一册卷首。按，謝忠岳所説皆據此本陳勱跋，但謝氏俱歸於同治四年則不確。陳勱跋題於同治四年，前述各事是其追記，只能判定到同治四年時此本已補齊。

〔二〕即此本王梓材跋中所提到的含有《序目》《題辭》的前十卷稿本。

〔三〕參［二二六］甲。

〔四〕事見此本陳勱再跋。上海圖書館今藏有陳勱鈔本，存卷一至三、五至十一、十三至二十一、二十四至二十七、三十至三十五，三十七至三十九（此據《中國古籍總目》，共三十二卷，與胡適説存二十九卷不符，多出卷三十一、卷三十二、卷三十五）。據胡適考證，其卷一至三、卷五、卷六、卷十一是影鈔《〈水經注〉重校本》（即第三批資料），卷七至卷十是第一批資料中的後四卷，卷十三以下才是陳勱從林啟成家殘藏稿里鈔出的。參見所撰《上海合衆圖書館有葉揆初先生收藏的全謝山〈水經注〉校本三種》，《胡適全集》卷一六，頁一五七。

〔五〕上海圖書館藏有此本，但卷數是四十卷。其中原稿只六卷，餘三十四卷

一格、注中注低二格、小注中還有注則再低一格的格式,《七校》鈔本的處理方式則與之全同[一],可見這種經注文區分方法是由全氏自定的。上述三批資料,均未提及"七校本",而此本冠以"全氏七校本"之名則是王梓材、陳勱在整理過程中判定的[二],這些材料中的《〈水經注〉重校本》六卷,以及陳勱鈔録本中的六卷[三],則最有可能是"全氏六校本"和"六校本"的影鈔本,至於全氏自定的"七校本"原本,目前仍未之見[四]。

配黄杏芬鈔本,故不在這第三批資料内。此本上有全祖望親筆所題校語多處,胡適核對後認爲"可以推斷王梓材最後編定的'《全氏七校〈水經注〉》',必定充分採用了這六卷重校本來補充前六卷(包括《湛水篇》)的校語。補充的數量,如果用《河水》一卷作比例,也許在百分之九十以上",並認爲此六卷的重要性僅次於全氏的《序目》和《題辭》。參見所撰《上海合衆圖書館有葉揆初先生收藏的全謝山〈水經注〉校本三種》,《胡適全集》卷一六,頁一五一。

〔一〕如卷二《河水二》(經文)"又東北過安定北界麥田山"頂格,後"河水東北"句低一格,後"漢武帝元鼎五年"句低二格,後"李斐曰音賴"句低三格。見《全祖望校水經注稿本合編》第四册,頁一九五第九行至頁一九六第二行。

〔二〕判定的主要依據是《水經注釋·參校諸本》中所列"全氏七校本"、董秉純《全謝山年譜》及吴傳鍇《雙韭山房書目》中的"《五校》本《水經》八本,《六校水經》六本,《七校水經》四十本(按,"四十本"當爲"四十卷"之訛)",以上俱見此本卷首之《全氏七校水經本考異》。

〔三〕卷一至卷三,卷五、卷六、卷十一。

〔四〕胡適對於《雙韭山房書目》中的"五校""六校""七校"有過考證和推測,參見所撰《試考全祖望雙韭山房書目所記〈水經注〉各本》,《胡適全集》卷一六,頁二九八。

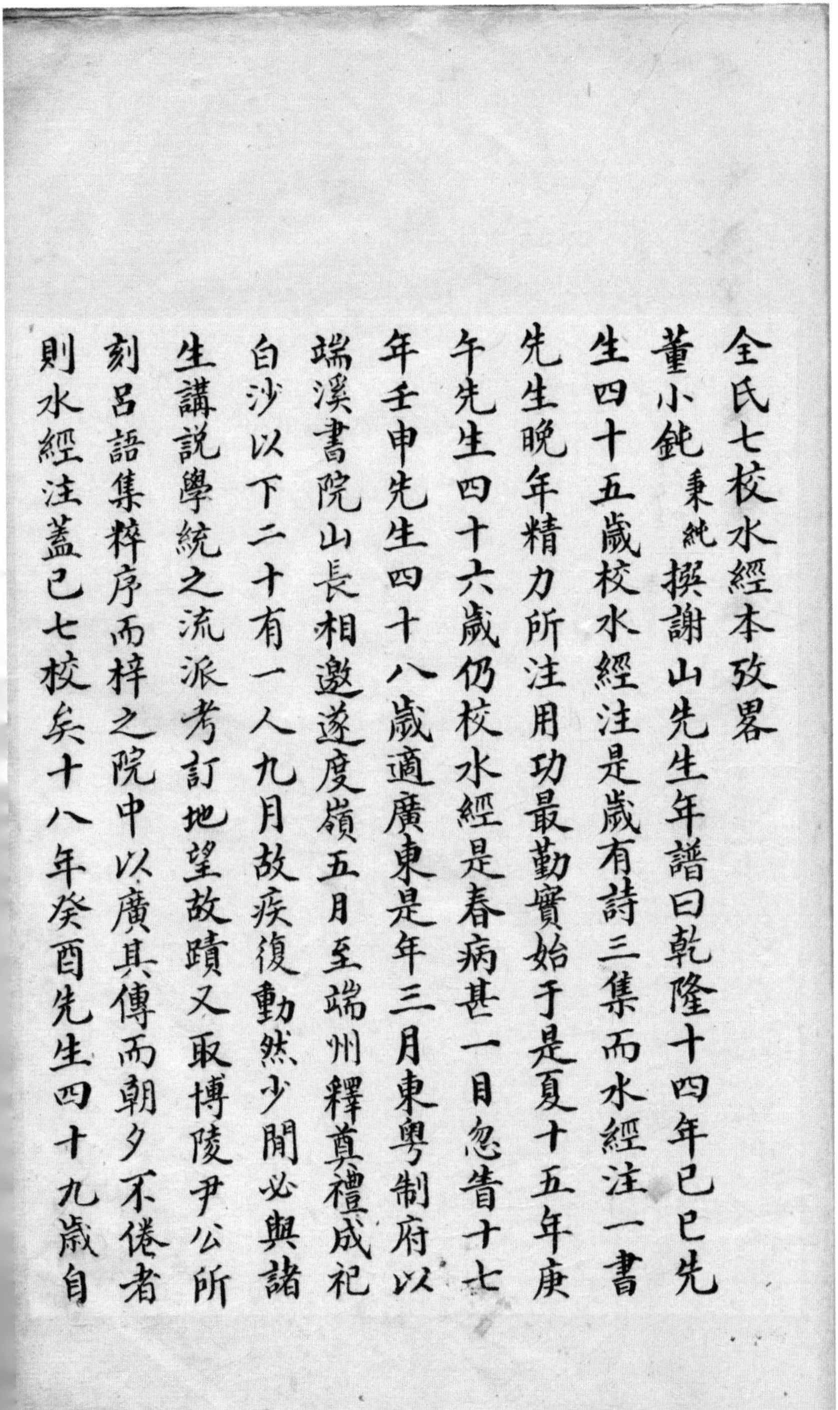
全氏七校水經本攷畧
董小鈍秉純撰謝山先生年譜曰乾隆十四年己巳先
生四十五歲校水經注是歲有詩三集而水經注一書
先生晚年精力所注用功最勤實始于是夏十五年庚
午先生四十六歲仍校水經是春病甚一月忽眚十七
年壬申先生四十八歲適廣東是年三月東粵制府以
端溪書院山長相邀遂度嶺五月至端州釋奠禮成祀
白沙以下二十有一人九月故疾復動然少閒必與諸
生講説學統之流派考訂地望故蹟又取博陵尹公所
刻呂語集粹序而梓之院中以廣其傳而朝夕不倦者
則水經注蓋已七校矣十八年癸酉先生四十九歲自

圖19-3 ◎《七校》鈔本卷首《全氏七校水經本考略》葉一上

《七校》鈔本在輯録並綜合體現全氏批語方面有其功績，但在經注釐定、缺文補輯上無甚發明。另外，由於此鈔本底本資料散亂，爲補齊缺文、理順篇章，王梓材、陳勱便需要參考《注釋》本和殿本的一些内容〔一〕，這也不免使得《七校》鈔本的價值大打折扣。以卷八《渭水二》爲例，“長安城北門也”條後，去除了“一曰廚門”，但下無按語，此種處理方式與殿本同；又“俗言貞女樓”，“貞”字由“真”字校改而得，《注釋》本、殿本改同，《五校》稿本則仍作“真”。

因此書是鈔本，故得見原本者甚少〔二〕。後世所謂全祖望“七校本”《水經注》，多指光緒十四年（一八八八年）薛福成出資刊刻的《全氏七校水經注》。此薛氏“七校本”又有兩個版本，其一是由董沛校勘的初刻本，刊刻倉促，謬誤甚多；其二是孫鏘對薛氏刻本大幅修改後的再刊本。薛氏“七校本”所據底本也是王梓材所鈔録的本子〔三〕，但是經過董沛的校改〔四〕，去全氏原

〔一〕參見該本《全氏七校水經本目次考異》。

〔二〕胡適以外，鮮有提及此本者。另有一本爲“張約園本”，胡適“承張芝聯先生借觀”，參見所撰《張詠霓先生藏的“全氏七校〈水經注〉”》，《胡適全集》卷一五，頁三一二。胡適並著有多篇文章討論此本與“七校本”的關係，今俱收入《胡適全集》卷一四——七。

〔三〕此本陳勱跋中述及董沛鈔書一事。通過比勘正文内容亦可知其底本相同，只是薛氏“七校本”無陳勱跋語，王梓材跋語的落款年月、内容均有不同。參見胡適《王梓材重録本〈水經注〉的三篇序跋》，《胡適全集》卷一七，頁一。

〔四〕胡適曾對董沛校改的參校本做過一些討論，參見所撰《試考董沛所見全祖望的〈水經注〉校本》，《胡適全集》卷一六，頁二二三。

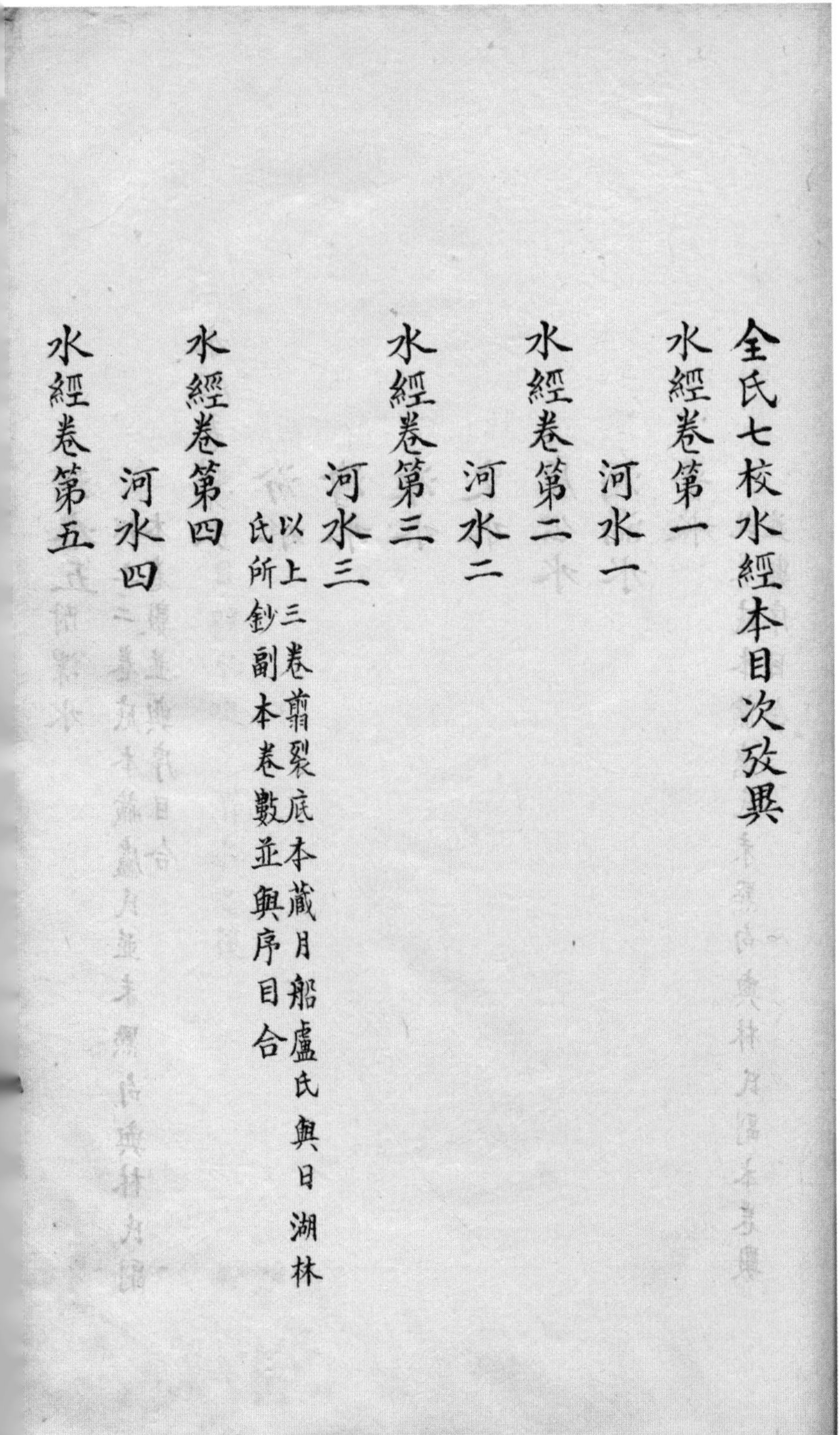
全氏七校水經本目次攷異
水經卷第一
河水一
水經卷第二
河水二
水經卷第三
河水三
以上三卷翦裂底本藏月船盧氏與日湖林氏所鈔副本卷數並與序目合
水經卷第四
河水四
水經卷第五

圖19-4　◎《七校》鈔本卷首《全氏七校水經本目次考異》葉一上

貌又遠了一步。例如前文提到的注中注低二格、小注中還有注再低一格的款式，已經被改成同爲注中注低二格了〔一〕，這個例子最能説明董沛的校改並沒有完全領會全氏（或者説王梓材鈔録時）的用意。因此，當薛氏“七校本”刊出時，林頤山便指責其“僞造抉摘罅漏至數十事”，以至於王先謙在編撰《合校水經注》時也將薛氏“七校本”摒棄在外〔二〕。此後的酈學研究者在論及全祖望“七校本”時，往往僅是針對薛氏所刊“七校本”而言，故不免有無的放矢之感〔三〕。通過校勘，我們認爲《七校》鈔本才是最接近全祖望“七校本”原貌的版本。

〔一〕此據薛福成、董沛刊本《全氏七校水經注》卷二《河水二》，早稻田大學藏本，葉三九下半葉行十至葉四十上半葉行五。

〔二〕參見王先謙《合校水經注·例略》。

〔三〕鍾鳳年《評我所見的各本〈水經注〉》談及的“全氏本”，是基於《五校》稿本、全氏重校本（按，即上海圖書館藏有兩種資料，但未明言係何種）去核實了薛氏“《七校》本”與殿本相同的一百六十二條，進而得出薛氏“《七校》本”中同於殿本者，“係王梓材據殿本所改，並非謝山所親定”，可見鍾氏並未區分出董沛的校改，而全歸於王氏。陳橋驛認爲：“《七校》本是王梓材從抱經堂盧氏之後盧傑家中所得的稿本，在道光中整理出來的。王不僅整理了《七校》本，並且還録出《五校》本的《序目》和《題辭》。這個本子没有刊行，光緒年間董沛再加以整理，董氏在整理之中，確有以殿本校核原稿之舉……這就是《七校》本授人以柄的地方。”（參見所撰《全祖望與〈水經注〉》，《歷史地理》第十一輯，上海人民出版社，一九九三年，後收入《水經注論叢》，頁一六八）可見陳氏亦未區分所謂“《七校》本”各種本子間的異同，忽略了陳勱在此本輯録中的關鍵作用，也未能指出今上圖所藏相關各本與“《七校》本”的關係。

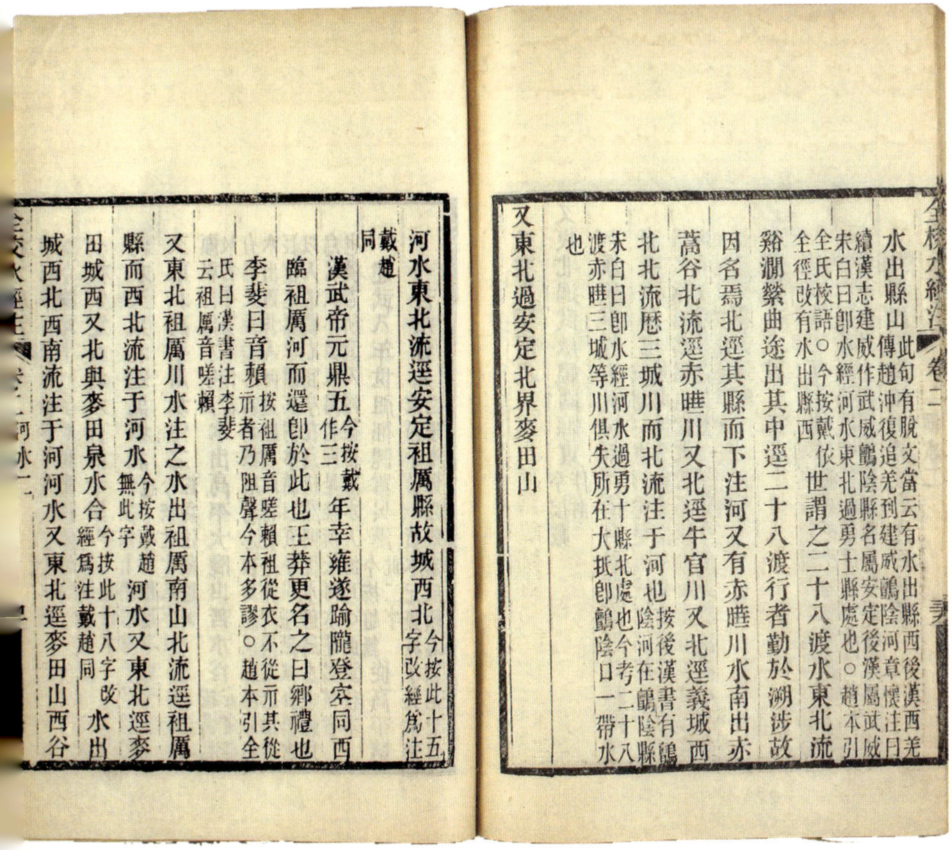

圖19-5　◎清薛福成、董沛刊《七校》初刻本卷二葉三十九下、葉四十上

全祖望校　王梓材輯　鈔本（《七校》鈔本）

雙韭山房水經序目

水經出自殘斷之餘益多出後人之所葺脊故何聖從
元祐本已云篇次非舊讀者難于推按其能了然于纏
絡有幾人予于是書凡五校乃別為一目以序之總
以四瀆為之綱披郤導窾無須棼絲非敢割裂舊本也
作者之部居不如是則不合固可以質之而不繆也夫
洛水之下有伊水瀍水澗水篇陰溝水之上有渠水篇
汳水之下有獲水篇其各自為一章顯然也而宋本以
來目錄皆失去近日黃子鴻胡朏明始補正之是于舊
目所增列之六篇也延江水之下有酉水篇本無是目
後人妄截延江水注之末句以充之未有經文特標此

水經序目

圖19-6 ◎《七校》鈔本卷首《雙韭山房水經序目》葉一上

[二二六]乙

水經題辭

水經在唐世尚未有指其撰人者其以爲桑氏蓋自唐六典始也而杜岐公以爲東京和順二帝以後人之作樂永言從之舊唐志始以爲郭氏新唐志兼采桑郭而未敢定鄭漁仲晁公武始定以爲桑氏蔡正甫則定以爲郭氏（以圭齋序語而知之）王厚齋則謂道元疑有所附益近世胡東樵則以爲東漢人創之晉魏以後人繼成之而閻潛邱且謂有出于道元以後妄增者是亦考古者之所難恝置也濟水篇之壽張光武所名臨濟則安帝湖陸則章帝汾水篇之永安則順帝是岐公之說所自出也沔水篇之諸葛武侯壘暨魏興則三國時河水篇之陜

水經題辭

圖19-7 ◎《七校》鈔本卷首《水經題辭》葉一上

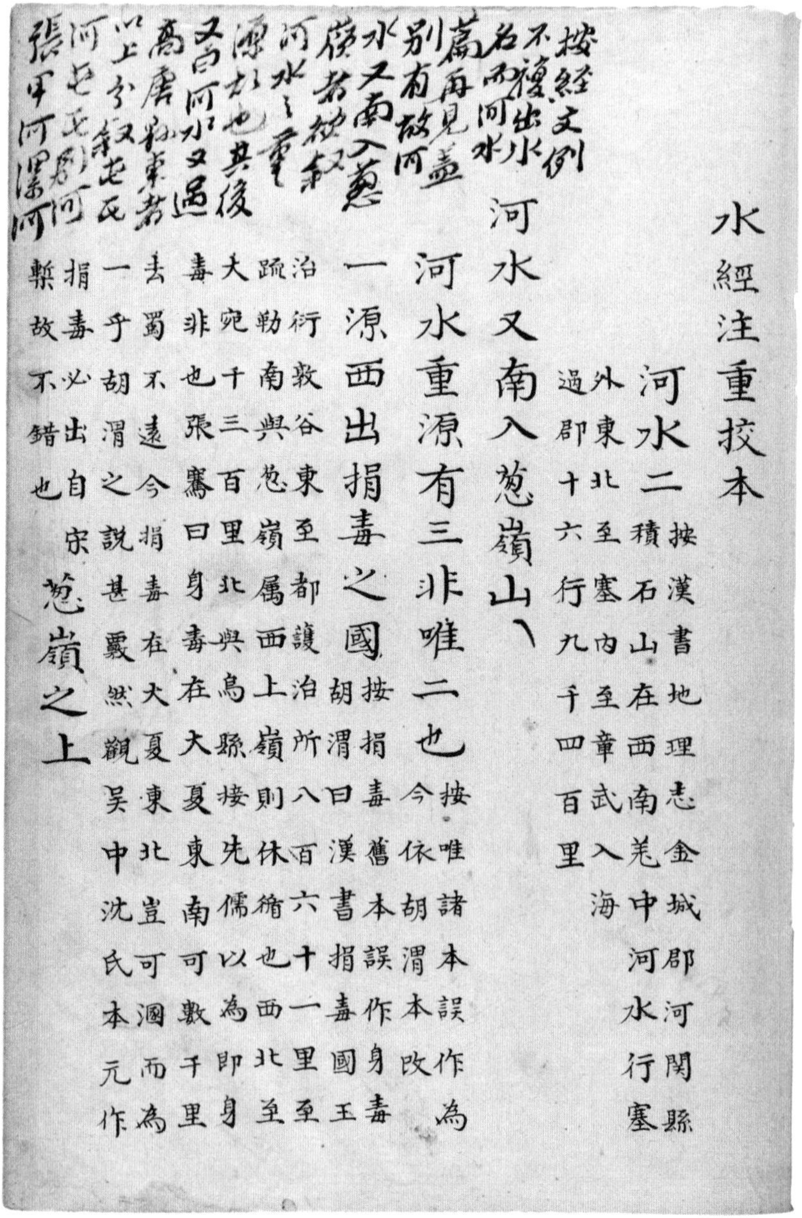
水經注重校本

河水二　按漢書地理志金城郡河關縣積石山在西南羌中河水行塞外東北至塞内至章武入海過郡十六行九千四百里

按經文例不複出水名而河水篇再見蓋別有故河水又南入葱嶺者按敘河水之重源於此也其後又言河水又過為唐述某者以上今敘也故河也故別河張平河渠河

河水又南入葱嶺山

河水重源有三非唯二也　按唯諸本誤作為今依胡渭本改

一源西出捐毒之國　按捐毒舊本誤作身毒胡渭曰漢書捐毒國王治衍敦谷東至都護治所八百六十一里至踈勒南與葱嶺屬西上嶺則休循也西北至大宛千三百里北與烏孫接先儒以為即身毒非也張騫曰身毒在大夏東南可數千里去蜀不遠今捐毒在大夏東北豈可溷而為一乎胡渭之說甚覈然觀吳中沈氏本元作捐毒必出自宋槧故不錯也

葱嶺之上

圖19-8　◎清全祖望《水經注重校本》卷二葉一上

［二二六］乙

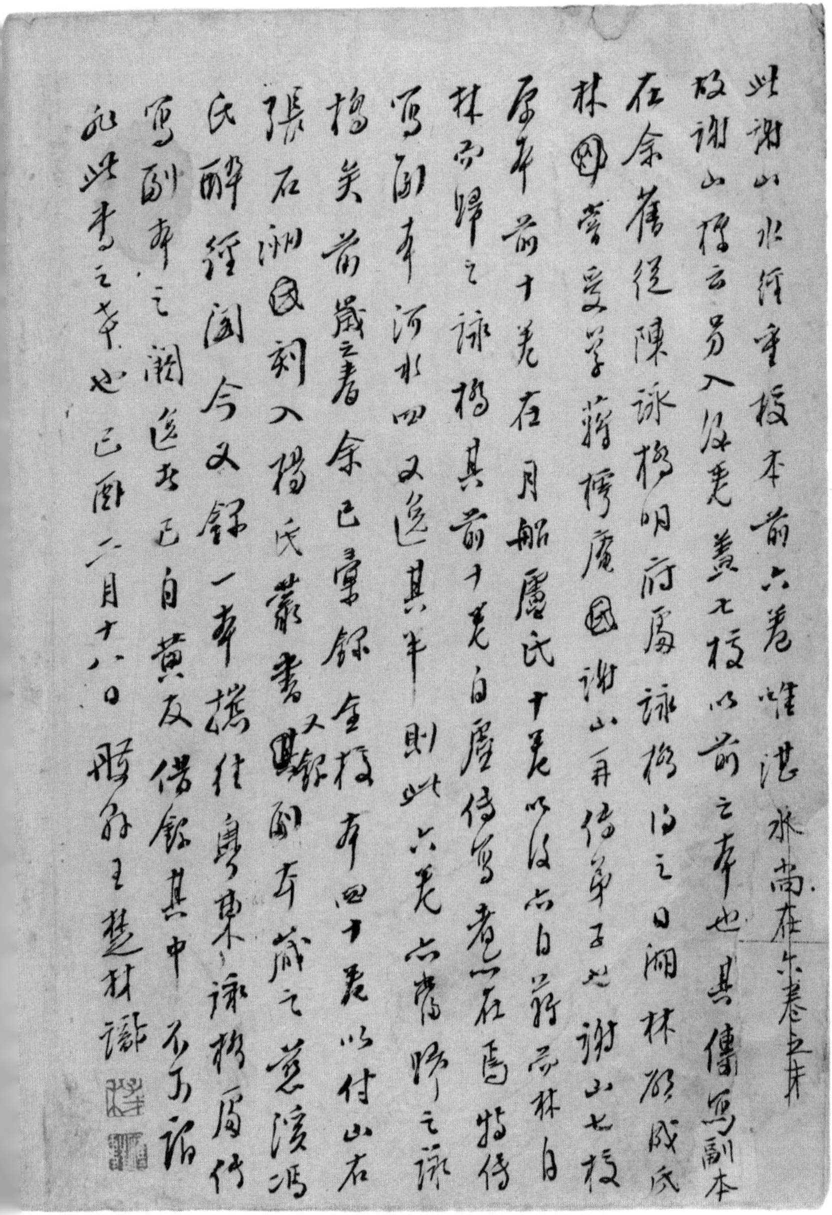

圖 19-9　◎清全祖望《水經注重校本》上王楚材識語

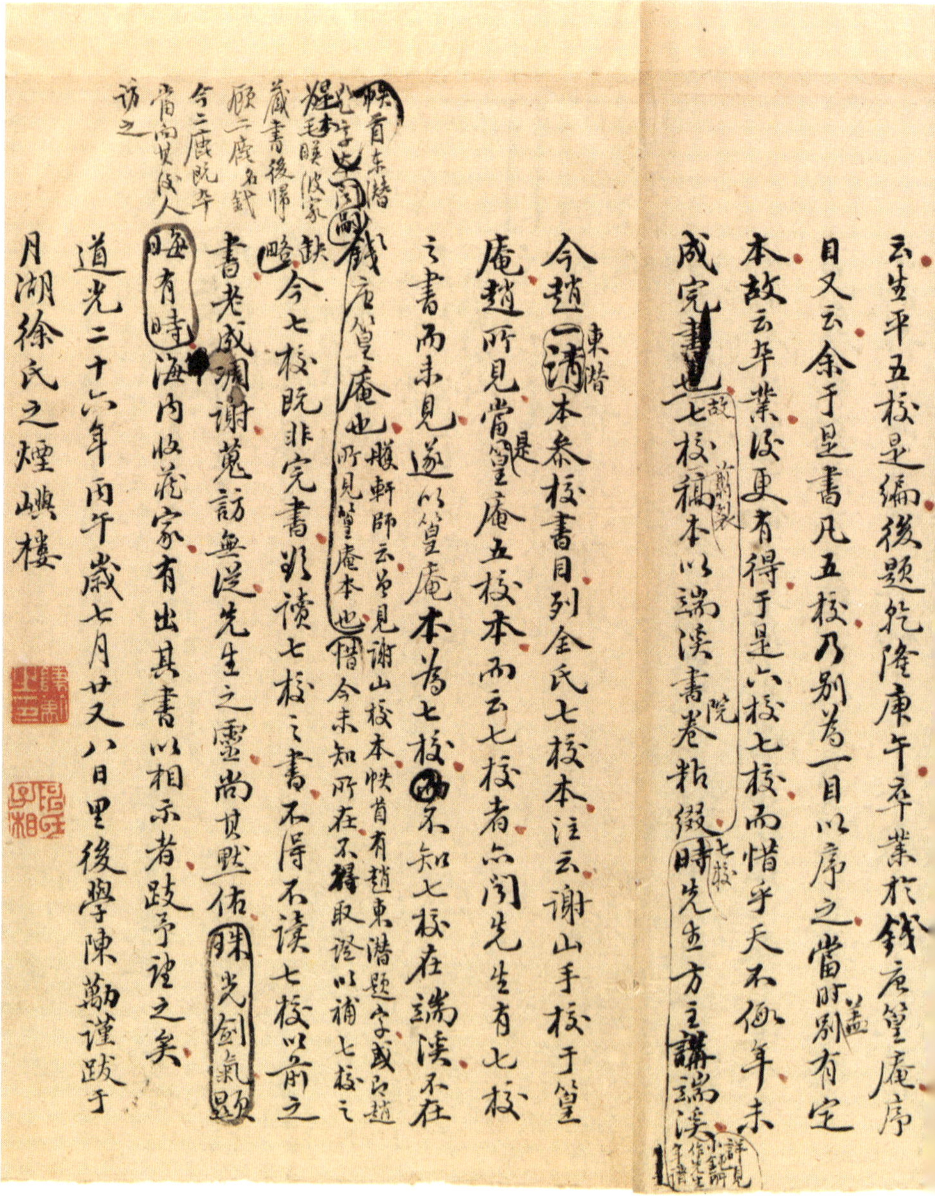
云生平五校是編後題乾隆庚午卒業於錢唐望庵序
目又云余于是書凡五校乃別為一目以序之當時蓋別有定
本故云卒業後更有得于是六校七校而惜乎天不假年未
成完書也故七校稿本以端溪書院卷粘綴時先生方主講端溪
今趙東潛一清本參校書目列全氏七校本注云謝山手校于望
庵趙所見當是望庵五校本而云七校者亦聞先生有七校
之書而未見遂以望庵本為七校而不知七校在端溪不在
錢唐望庵也
朧軒師云曾見謝山校本帙首有趙東潛題字或即趙所見望庵本也
東潛今未知所在不得取證以補七校之
今七校既非完書非讀七校之書不得不讀七校以前之
書老成凋謝蒐訪無從先生之靈尚其默佑
晦有時海內收藏家有出其書以相示者跂予望之矣
道光二十六年丙午歲七月廿又八日里後學陳勱謹跋于
月湖徐氏之煙嶼樓

圖 19-10（本頁左）、圖 19-11（跨頁中）、圖 19-12（下頁右）
◎清全祖望《水經注重校本》上陳勱識語之三、二、一

三十一三十八兩卷從殘缺剛本鈔補而仍未完

吾友范芾廬謂余曰謝山先生七校水經稿本尚存表
姪林啓成家子偁有意於斯當為子致之翌日遣人賫
書至發殘錯亂不可整理後數月吾師朕軒王子歸自
京師譚及此書翦裂稿本前十卷藏月船盧氏舊從
月船之孫幼竹㩗觀之因出一編曰此謝山水經題詞
序目即從盧氏借鈔者也余袖歸讀之重理殘本始得
眉目其書前十卷抄本當屬盧氏所藏之副也卷十一
起卷四十止（中缺第三十卷江水一卷第三十八卷湘水至廬江水）則翦裂之稿本也其餘鈔
寫數百紙尚未成帙照目編次約存全書之半以其存者
檢稿本校之悉（多）符合此必從（七校以前）稿本抄出而散佚則視稿本
為尤甚也余讀鮚埼亭集外編董小鈍題詞（卷首董小鈍所作年譜謝山及）先（知）生七校
水經翦綴分粘而（大半）先生卒小鈍以屬蔣樗菴樗菴嘗館林
氏啓成之祖親受業焉（名廷熊諸生）故書在于林也今觀稿本
卷十一至卷四十有校勘審注者有點句者有竟無校

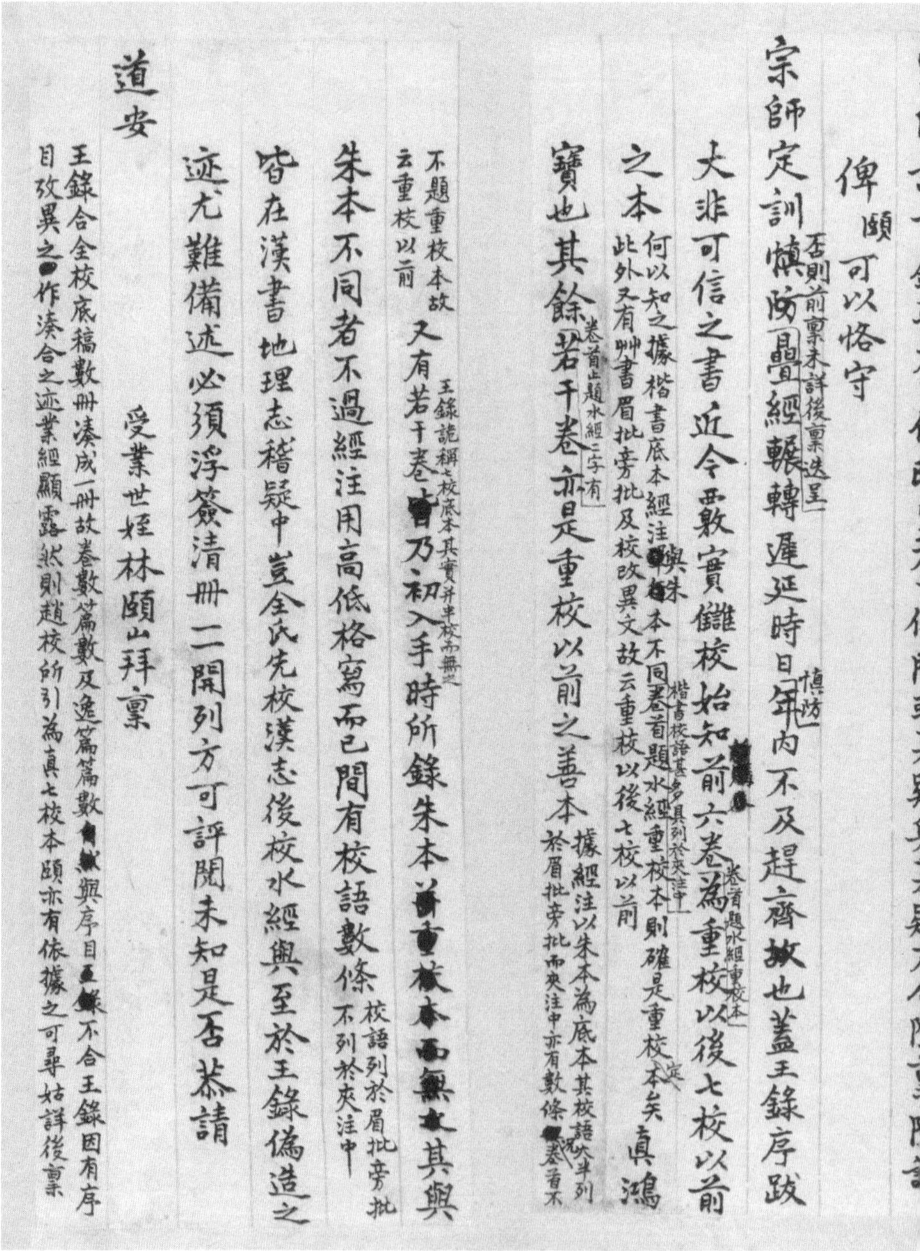

俾頤可以恪守

宗師定訓慎防疊經輾轉遲延時日年內不及趕齋故也蓋王錄序跋（否則前稟未詳後稟迭呈）

大非可信之書近今覈實讎校始知前六卷為重校以後七校以前

之本　何以知之據楷書底本經注與朱本不同卷首題水經重校本則確是重校本矣此外又有艸書眉批旁批及校改異文故云重校以後七校以前

寶也其餘若干卷亦是重校以前之善本　據經注以朱本為底本其校語大半列於眉批旁批而夾注中亦有數條卷首不題重校本故云重校以前

又有若干卷乃初入手時所錄朱本其與朱本不同者不過經注用高低格寫而已間有校語數條　校語列於眉批旁批不列於夾注中

皆在漢書地理志稽疑中豈全氏先校漢志後校水經與至於王錄偽造之

迹尤難備述必須浮簽清冊二開列方可評閱未知是否　恭請

道安

受業世姪林頤山拜稟

王錄合全校底稿數冊湊成一冊故卷數篇數及逸篇篇數與序目不合王錄因有序目改異之作湊合之迹業經顯露然則趙校所引為真七校本頤亦有依據之可尋姑詳後稟

圖 19-13（本頁左）、圖 19-14（本頁右）、圖 19-15（下頁左）、圖 19-16（下頁右）

◎清林頤山手札之四、三、二、一

夫子大人函丈敬稟者恭維
箸祺迪吉
道範增綏爲頌刻讀
諭言編輯全校酈書轉述
宗師垂訓凡非全氏校所及者不必蔓引八月間所稟呈條例三紙十月間親
呈問答二紙再行呈上可以評定是非云云　頤　意八月間所呈條例
皆出全氏以外似乎不必再呈十月間所呈問答雖專爲全氏一
家之學亦未曾詳備　似乎不必續呈　頤　於十月間
宗師面諭後有所稟必須隨帶原書標楬浮簽可否俟　頤　脫稿後
將王錄本所謄本陳氏藏本標楬浮簽別造清冊一通開列某款若
干條某款若干條一一註明卷數葉數繳呈
宗師平閱今頤二部見貴

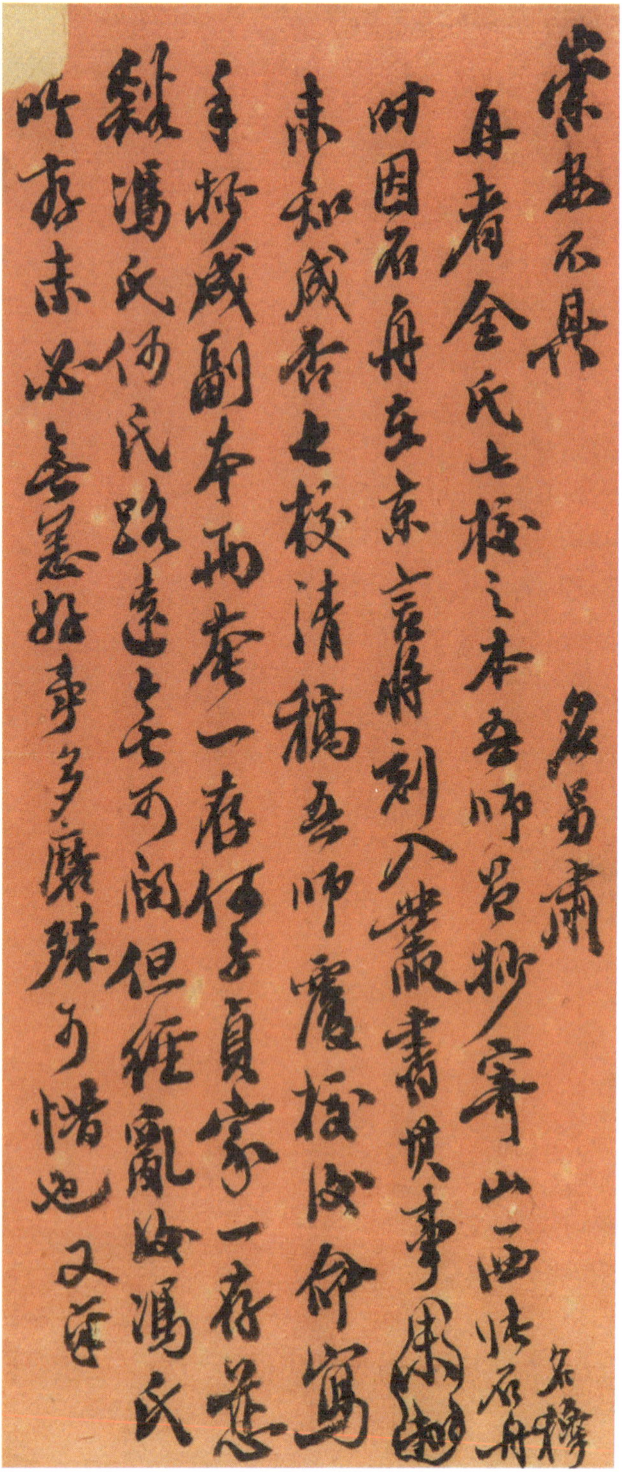

圖19-17 ◎清陳勱手札之二

〔二二六〕乙

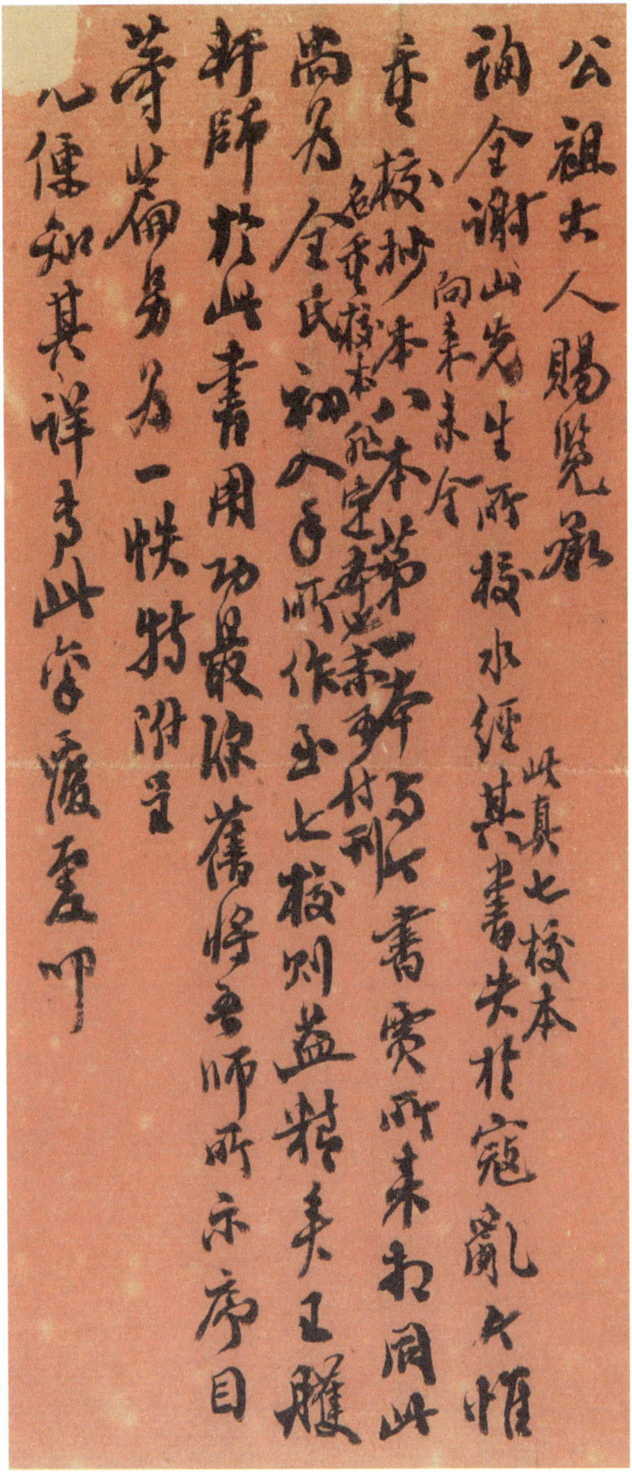

圖 19-18 ◎清陳勱手札之一

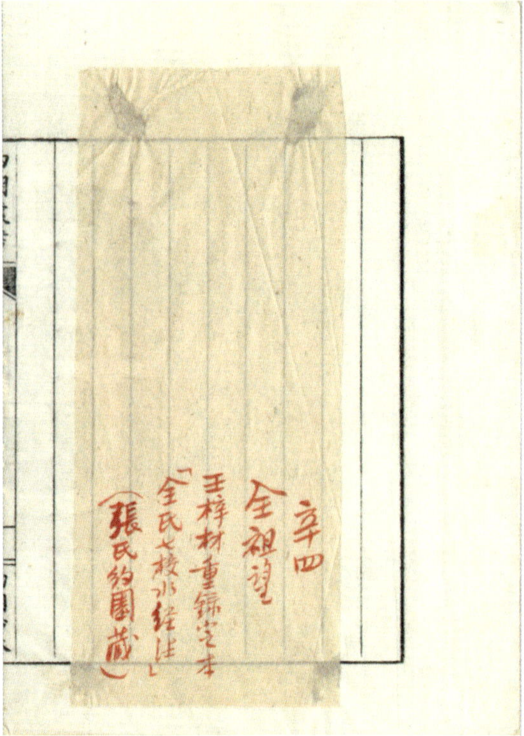
辛四
全祖望
王梓材重録定本
「全氏七校水經注」
（張氏約園藏）

圖19-19（上）◎張約園舊藏《七校》鈔本上胡適題簽

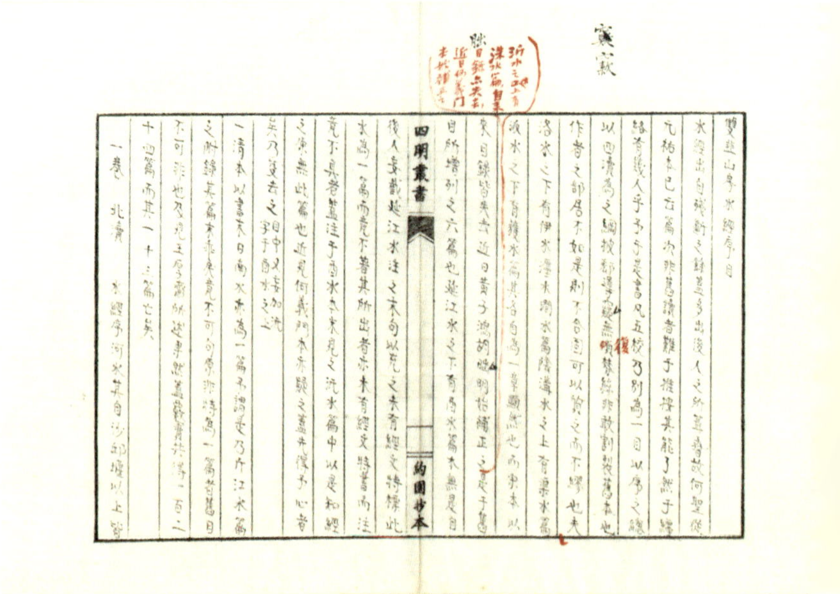
雙韭山房水經序目
水經出自殘斷之餘蓋多出後人之所葺故何聖從
元祐本已亡篇次非舊讀者難于推校其能了然于經
緯者幾人乎予于是書凡五校乃別爲一目以序之總
以四瀆爲之綱挍勘遵之疑無復贅縣非敢割裂舊本也
作者之部居本如是則不合固可以質之而不謬也夫
洛水之下有伊水瀍水澗水篇隨濟水之上有梁水篇
濟水之下有獲水篇其各自爲一章顯然也而宋本以
東自錄皆失去近日黃子鴻胡朏明始補正之是予舊
目所增列之六篇也延江水之下有存水篇本無是目
四明叢書　約園抄本
後人妄截延江水注之末句以充之未有經文特標此
水爲一篇而竟不著其所出者亦未有經文特書而注
竟不具者蓋注于存水末見之沅水篇中以是知經
之原無此篇也近見何義門本亦疑之蓋先得予心者
矣乃芟去之目中又妄加沈字于存水之上
一清本以書末日南水亦爲一篇予謂是乃斥江水篇
之附錄其篇末亦竟不可句爲非特爲一篇甚舊目
不可非也及見王厚齋所述準然蓋數實共得一百二
十四篇而其一十三篇亡矣
一卷　北瀆　水經序河水其自沙卻壇以上皆

圖19-20（下）◎張約園舊藏《七校》鈔本卷首《雙韭山房水經序目》葉一

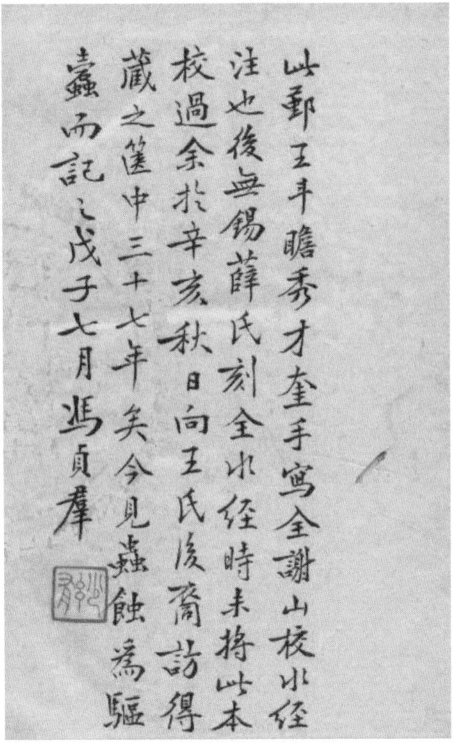
此鄞王丹瞻秀才奎手寫全謝山校水經
注也後無錫薛氏刻全水經時未將此本
校過余於辛亥秋日向王氏後裔訪得
藏之篋中三十七年矣今見蟲蝕為驅
蟲而記之戊子七月馮貞羣

圖19-21（上）◎天一閣藏《七校》鈔本上馮貞群題識
圖16-22（下）◎天一閣藏《七校》鈔本卷首《水經題辭》葉一

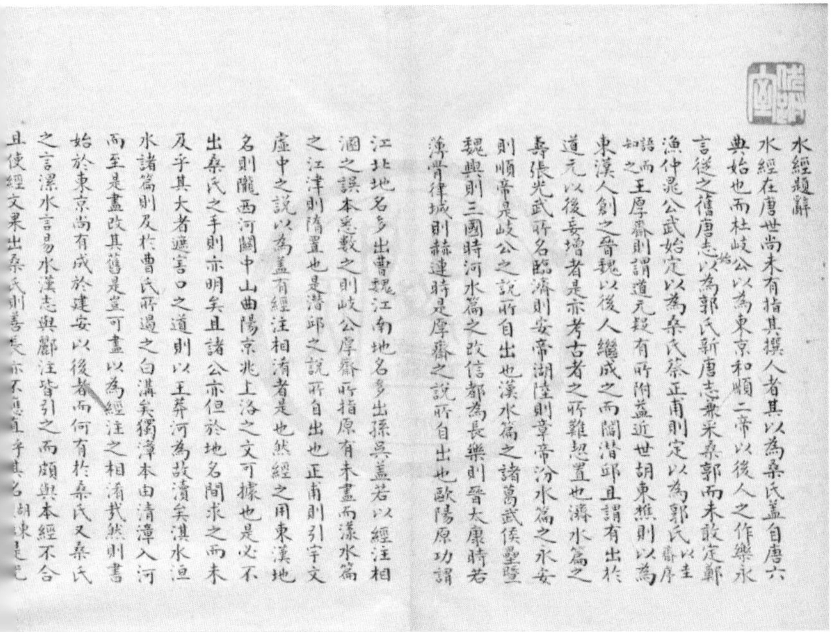
水經題辭
水經在唐世尚未有指其撰人者其以為桑氏蓋自唐六
典始也而杜岐公以為東京和順二帝以後人之作樂永
言從之舊唐志始以為郭氏新唐志兼采桑郭而未敢定鄭
漁仲晁公武始定以為桑氏蔡正甫則定以為郭氏以圭齋序語而
知之王厚齋則謂道元疑有所附益近世胡東樵則以為
東漢人創之晉魏以後人繼成之而閻潛邱且謂有出於
道元以後妄增者是亦考古者之所難恝置也濟水篇之
壽張光武所名臨濟則安帝湖陸則章帝汾水篇之永安
則順帝是岐公之說所自出也漢水篇之諸葛武侯壘壁
魏興則三國時河水篇之改信都為長樂則晉太康時若
薄骨律城則赫連時是厚齋之說所自出也歐陽原功謂
江北地名多出曹魏江南地名多出孫吳蓋若以經注相
溷之誤本悉數之則岐公厚齋所指原有未盡而濕水篇
之江津則隋置也是潛邱之說所自出也正甫則引宇文
虛中之說以為蓋有經注相淆者是也然經之用東漢地
名則隴西河關中山曲陽京兆上洛之文可據也是必不
出桑氏之手則亦明矣且諸公亦但於地名間求之而未
及乎其大者遮害口之道則以王莽河為故瀆矣淇水洹
水諸篇則及於曹氏所遏之白溝矣獨漳本由清漳入河
而至是盡改其舊是豈可盡以為經注之相淆哉然則書
始於東京尚有成於建安以後者而何有於桑氏又桑氏
之言漯水言易水漢志與酈注皆引之而頗與本經不合
且使經文果出桑氏則善長亦不應直斥其名嘲諫是已

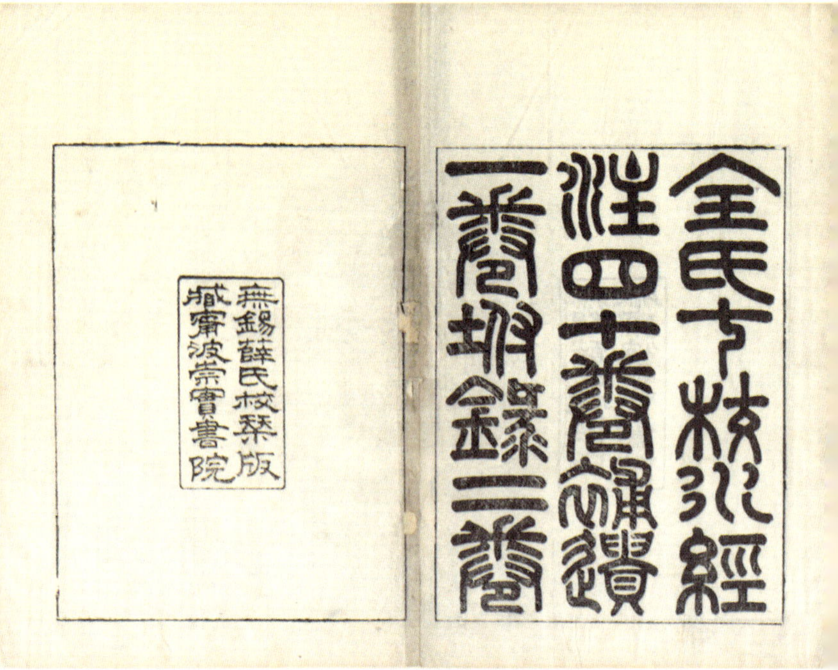
全氏七校水經注四十卷補遺一卷附錄二卷

無錫薛氏校栞版
藏甯波崇實書院

圖19-23 ◎清薛福成、董沛刊《七校》再刻本牌名葉

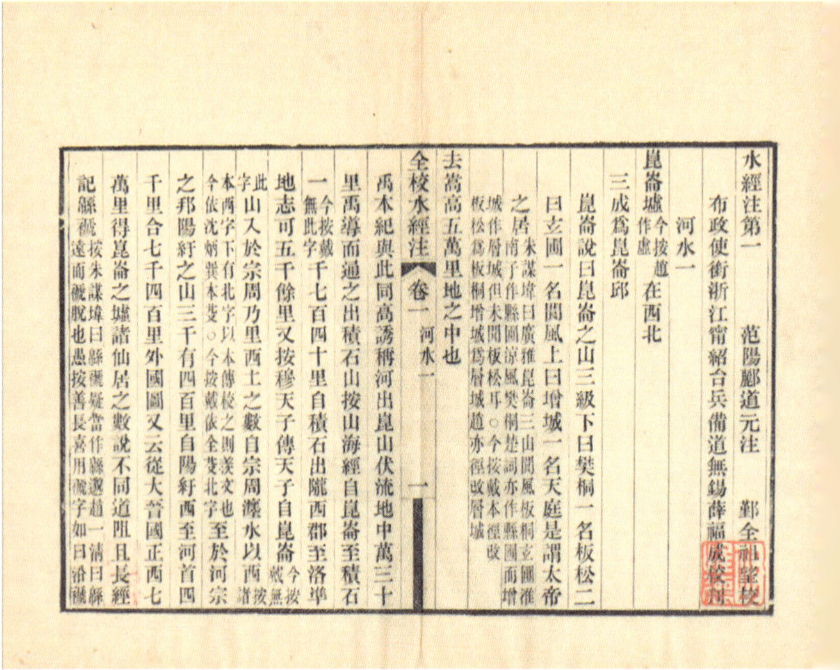
水經注第一　　范陽酈道元注　　鄞全祖望校
布政使銜浙江甯紹台兵備道無錫薛福成校刊
河水一
崑崙墟今按趙作虛在西北
三成爲崑崙丘
崑崙說曰崑崙之山三級下曰樊桐一名板松二
曰玄圃一名閬風上曰增城一名天庭是謂太帝
之居朱謀㙔曰廣雅崑崙三山閬風板桐玄圃淮南子作縣圃涼風樊桐楚詞亦作縣圃而增城作層城但未聞板松耳○今按戴本徑改板松爲板桐增城爲層城趙亦徑改層城
去嵩高五萬里地之中也
全校水經注　卷一　河水一　一
禹本紀與此同高誘稱河出崑山伏流地中萬三千
里禹導而通之出積石山按山海經自崑崙至積石
一今按戴無此字千七百四十里自積石出隴西郡至洛準
地志可五千餘里又按穆天子傳天子自崑崙今按戴無此字
山入於宗周乃里西土之數自宗周瀍水以西今按諸本西字下有北字以本傳校之則漢文也今依沈炳巽本芟○今按戴依全芟北字至於河宗
之邦陽紆之山三千有四百里自陽紆西至河首四
千里合七千四百里外國圖又云從大晉國正西七
萬里得崑崙之墟諸仙居之數說不同道阻且長經
記緜褫按朱謀㙔曰緜褫疑當作緜邈趙一清曰緜褫遠而褫脫也愚按善長喜用褫字如曰滄褫

圖19-24 ◎清薛福成、董沛刊《七校》再刻本卷一葉一

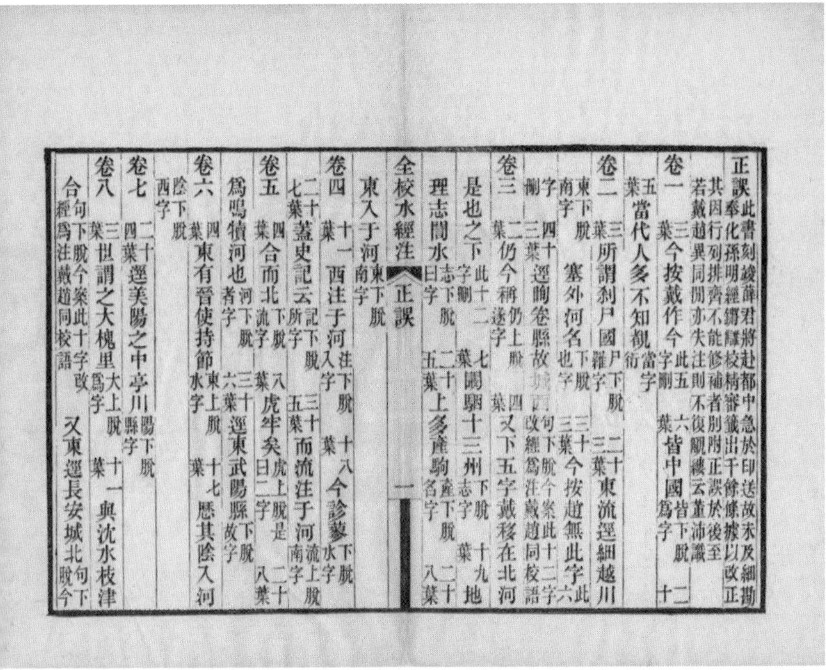
正誤　此書刻竣薛君將赴都中急於印送故未及細勘奉化孫明經鏘鳴校椅審覈出千餘條據以改正其因行列排齊不能修補者別附正誤於後至若戴趙異同間亦失注則不復覼縷云董沛識
卷一　三葉　今按戴作今　此五字刪　六葉　皆中國　皆下脫爲字　十二
五葉　當代人多不知覼　當字衍
卷二　三葉　所謂刹尸國　尸下脫羅字　二十三葉　東流逕細越川
東下脫南字　塞外河名　下脫也字　三十三葉　今按趙無此字　此六
字刪　四十三葉　逕朐卷縣故城西　句下脫今案此十二字改經爲注戴趙同校語
卷三　二葉　仍今稱　仍上脫遂字　四葉　又下五字戴移在北河
是也之下　此十二字刪　七葉　闞駰十三州志　下脫字　十九葉　地
理志間水　志下脫曰字　二十五葉　上多產駒　產下脫名字　二十八葉
全校水經注　正誤　一
東入于河　東下脫南字
卷四　十一葉　西注于河　注下脫入字　十八葉　今診蓼　下脫水字
二十七葉　蓋史記云　記下脫所字　三十五葉　而流注于河　流上脫南字
卷五　四葉　合而北　下脫流字　八葉　虎牢矣　虎上脫是曰二字　二十八葉
爲鳴犢河也　河下脫者字　三十六葉　逕東武陽縣　下脫故字
卷六　四葉　東有晉使持節　東上脫水字　十七葉　歷其陰入河
陰下脫西字
卷七　二十四葉　逕美陽之中亭川　陽下脫縣字
卷八　三葉　世謂之大槐里　大上脫爲字　十一葉　與沈水枝津
合　句下脫今案此十字改經爲注戴趙同校語　又東逕長安城北　句下脫今

圖 19-25　◎清薛福成、董沛刊《七校》再刻本《正誤》葉一

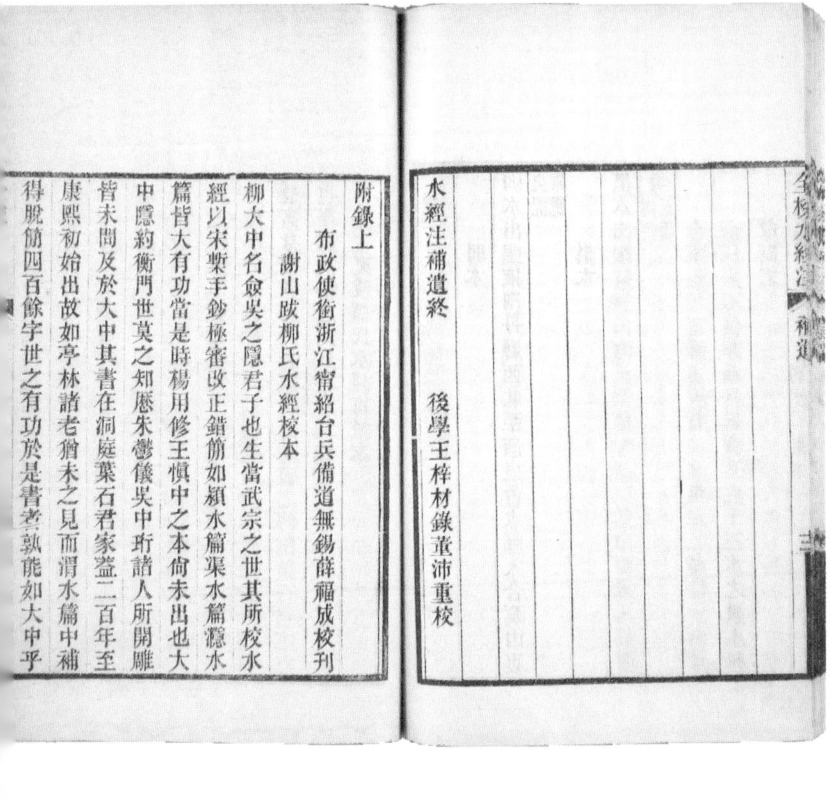
全校水經注　補遺
水經注補遺終　後學王梓材錄　董沛重校
附錄上　布政使銜浙江甯紹台兵備道無錫薛福成校刊
謝山跋柳氏水經校本
柳大中名僉吳之隱君子也生當武宗之世其所校水經以宋槧手鈔極審改正錯簡如潁水篇渠水篇㶏水篇皆大有功當是時楊用修王慎中之本尚未出也大中隱約衡門世莫之知歷朱鬱儀吳中珩諸人所開雕皆未問及於大中其書在洞庭葉石君家蓋二百年至康熙初始出故如亭林諸老猶未之見而渭水篇中補得脫簡四百餘字世之有功於是書者孰能如大中乎

圖 19-26　◎清薛福成、董沛刊《七校》再刻本《補遺》葉十二下、《附録上》葉一上

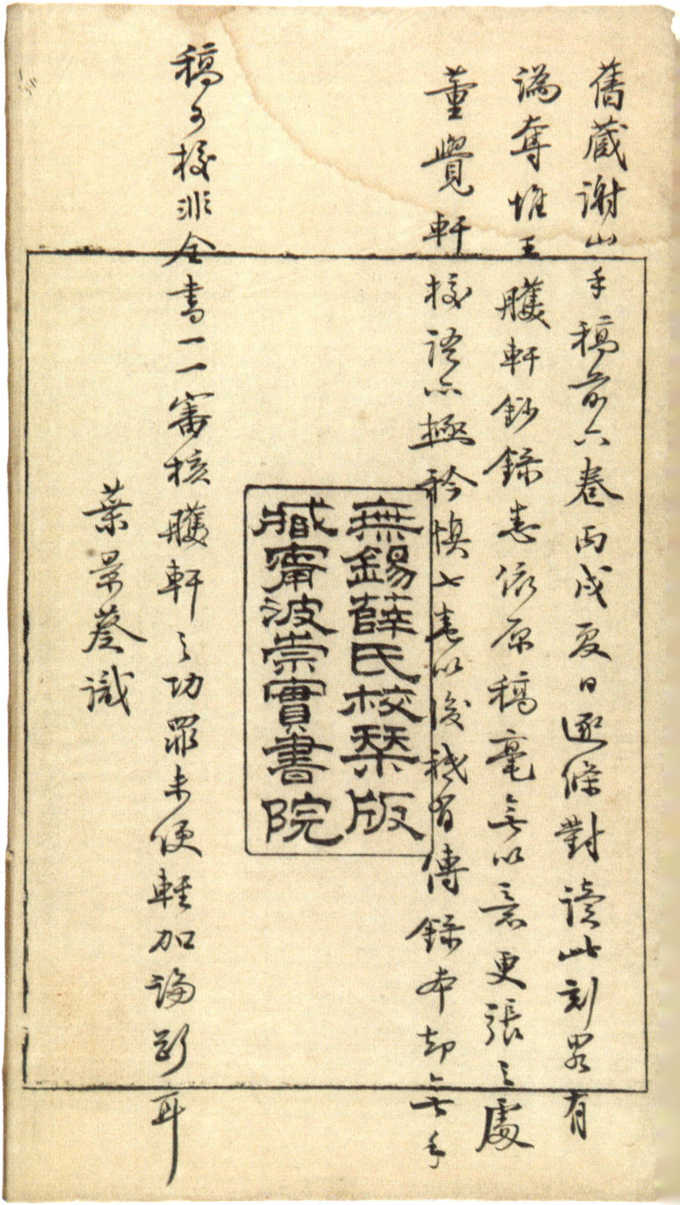

舊藏謝山手稿前六卷，丙戌夏日逐條對讀，此刻畧有譌奪。惟王艧軒鈔錄悉依原稿，毫無以意更張之處。董覺軒校讀點竄，矜慎之甚。以後縱有傳錄本，却無手稿可校，非全書一一審核。艧軒之功罪，未便輕加論列耳。

葉景葵識

無錫薛氏校槧版藏甯波崇實書院

圖19-27（本頁右）◎上海圖書館藏《七校》刻本上葉景葵題識

圖19-28（下頁左）◎上海圖書館藏《七校》刻本卷首顧廷龍跋語

圖19-29（下頁右）◎上海圖書館藏《七校》刻本卷一葉一上

帝　稿本作帝

水經注第一　范陽酈道元注　鄞全祖望校

布政使銜浙江甯紹台兵備道無錫薛福成校刊

河水一

崑崙墟「今按趙作虛」在西北

三成爲崑崙邱

崑崙說曰崑崙之山三級下曰樊桐一名板松二曰玄圃一名閬風上曰增城一名天庭是謂太帝「帝」之居朱謀㙔曰廣雅崑崙三山閬風板桐玄圃淮南子作縣圃涼風樊桐楚詞亦作縣圃而增城作層城但未聞板松耳。「今按戴本徑改板松爲板桐增城爲層城趙亦徑改層城」

去嵩高五萬里地之中也

全校水經注　卷一　河水一　一

借約園所據王本（唐康廣藏）傳鈔本校卷首爲適之先生携去遂未卒業俟他日續校卅七年五月廿日龍記

水經注釋

四十卷，首一卷，附録二卷

水經注箋刊誤

十二卷

趙一清撰

（《注釋》本）

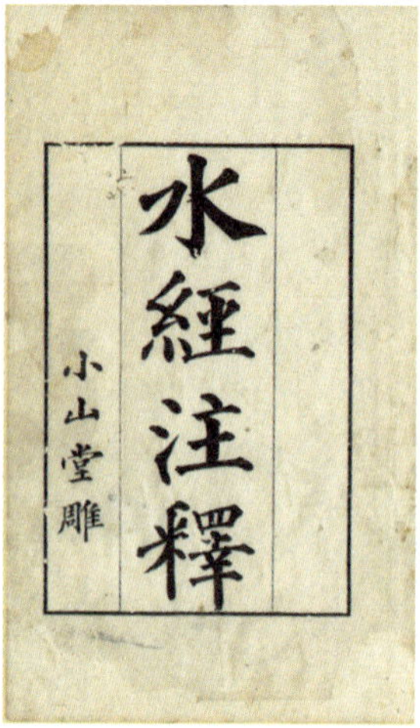

圖 20-1 ◎《注釋》初刻本書名葉

文淵閣《四庫全書》本〔一〕（《四庫》本）

二十八册〔二〕，半葉八行，行二十一字。經文頂格，注低一格，注文單行，有大小字之别，按語雙行夾寫。此本有《提要》，題乾隆四十六年十月校上。有全祖望

〔一〕本書所據爲《水經注釋》影印本，《景印文淵閣四庫全書》第五七五册，臺灣商務印書館，二〇〇八年。又，今中國國家圖書館藏有《水經注釋》（含《附録》）鈔本十册四十卷（清吴騫拜經樓舊藏），其中有《北史本傳》、《參校諸本》、酈道元原序（缺半），唯無《水經注箋刊誤》。胡適以爲其底本係與《四庫》本同源，參見所撰《〈水經注〉版本展覽目録（北京大學五十週年紀念）》，《胡適文集》第十册，北京大學出版社，一九九八年，頁六六三—六六四。

〔二〕《水經注釋》十八册四十卷，《附録》一册二卷，《水經注箋刊誤》九册十二卷。

序、趙一清序，無《北史本傳》《參校諸本》及酈道元《水經注》原序（缺半）。

清乾隆五十一年小山堂初刻本（初刻本）

二十一册[一]，半葉十行，行二十二字。經文頂格，注低一格，注文單行，有大小字之别，按語雙行夾寫。此本有畢沅序、全祖望序、趙一清序、酈道元《水經注》原序（缺半）、《參校諸本》、《北史本傳》。另，中國國家圖書館現藏有一本《水經注釋》初刻本，原爲胡適收藏，其上有胡適於民國三十六年（一九四七年）所題跋語，書眉書根又散有其批語，並有“胡適”“胡適手記”等印。

《水經注釋》是酈學發展史中一部重要的著作。《注釋》本大規模釐定經注文，一改以往對於酈書文本的小修小補，力圖以全新的體例呈現酈書原貌，將酈學帶入到一個新階段。趙一清有功於酈書，此乃酈學界共識。對於此書四十卷的正文，酈學界也已有頗多評述，但對此書《附録》及《水經注箋刊誤》兩部分内容則關注不多[二]。另外，對於此書的成書過程，此前研究

〔一〕《水經注釋》（含《附録》）十五册四十二卷，《水經注箋刊誤》六册十二卷。

〔二〕鄭德坤《〈水經注〉板本考》介紹“趙一清校釋本”時側重於趙戴相襲案，對於《附録》及《刊誤》僅一筆帶過。陳橋驛評述趙一清時，未涉及《附録》而僅提及《刊誤》，但以後者爲趙一清撰寫《水經注釋》的基礎（參見所撰《趙一清與〈水經注〉》，《中華文史論叢》第五十一輯，一九九三年，後收入《水經注論叢》，頁一七二），其説可商（詳後文）。

亦不盡全面，且多有誤讀〔一〕。

趙一清以《注箋》本爲工作底本，參校多種版本〔二〕，以畢生之力治《水經注》，其成果最終體現在《水經注釋》這一巨著中。不過，趙氏生前，其著述尚未最終成書，其治酈成果都反映在他的幾種工作稿本中。這些稿本，今可見者尚有趙校項本〔三〕、小山堂鈔本〔四〕、趙校《注箋》本〔五〕。從此書與各稿本的對勘中

〔一〕《四庫》本趙氏自序題在乾隆十九年，而初刻本卷首畢沅序題在乾隆丙午年（乾隆五十一年）。丁山（《酈學考序目》，《中央研究院歷史語言研究所集刊》第三卷第三分本，一九三二年）、胡適（《論趙一清的〈水經注釋〉稿本的最後狀態》，《胡適全集》卷一五，頁一九六）皆推測在趙氏生前，《水經注釋》未有定稿，其依據是《四庫》本和刻本之間的異同及對《北史本傳》的分析，然論證不够殷實。陳橋驛在《趙一清與〈水經注〉》一文中依據楊希閔《趙一清自序跋》以爲《水經注釋》定稿於乾隆十五年，繼而又據《郘亭知見傳本書目》《書目答問補正》推論説此書在乾隆十九年有趙氏家刻本。按，楊希閔之《趙一清自序跋》（收入楊希閔《水經注匯校》中）云："趙書成於乾隆十五年，刊於五十九年。"楊氏所説《水經注釋》書成於乾隆十五年不知何據，但《水經注釋》首次刊刻當於乾隆五十一年而非五十九年則無疑。陳橋驛據上述兩《書目》所説乾隆十九年之家刻本，世所未見，頗疑該兩《書目》皆以趙氏自序之乾隆十九年推論而定。

〔二〕《注釋》初刻本卷首《參校諸本》中共列出《水經注》版本二十九種。

〔三〕現藏南京圖書館的一部丁丙跋、項絪刻《水經注》（存三十六卷），上有趙一清、全祖望親筆校語（全氏的字跡僅有兩行，其餘均爲趙氏校語），參見胡適《〈水經注〉版本展覽目録（北京大學五十週年紀念）》，《胡適文集》第十册，頁六六二。

〔四〕《全氏水經注五校稿本》中的趙一清親筆謄録的小山堂鈔本《水經注》，參見［二二六］甲。

〔五〕蔣光煦别下齋舊藏，臺北故宫博物院現藏。此本以萬曆年間刊行的《注箋》本爲底本，卷中以朱墨批校，卷尾眉端多録趙一清批注及全祖望之説，每

可以判斷，今所見《水經注釋》，乃趙氏後人對稿本加以整理而成〔一〕。

此書最早由浙江巡撫於乾隆三十八年（一七七三年）採進《四庫》館，後鈔成文淵閣《四庫全書》本（以下簡稱"《四庫》本"），其校上年月是乾隆四十六年（一七八一年），而趙氏已卒於之前的乾隆二十九年（一七六四年）〔二〕。《四庫》本久藏館内，外界難得

卷後録趙琦美、孫潛夫、何焯校閱年月。按，王重民定此本爲趙一清校本，胡適亦持此論。參見王重民《跋趙一清本〈水經注箋〉兼論趙戴、全趙兩公案（擬題）》，《胡適與王重民往來書信集》一九四三年十一月五日王重民致胡適函，北京圖書館出版社，二〇〇九年，頁一〇六—一一六；胡適《跋北平圖書館藏的朱墨校本〈水經注箋〉》，《胡適全集》卷一五，頁一六九—一七六。

〔一〕以這三個稿本和《注釋》本相比對，可看出《注釋》本的文字校改，與趙校朱本一致；而《注釋》本的按語，皆見於小山堂鈔本。兹舉一例説明。《注釋》本卷十九"縣古犬丘邑，周赧王都之"條下有趙氏按語："朱氏謀㙔《箋》曰：《帝王世紀》及《世本》並云'懿王自鎬徙都犬丘'。此作'赧王'，字之誤耳。"小山堂鈔本此條下有趙氏按語："按，朱《箋》'赧王'字誤，當作'懿王'。"隨後，全氏在其上有批語云："赧王出，安得自東而都於西乎？其誤甚矣。"並且將趙氏按語精簡爲"中尉曰：'赧王'當作'懿王'"。趙氏並没有將此處校改訂正在趙校《注箋》本上，故《注釋》本"赧"字亦没有訂正。因文字没有校改，整理者不得將此條放在《刊誤》之下，而只能在《注釋》本中以趙氏按語的形式訂正，因無甚發明，又只得冠以"朱氏謀㙔箋曰"而不得加"一清案"，其實此處從朱《箋》而不訂正文字的體例和趙氏自序及全書體例極不相符。由此可見，此條是整理者爲遵從工作稿本而違背了全書的體例。

〔二〕參見李宗侗《趙東潛年譜稿》，臺灣大學《文史哲學報》一九五〇年第一期，後收入《李宗侗文史論集》，中華書局，二〇一〇年，頁四三六。

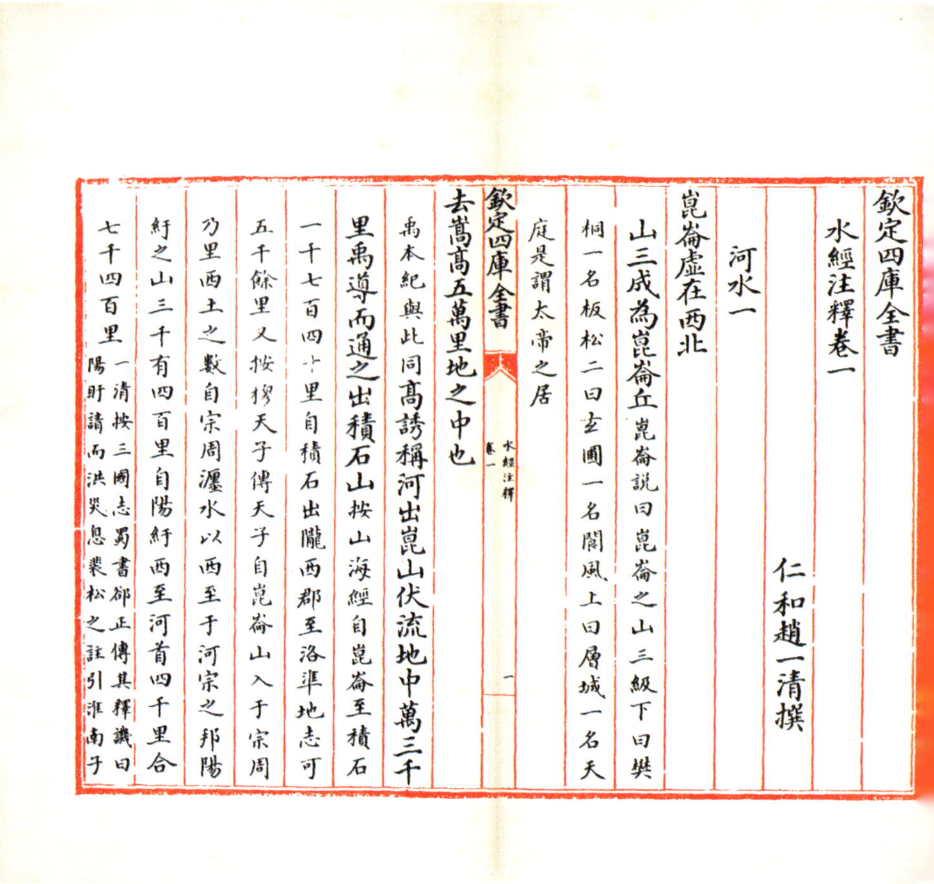
欽定四庫全書
水經注釋卷一
仁和趙一清撰
河水一
崑崙虛在西北
山三成爲崑崙丘崑崙說曰崑崙之山三級下曰樊桐一名板松二曰玄圃一名閬風上曰層城一名天庭是謂太帝之居
欽定四庫全書 水經注釋 卷一 一
去嵩高五萬里地之中也
禹本紀與此同高誘稱河出崑山伏流地中萬三千里禹導而通之出積石山按山海經自崑崙至積石一千七百四十里自積石出隴西郡至洛準地志可五千餘里又按穆天子傳天子自崑崙山入于宗周乃里西土之數自宗周瀍水以西至于河宗之邦陽紆之山三千有四百里自陽紆西至河首四千里合七千四百里一清按三國志蜀書郤正傳其釋譏曰陽盱請而洪災息裴松之註引淮南子

圖 20-2 ◎《注釋》文淵閣《四庫》本卷一葉一

一見。五年後，趙氏後人將此書付梓刊刻，是爲乾隆五十一年（一七八六年）小山堂初刻本（以下簡稱“初刻本”），隨後《水經注釋》才漸漸爲世人所知。因《四庫》本成書最早，故在以下對此書的討論中，除特別説明外，均是指《四庫》本而言。

此書有三部分：一是注釋酈書的四十卷正文，二是收録治酈資料的《附録》（上下卷，以下簡稱“《附録》”），三是《水經注箋刊誤》（十二卷，以下簡稱“《刊誤》”）。此三者側重不同，特點各異，分别體現了趙氏治酈的不同方面，故下文將分而述之。

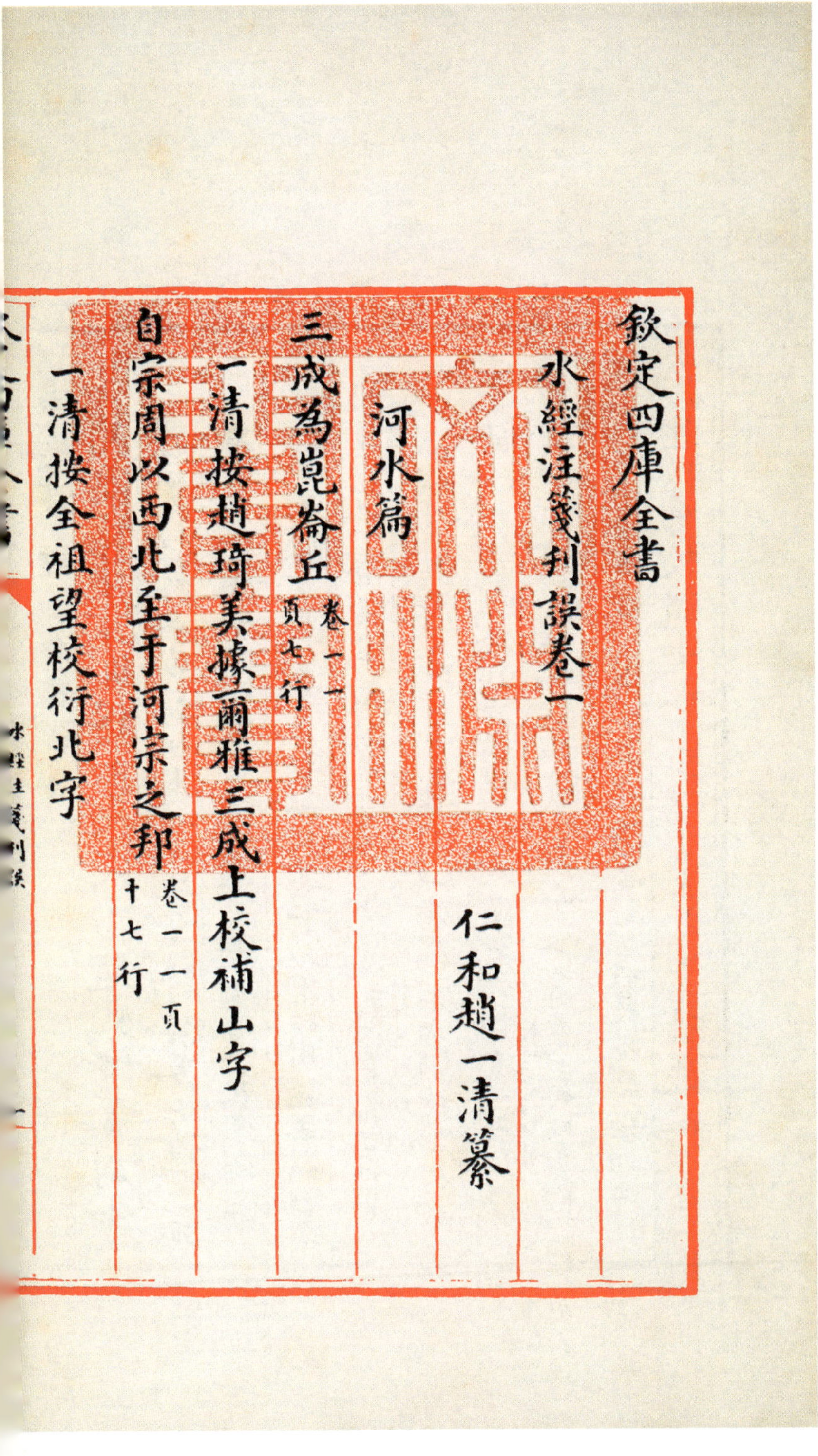
欽定四庫全書

水經注箋刊誤卷一

仁和趙一清纂

河水篇

三成為崑崙丘 卷一一頁七行

一清按趙琦美據爾雅三成上校補山字

自宗周以西北至于河宗之邦 卷一一頁十七行

一清按全祖望校衍北字

圖 20-3 ◎《注釋》文淵閣《四庫》本《水經注箋刊誤》卷一葉一

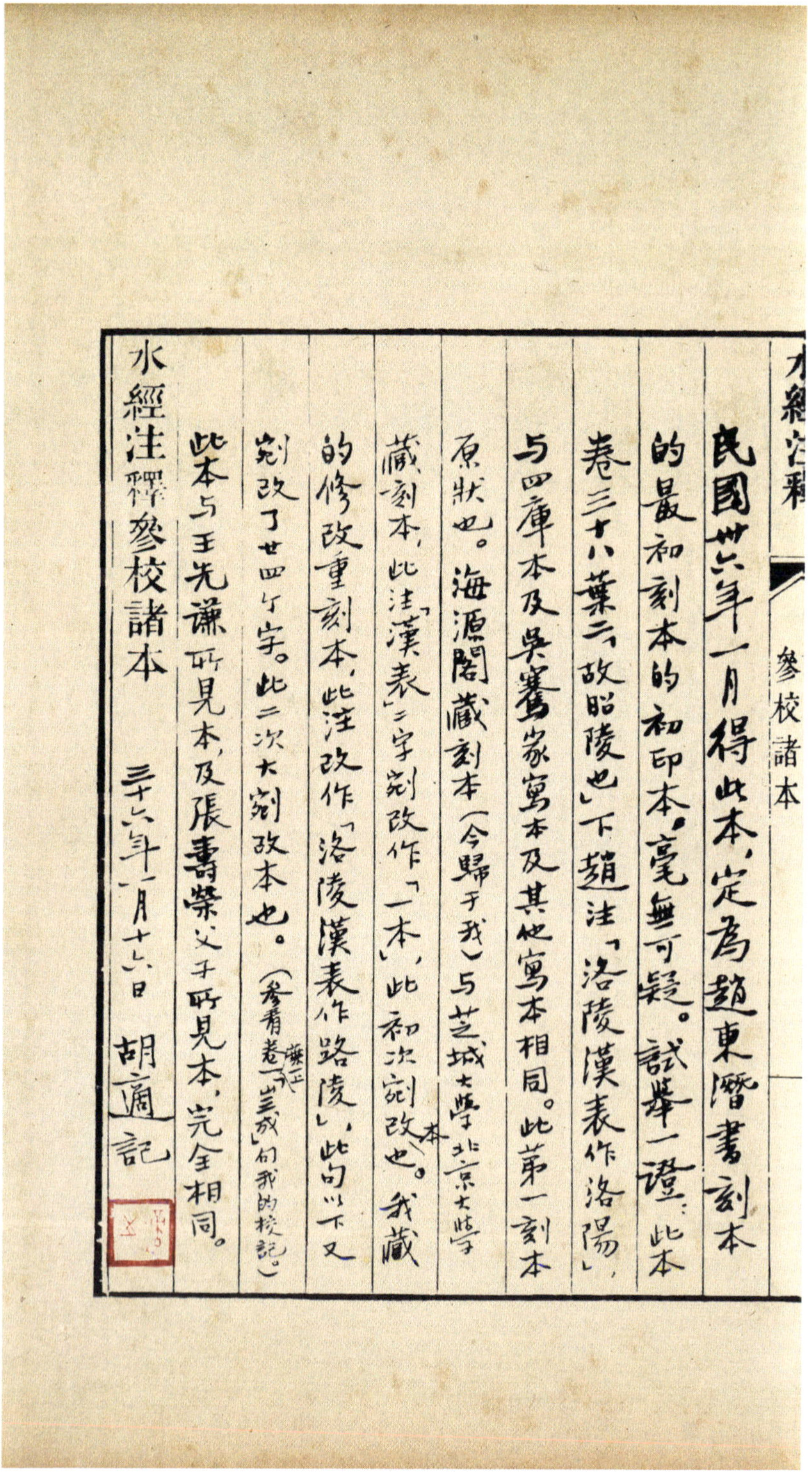
水經注釋

參校諸本

民國卅六年一月得此本，定為趙東潛書刻本的最初刻本的初印本，毫無可疑。試舉一證：此本卷三十八葉二，「故昭陵也」下趙注「洛陵漢表作洛陽」，与四庫本及吳騫家寫本及其他寫本相同。此第一刻本原狀也。海源閣藏刻本（今歸于我）与芝城大學北京大學藏刻本，此注「漢表」二字剜改作「一本」，此初次剜改本也。我藏的修改重刻本，此注改作「洛陵漢表作路陵」，此句以下又剜改了廿四個字。此二次大剜改本也。（參看卷一葉五「岩成」句我的校記。）

此本与王先謙所見本，及張壽榮父子所見本，完全相同。

水經注釋參校諸本

三十六年一月十六日　胡適記

圖 20-4　◎《注釋》初刻本卷首《參校諸本》葉三下

寫今混作大字幾不可辨葢述其先世舊聞斯言也
予深然之河洛濟渭沔江諸篇經注混淆臥病中忽
悟其義馳書三千里至京師告予予初聞之通夜不
寐竟通其說悉加改正今秋下榻春艸園之西樓各
出印證宛然符契舉
酒大笑因製序焉

以上諸本予悉取之與明南州朱謀㙔中尉箋相參證
錄其長而舍其短第見聞有限頗懷生晚之歎覯者幸
勿哂其陋也古老傳言馮祭酒夢禎以經注混淆間用
朱墨分勾乙其本惜未之見

水經注釋　卷首　三　東潛趙氏定本

圖 20-5 ◎《注釋》初刻本卷首《參校諸本》葉三上

刊誤曰：「趙琦美據爾雅三成上校補山字。」此初刻未改之情形。後來刻本卷一此葉删去此校補之山字，故剜改整整三行！刊誤又改云：「見爾雅釋邱。趙琦美據河水四注三成上增山字，非也。」孫潛本今存此句，趙琦美校改。 胡適

水經注釋卷一

仁和趙一清誠夫錄

河水一

崑崙虛在西北

山三成爲崑崙邱崑崙說曰崑崙之山三級下曰樊桐一名板松二曰元圃一名閬風上曰層城一名天庭是謂太帝之居

去嵩高五萬里地之中也

禹本紀與此同高誘稱河出崑山伏流地中萬三千里禹導而通之出積石山按山海經自崑崙至積石一千

水經注釋 卷一 一 東潛趙氏定本

圖 20-6 ◎《注釋》初刻本卷一葉一上

此是最初刻本的情形。王先謙所見本与此同。後来校刻者發見此条大錯，故改刻云：「見尔雅釋丘。趙琦美據河水四注三成上增山字，非也。」改本恰与原意相反！ 胡適

水經注箋刊誤

聊以釋庸俗之紛爾凡某卷某葉一如朱本原數趙一清識

河水

三成爲崑崙邱 卷一第一葉

趙琦美據爾雅三成上校補山字

北至于河宗之邦 卷一第一葉

全祖望校衍北字

遻記緜褫 卷一第二葉

箋曰疑當作經記緜邈按褫字不誤易訟卦疏云三見褫脫蓋褫有脫義言經記歲遠褫脫耳巨洋水注云遺

圖 20-7 ◎《注釋》初刻本《水經注箋刊誤》卷一葉二下

《注釋》本繼承了《水經注》通行的分卷方法，並對原書的缺佚進行了大量的補充，如卷十八補入四百二十字缺文〔一〕，初刻本中收入了酈道元原序之半〔二〕，以及從各種輿地書籍和史料中補入、恢復《水經注》亡佚的水目〔三〕。《注釋》本中有大量的按語（以下簡稱“趙《釋》”），以卷十八爲例，趙《釋》文字占全篇的近五成之多〔四〕。這些按語長短不一，長者竟有半葉之多。相較《注箋》本，趙《釋》的著眼點是在前後酈《注》有抵牾或是文字崎嶇難以理解之處，而對於《水經注》中所引典故的史源探尋，則儘量少出按語；至於各本文字異同的校勘問題，則直接訂正在正文中。綜觀全書，雖然有些注釋略顯冗長，但是整體注文脈絡清晰，版式效果頗佳，仍可令讀者完全凝心於《水經注》之要旨精華。

《注釋》本的首要貢獻是經注文釐定和注中注的區分。書中將原書混入經文的注文悉數改回，並在注文中進一步界定出注中之注，以大小字加以區別。經過此書的調整，《水經注》經、

〔一〕《刊誤》卷七“長安人劉終於崩”條下有：“一清案：孫潛用柳僉鈔本校補四百二十字，真希世之寶也！詳本卷。”

〔二〕序後趙氏自記：“此是酈亭原本，孫潛夫從柳大中鈔本録得。”

〔三〕卷十九《渭水下》篇末補入了豐水、涇水、汭水等三水。故《四庫》本《提要》曰：“一清證以本注，雜採他籍，得洺、滹沱、泒、滋、伊、瀍、澗、洛、豐、涇、汭、渠、獲、洙、滁、日南、弱、黑十八水，於灅水下分灅餘水，又考驗本經，知清漳水、濁漳水，大遼水、小遼水皆原分爲二，共得二十一水，與《六典》注原數相符。”

〔四〕如卷十八經文十七字，大小注文共二〇一八字，趙《釋》一八二三字，占總字數的百分之四十七。

水經注箋刊誤卷一

水經注自唐李吉甫刪後蜀板遷就頗失其眞宋崇文總目遂缺五卷前明校刊者屢矣惟朱中尉箋較諸家稱最善然於禹貢史漢尙未究心何况他籍余夙躭嗜此書隨讀隨正頻年竭精力以探求之薈萃羣言參之本注遺漏者補其缺紕繆者訂其譌古人愼於傳疑於所不疑又何敢焉然以之編入正文閱古之士不免間續之憾若不著厥從來又恐蹈誕妄之誚暇日因取朱箋爲之言詮句詁鱗次櫛比各具本元作爲刊誤掩卷而思固不如披檢之足快矣是錄成非欲顯前修之失

水經注箋刊誤　卷一　一　東潛趙氏定本

圖 20-8 ◎《注釋》初刻本《水經注箋刊誤》卷一葉一上

注的原貌大部分得以恢復，這對此後酈學的研究發展至關重要。殿本的經、注釐定與此基本相同〔一〕。注中注的體例創新，爲後世王先謙《合校水經注》所採納。其次，《注釋》本對於注文的補缺、錯簡的調整，均有啟發性的見解，是後世學者按圖索驥、繼續推敲的一大基礎。以卷十九爲例，殿本對於注文錯簡的調整，明顯是在《注釋》本的基礎上繼續完善的〔二〕。第三，此書的貢獻還在於對水名、地名的考證。趙《釋》中常可見縝密的推理。針對難點亦不吝筆墨，從各方面詳加論述，爲以後的治酈學者提供了新思路。例如，卷十九"鄗水北逕溪靈臺西"下趙《釋》對"溪靈臺"爲"清靈臺"之訛的辨析，旁徵博引，考證甚詳。第四，此書中的文字校勘也有較高的參考價值。此書校正的文字甚多，其中雖有此前各家的校勘爲基礎，但是趙氏首發的訂正也爲數不少。例如卷十九"南北三百八十步"，其中"三"原本作"二"，《注釋》本據《史記索隱》改正。

當然，《注釋》本自身的特點也不可避免地帶來一些不足。比如，注中注的區分，似缺乏嚴謹的體例，相同類型的注文，時而大注，時而小注，前後抵牾，反而造成酈《注》體例不一的面貌〔三〕。其次，在徵引史料補訂缺文時，對於史料本身的甄別似亦

〔一〕以卷十九爲例，兩書釐定的經注文完全相同。綜觀全書，兩書釐定的經注文內容、數量均相似。

〔二〕《水經注釋》及殿本《水經注》卷十九的錯簡整理情況可參見李曉傑主編《水經注校箋圖釋·渭水流域諸篇》之《附録三》。

〔三〕例如卷十八"其水北流注於渭地理志曰斜水出衙領北"此處"地理志曰"等十字爲大注。同卷"故地理志曰好畤有梁山宫"則爲小注，且此處"地理志曰"之後引文有所割裂，其中又插入酈《注》，顯然，此處的《地理志》

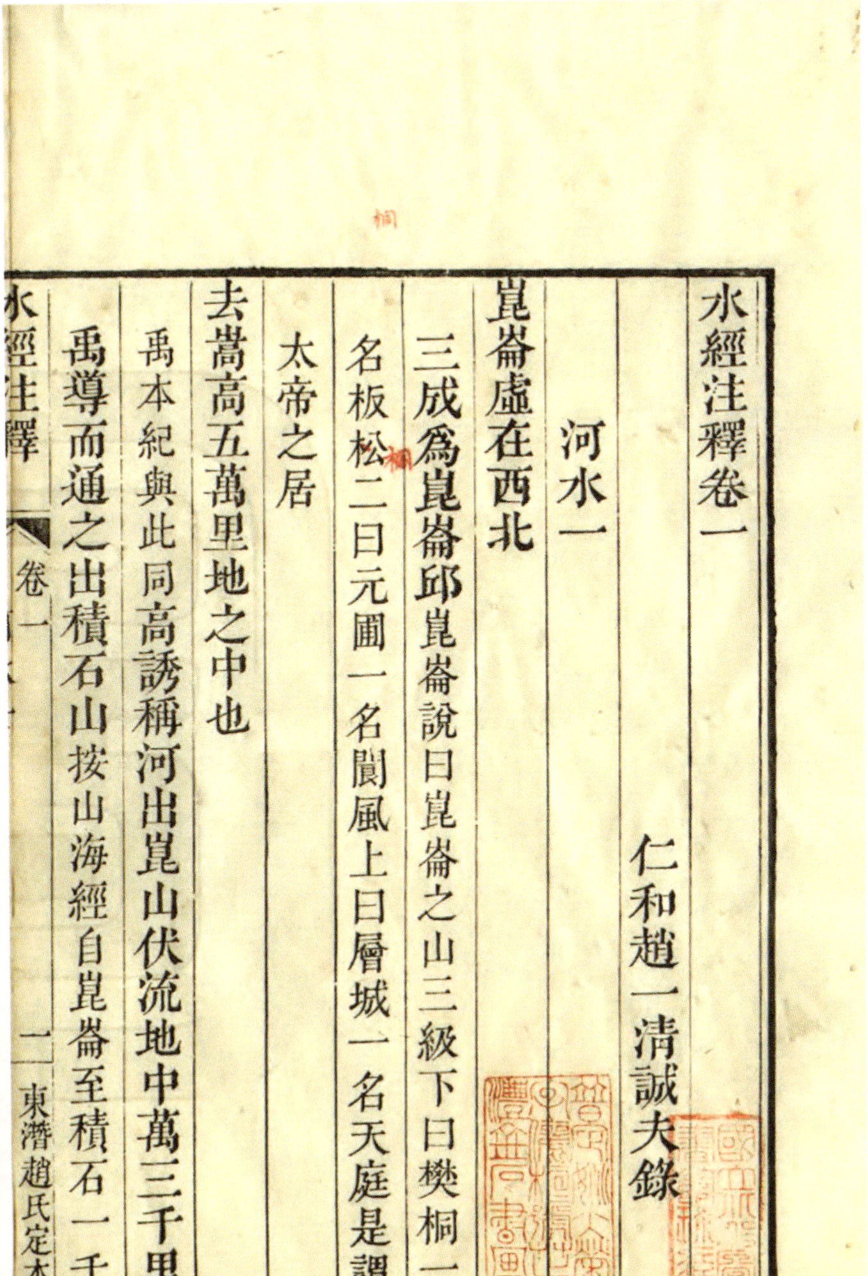
水經注釋卷一
仁和趙一清誠夫錄
河水一
崑崙虛在西北
三成爲崑崙邱崑崙說曰崑崙之山三級下曰樊桐一名板松二曰元圃一名閬風上曰層城一名天庭是謂太帝之居
去嵩高五萬里地之中也
禹本紀與此同高誘稱河出崑山伏流地中萬三千里禹導而通之出積石山按山海經自崑崙至積石一千
水經注釋　卷一　一　東潛趙氏定本

圖 20-9 ◎《注釋》重刻本卷一葉一上

不够，有時過度依賴《三輔黄圖》《太平寰宇記》《長安志》《名勝志》《讀史方輿紀要》等書中的引文，而忽視了這些書自身的輯補特性，從而在字句的精准性方面出現問題[一]。第三，此書中有少數按語體例不恰，其“注釋”的作用不大，更宜歸入《刊誤》[二]。第四，本書的文字校勘上還有些許不足，比如一些訛誤未能訂正。同時，《刊誤》雖已别録訂正的文字，但是在此書中没有對應的標記，所以必須與《刊誤》同覽才能知曉其校改之處，頗爲不便。第五，《注釋》本所補輯的水目，往往是從各種史料中摘録後歸在一起，引文前後文意不相連貫[三]。上述諸多不足，多是由於《水經注釋》原無定本這一原因造成的。

《附録》二卷[四]，羅列了自桑欽《水經》以下涉及水道的相關著作，梳理了前人治酈成就。同時，《附録》從各家著述中摘録出與酈書相關的内容，以時間順序排列，其後多有趙氏評述

引文當爲大注。

〔一〕例如《刊誤》卷七“水會無他高山異巒”下有“一清案，《名勝志》引此文作‘水所匯處’，今補改正”。《水經注疏》：“會貞按，‘水會’字屢見本書，不誤，《名勝志》當是臆改。”

〔二〕例如卷十九“張昌曰：橋在長安西北茂陵東。如淳曰：去長安四十里”下有趙《釋》：“杭氏世駿曰：《漢書》注，‘張昌’作‘服虔’，‘如淳’作‘蘇林’。”此條明是訂正而非注釋文字。

〔三〕例如卷十九末，《注釋》本補入豐水五百字，前一九九字爲《長安志》長安縣、萬年縣、石闥堰等條目下引《水經注》相關文字，後三〇一字爲趙氏按語，其中又引《禹貢錐指》《漢書·地理志》等文，前後均以大字書寫，其中條理不甚明晰。

〔四〕《附録》在《四庫》本中全稱爲《水經注釋附録》，署“仁和趙一清纂”，分爲卷上、卷下。

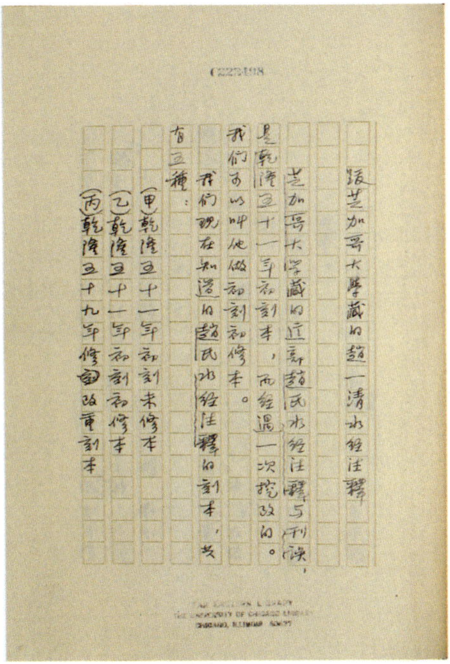

C223498

跋芝加哥大學藏的趙一清水經注釋

芝加哥大學藏的這部趙氏水經注釋刊誤，是乾隆五十一年初刻本，而經過一次挖改的。我們可以叫他做初刻初修本。

我們現在知道的趙氏水經注釋的刻本，共有三種：

(甲)乾隆五十一年初刻未修本

(乙)乾隆五十一年初刻初修本

(丙)乾隆五十九年修改重刻本

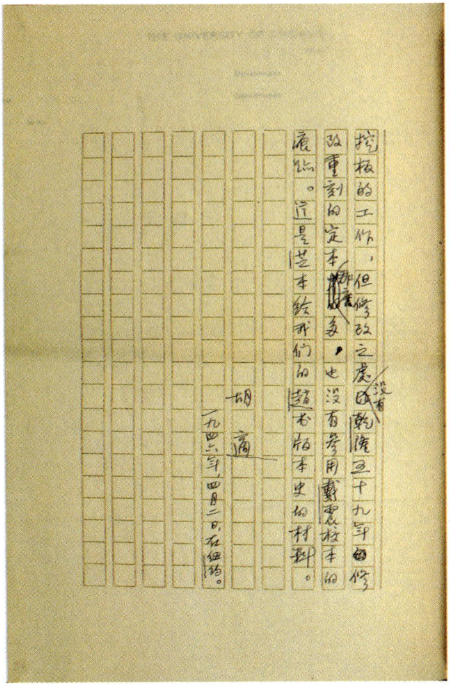

挖板的工作，但修改之處沒有乾隆五十九年修改重刻的定本那樣多，也沒有參用戴震校本的痕跡。這是芝本給我們的趙書版本史的材料。

胡適

一九四六年，四月二日，在紐約。

圖 20-10（上）◎胡適手稿《跋芝加哥大學藏的趙一清水經注釋》首頁

圖 20-11（下）◎胡適手稿《跋芝加哥大學藏的趙一清水經注釋》末頁

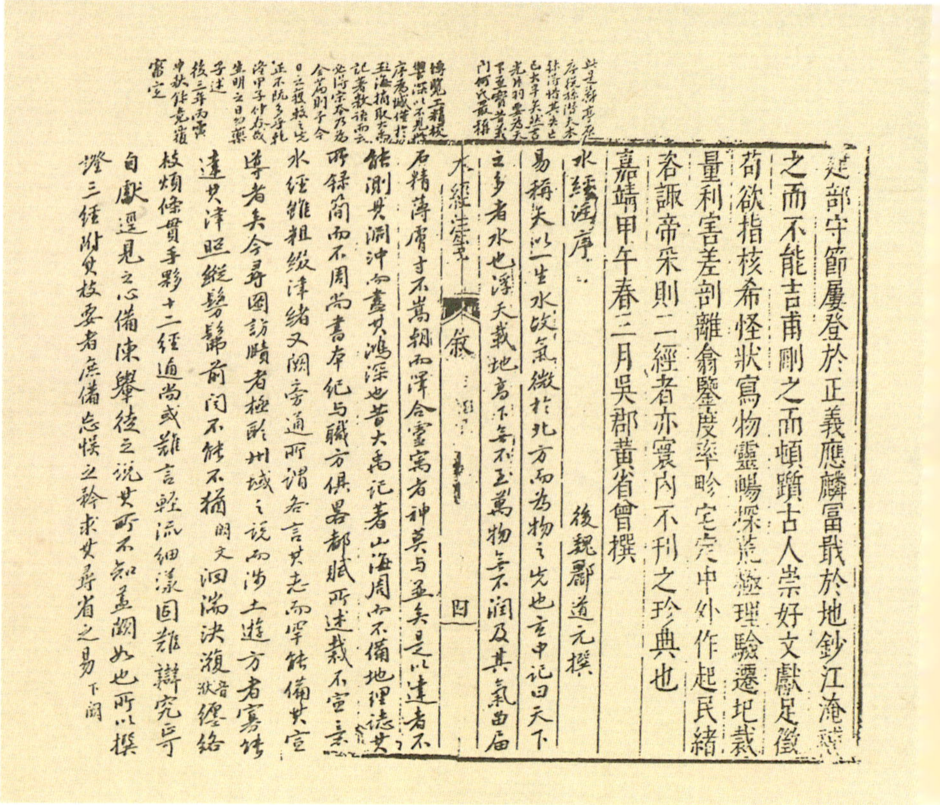

是部守節屢登於正義應麟冨戩於地鈔江淹
之而不能吉甫剛之而頓躓古人崇好文獻足徵
苟欲指核希怪狀寫物靈暢探荒整理驗遷圯裁
量利害差剖離翕鑒度率畛宅究中外作起民緒
咨諏帝采則二經者亦寰內不刊之珍典也
嘉靖甲午春三月吳郡黃省曾撰

水經注序　後魏酈道元撰
易稱天以一生水故氣微於北方而為物之先也玄中記曰天下
之多者水也浮天載地高下無不至萬物無不潤及其氣流屆
石精薄膚寸不崇朝而澤合靈寓者神莫與並矣是以達者不
能測其淵沖而盡其鴻深也昔大禹記著山海周而不備地理志其
所錄簡而不周尚書本紀與職方俱略都賦所述裁不宣意
水經雖粗綴津緒又闕旁通所謂各言其志而罕能備其宣
導者矣今尋圖訪賾者極聆州域之說而涉土遊方者寡能
達其津照縱髣髴前聞不能不猶闕文洄湍決澓音伏纏絡
枝煩條貫手影十二經通尚或難言輕流細漾固難辯究亭
自獻還見之心備陳舉徒之說其所不知蓋闕如也所以撰
證三經附其枝要者庶備忘誤之矜求其尋省之易　下闕

水經注叙　四

圖 20-12　◎趙一清各種形式署名之一：勿藥子

的跋語。以今天的眼光審視，《附録》自成體系，可謂是最早的一部酈學發展史評述。不過，《附録》亦是後人整理所成，趙氏生前並未有定稿。《注釋》初刻本卷首有《北史本傳》及酈氏原序之半，應更適合收入《附録》中〔一〕。此外，《附録》中各篇的趙氏跋語風格也不統一，其中後人整理的痕跡明顯。如《附録》卷上"《漢書·地理志》注文選注，《史記正義》引《水經》，《後漢書》注引《水經注》"條下，有按語七十二字，小山堂鈔本上亦有；原文七十五字，整理者將"愚謂"改作"檢"，並將原文

〔一〕《注釋》本《四庫》本無此二篇。

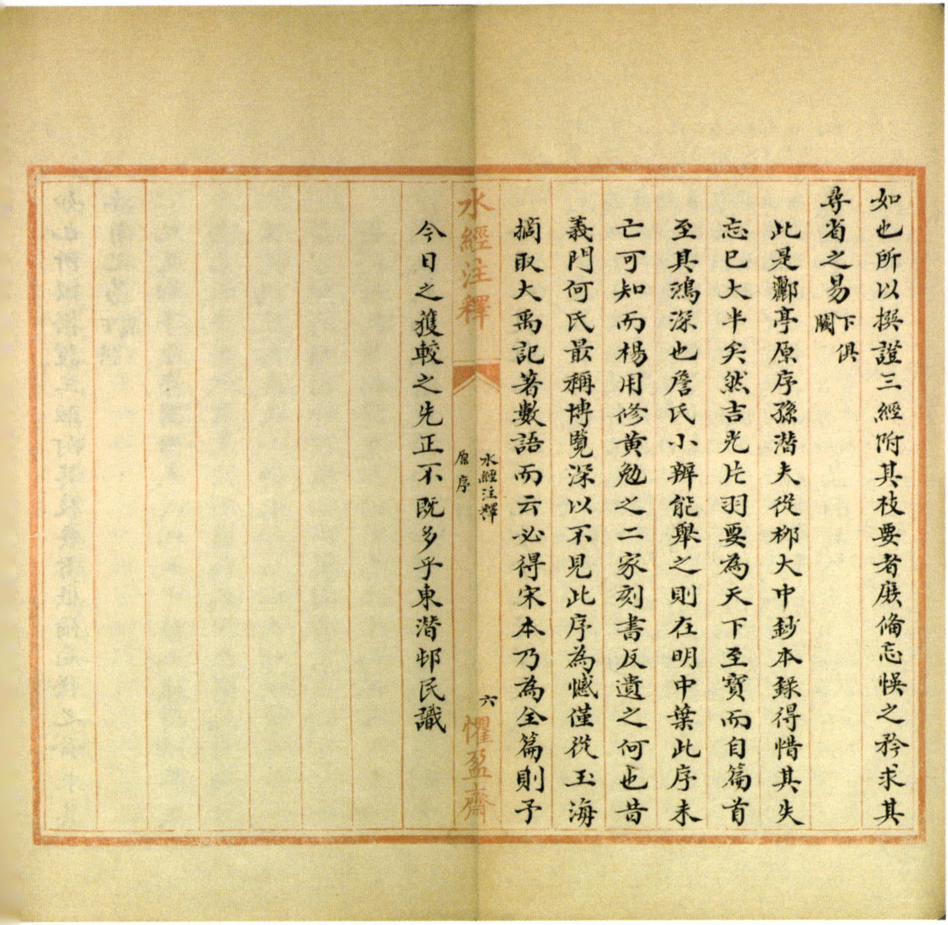
如也所以撰證三經附其枝要者庶備忘悞之矜求其
尋省之易下俱闕
此是鄦亭原序孫潛夫從柳大中鈔本錄得惜其失
忘已大半矣然吉光片羽要爲天下至寶而自篇首
至其鴻深也詹氏小辨能舉之則在明中葉此序未
亡可知而楊用修黄勉之二家刻書反遺之何也昔
義門何氏最稱博覽深以不見此序爲憾僅從玉海
摘取大禹記著數語而云必得宋本乃爲全篇則予
水經注釋 水經注釋 原序 六 懽盈齋
今日之獲較之先正不既多乎東潛邨民識

圖 20-13 ◎趙一清各種形式署名之二：東潛邨民

對張守節較爲偏激的評述略作修改後全部收入。

《刊誤》十二卷，針對《注箋》本做出訂正，是理解《注釋》本釐定經注文、校勘文字的重要依據。《刊誤》形式簡單直接，先書引文，再作刊誤。引文爲《注箋》本原文，頂格書寫；其下以雙行夾寫形式注明其在《注箋》本中的卷數、葉數、行數；《刊誤》内容另起一行低一格書寫，多以“一清案（按）”標識〔一〕。《刊

〔一〕按，初刻本及以後的刻本，均不録行數，且無“一清案（按）”。

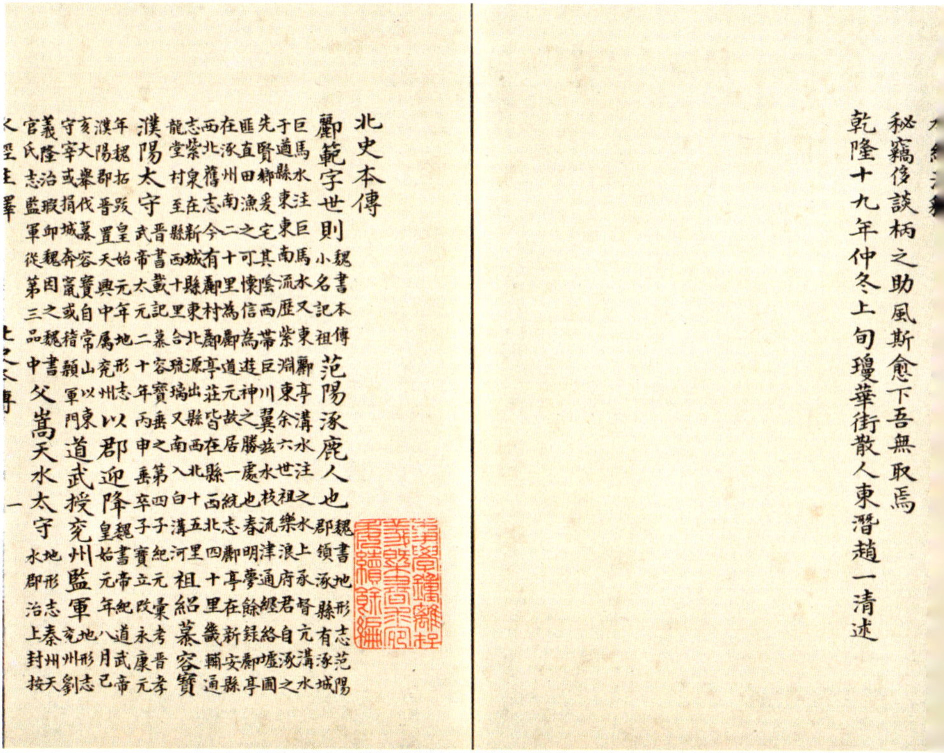

圖 20-14　◎趙一清各種形式署名之三：瓊華街散人東潛趙一清

誤》按文字篇幅，分作十二卷。具體《刊誤》内容可分爲三種：一是經注文混淆類，即通過《刊誤》指出《注釋》本相較《注箋》本釐定了哪些經文與注文；二是注文順序調整類，《注釋》本注文的前後順序是經過調整的，而《刊誤》則是根據《注釋》本調整後的順序而非原來《注箋》本的順序編排的，這類《刊誤》主要是説明兩者的區别以及調整的依據；三是文字校勘類〔一〕，

〔一〕第三類《刊誤》自有義例：其一，凡採用朱《箋》説者，《注釋》本中直接訂正，不出刊誤；其二，凡朱《箋》有誤而《注箋》本原文不誤者，《注釋》本多不取朱《箋》之説，通常也不出刊誤；其三，凡《注箋》本原文有誤者，《刊誤》均詳述訂正依據或參校出處。

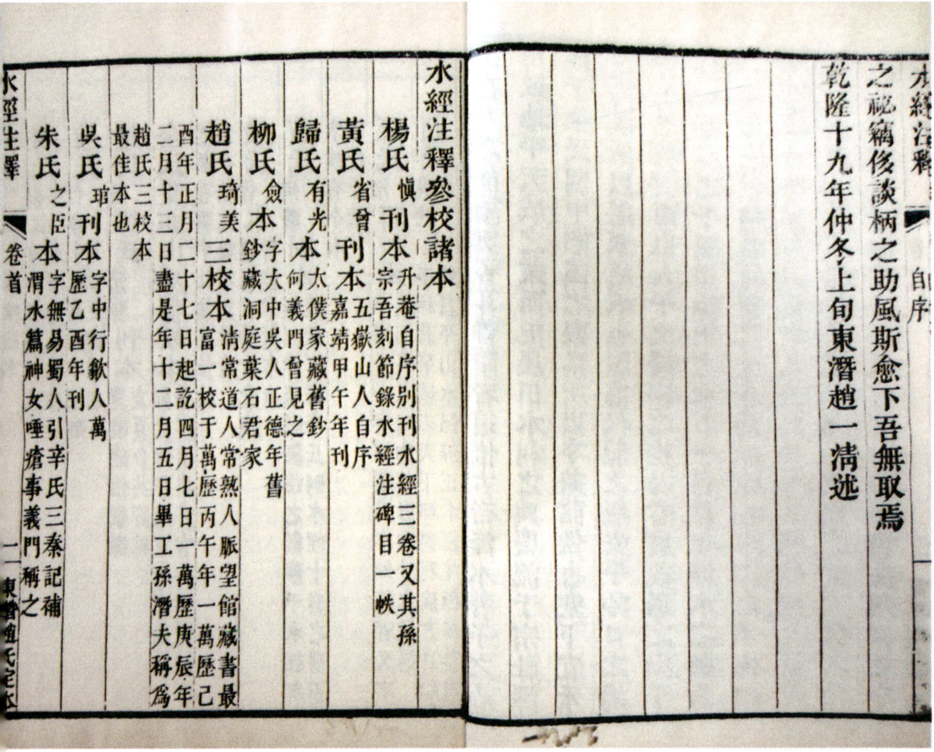

水經注釋參校諸本

楊氏慎刊本 升菴自序別刊水經三卷又其孫宗吾刻節錄水經注碑目一帙

黃氏省曾刊本 五嶽山人自序嘉靖甲午年刊

歸氏有光本 太僕家藏舊鈔何義門曾見之

柳氏僉本 字大中吳人正德年舊鈔藏洞庭葉石君家

趙氏琦美三校本 清常道人常熟人脈望館藏書最富一校于萬歷丙午年一萬歷己酉年正月二十七日起訖四月七日一萬歷庚辰年二月十三日盡是年十二月五日畢工孫潛夫稱爲趙氏三校本最佳本也

吳氏琯刊本 字中行歙人萬歷乙酉年刊

朱氏之臣本 字無易蜀人引辛氏三秦記補渭水篇神女唾瘡事義門稱之

水經注釋 卷首

水經注釋 自序

之祕竊修談柄之助風斯愈下吾無取焉

乾隆十九年仲冬上旬東潛趙一清述

圖 20-15 ◎趙一清各種形式署名之四：東潛趙一清

此類《刊誤》文字長短不一，其中簡短者只有幾字，僅記爲“某當作某”而不書其據，而大多數《刊誤》則均指出其所據史料。若其他參校本已作過校改，則注明是據何本而改。還有部分《刊誤》所據緣由複雜，文字篇幅較長。如卷七“其制上圓下方，九宮十二室，四向五色”條下，其按語共三百三十三字。

《刊誤》别爲一書，將校改部分的成果從原書中分别出來，這種體例創新在《水經注》發展中極富價值。區别注釋和校勘的想法，沈炳巽在其書名中已有提及，趙一清則將此點落在了實處，以《注釋》本和《刊誤》兩種形式分别呈現，使讀者可專注於酈注本身而不爲文字異同所分心。《刊誤》不僅清晰地表述了《注釋》本和《注箋》本的傳承關係，更爲後世治酈學者在文字校勘上提供了豐富的信息。可惜的是，這種將《刊誤》與文字內容注釋相區别的做法，在後世的酈書著作中並没有得到傳承。

《刊誤》最大的不足是義例不純。首先是漏刊。有些地方，《注釋》本已經做了文字更改，但没有出“刊誤”。例如卷十九“徐廣曰一作諸川”，其中“諸川”二字，《注箋》本作“諸水”，《注釋》本改，而《刊誤》則無此條。其次，一些地方用字過簡，對於大多數的經注文混淆問題，並没有説明其依據。而另一些篇幅較長的《刊誤》，如前舉三百三十三字之例，其內容、性質已類似注釋，更應置入《注釋》本中。另有一些《刊誤》的內容，則既存在於《刊誤》中，也見於《注釋》本，略有重複。因此，《刊誤》的體例有諸多可以完善的地方，比如應制作目録，以表明其特殊的分卷方法；應出具“凡例”，以説明《刊誤》的體例〔一〕，等等。此外，《刊誤》所言“據孫潛校”者，部分爲孫潛校本中所無，蓋趙氏所據乃全祖望傳寫之孫潛校本，其中混入全氏觀點，趙氏不加辨析，故有此誤〔二〕。

《刊誤》的特點和不足，也和趙氏生前不斷修改、後人繼而整理的成書過程有關。《刊誤》中的內容，是趙氏治酈不同階段中不斷補充而完成的，按語没有統一的風格，時而豐富，時而簡略。整理者受制於此，而無法一統其例。通過比對可知，趙校《注箋》本上的校改和批語基本與《刊誤》一書相合，其中有些按

〔一〕《注釋》本趙氏自序曰："《箋》有繆盭則削而投之，所遺漏則補之，别爲《刊誤》，不欲羼入卷中惑人視聽。"以此審視《刊誤》，序中的介紹過於簡略，且並不妥帖。在初刻本中，《刊誤》卷一有趙氏按語，雖對《刊誤》的體例略加擴充，但概括仍不完整，似後人以趙氏名義加入。

〔二〕按，此點由王國維最早指出，參［二三七］。

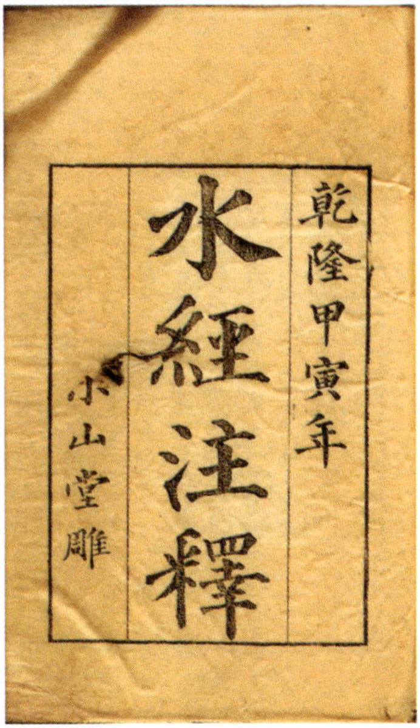

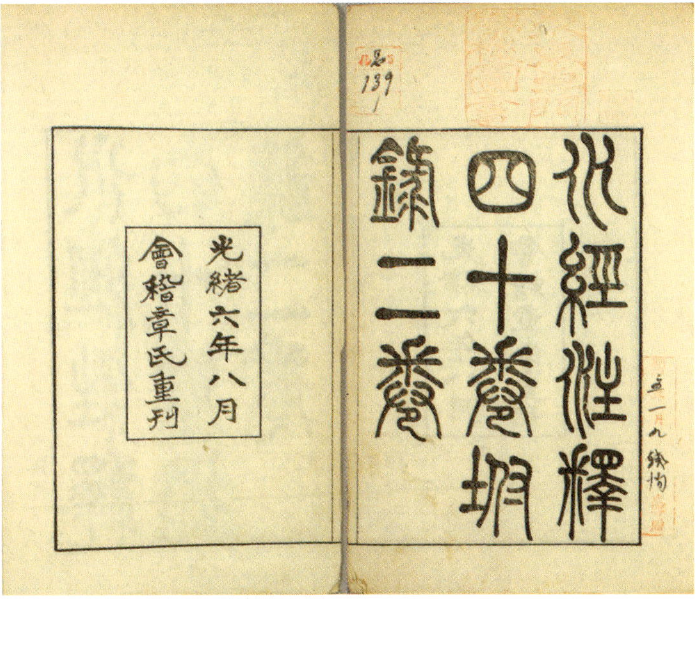

圖20-16（上）◎乾隆五十九年刻本《水經注釋》書名葉

圖20-17（下）◎光緒六年會稽章氏重刻本《水經注釋》書名葉

語還超出了《刊誤》所載信息。反觀《刊誤》漏勘的地方，在趙校《注箋》本上往往有校改而無按語，可見漏勘之處當是因無按語而整理者不能臆造〔一〕。另有一些漏勘，則是整理者的改動，故《刊誤》中不見，在趙校《注箋》本上也沒有對應的改動。上述卷十九"徐廣曰：一作'諸川'"一例便是如此。另外，後人整理成書的特點，也可以解釋《刊誤》部分《四庫》本與初刻本的諸多不同。例如，《四庫》本卷一下並無趙氏按語，而初刻本有〔二〕。《四庫》本每條"刊誤"均詳指葉數、行數，而初刻本除去行數。《刊誤》卷七"東逕縣苑"條下，《四庫》本反不書葉數、行數〔三〕，而初刻本補入葉數。《四庫》本按語多以"一清案"三字起首，而初刻本無。

綜上所述，《注釋》本彙集了從《注箋》本以來各家校勘《水經注》的成果，在經注文釐定、補缺輯佚、證本釋源、體例創新上都有所建樹，是對酈書的一大發展。雖然由於其特殊的成書

〔一〕如卷十九"水上承三泉"中的"水"字，《注箋》本無，趙校增改，但其上無批注，故《刊誤》不載。

〔二〕共二一二字，署名"一清"。胡適認爲此按語"是校刻者補作的，並非趙氏的手筆。趙書寫本與《四庫》本無此序，是明證。此序中譏笑朱謀㙔'於《禹貢》《史》《漢》，尚未究心，何況他籍！'此種刻薄口吻，與趙氏十九年自序大相反"。參見所撰《論趙一清的〈水經注釋〉稿本的最後狀態》，《胡適全集》卷一五，頁二〇七。

〔三〕趙校《注箋》本上，此條的校改與《刊誤》所説的"'苑'當作'北'"相合，但是並無文字批注，而是直接在正文上訂正了。而且同一葉中，有兩處"縣苑"，分處兩行，均改作了"縣北"。頗疑整理者之所以沒有指明葉數、行數，乃是一時難以確定如何指出不同的兩行均有更改，遂將其擱置，以待將來再補，不料後來遺漏。可見，這個整理的過程也是比較倉促的。

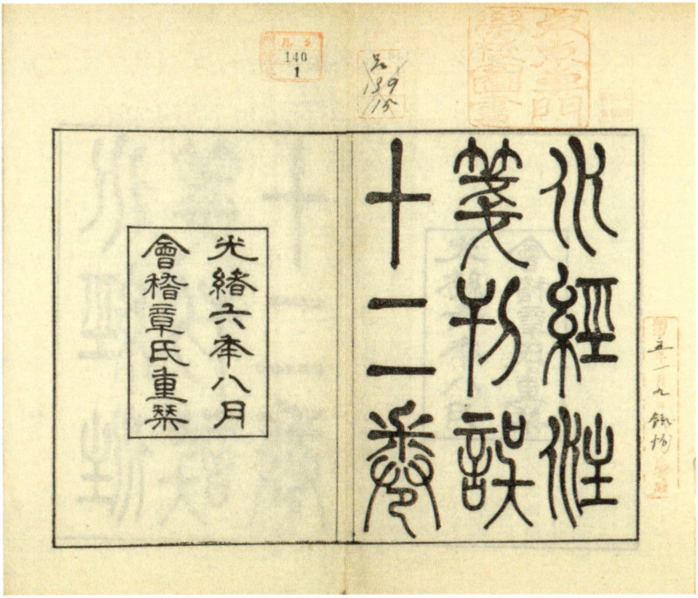
水經注箋刊誤十二卷

光緒六年八月
會稽章氏重栞

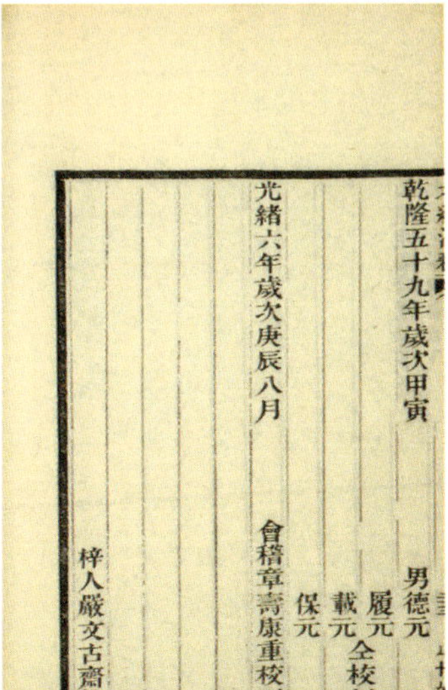
乾隆五十九年歲次甲寅　男德元　履元　載元　保元　仝校刻

光緒六年歲次庚辰八月　會稽章壽康重校刊

梓人嚴文古齋鐫

圖 20-18（上）◎光緒六年會稽章氏重刻本《水經注釋》之《水經注箋刊誤》書名葉

圖 20-19（下）◎光緒六年會稽章氏重刻本《水經注釋》末葉署名

過程,《注釋》本對於後世的影響不如殿本,但就具體内容而言,其重要性又遠在殿本之上。此書雖晚於殿本刊行,但大體完成則是先於殿本,故今將此書列於殿本之前加以論述。

《注釋》本初次刊行後,又有小山堂初刻修改本、初刻重修本,乾隆五十九年(一七九四年)有小山堂重刻本,又有重刻修改本,光緒六年(一八八〇年)有張氏花雨樓刻本、會稽章氏刻本。在後來的這些版本中,雖多有文字上的校補,但均屬後人整理所得,有的地方已經改變了文字原貌〔一〕。這些更改之處若不細查,不易分別〔二〕,今所見《注釋》本各種版本中,當以《四庫》本最接近原貌。不過,《四庫》本卷首内容不全,且其中手民之誤難免,故當與乾隆五十一年(一七八六年)小山堂初刻本合觀,彼此參考。個别之處,還當與小山堂鈔本和趙校《注箋》本互參。

〔一〕《四庫》本卷一《河水》首句注文"山三成爲昆侖丘",《注箋》本作"三成爲昆侖丘",《刊誤》卷一此條下有"趙琦美據《爾雅》'三成'上校補'山'字"。初刻本同《四庫》本。初刻本以後的各本已經删去注文中的"山"字,且《刊誤》按語均重新改過,以趙琦美之説爲繆誤了。

〔二〕如何區别各刻本,可參見胡適《跋芝加哥藏的趙氏〈水經注釋〉》,《胡適全集》卷一四,頁一三七。另可參見伯克萊加州大學東亞圖書館編《伯克萊加州大學東亞圖書館中文古籍善本書志》(上海古籍出版社,二〇〇五年,頁一〇〇)中對於其館藏《注釋》本鑒定所作的異同表(參見下頁附表 《伯克萊加州大學東亞圖書館中文古籍善本書志》中據張壽鏞跋語所作之異同表)。

附表 《伯克萊加州大學東亞圖書館中文古籍善本書志》中據張壽鏞跋語所作之異同表

卷	葉	行	張氏見本	甲　本	乙　本	丙　本
六	十六後	四注	曾……復……	曾……復……	曾孫……復家……（删二“也”字）	曾孫……復家……（删二“也”字）
六	十七	七	又西至王橋注於汾水	又西至王橋注於汾水	又西至王橋注於汾水	又西至王澤注於汾水
六	二十一	十三	即所謂鹽鹺也	即所謂鹽鹺也	即所謂鹽鹺也	即所謂鹹鹺也
十	二十三	一注	一清按史表勱	一清按史表勱	一清按史表貫	一清按史表貫
十一	二十二	六	可	弓	弓	弓
十二	五	一注	事	高	高	高
十三	二十五	一注	至	文	文	文
十三	二十五	二	謂將	高壯	高壯	高壯
十四	三	五	兼壁昇聳	兼壁昇聳	兼壁昇聳	岩壁昇聳
十六	十三	七	所謂朝出上東門	所謂朝出上東門	所謂步出上東門	所謂步出上東門
十九	二十	七	冢北有亞夫冢	冢北有亞夫冢	冢北有弱夫冢	冢北有弱夫冢
廿一	十三	一	門	朗	朗	朗
廿五	五	五	夫子於西面東向	夫子於西面東向	夫子於西面東向	夫子於西間東向
廿九	五	十四	操	陽	陽	陽
廿九	八	一	與赭水枝津合	與赭水枝津合	與赭水枝津合	與堵水枝津合
卅一	八後	五	元光六年	元光六年	元朔六年	元朔六年
卅二	九後	九	於下	有助	有助	有助
卅八	十三	一	如	川	川	川
卅九	二十二	五	通	怖	怖	怖
卅九	二十二	八	宫	何	何	何
卅九	二十二	九	高	名	名	名
附録上	六	五	云	用	用	用
附録上	八	十一	支海	東漢	東漢	東漢

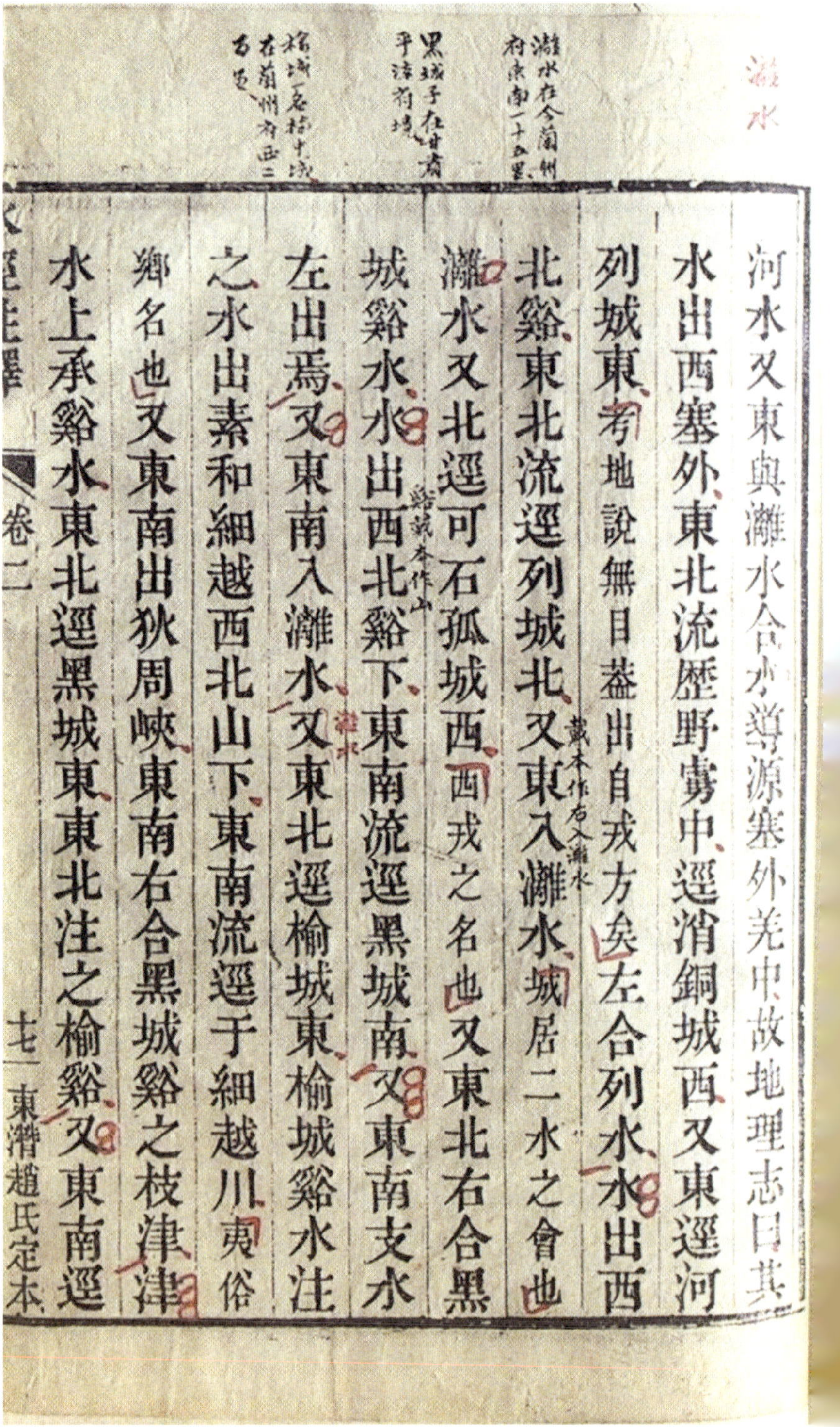
灕水

灕水在今蘭州府東南一十五里

黑城子在甘肅平涼府境

榆城一名榆中城在蘭州府西二百里

河水又東與灕水合水導源塞外羌中故地理志曰其
水出西塞外東北流歷野虜中逕消銅城西又東逕河
列城東考地說無目蓋出自戎方矣左合列水水出西
北谿東北流逕列城北又東入灕水城居二水之會也
戴本作右入灕水
灕水又北逕可石孤城西西戎之名也又東北右合黑
城谿水水出西北谿下東南流逕黑城南又東南支水
谿戴本作山
左出焉又東南入灕水又東北逕榆城東榆城谿水注
之水出素和細越西北山下東南流逕于細越川夷俗
鄉名也又東南出狄周峽東南右合黑城谿之枝津津
水上承谿水東北逕黑城東東北注之榆谿又東南逕

水經注釋　卷二　十七　東潛趙氏定本

圖 20-20　◎光緒六年張氏花雨樓刻本《水經注釋》卷一葉十七上

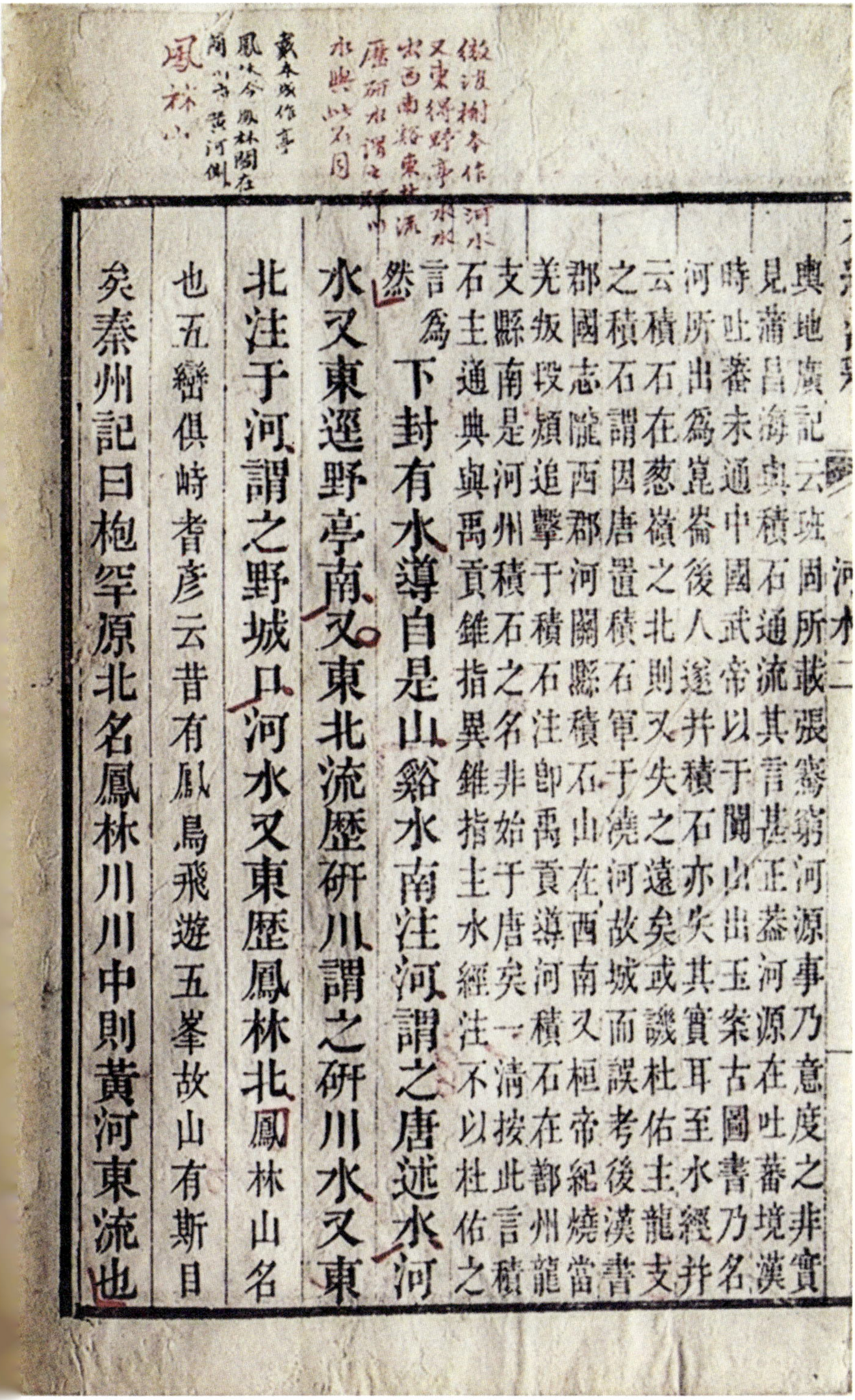

輿地廣記云班固所載張騫窮河源事乃意度之非實見蒲昌海與積石通流其言甚正蓋河源在吐蕃境漢時吐蕃未通中國武帝以于闐山出玉案古圖書乃名河所出為崑崙後人遂并積石亦失其實耳至水經并云積石在葱嶺之北則又失之遠矣或譏杜佑主龍支之積石謂因唐置積石軍于澆河故城而誤考後漢書郡國志隴西郡河關縣積石山在西南又桓帝紀燒當羌叛段熲追擊于積石注即禹貢導河積石在鄯州龍支縣南是河州積石之名非始于唐矣一清按此言積石主通典與禹貢雖指異雖指主水經注不以杜佑之言為然

下封有水導自是山谿水南注河謂之唐述水河水又東逕野亭南又東北流歷研川謂之研川水又東北注于河謂之野城口河水又東歷鳳林北鳳林山名也五巒俱峙耆彥云昔有鳳鳥飛遊五峯故山有斯目矣秦州記曰枹罕原北名鳳林川川中則黃河東流也

圖 20-21 ◎光緒六年張氏花雨樓刻本《水經注釋》卷一葉十六下

水經注

四十卷

戴震校　清乾隆三十九年武英殿聚珍版

（殿本）

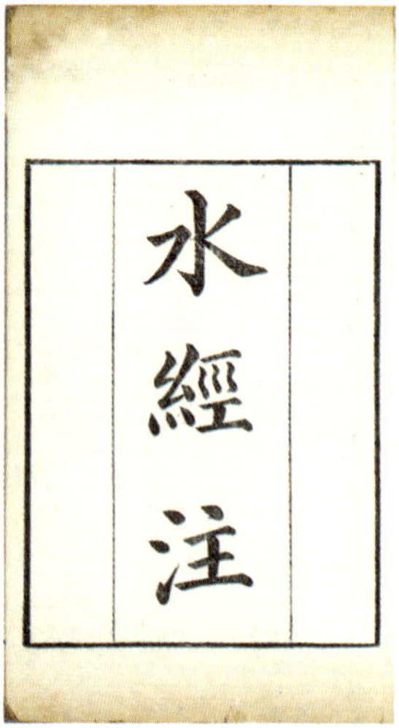

圖 21-1　◎殿本《水經注》書名葉

十二册，半葉九行，行二十一字。經文頂格，注低一格。卷首有《御製題武英殿聚珍版十韻有序》，末題"乾隆甲午仲夏"。又有《御製題酈道元〈水經注〉六韻有序》，御製水道考兩篇〔一〕，酈道元原序，目録，後有《校上案語》，題"乾隆三十九年十月"，署"總纂官侍讀臣紀昀　侍讀臣陸錫熊　纂修官舉人臣戴震"〔二〕。

殿本〔三〕爲官方集體之作，集當時諸家治酈者之大成，就其

〔一〕兩篇御製文分别爲《御製熱河考》和《御製灤河濡水源考證》。

〔二〕值得注意的是，《水經注》之《四庫》本《校上案語》後署名已無戴震。

〔三〕本書此處依據的版本爲上海商務印書館據涵芬樓影印的武英殿聚珍版《水經注》，收入《四部叢刊初編·史部》。此版本通常又被稱爲殿版（本）、武英殿版（本）、聚珍版（本）、官本。

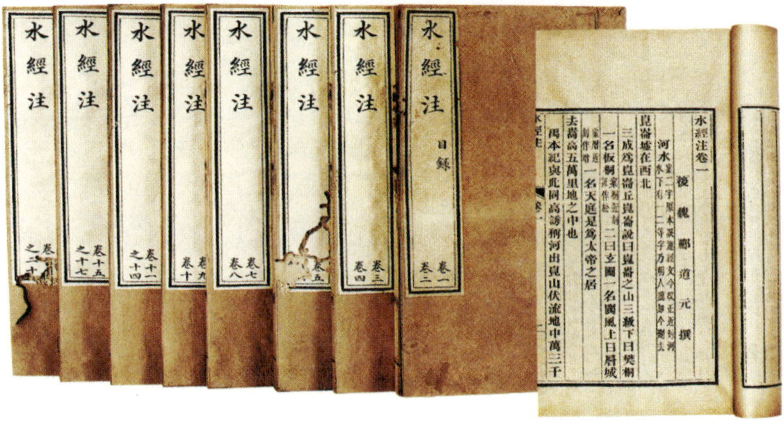

圖 21-2 ◎故宫博物院藏殿本《水經注》書影

文字而言，是《水經注》中最爲完善的一本。殿本對於酈學影響重大，後世治酈者多採其説。

戴震於乾隆三十八年（一七七三年）入四庫館，一年後，《水經注》以武英殿活字聚珍版刊出。殿本以何種《水經注》版本爲底本、參校本，學界至今仍未有定論。其底本，歷來或以爲《注箋》本〔一〕，或以爲包含當時可得的各本〔二〕。今以《渭水篇》三卷觀之，校勘按語中的"近刻"所指皆與項本契合〔三〕，其底本

〔一〕如孟森認爲："近刻云者，朱本也。戴恒指近刻之訛，以明原本之不訛。"參見所撰《楊守敬所舉趙氏〈水經注釋〉轉襲戴氏嫌疑辨》，《國立北平圖書館館刊》第十卷第五號，一九三六年。

〔二〕鍾鳳年認爲"'近刻'也非獨指譚本，而是包括了黄、吴以迄孔刻都被指爲訛誤的'近刻'了"，並列舉了八組證據。參見所撰《評我所見的各本〈水經注〉》，《社會科學戰綫》一九七九年第二期。

〔三〕胡適對於近刻是何書有多種説法。其早先認爲"戴氏所謂'近刻'，多指朱謀㙔本，但亦指項絪刻本或黄晟翻項本之處，但未明言項本"（參見胡適《戴震〈水經注〉官本校語内所引的書目》，《胡適全集》卷一四，頁一五六—一五八），後又"推測四庫館所用'近刻'，乃是譚元春刻本"（參見《胡適日記》一九五三年七月二四日，《胡適全集》卷三四，頁二九七）。

應爲項本〔一〕。

殿本廣爲酈學界熟識，不過對其評價則迥異，褒者贊其釐定經、注，理順文意〔二〕；貶者責其義例不純，妄肆臆改〔三〕。雙方都繁陳力證，言之鑿鑿。這種評價上的抵牾，實則皆由殿本"官修"的特點所致。此書官本的風格非常明顯：開卷首舉"御製"，其辭冗長贅鋪〔四〕，之後的正文理通意順，其中的按語言簡意賅〔五〕。綜觀全書，可知校者並非是要正本釋源，而是要力改酈書以往

〔一〕殿本"近刻"一詞之所以會引起不同的推斷，皆因項本既與《水經注箋》有着千絲萬縷的聯繫，又延續了譚本的改動，同時還用了黄本作校勘，所以諸家論斷往往各取所需，進而造成諸説紛紜。

〔二〕褒戴者如洪榜、段玉裁、梁啟超、胡適等。王國維也承認"戴東原氏成書最後，奄有諸家（按，指戴氏以前諸治酈學者）之勝，而其書又最先出（按，指先於《水經注釋》和薛福成出資刊刻的《全氏七校水經注》兩書），故謂酈書之有善本自戴氏始，可也"，參見所撰《聚珍本戴校〈水經注〉跋》，《王國維全集》卷一四，頁四七六。

〔三〕魏源稱："戴氏臆改經、注字句，輒稱《永樂大典》本。而《大典》現貯翰林院，源曾從友人前往翻校，即係明朱謀㙔等所見之本，不過多一酈序，其删改字句皆係戴之僞託於《大典》，而《大典》實無其事，且恃秘閣官書海内無從窺見，可憑城社，售其臆欺。"（參見所撰《書趙校〈水經注〉後》，收于周壽昌《思益堂日劄》卷五《魏默深遺文》，中華書局，二〇〇七年，頁一一四）其後，張穆、楊守敬都有類似之説。鍾鳳年則列舉了十三組妄改漏勘的證據，並下結語説："依上所舉諸例，戴氏的見識不能算高，學識也每病疏淺，盛名之下，實有難副之處。"參見所撰《評我所見的各本〈水經注〉》，《社會科學戰綫》一九七九年第二期。

〔四〕僅御製文就占去十四葉。

〔五〕以卷十九爲例，除去標注經文混淆、文字錯簡的按語外，共有二〇一條按語，平均每條按語不到八字，格式單一，多作"案，近刻某字訛（爲某字）"。

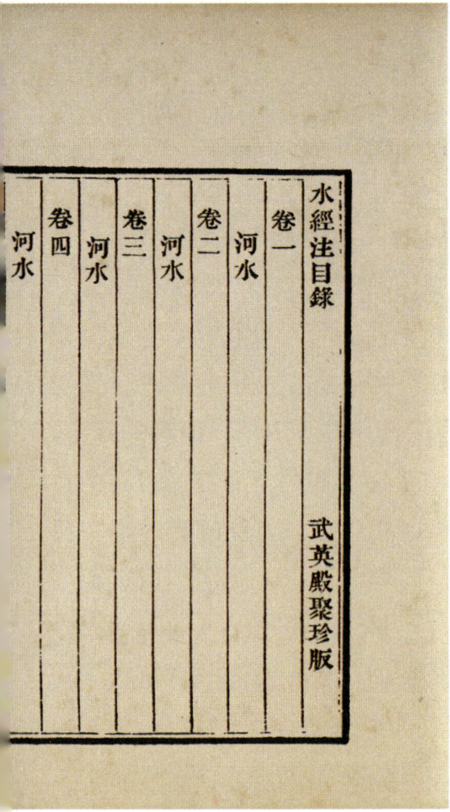
水經注目錄　武英殿聚珍版
卷一　河水
卷二　河水
卷三　河水
卷四　河水

21-3　◎殿本《水經注目録》葉一上

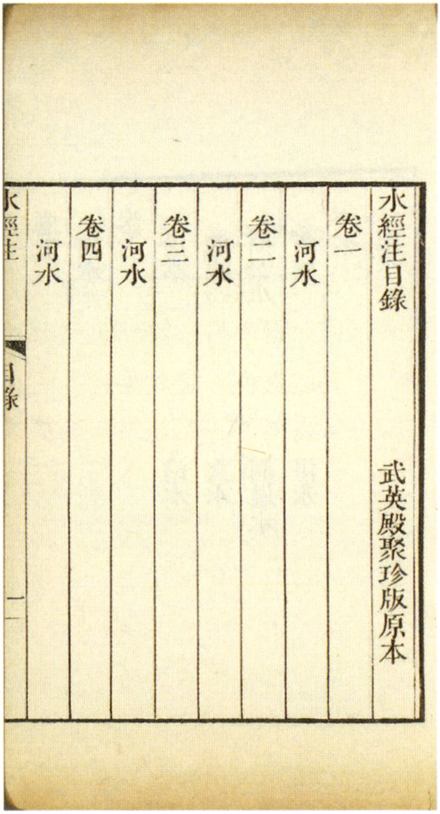
水經注目錄　武英殿聚珍版原本
卷一　河水
卷二　河水
卷三　河水
卷四　河水

圖 21-4　◎殿本（翻刻）《水經注目録》葉一上

無法卒讀之弊，做到令《水經注》一書“神明焕然，頓還舊觀，三四百年之疑竇，一旦曠若發蒙”〔一〕的效果，這樣便可理解此書按語多爲彰顯校勘成果之用，而非表述訂正緣由之據。同時，殿本還特意抬高《大典》本的地位，不僅稱之爲“原本”，而且凡原本有訛脱之處，往往晦而不提〔二〕。凡此種種，要强調

〔一〕語出殿本《校上案語》。

〔二〕如卷十九“相去八里並以樹爲名”，獨《大典》本“以”字訛作“無”；又“夜漏十刻”，獨《大典》本脱“漏”字。此兩例皆不出按語。此種例子頗多，前人亦多有論及，兹不贅述。

清高宗“稽古右文”〔一〕功績之目的十分明顯。以上這些“官修”的特殊之處，若不加以區分注意，以之與他書作純學術比較，便會得出較爲偏頗的結論。

殿本另一特點也常爲治酈書者所忽視，即書中諸多文字改動的義例。這些字句，看似臆改，實則是有一定的酈注行文義例做參考。如卷十九經文“南有沉水注之”中的“南有”二字，各本皆爲“而”，殿本此處改爲“南有”即是依照經文書寫的特點而改，其中“南”字則是依照地望而加，這種改動的唯一目的就是要使經文合乎義例。又如同卷下“李奇謂之小槐里縣之西城也”中的“縣”字，各本皆無，殿本判定此處脱一字，則是依照《水經注》所舉地名的體例而言。另外，殿本中還有些校改，往往由於過於追求義例，且又要顧及文意通順，因而將注文改得原貌頓失。如卷十九“其水北逕仙澤東又北”中的“又北”，各本皆作“北又”，此處改動以後，雖合於注文叙述水道的體例，但其輿地信息則不免隨之發生了變化。又如同卷下“其一水右入昆明故渠”，各本僅爲“其一渠”三字，此處改動前後語意已大相徑庭了。上述這些校改，若非細勘，則難以判斷其據。若以這樣的文字内容去校勘輿地，則會出現許多問題。因此，當楊守敬爲作《水經注圖》而要標定山川城池時，不得不對其中的諸多文字重作考訂。

除上述所叙之外，通過校勘還不難看出，殿本確有多處改定與沈本、《注釋》本相類似。如卷十九“甘有扈南郊地名也”，下有按語説“案，‘甘’字近刻訛在‘扈’字下”。沈本此條下

〔一〕亦出自殿本《校上案語》。

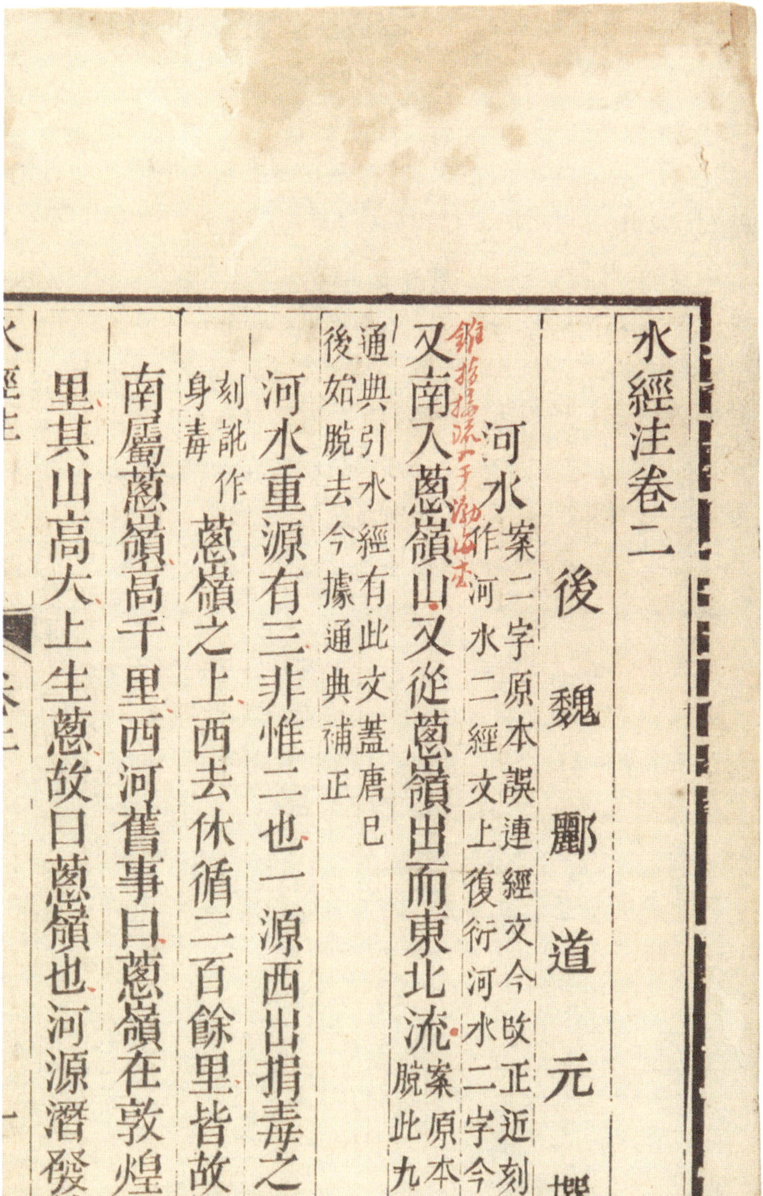

水經注卷二

後魏酈道元撰

河水案二字原本誤連經文今攺正近刻篇題作河水二經文上復衍河水二字今刪去

又南入蔥嶺山又從蔥嶺出而東北流案原本及近刻脫此九字杜佑通典引水經有此文蓋唐已後始脫去今據通典補正

河水重源有三非惟二也一源西出捐毒之國案捐毒近刻訛作身毒蔥嶺之上西去休循二百餘里皆故塞種也南屬蔥嶺高千里西河舊事曰蔥嶺在敦煌西八千里其山高大上生蔥故曰蔥嶺也河源潛發其嶺分

水經注　卷二　一

圖21-5　◎殿本（福州重刻）《水經注》卷二葉一上

戴震校　清乾隆三十九年武英殿聚珍版（殿本）

有:"何氏(按,指何焯)校改'甘'字在'有扈'上。"《注釋》本《刊誤》中説:"'甘'字當移在'有扈'之上,《尚書音義》校正。"諸如此類的討論,在以往的全趙戴相襲案中,已有各種論述〔一〕,此處僅引一例,以示其異同,餘不贅述。

殿本中的另一大問題是按語太過簡略,多數校勘無法考證其依據。後王先謙作《合校水經注》時,便將《注箋》本、《注釋》本的校語補入殿本正文。楊守敬則以《合校》本爲底本,力求本源,廣徵群書,作《水經注疏》。王氏與楊氏的做法皆是希望能繼承殿本的義理相通而補其注釋不足。

殿本在酈學發展史上意義深遠,之後的《水經注》相關著作或多或少都受其影響。此書一經刊行,坊間便紛紛翻印,今收入《中國古籍總目》中的便有清蘇州府署刻本、清步月山房刻本、清江蘇書局刻本、崇文書局匯刻書本、民國元年鄂官書處刻本,等等〔二〕。不過後世所刊各本,雖常以"武英殿聚珍版原版"標識,但手民之誤難免,故各版之中,仍以此上海商務印書館的影印本爲今天易得的最佳版本。

〔一〕關於全、趙、戴相襲案,可參見丁山《酈學考序目》(《中央研究院歷史語言研究所集刊》第三本第三分册,一九三二年),鄭德坤《〈水經注〉趙戴公案之判决》(初刊於《燕京學報》第十九期,一九三六年,後收入所撰《水經注引書考·附録》,臺北藝文印書館,一九七四年),胡適《〈水經注〉全氏趙氏戴氏三家校本公案的有關文件目録》(《胡適全集》卷一七,頁五〇二),以及楊家駱《〈水經注〉四本異同舉例》(《學粹》第四卷第五期,一九六二年)。

〔二〕另可參見鄭德坤《〈水經注〉板本考》。

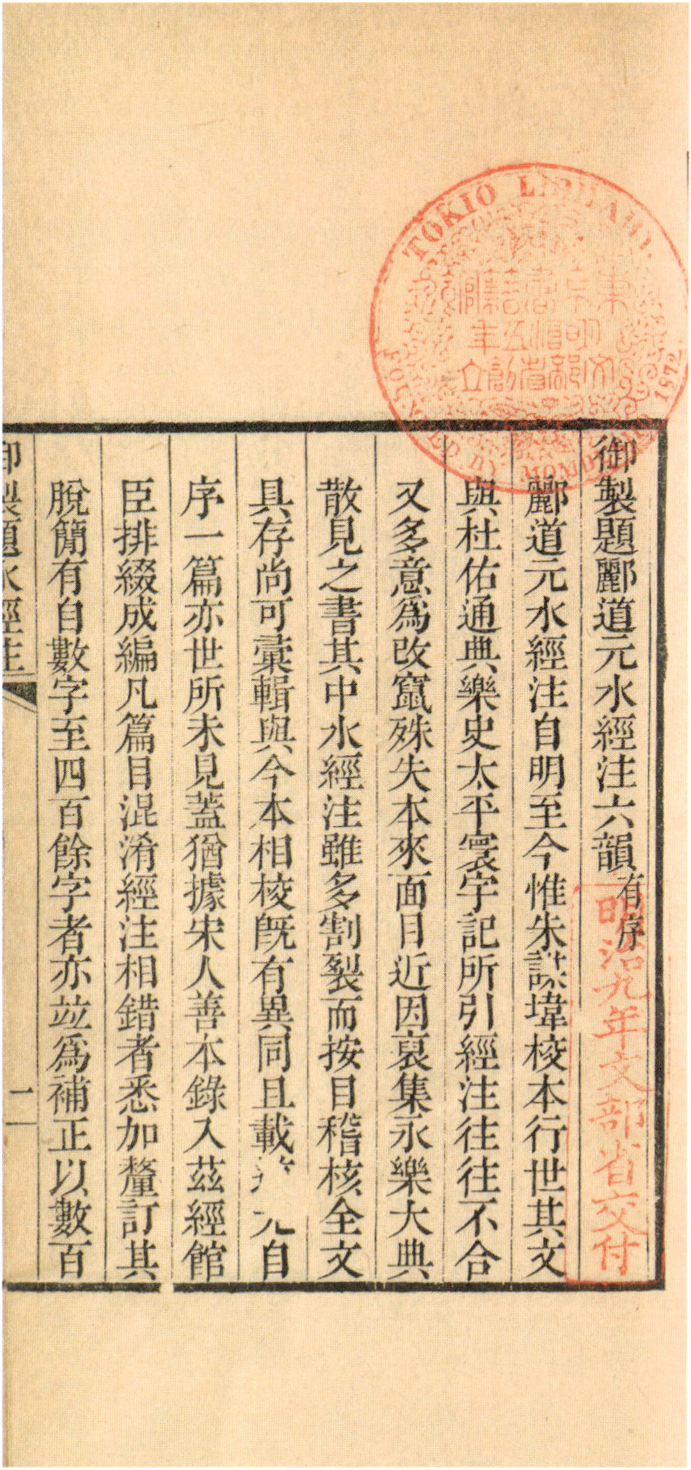

御製題酈道元水經注六韻有序
酈道元水經注自明至今惟朱謀㙔校本行世其文與杜佑通典樂史太平寰宇記所引經注往往不合又多意爲改竄殊失本來面目近因裒集永樂大典散見之書其中水經注雖多割裂而按目稽核全文具存尚可彙輯與今本相校既有異同且載有道元自序一篇亦世所未見蓋猶據宋人善本錄入茲經館臣排綴成編凡篇目混淆經注相錯者悉加釐訂其脫簡有自數字至四百餘字者亦竝爲補正以數百

御製題水經注　一

圖 21-6 ◎殿本卷首《御製題酈道元水經注》葉一上

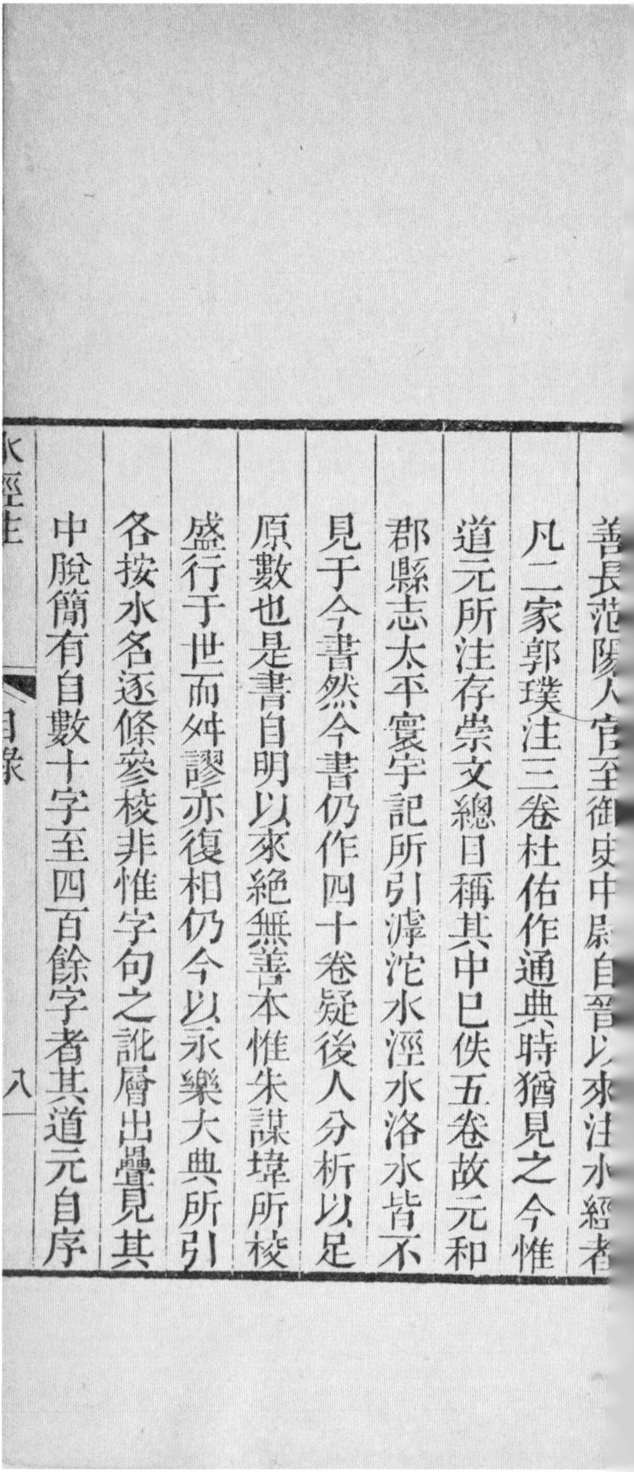

善長范陽人官至御史中尉自晉以來注水經者
凡二家郭璞注三卷杜佑作通典時猶見之今惟
道元所注存崇文總目稱其中已佚五卷故元和
郡縣志太平寰宇記所引滹沱水涇水洛水皆不
見于今書然今書仍作四十卷疑後人分析以足
原數也是書自明以來絕無善本惟朱謀㙔所校
盛行于世而舛謬亦復相仍今以永樂大典所引
各按水名逐條參校非惟字句之譌層出疊見其
中脫簡有自數十字至四百餘字者其道元自序

水經注　目録　八

圖21-7（下頁）、圖21-8（本頁）◎殿本卷首《目録》後《校上案語》

臣等謹案水經注四十卷後魏酈道元撰道元

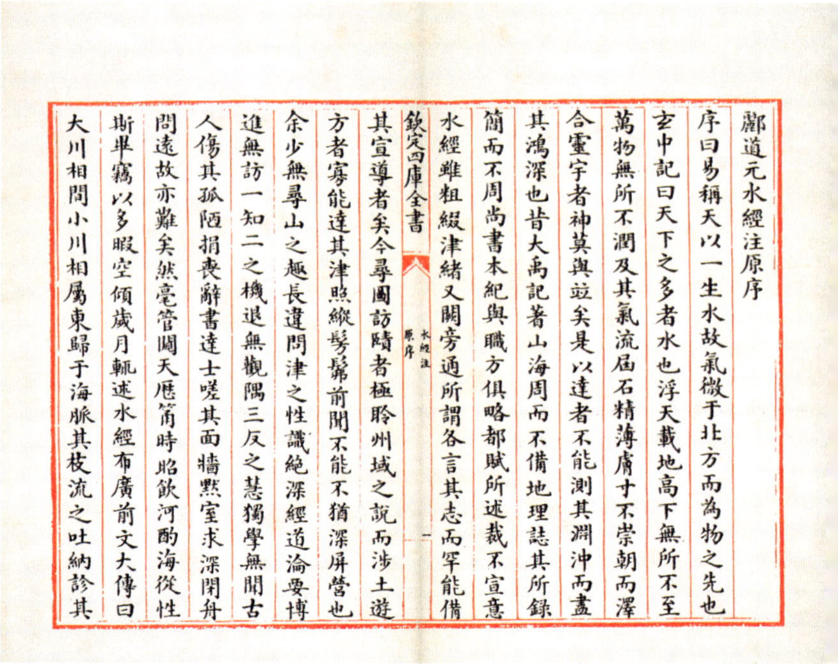
酈道元水經注原序

序曰易稱天以一生水故氣微于北方而爲物之先也玄中記曰天下之多者水也浮天載地高下無所不至萬物無所不潤及其氣流届石精薄膚寸不崇朝而澤合靈宇者神莫與竝矣是以達者不能測其淵沖而盡其鴻深也昔大禹記著山海周而不備地理誌其所録簡而不周尚書本紀與職方俱略都賦所述裁不宣意水經雖粗綴津緒又闕旁通所謂各言其志而罕能備

欽定四庫全書　水經注　原序　一

其宜導者矣今尋圖訪賾者極聆州域之説而涉土遊方者寡能達其津照縱髣髴前聞不能不猶深屏營也余少無尋山之趣長違問津之性識絶深經道淪要博進無訪一知二之機退無觀隅三反之慧獨學無聞古人傷其孤陋捐喪辭書達士嗟其面牆黙室求深閉舟問遠故亦難矣然毫管闚天歷筩時昭飲河酌海從性斯畢竊以多暇空傾歲月輒述水經布廣前文大傳曰大川相間小川相屬東歸于海脈其枝流之吐納診其

圖21-9 ◎殿本（文淵閣《四庫全書》本）酈道元原序葉一

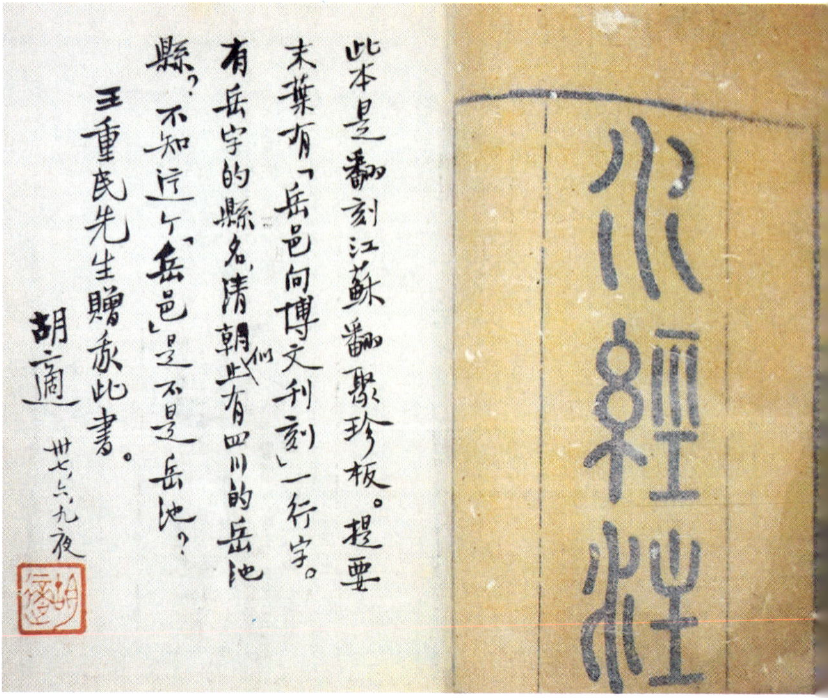
此本是翻刻江蘇翻聚珍板。提要末葉有「岳邑向博文刊刻」一行字。有岳字的縣名，清朝似止有四川的岳池縣？不知這個「岳邑」是不是岳池？

王重民先生贈我此書。

胡適　卅七，六，九夜

圖21-10 ◎北京大學圖書館藏殿本（江蘇翻刻）卷首胡適批語

東潛不能別也恐後人疑此本非潛夫手校或疑潛夫於此本外別有校本者故附論之

聚珍本戴校水經注跋

壬戌春余於烏程蔣氏傳書堂見永樂大典四册全載水經注河水至丹水二十卷之文因思戴校聚珍板本出於大典乃亟取以校戴本頗怪戴本勝處全出大典本外而大典本勝處戴校未能盡之疑東原之言不實思欲取全趙二家本一校戴本未暇也既而嘉興沈乙庵先生以明黃省曾刊本屬余錄大典本異同則又知大典本與黃本相近先生復勸余一校朱王孫本以備舊本異同亦未暇也癸亥入都始得朱王孫本復假江安傅氏所藏宋刊殘本十一卷半孫潛夫手校殘本十五卷校於朱本上又校得吳琯古今逸史本於是於明以前舊本沿譌得窺崖略乃復取全趙二家書并取趙氏朱箋刊誤所引諸家

圖 21-11 ◎王國維《聚珍本戴校水經注跋》

戴震校　清乾隆三十九年武英殿聚珍版（殿本）

頃讀王厚齋先生玉海有云水經隋志不言桑欽晁志謂桑欽撰欽成帝時人通典水經不詳所撰者名氏亦不知何代之書經云壽良縣光武更名臨濟安帝更名湖陸章帝更名永安順帝更名故知順帝以後纂序也詳水經所作殊爲詭誕據後漢志濟水王莽時因旱渠塞不復截河南過既順帝所撰都不詳悉景純注解亦多迂怪又云是和帝以後所撰玉海又云經云武侯壘又云魏興安陽知注誤武侯所居魏分漢中立魏興郡又改信都從長樂則晉太康五年事也然則非後漢人所撰乾隆甲辰年春分日白樵又識

圖21-12 ◎吴本《水經注》書後孫灃鼎乾隆四十九年跋語

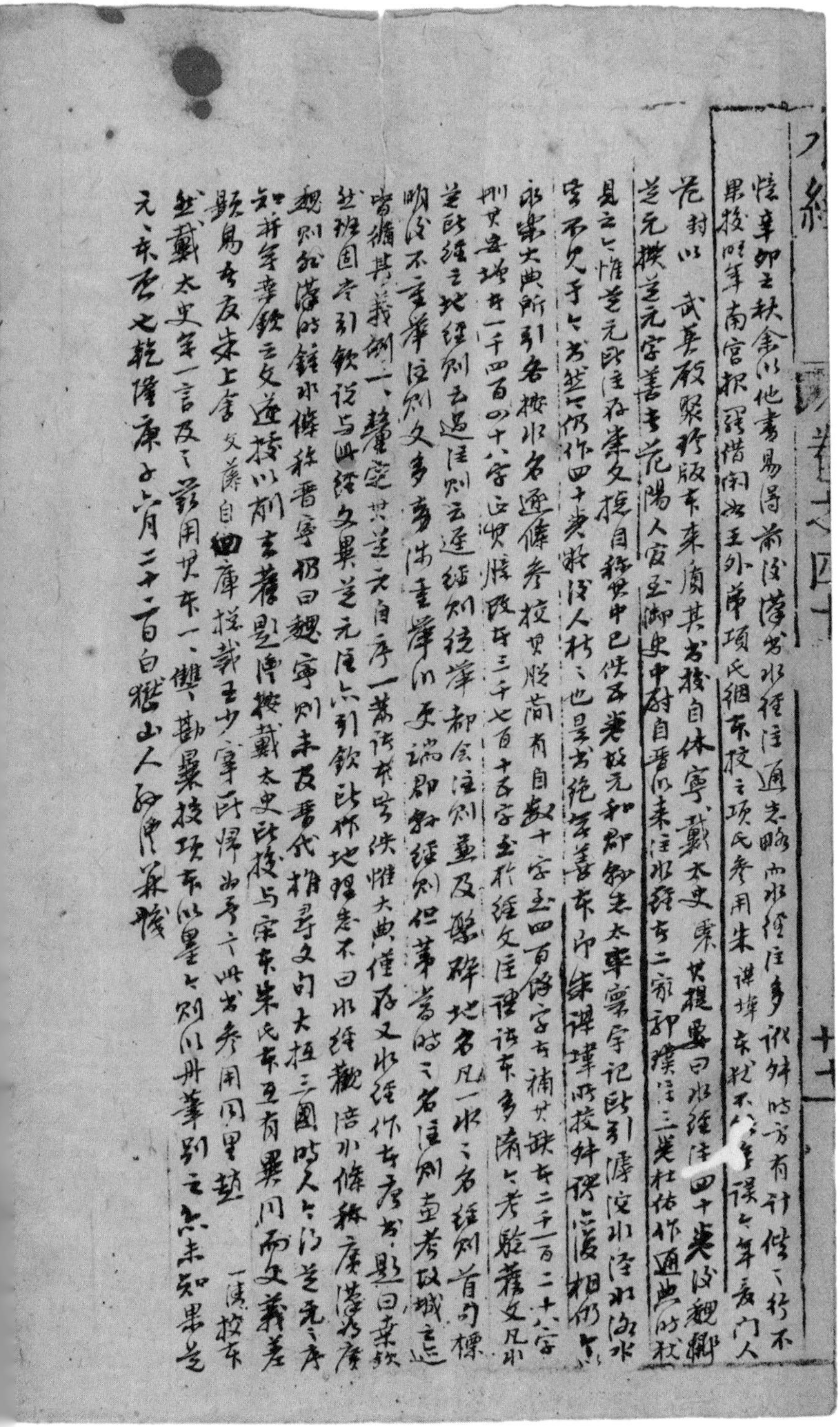

隆辛卯之秋余以他書易得前後漢書水經注通志略而水經注多訛舛時方有計偕之行不
果校明年南宮報罷借閱[illegible]王外弟項氏綱本校之項氏參用朱謀㙔本於不[illegible]誤之年在門人
范封以武英殿聚珍版本來閱其書校自休寧戴太史震其提要曰水經注四十卷後魏酈
道元撰道元字善長范陽人官至御史中尉自晉以來注水經者二家郭璞注三卷杜佑作通典時猶
見之今惟道元所注存崇文總目稱其中已佚五卷故元和郡縣志太平寰宇記所引滹沱水洺水
等不見于今書然今仍作四十卷蓋後人析之也是書絕無善本惟朱謀㙔所校舛謬亦復相仍今
以永樂大典所引各按水名逐條參校其脫簡有自數十字至四百餘字者補其缺漏二千一百二十八字
刪其妄增者一千四百四十八字正其臆改者三千七百十五字至於經文注語諸本多淆今考驗舊文凡水
道所經之地經則云過注則云逕經則統舉都會注則兼及繁碎地名凡一水之名經則首句標
明後不重舉注則文多旁涉必重舉其名以更端凡經文但書某縣注則兼考故城之
迹當備其義例一一釐定其道元自序一篇諸本皆佚惟大典僅存又水經作者唐書題曰桑欽
然班固亦引欽說與此經文異道元注亦引欽所作地理志不曰水經觀注內涪水條稱廣漢為廣
魏則猶在漢後鍾水條稱晉寧仍曰魏寧則未及晉代推尋文句大抵三國時人今以道元之序
知新舊本題桑欽之文遂據以削去舊題戴太史所校與宋本朱氏本互有異同而文義差
勝易書友朱上舍文藻自四庫抄戴王少寧所得此書參用同里趙一清校本
然戴太史等一言及之蘇用其本一一與勘畢校項本以墨之則以丹筆別之亦未知果是
元之本否也乾隆庚子六月二十二日白嶽山人孫灃鼎識

圖 21–13　◎吳本《水經注》書後孫灃鼎乾隆四十五年跋語

水經注

不分卷

戴震撰　清乾隆四十二年至四十四年孔繼涵微波榭刊戴氏遺書本

（微波榭本）

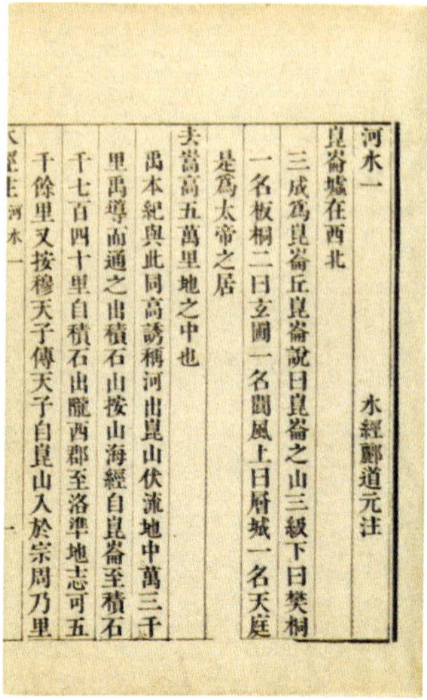
河水一　水經酈道元注
崑崙墟在西北
三成爲崑崙丘崑崙說曰崑崙之山三級下曰樊桐
一名板桐二曰玄圃一名閬風上曰層城一名天庭
是爲太帝之居
去嵩高五萬里地之中也
禹本紀與此同高誘稱河出崑山伏流地中萬三千
里禹導而通之出積石山按山海經自崑崙至積石
千七百四十里自積石出隴西郡至洛準地志可五
千餘里又按穆天子傳天子自崑山入於宗周乃里
水經注　河水一　一

圖 22-1　◎微波榭本卷一葉一上

十四册〔一〕，半葉十行，行二十一字，經文頂格，注低一格，注文分段。卷首有孔繼涵序，戴震自序、目録。每水單獨成篇，水名下署“水經酈道元注”。

微波榭本《水經注》可視爲戴震自己的作品，是研究戴氏治酈學的重要材料。不過此書文字與殿本大多相同，只是在全書的分篇結構上有所不同。

微波榭本是孔繼涵在乾隆四十二年（一七七七年）至四十四年（一七七九年）中陸續刊出《戴氏遺書》之一種。孔氏在序中言戴震治《水經注》始於乾隆三十年乙酉（一七六五年），至乾隆三十八年（一七七三年）刊於浙東，未及四分之一而被召入四庫館，

〔一〕微波榭本在《戴氏遺書》中爲第十六册至第二十九册。

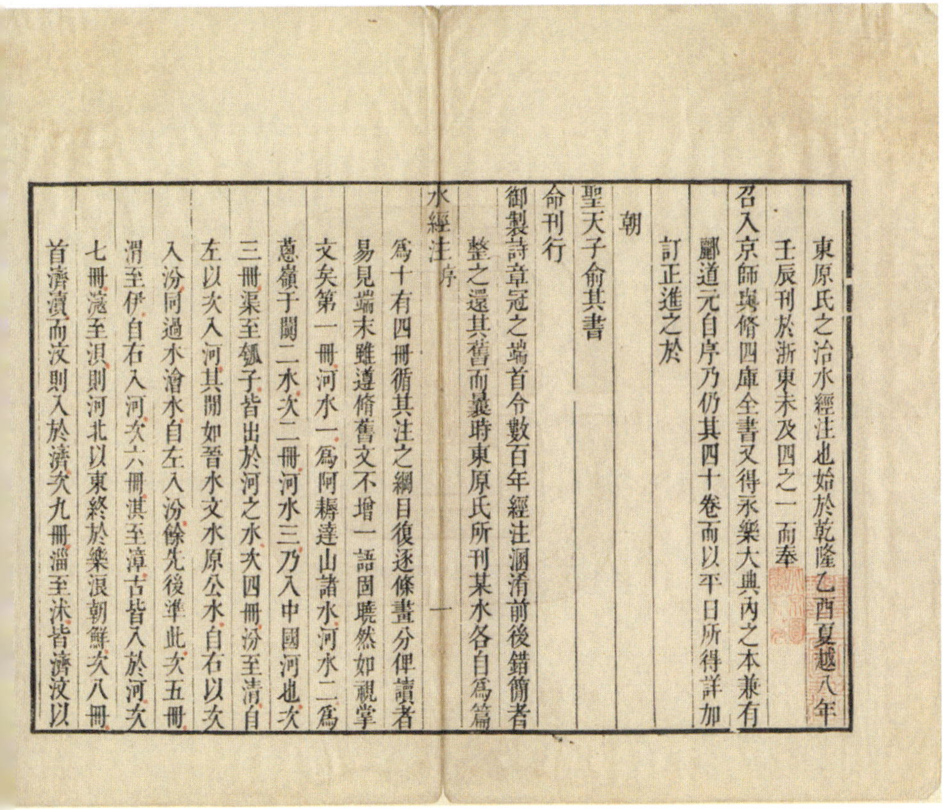
東原氏之治水經注也始於乾隆乙酉夏越八年
壬辰刊於浙東未及四之一而奉
召入京師與脩四庫全書又得永樂大典內之本兼有
酈道元自序乃仍其四十卷而以平日所得詳加
訂正進之於
朝
聖天子俞其書
命刊行
御製詩章冠之端首令數百年經注溷淆前後錯簡者
釐之還其舊而曩時東原氏所刊某水各自爲篇
水經注序　一
爲十有四冊循其注之綱目復逐條畫分俾讀者
易見端末雖遵脩舊文不增一語固曉然如視掌
文矣第一冊河水一爲阿耨達山諸水河水二爲
葱嶺于闐二水次二冊河水三乃入中國河也次
三冊渠至瓠子皆出於河之水次四冊汾至清自
左以次入河其閒如晉水文水原公水自右以次
入汾同過水澮水自左入汾餘先後準此次五冊
渭至伊自右入河次六冊淇至漳古皆入於河次
七冊滱至浿則河北以東終於樂浪朝鮮次八冊
首濟瀆而汶則入於濟次九冊淄至沭皆濟汶以

圖 22-2　◎微波榭本孔繼涵序

其後戴氏曾邀孔氏共治《水經注》且代爲作序〔一〕。戴氏在微波榭本自序中没有提到殿本，也没有提到《大典》本。

微波榭本不分卷，僅分作十四册，《目録》只是按次序臚列了水道之名，而每册内所對應的水名，則由孔氏在序文中指出。

〔一〕微波榭本孔繼涵序曰："東原氏之治《水經注》也，始於乾隆乙酉夏。越八年，壬辰刊於浙東，未及四之一而奉召入京師，與修《四庫全書》，又得《永樂大典》内之本，兼有酈道元自序，乃仍其四十卷而以平日所得詳加訂正，進之於朝。（中略）前數年，東原氏爲予言曰：'是書經、注相淆，自宇文、歐陽二子發之而未之是正，至於字句訛舛，非檢閲之勤不易得也。子盍與我共治之？'予因旁搜群籍，積至數十事，東原氏盖有取焉，且屬予撰序。"

與殿本中江、河〔一〕、渭、沔等分作數卷的做法不同，在微波榭本一書中皆各自歸爲單篇。可以看出這樣的安排與戴震早先撰就的自定《水經》（一卷）〔二〕是相合的〔三〕。

微波榭本各條經文下的注文，按文意分爲若干段落（有數葉爲一段的，也有一兩行爲一段的）。這樣的格式雖然與殿本明顯不同，但是兩者注文的文字内容則没有太多區别〔四〕。不過，在同一條經文下，兩者注文的前後順序却又是不同的。微波榭本多異於

〔一〕在微波榭本中河水分爲三篇，但並非按照殿本的河水順序，而是“第一册：《河水一》爲阿耨達山諸水，《河水二》爲葱嶺、于闐二水；次二册：《河水三》，乃入中國河也”。參見孔繼涵序。

〔二〕戴震的自定《水經》現存兩個鈔本，分别藏於北京大學圖書館和中國國家圖書館。其文字經整理排印後收入所撰《水經考次》（參見《戴震全書》第四册，黄山書社，一九九六年，頁四三三—四八四）。自定《水經》一卷主要由《水經》《附考》《後記》三部分組成。其中《後記》内容與《書〈水經注〉後》（收入《戴震文集》第一册，中華書局，一九八〇年，頁一—三）一文略有出入。《後記》增加了經注文區分原則、《水經》成書年代的討論，這兩部分均與殿本《校上案語》内容類似。《書〈水經注〉後》篇末題乙酉秋八月，《後記》亦有“乾隆三十年乙酉秋八月”，但其鈔本又有“乾隆三十七年夏鈔”字樣。此書中凡提到戴震的自定《水經》的，均指《戴震全書》中經過整理的文字内容。

〔三〕在自定《水經》中，每水上有編號，其順序與微波榭本中各水順序大致相合，胡適曾做過詳細比對，參見所撰《戴震自定〈水經〉一卷的現存兩本》，《胡適全集》卷一五，頁三九六。

〔四〕以殿本卷十九文字與微波榭本相對勘，共發現十七處文字略有不同，此舉二例。殿本“逕武功縣爲成林渠”，微波榭本作“逕武功縣爲成國渠”。又，殿本“南出符石又逕符禺之山北流入于渭”，微波榭本作“南出符禺之山北流入於渭”。

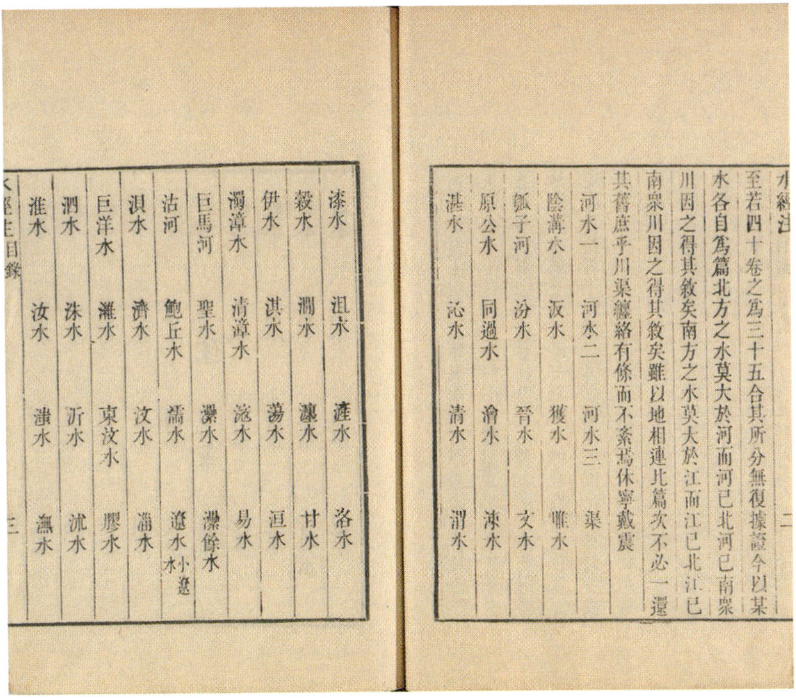

水經注　二

至若四十卷之爲三十五合其所分無復據證今以某水各自爲篇北方之水莫大於河而河已北河已南衆川因之得其敘矣南方之水莫大於江而江已北江已南衆川因之得其敘矣雖以地相連比篇次不必一還其舊庶乎川渠纏絡有條而不紊焉休寧戴震

河水一　河水二　河水三　渠
陰溝水　汳水　獲水　睢水
瓠子河　汾水　晉水　文水
原公水　同過水　澮水　涑水
湛水　沁水　清水　渭水

漆水　沮水　滻水　洛水
穀水　澗水　瀍水　甘水
伊水　淇水　蕩水　洹水
濁漳水　清漳水　滱水　易水
巨馬河　聖水　灅水　灅餘水
沽河　鮑丘水　濡水　遼水 小遼水
浿水　濟水　汶水　淄水
巨洋水　濰水　東汶水　膠水
泗水　洙水　沂水　沭水
淮水　汝水　潩水　潕水

水經注目錄　三

圖 22-3　◎微波榭本戴震自序及分目之一

殿本而合於自定《水經》。茲舉一例説明三者的異同。在自定《水經·渭水下》中，與殿本經文“又東過陳倉縣西”相比，“西”字改爲“南”字，並補三條經文，即“又東至美陽縣西，雍水從北來注之，又東過郿縣南”。且在自定《水經》的《附考》中，戴氏又詳細列出各條經文所對應的注文，其中將原本在武功縣下與美陽縣、郿縣相關的注文都調整到武功縣之前。而在微波榭本中，經文的文字復調整到與殿本相同（即“南”字回改爲“西”字，增加的三條經文全部去除），但經文下注文順序未改，仍與自定《水經》及《附考》中相同（即先美陽縣、郿縣，後武功縣）。因此，在一定程度上講，微波榭本可視作戴氏自定《水經》的延續，是將與殿本相同的文字內容依照自定《水經》的形式和順序而進行的重新編排。

另外，前文已述及殿本由按語簡略而導致的缺陷，至微波榭

戴震撰　清乾隆四十二年至四十四年孔繼涵微波榭刊戴氏遺書本（微波榭本）

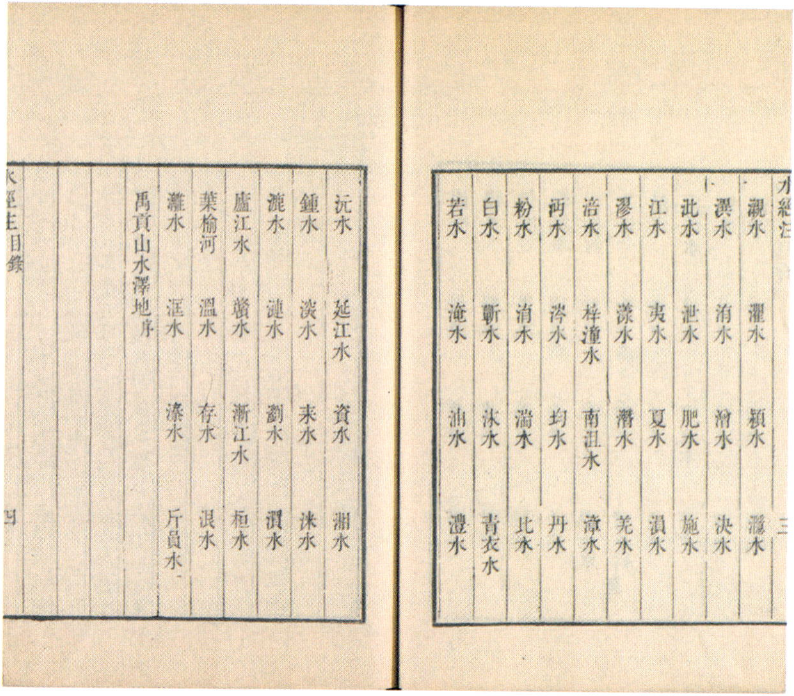
水經注 三
瀙水 灈水 潁水 濦水
潩水 淯水 滍水 決水
泚水 泄水 肥水 施水
江水 夷水 夏水 溳水
漻水 漾水 潛水 羌水
涪水 梓潼水 南沮水 漳水
沔水 涔水 均水 丹水
粉水 淯水 湍水 比水
白水 蘄水 沐水 青衣水
若水 淹水 油水 澧水

沅水 延江水 資水 湘水
鍾水 溱水 耒水 洣水
漉水 漣水 瀏水 溳水
廬江水 贛水 漸江水 桓水
葉榆河 溫水 存水 浪水
灕水 洭水 溱水 斤員水
禹貢山水澤地序
水經注目錄 四

圖 22-4 ◎微波榭本分目之二

本時則更趨極端，全篇經注文無一字按語。因此，對於微波榭本的文字是否有過校改，若非仔細比勘殿本，則更無從知曉。

基於上述特點，對於微波榭本和殿本的關係，歷來觀點各異，或認爲微波榭本即是真正的戴本，而殿本則别以他本爲底本，非戴氏一人之力〔一〕；或認爲微波榭本先於殿本而成，殿本是

〔一〕陳橋驛認爲戴震"斷然放棄了他入館前校定的本子(《微波榭本》)的格局，而以他在四庫館所見到的趙一清《水經注釋》(或是浙江巡撫呈進的鈔本，或是乾隆十九年的趙氏家刊本)作爲底本"，"吸取了《大典》本、全本和其他許多版本的優點編纂而成"殿本，"他只能是這部集體著作的主編"。參見所撰《排印武英殿聚珍版本〈水經注〉的説明》，原載於排印本武英殿聚珍本《水經注》卷首，上海古籍出版社，一九八七年，後收入《水經注論叢》，頁一七—二〇。鍾鳳年未有論及微波榭本，亦認爲殿本是出於衆手。參見所撰《評我所見的各本〈水經注〉》，《社會科學戰綫》一九七九年第二期。

其寫定本[一];抑或認爲微波榭本實乃孔氏據殿本而作[二]。我們通過校勘認爲,若要依靠目前的材料[三]來確定兩書的前後關係,仍難以得出令人信服的結論[四]。不過從經、注文字上判斷,兩者出自同一個底本,應無問題。綜觀戴氏治酈書的相關著作,其用意並不以文字校勘爲重點。也正因如此,微波榭本刊行以後影響甚微,其校勘價值亦不大。

〔一〕梁啟超評述曰:"可見先生著此書之動機及其先後犖精進益之跡,此書大段成於壬辰以前。癸巳入四庫館,不過據《永樂大典》本稍補葺耳。聚珍本全列校語,最能表出先生研索之勤,《遺書》實宜刊此本。聚珍版爲官書,反可以用《遺書》寫定本也。"參見所撰《戴東原著述纂校書目考》,原發表於《晨報副刊》一九二四年一月二日,後收入《飲冰室合集》第三册,中華書局,一九四一年。

〔二〕鄭德坤總結楊守敬語:"然孔氏所刊乃是戴氏重訂次序之本,即浙東所刊未全之底本看,其時戴氏未見《大典》本,何以其所訂一一與官本相同。"參見所撰《〈水經注〉趙戴公案之判決》,初刊於《燕京學報》十九期(一九三六年),後收入所撰《水經注引書考·附録》(臺灣藝文印書館,一九七四年)。

〔三〕除本書中所列材料外,戴氏治酈書相關的材料還有《水地記初稿》《水地記》以及今藏於中科院考古所的一部項本《水經注》(其上有何焯、戴震校並跋)。前三種資料均收入《戴震全書》第四册,第四種資料收入《戴震全書》第六册。

〔四〕若據戴震的自定《水經》一卷,外加《戴東原年譜》以及孔繼涵序言判斷,似乎微波榭本成書於前。然戴震的自定《水經》係鈔本,其中一本上多有孔氏依殿本修改之跡。另外,《年譜》及孔序均又後成於殿本。且如孔氏在序中所言,微波榭本實有其參與修改。故欲完全判定殿本與微波榭本兩書關係,唯有待更多材料的發現。

漢志武功斜水出衙領山北至郿入渭衙領山在今郿縣西南二十里斜水出斜谷逕五丈原東合青峰澗朱右澗水入渭

地道逼射昭昭以火射連石排之亮不利而還今渭
水對亮城是與昭相禦處也陳倉水出於陳倉山下
東南流注於渭水
渭水又東與綏陽谿水合其水上承斜水自斜谷分
注綏陽谿北屆陳倉入渭故諸葛亮與兄瑾書曰有
綏陽小谷雖山崖絕險谿水縱橫難用行軍昔邏候
往來要道通入今使前軍斫治此道以向陳倉足以
扳連賊勢使不得分兵東行者也
渭水又東逕郁夷縣故城南地理志曰有汧水祠王
莽更之曰郁平也東觀漢記曰隗囂圍來歙於略陽

在今隴州西五十里屬右扶風一統志秦以為今汧陽縣地

漢志作略陽道在今秦州清水縣東北九十里

圖 22-5（本頁）、圖 22-6（下頁）◎微波榭本《水經注・渭水》葉十三

說文解字甘氏星經曰太白上公妻曰女媊居南斗食厲天下祭之曰明星
羽陽宮在今陳倉故城人或於此得羽陽千歲瓦當也

又東過陳倉縣西

在今鳳翔府寶雞縣東二十里屬右扶風

縣有陳倉山山上有陳寶雞鳴祠昔秦文公感伯陽之言遊獵於陳倉遇之於此阪得若石焉其色如肝歸而寶祠之故曰陳寶其來也自東南暉暉聲若雷野雞皆鳴故曰雞鳴神也地理志曰有上公明星黃帝孫舜妻盲冢祠有羽陽宮秦武王起應劭曰縣氏陳山姚睦曰黃帝都陳言在此榮氏開山圖注曰伏犧生成紀徙治陳倉非陳國所建也魏明帝遣將軍太原郝昭築陳倉城成諸葛亮圍之亮使昭鄉人靳詳說之不下亮以數萬人攻昭千餘人以雲梯衝車

戴震撰　清乾隆四十二年至四十四年孔繼涵微波榭刊戴氏遺書本（微波榭本）

鄺注云水注文湖不注汾也

過毋辟邑西句酈注云原經所注斯乃湨川之所由非湛水之間關也是經之誤證耳

南過左邑縣南又西南過安邑縣西又南過解縣東又

西南注于張陽池

文水出大陵縣（出今文城縣西山）西山文谷（在文水縣北二十里）東到其縣屈南到平陶縣東

北東入于汾

原公水出茲氏縣（出今汾陽縣西北二十五里白彪山）西羊頭山東過其縣北又東入于汾

洞過水出沾縣（出今樂平縣西三十里陡泉嶺之西）北山西過榆次縣南又西到晉陽縣南

西入于汾出晉水下口者也

晉水出晉陽縣西懸雍山（今太原縣西南十里）東過其縣南又東入于汾水

湛水出河內軹縣西北山東過其縣北又東過波縣之

北又東過毋辟邑南又東南當平陰縣之東北南入于

五

圖22-7（本頁）、圖22-8（下頁）◎清戴震《水經考次》葉五上、葉四下及其上胡適所注浮簽

汾水……又東南過泰高
最北。当作奉高。
筆改東南為西南。

汾水出太原汾陽縣北管涔山（今寧武縣西六十里）東南過晉陽縣東晉水
從縣南東流注之又南洞渦水從東來注之又南過大
陵縣東又南過平陶縣東文水從西東流注之又南過
冠爵津又南入河東界又南過永安縣西歷唐城東又
南過楊縣東又南過高梁邑西又南過平陽縣東又南
過臨汾縣東又屈從縣南西流又西過長脩縣南又西
過皮氏縣南又西至汾陰縣北西注于河
澮水出河東絳縣東（出今翼城縣東南十五里翔高山）澮交東高山西過其縣南又西南
過虒祁宮南又西至王澤注于汾水
涑水出河東聞喜縣東山黍葭谷（出今絳縣西四十里横嶺山）西過周陽邑南又西

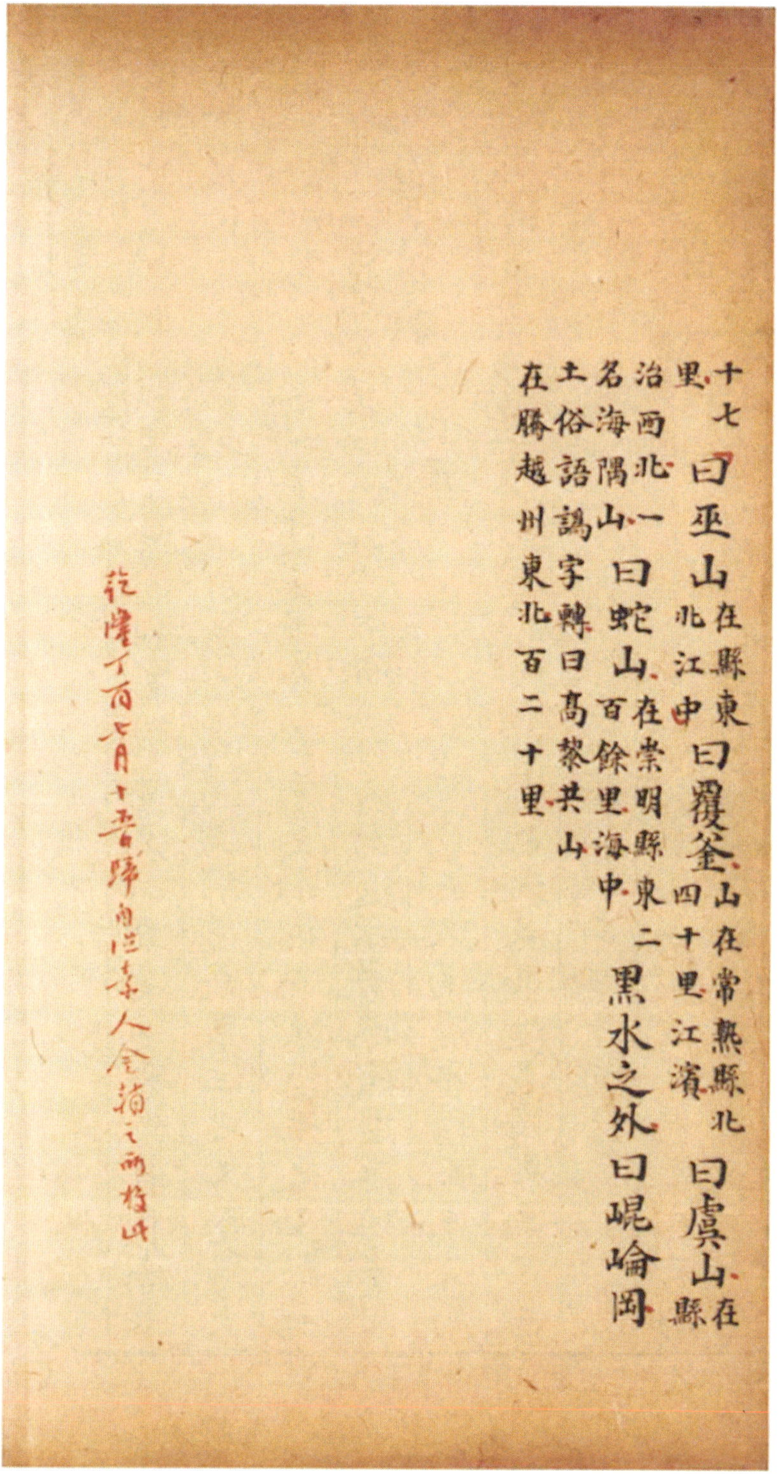
十七里曰巫山在縣東北江中曰覆釜山在常熟縣北四十里江濱曰虞山在縣治西北一名海隅山曰蛇山在崇明縣東二百餘里海中黑水之外曰崐崘岡土俗語譌字轉曰高黎共山在騰越州東北百二十里

乾隆丁酉七月十五日歸自浙東人全補之所校此

圖 22-9 ◎静海樓藏《水地記》鈔本篇末題識

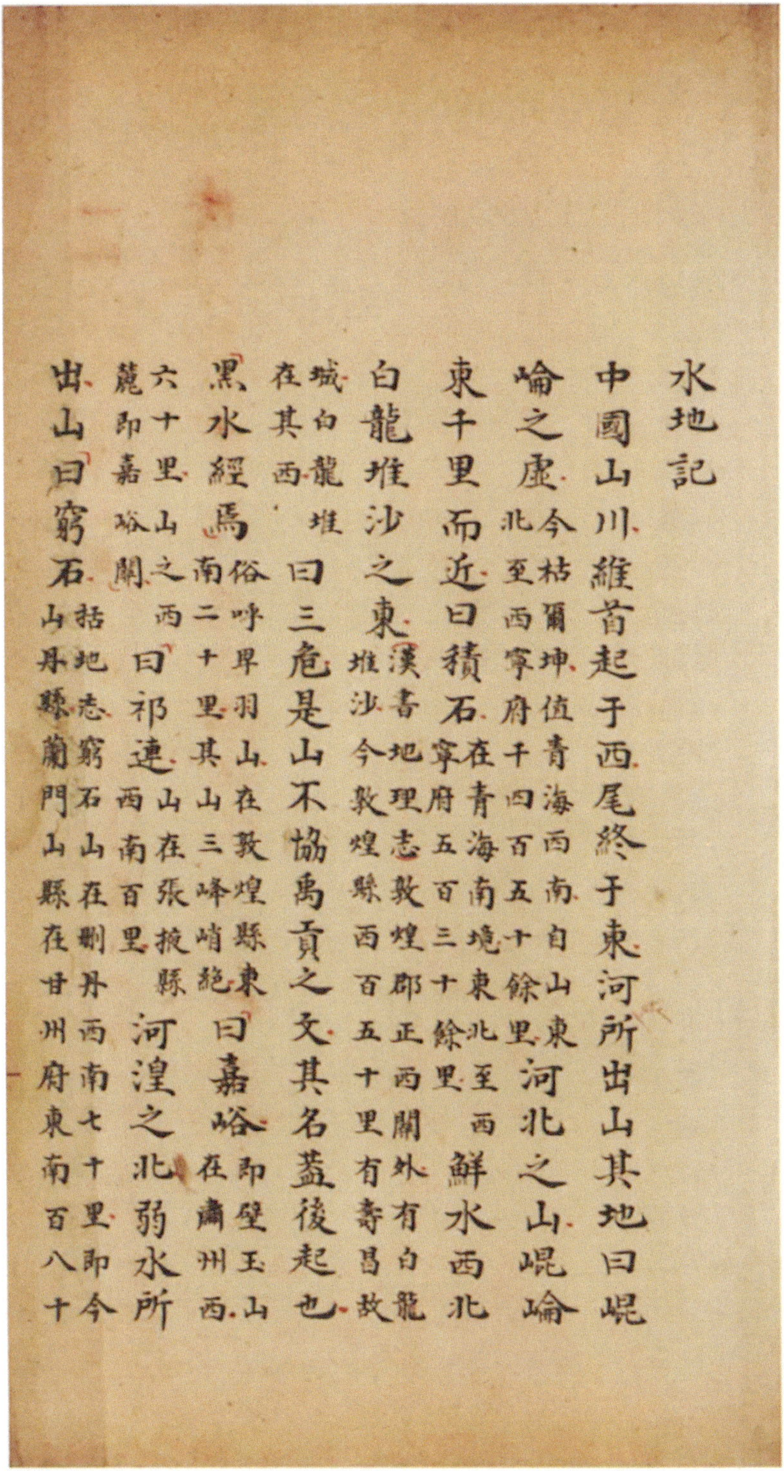

水地記

中國山川維首起于西尾終于東河所出山其地曰崐崘之虛今枯爾坤位青海西南白山東北至西寧府千四百五十餘里河北之山崐崘東千里而近曰積石在青海南境東北至西寧府五百三十餘里鮮水西北白龍堆沙之東漢書地理志敦煌郡正西關外有白龍堆沙今敦煌縣西百五十里有壽昌故城白龍堆在其西曰三危是山不協禹貢之文其名蓋後起也黑水經焉俗呼畢羽山在敦煌縣東南二十里其山三峰峭絶曰嘉峪即壁玉山在肅州西六十里山之西麓即嘉峪關曰祁連山在張掖縣西南百里河湟之北弱水所出山曰窮石括地志窮石山在刪丹西南七十里即今山丹縣蘭門山縣在甘州府東南百八十

圖22-10 ◎静海樓藏《水地記》鈔本卷一葉一上

戴震撰　清乾隆四十二年至四十四年孔繼涵微波榭刊戴氏遺書本（微波榭本）

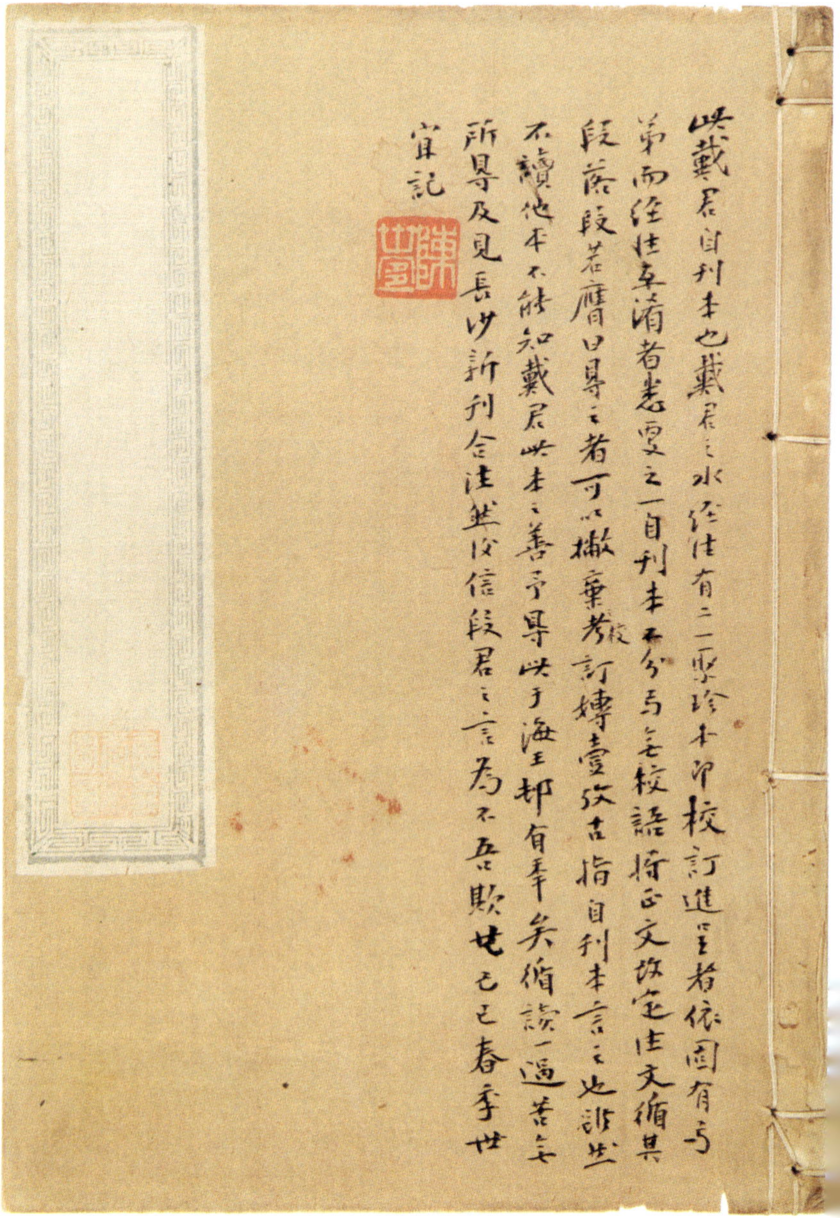

圖 22-11 ◎上海圖書館藏微波榭本封面陳世宜跋語

今本系統·清本
殿本之後

殿本以其囊取諸家之勝的實質、“御製官書”的面貌，對後來治酈者産生了極大影響。光緒年間楊希閔撰《水經注匯校》，即以殿本爲底本。王先謙撰《合校水經注》，亦本諸殿本，並採《注箋》本、《注釋》本等諸本之長，經注文清晰，注釋詳盡，彌補了殿本的一些不足。

除關注版本校勘之外，清代酈學研究向輿地方面亦有所拓展。此前沈炳巽在其著作中已經注意到了將輿地信息納入注釋中，但是其書難見，外界對於沈氏的功績，幾乎全是從《注釋》本中瞭解，而趙一清及全祖望的研究並没有吸收沈本中關於地名的輿地類按語，而唯一類似於沈氏輿地注釋的王峻校本，却僅以稿本形式存在，少爲人知。所以在這方面，沈氏、王氏對後世酈學者的影響甚微。第一部專注輿地的酈書是嘉慶年間張匡學的《水經注釋地》。稍後而成的沈欽韓《水經注疏證》，則是

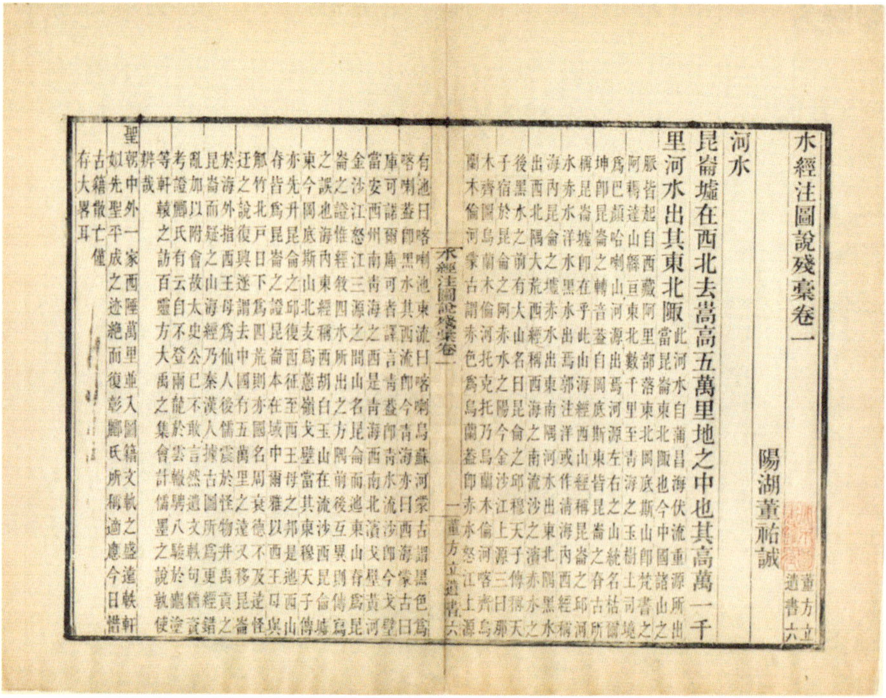
水經注圖說殘稾卷一

陽湖董祐誠

河水

崑崙墟在西北去嵩高五萬里地之中也其高萬一千里河水出其東北陬

圖二十九　◎清董祐誠《水經注圖説殘稿》卷一葉一

一部具有承上啟下意義的著作。在繼續推進校勘的同時，沈欽韓也開始注意從地理學角度對山川陵谷的變遷加以考證。咸豐年間的汪士鐸則在《水經注》地理學探究方面做了不少嘗試，其撰《水經注釋文》，在地望考證和河流流路的梳理上，都有所貢獻，在此基礎之上，他還繪製了相關輿圖。之後，楊守敬、熊會貞繪製的《水經注圖》代表了輿地製圖類酈書的一個高峰。楊、熊二氏發現，依照製圖的需要，必須對殿本文字不斷查證和修訂。在此過程中，《水經注疏》的雛形開始形成。由於殿本中的校勘往往是出於文意通順和體例統一之需要而做出的，故其文字校勘僅僅呈現出表面上的合理，於輿地方面則缺少實據，所以楊守敬在《水經注疏要删》的《凡例》中對於戴氏以及殿本極盡批駁之勢。這種指斥大大超出了當時治酈者的普遍認識。

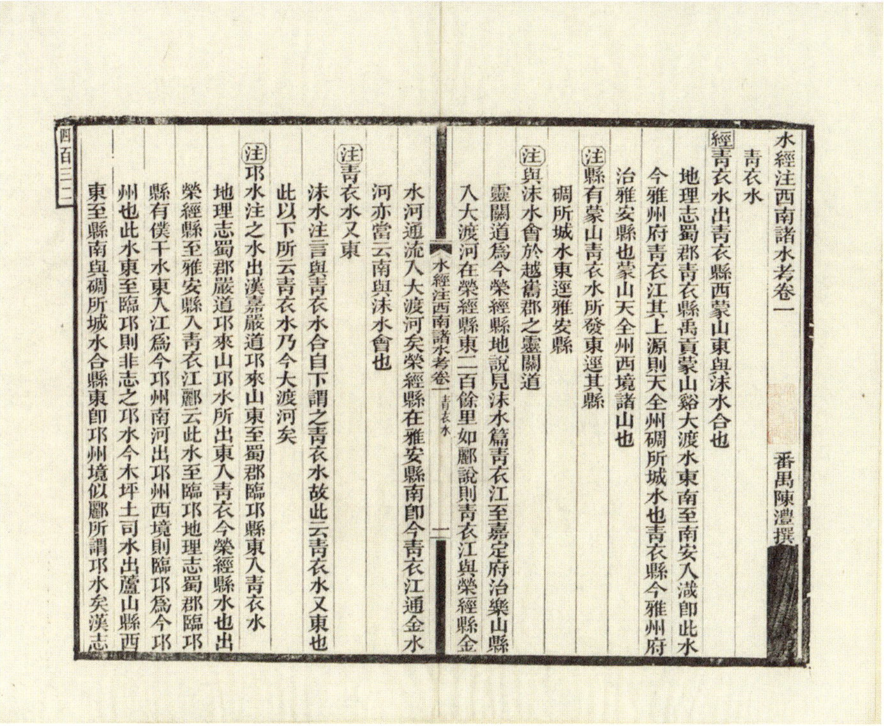
水經注西南諸水考卷一　番禺陳澧撰

青衣水

經 青衣水出青衣縣西蒙山東與沫水合也

地理志蜀郡青衣縣禹貢蒙山谿大渡水東南至南安入涐卽此水今雅州府青衣江其上源則天全州碉所城水也青衣縣今雅州府治雅安縣也蒙山天全州西境諸山也

注 縣有蒙山青衣水所發東逕其縣

碉所城水東逕雅安縣

注 與沫水會於越嶲郡之靈關道

靈關道爲今榮經縣地說見沫水篇青衣江至嘉定府治樂山縣入大渡河在榮經縣東二百餘里如酈說則青衣江與榮經縣金水河通流入大渡河矣榮經縣在雅安縣南卽今青衣江通金水河亦當云南與沫水會也

水經注西南諸水考卷一　青衣水　二

注 青衣水又東

沫水注言與青衣水合自下謂之青衣水故此云青衣水又東也此以下所云青衣水乃今大渡河矣

注 邛水注之水出漢嘉嚴道邛來山東至蜀郡臨邛縣東入青衣水

地理志蜀郡嚴道邛來山邛水所出東入青衣今榮經縣水也出榮經縣至雅安縣入青衣江酈云此水至臨邛地理志蜀郡臨邛縣有僕千水東入江爲今邛州南河出邛州西境則臨邛爲今邛州也此水東至臨邛則非志之邛水今木坪土司水出蘆山縣西東至縣南與碉所城水合縣東卽邛州境似酈所謂邛水矣漢志

四百三二

圖三十　◎清陳澧《水經注西南諸水考》卷一葉一

通過本次校勘和製圖工作，我們發現殿本有多處更改確實有誤導之嫌，給校勘、製圖工作均帶來許多干擾。

此外，自殿本以後，清人治酈書往往局限於以殿本與《注釋》本爲研究、參考的對象，而忽略了古本的價值。究其原因，一方面，由於古本與項本、《注釋》本相較，殊爲難覓。另一方面，由於殿本對《大典》本的抬高，給人一種錯覺，即殿本已經吸收了古本的優點了。其實，我們通過校勘發現，相對於明人的謹慎，清人對於酈書的許多大幅度改動，雖然有一定的文獻依據，但也不可避免地導致去酈書原貌更遠了。王國維顯然已經注意到這個問題。今存王國維的校本，便是以殘宋本、《大典》本、朱藏明鈔本、黃本、吴本來校《注箋》本，其中撇開清人研究影響的目的非常清晰。

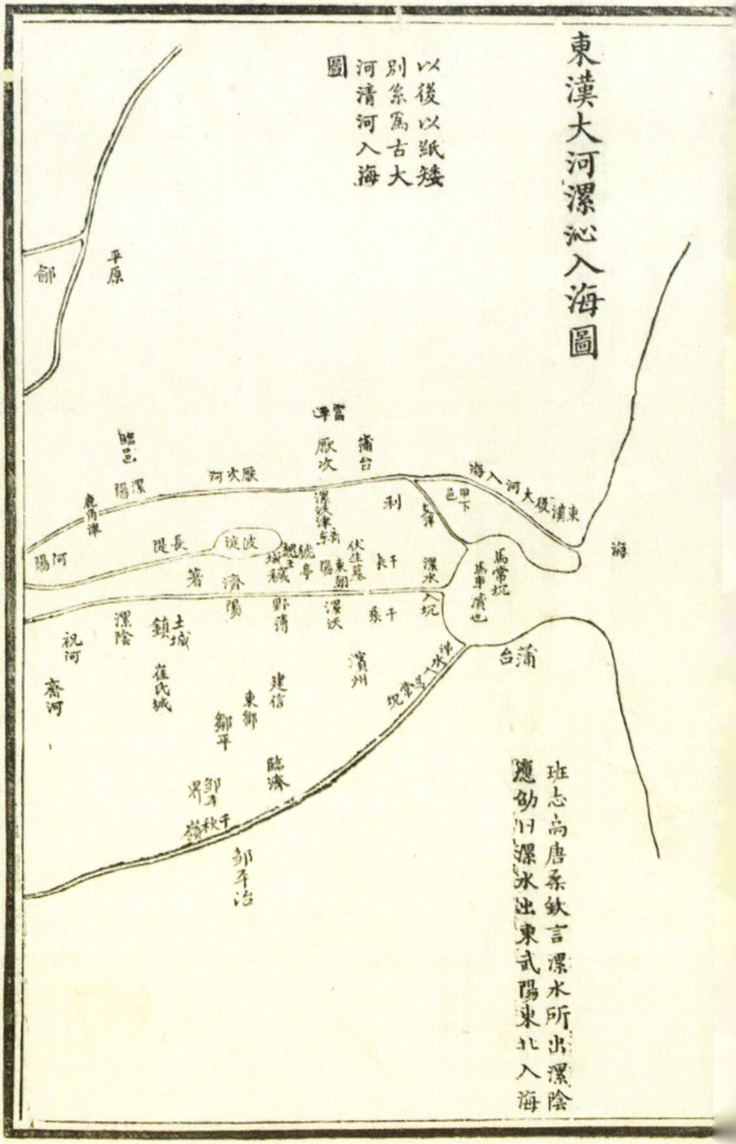

圖三十一（本頁）、圖三十二（下頁）◎清汪士鐸《水經注圖》葉一

樊噲何逕清
河宛朐皆有
黃棗城

古大河清河入海圖

後漢袁楷傳注隰陰在漯水之南故城在今齊州臨邑縣西按隰即漯之誤又此縣在漯北楷故城在漯南也

班志靈縣河水別出為鳴犢河東北至蓨入屯氏河信成張甲河首受屯氏別河東北至蓨入漳水貝邱應劭曰左氏傳齊襄公田于貝邱是按應此說誤乎原有篤馬河東北入海行五百六十里高縣平當以為鬲津般縣師古曰爾雅說九河云鉤般

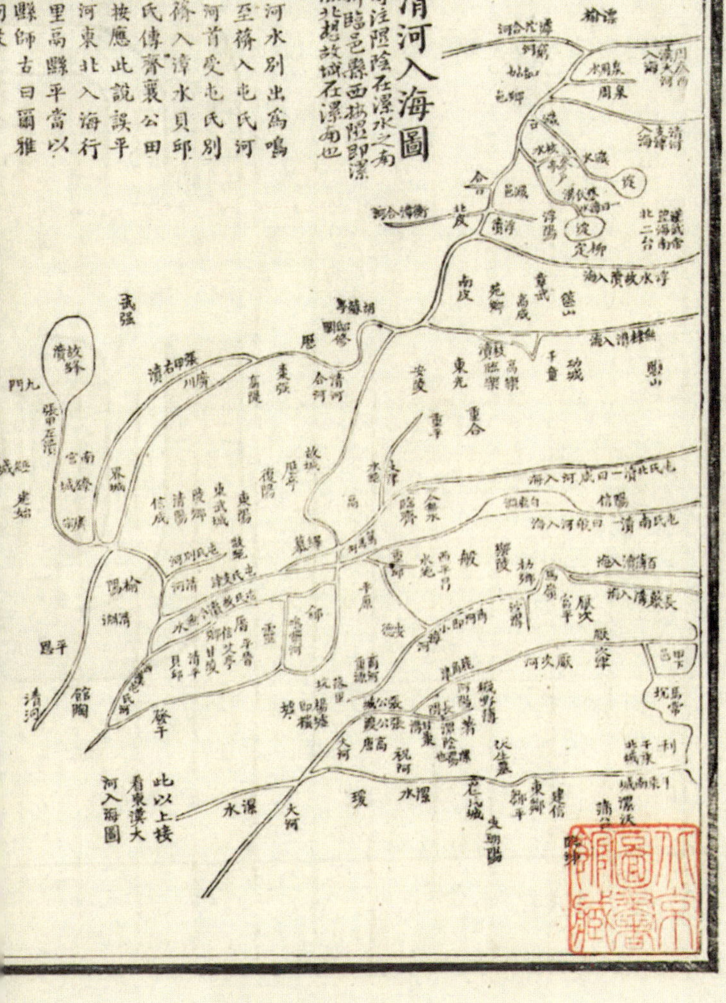

水經注釋地

四十卷，附水道直指一卷，釋地補遺一卷

張匡學釋　清嘉慶二年上池書屋刊本

（《釋地》本）

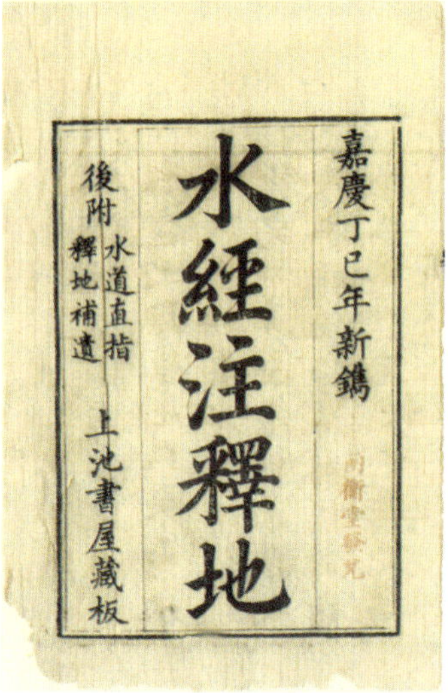

圖 23-1　◎《釋地》本書名葉

三册，半葉十一行，行二十一字，張匡學之釋刊於書眉。目録分四十卷，正文題“水經”，其下署“漢桑欽撰　後魏酈道元注　新安張匡學三悦氏釋”。又，首册有曹文埴《〈水經注釋地〉序》（其後有“曹文埴印”“青宮太保大司農”章），袁枚序，程世淳《〈水經注釋地〉叙》，每卷末葉有“新安張匡學字未能號三悦印”章。

《釋地》本由張匡學刊於嘉慶二年（一七九七年），是一部試圖從地理角度對《水經注》進行詮釋的專門著述。不過，總體而言，《釋地》本的學術價值較爲有限。此書以黄晟本爲底本，而全無校勘，其地望考證部分也均遵從《大清一統志》等，類同轉鈔。楊守敬《水經注疏凡例》即直言：“至若張匡學之《釋

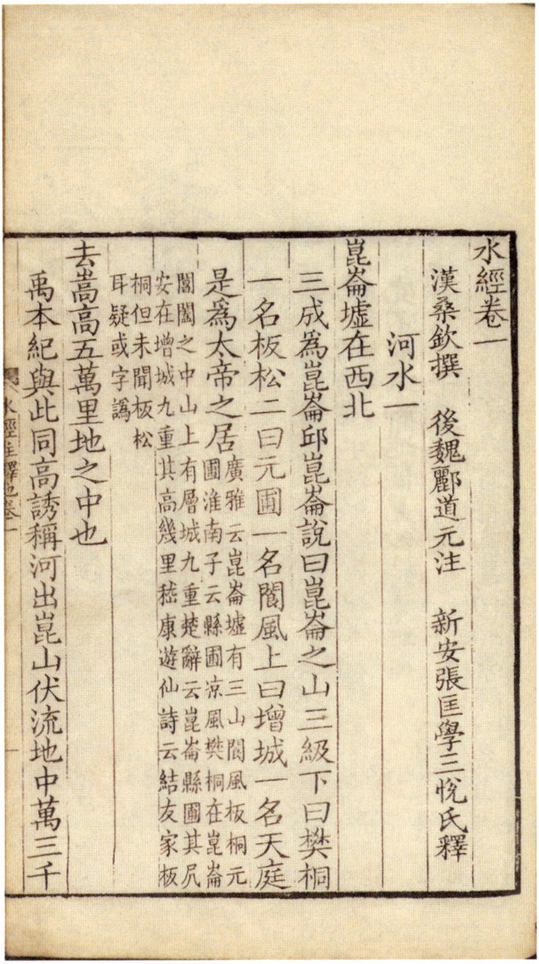

水經卷一

漢桑欽撰　後魏酈道元注　新安張匡學三悅氏釋

河水一

崑崙墟在西北

三成爲崑崙邱崑崙說曰崑崙之山三級下曰樊桐一名板松二曰元圃一名閬風上曰增城一名天庭是爲太帝之居廣雅云崑崙墟有三山閬風板桐元圃淮南子云縣圃凉風樊桐在崑崙閶闔之中山上有層城九重楚辭云崑崙縣圃其凥安在增城九重其高幾里嵇康遊仙詩云結友家板桐但未聞板松耳疑或字譌

去嵩高五萬里地之中也

禹本紀與此同高誘稱河出崑山伏流地中萬三千

水經注釋地卷一　一

圖 23-2 ◎《釋地》本卷一葉一上

地》，絶無心得。”〔一〕楊氏的上述評價，確有根據，以下即就此略作論述。

其一，選用校本較少且全無校勘。《水經注釋地凡例》稱："《水經注》刻本僅見明吴琯、國朝黄氏二家，内所稱宋本、元本未見，鄙見黄本忝稽較密，今照依刊刻。”按，張氏所稱“國朝

〔一〕楊守敬《水經注疏凡例》，《水經注疏要删》，光緒三十一年觀海堂刊本；《水經注疏·附録》，江蘇古籍出版社，一九八九年。

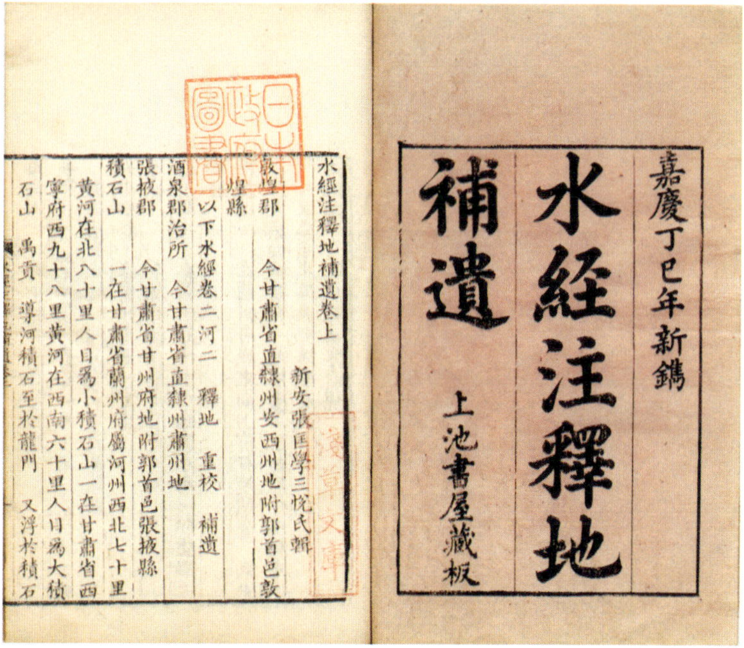

嘉慶丁巳年新鐫

水經注釋地補遺

上池書屋藏板

水經注釋地補遺卷上　新安張匡學三悅氏輯

敦煌郡　今甘肅省直隸州安西州地附郭首邑敦煌縣

以下水經卷二河二　釋地　重校　補遺

酒泉郡治所　今甘肅省直隸州肅州地

張掖郡　今甘肅省甘州府地附郭首邑張掖縣

積石山　一在甘肅省蘭州府屬河州西北七十里黄河在北八十里人日爲小積石山一在甘肅省西寧府西九十八里黄河在西南六十里人日爲大積石山　禹貢　導河積石至於龍門　又浮於積石

圖 23-3　◎《水經注釋地補遺》書名葉及卷上葉一上

黄氏”即黄晟，可見《釋地》的底本爲黄晟本。沈欽韓的《疏證》本大約與《釋地》本同時成稿，參校以胡渭《禹貢錐指》、孫潛校本、《注釋》本等，並對諸本異文有所選擇（參［二三二］）；而稍早的《注釋》本的參校版本則達二十九種之多（參［二二七］）。反觀《釋地》本，不僅只用吴本、黄晟本，且兩個版本的異文也未能反映出來，在文字校勘方面明顯遜於《注釋》本、《疏證》本。在版本校勘方面，《釋地》本價值較小。

其二，引述不規範。《釋地凡例》稱：“《水經》暨注所載郡縣，悉釋以今府州縣名，俱遵國朝《一統志》纂叙。其餘如陵谷、關梁、宫室、碑碣之類，所在皆然。”而查檢《釋地》本諸條，多與《大清一統志》不同。如卷十七“五柞宫”，《釋地》：“五柞宫址在盩厔縣東南三十八里。”《大清一統志》：“五柞宫在盩厔縣東南”，“《元和志》：五柞宫在縣東南三十八里”。按《元和志》：“秦五

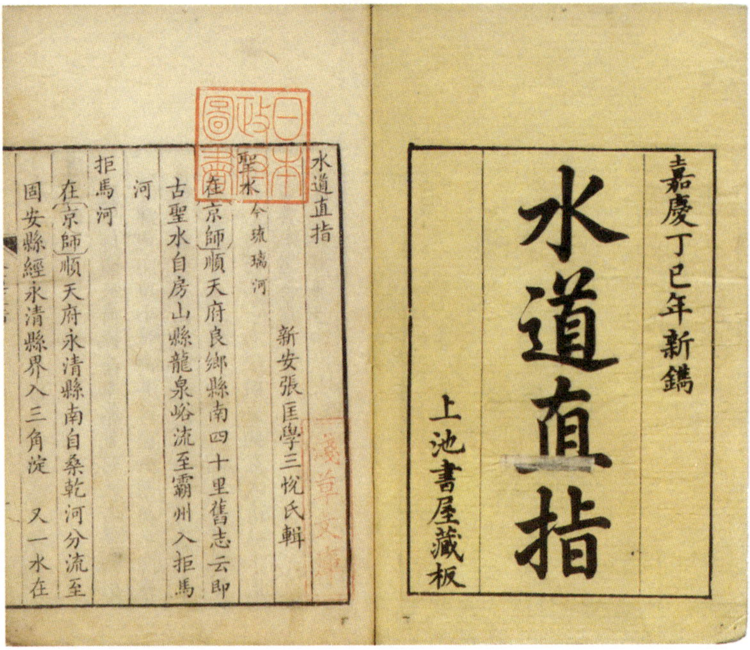

圖 23-4　◎《水道直指》書名葉及葉一

柞宫，在縣東南三十八里。”此當爲《釋地》所本，然《釋地》本未言引述《元和志》而稱“俱遵國朝《一統志》纂叙”，實爲引述失範。

其三，地望考證不精。《釋地》本主要内容是以清代的地名作爲參照，來確定酈注所載的故城、舊宫、山川陵谷等的位置，即曹文埴序所言：“於古郡縣釋以今名，猶沈氏（按，指沈炳巽）之意。”如卷十七“襄武縣”，《釋地》：“襄武縣今甘肅鞏昌府首縣隴西縣地。其故城在府城東南五里。”不過，張氏的部分地望考證過於粗疏，幾無意義。如卷十九“盩厔縣”，《釋地》：“盩厔縣今屬西安府，其故城在今縣境内。”另外，還有部分地望存在明顯錯誤，如卷十七“南田縣”〔一〕，《釋地》：“南田縣故城在

〔一〕按，卷十九“逕南田縣南”，其中“南田縣”，殘宋本、《大典》本、黄本、吴本、

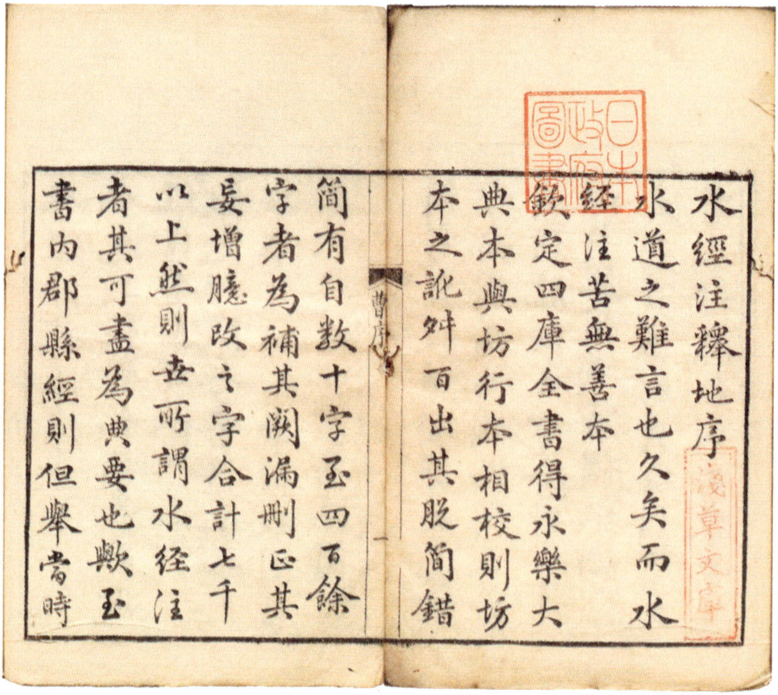
水經注釋地序
水道之難言也久矣而水
經注苦無善本
欽定四庫全書得永樂大
典本與坊行本相校則坊
本之訛舛百出其脫簡錯
曹序
一
簡有自數十字至四百餘
字者爲補其闕漏删正其
妄增臆改之字合計七千
以上然則世所謂水經注
者其可盡爲典要也歟至
書内郡縣經則但舉當時

圖 23-5 ◎《水經注釋地》曹文埴序葉一

鳳翔府隴州東北一百二十里。”按，《元和郡縣圖志》《太平寰宇記》均以南由縣故城在隴州西南一百二十里〔一〕，《大清一統志》亦曰：“南由廢縣在隴州西南。”可見，張氏所釋不確。又，卷十七“汧水”，《釋地》：“汧水流經長沙汨羅淵，三閭大夫自沉之水也。”按，汧水即今千河，而張氏釋之以湖南之水，可見其論誤甚。

陳本、《注箋》本、譚本、項本皆同，《七校》鈔本、《注釋》本、殿本作“南由縣”。檢《魏書·地形志》，岐州武都郡領南由縣。《元和郡縣圖志》《太平寰宇記》同，故作“南由縣”是。

〔一〕李吉甫撰、賀次君點校《元和郡縣圖志》卷二《關内道二》隴州南由縣，中華書局，一九八三年，頁四六；樂史撰、王文楚等點校《太平寰宇記》卷三二《關西道八》隴州廢南由縣，中華書局，二〇〇七年，頁六八九。

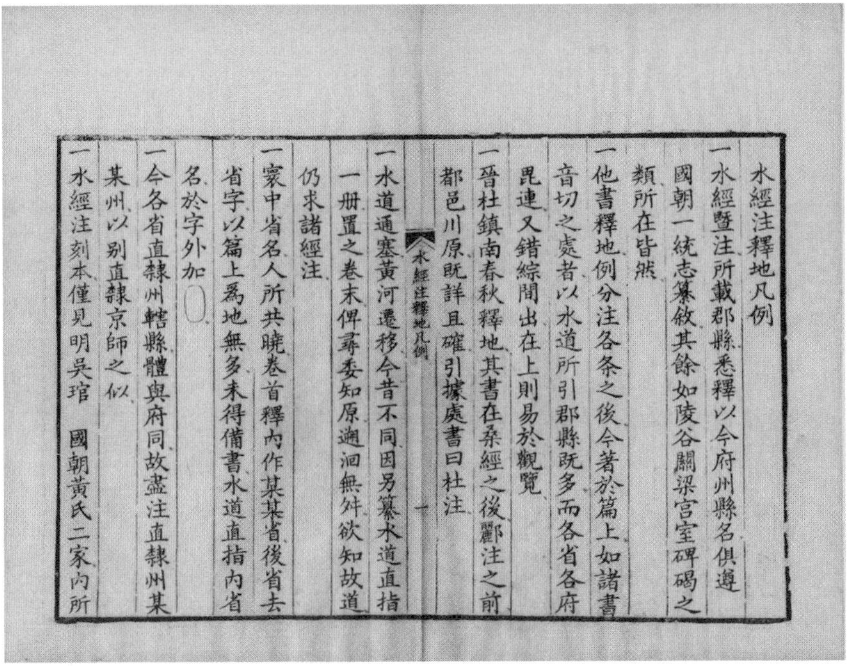

水經注釋地凡例

一水經暨注所載郡縣悉釋以今府州縣名俱遵
國朝一統志纂敘其餘如陵谷關梁宮室碑碣之
類所在皆然

一他書釋地例分注各条之後今著於篇上如諸書
音切之處者以水道所引郡縣既多而各省各府
毘連又錯綜間出在上則易於觀覽

一晉杜鎮南春秋釋地其書在桑經之後酈注之前
都邑川原既詳且確引據處書曰杜注

水經注釋地凡例　一

一水道通塞黃河遷移今昔不同因另纂水道直指
一册置之卷末俾尋委知原迴洄無舛欲知故道
仍求諸經注

一家中省名人所共曉卷首釋內作某某省後省去
省字以篇上爲地無多未得備書水道直指內省
名於字外加○

一今各省直隸州轄縣體與府同故盡注直隸州某
某州以别直隸京師之似

一水經注刻本僅見明吳琯　國朝黃氏二家內所

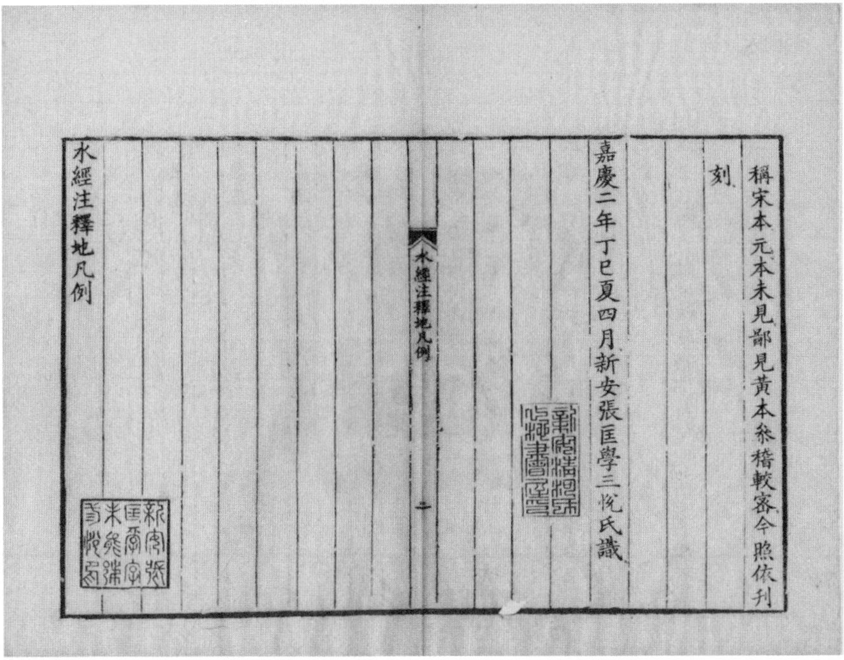

稱宋本元本未見鄙見黃本參稽較審今照依刊
刻

嘉慶二年丁巳夏四月新安張匡學三悅氏識

水經注釋地凡例　二

水經注釋地凡例

圖 23-6（上）、圖 23-7（下）◎《水經注釋地》凡例葉一、二

水經注疏證

四十卷

沈欽韓撰　稿本

(《疏證》本)

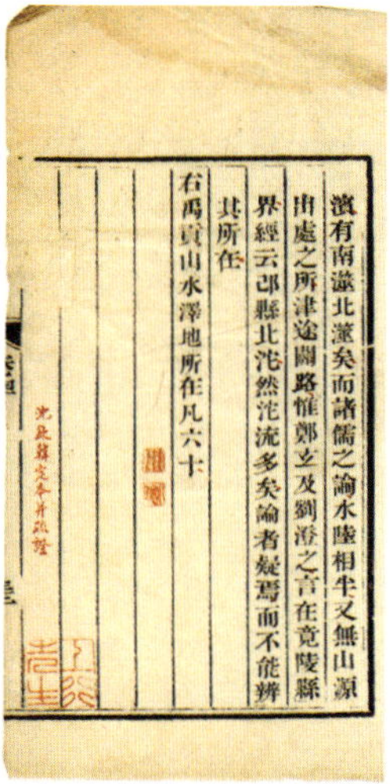
瀆有南澨北澨矣而諸儒之論水陸相半又無山源
出處之所津途關路惟鄭玄及劉澄之言在竟陵縣
界經云邵縣北沱然沱流多矣論者疑焉而不能辨
其所在
右禹貢山水澤地所在凡六十

圖 24-1　◎《疏證》本卷末跋語

十六册。以殿本爲底本。沈欽韓於原書書眉、書根及行間批注。目録分四十卷，正文題“水經注”，每卷目下署“後魏酈道元撰”。每册首葉有“沈生”“織簾藏書”“文起父”印[一]。卷六、卷八、卷九、卷十七别有“織簾勘書之室”印，又，第一册首葉有一“有此廬圖書”印[二]。另，部分卷末有沈氏題記，記録點勘、

〔一〕段熙仲以爲：“沈氏用典，不忘其祖”，“《南齊書·沈驎士傳》：‘沈驎士，吴興武康人，少好學，家貧，織簾誦書，口手不息。’”參見所撰《〈水經注疏證〉手稿與鈔本完書喜在神州》，《南京師範大學學報（社會科學版）》一九八〇年第一期。

〔二〕段熙仲指出：“有此廬圖書”印，“出處在韓愈之《示兒詩》：‘始我來京師，止攜一束書，辛勤三十年，以有此屋廬。’沈氏《幼學堂詩稿》卷十五有《移居詩三首示家人》，其一有‘辛勤將廿載，不得名吾廬’之句；其二叙其

疏證的時間、地點等〔一〕。此本現藏南京圖書館〔二〕。

《疏證》本在治學方法上呈現出承上啟下的作用〔三〕：一方面在借鑒胡渭、孫潛、全祖望、趙一清、戴震等人校勘成果的基礎上，繼續推進《水經注》的校勘工作；另一方面，"下與楊、熊二氏致力之途徑大體而合"〔四〕，以地理學的視角來研究《水經注》。不過，總體而言，其在地望考證、河流流路的梳理等方面，還較爲疏略。

就校勘方面而言，《疏證》本以殿本爲底本，對經注文字的

先人遺破屋四椽，居已兩世，弟亦有兒，不得不異門户，又有'未暇置傢俱，先理架上書'之句"。參見所撰《〈水經注疏證〉手稿與鈔本完書喜在神州》，《南京師範大學學報（社會科學版）》一九八〇年第一期。

〔一〕如卷十七末葉："道光元年七月十九日，欽韓。"卷二十末頁："道光元年辛巳四月七日，織簾重注疏。"

〔二〕《水經注疏證》迄無刊本，除稿本外，還有朱希祖鈔本（現藏南京圖書館）、吴興劉氏嘉業堂鈔本（現藏中國國家圖書館）。王鎏所撰《沈氏墓志銘》云："凡君所注，先寫於書上下左右，幾無間隙，乃録爲初稿。久之，增删復録爲再稿。每一書成，輒三四易稿。"段熙仲認爲，現可見之諸鈔本，當爲經過"增删"而復録之"再稿"本，若此，則除現可見之稿本、鈔本外，《水經注疏證》還當有一部"初稿"本。參見所撰《〈水經注疏證〉手稿與鈔本完書喜在神州》，《南京師範大學學報（社會科學版）》一九八〇年第一期。

〔三〕段熙仲認爲《疏證》成稿於道光元年秋。參見所撰《〈水經注疏證〉手稿與鈔本完書喜在神州》，《南京師範大學學報（社會科學版）》一九八〇年第一期。

〔四〕參見段熙仲《沈欽韓〈水經注疏證〉稿本概述》，《中華文史論叢》一九七九年第三期。

校勘，用力頗多，其成就主要表現在以下四個方面。

其一，對於殿本中戴震臆改的部分文字進行校改。沈氏自序中評述："戴氏之校，善於推尋本文，知其前後倒置，或羨或脱，確然更定。至專以今書易舊文，漸以胸臆改僻義……蓋其所短也。"如卷二十二《潁水注》，改殿本"艾水"作"欠水"。《疏證》序："欠水，今蒙城茨河，而（殿本）改'欠'爲'艾'，了無可究。"

其二，將胡渭《禹貢錐指》、孫潛校本、《注釋》諸本的異文列於書眉處。如卷十七"又東歷澤亂流爲一"，其中"亂流爲一"，《疏證》："孫潛校作'亂爲一水'。"不過，《疏證》並未遍列諸本異同，而是經過較爲審慎的篩選。查檢沈氏所列述的諸家校語可知，或爲其所贊同，或爲另備一説。而與己見不合的，則往往不列。如卷十七"（廣漢鉗子）自號爲仙君黨與漫廣"，其中"漫"字，《注箋》本與殿本同，《注釋》本改作"寖"，《疏證》未述《注釋》校勘而逕言："'漫'字誤，當作'浸'。"又同卷"去地百餘丈"，《疏證》："'地'下趙本有'二'字。以《漢書·五行志》校之，正有'二'字。"又，同卷"東南逕郁夷縣平陽故城南"，《疏證》："趙云：'郁夷縣'下有脱文。"贊同《注釋》本的這一校語，並引據相關史料加以輔證："按，《寰宇記》：隴州汧源縣西五十里有郁夷故城。《地道記》云：郁夷省并郿。"

其三，依據他書中的相關内容，對注文中存有疑義之處，進行校改。如卷十八"孝公又謂之爲橐泉宫"，《疏證》："案，《地理志》云：'橐泉宫，孝公起。祈年宫，惠公起。'明是二宫。此云'孝公又謂之爲橐泉宫'，疑衍'謂之'二字。"

其四，依據文義，對注文進行校改。如卷十九"魏置青逕軍於城内"，《疏證》："《地形志》：真君七年省藍田入霸城。'軍'

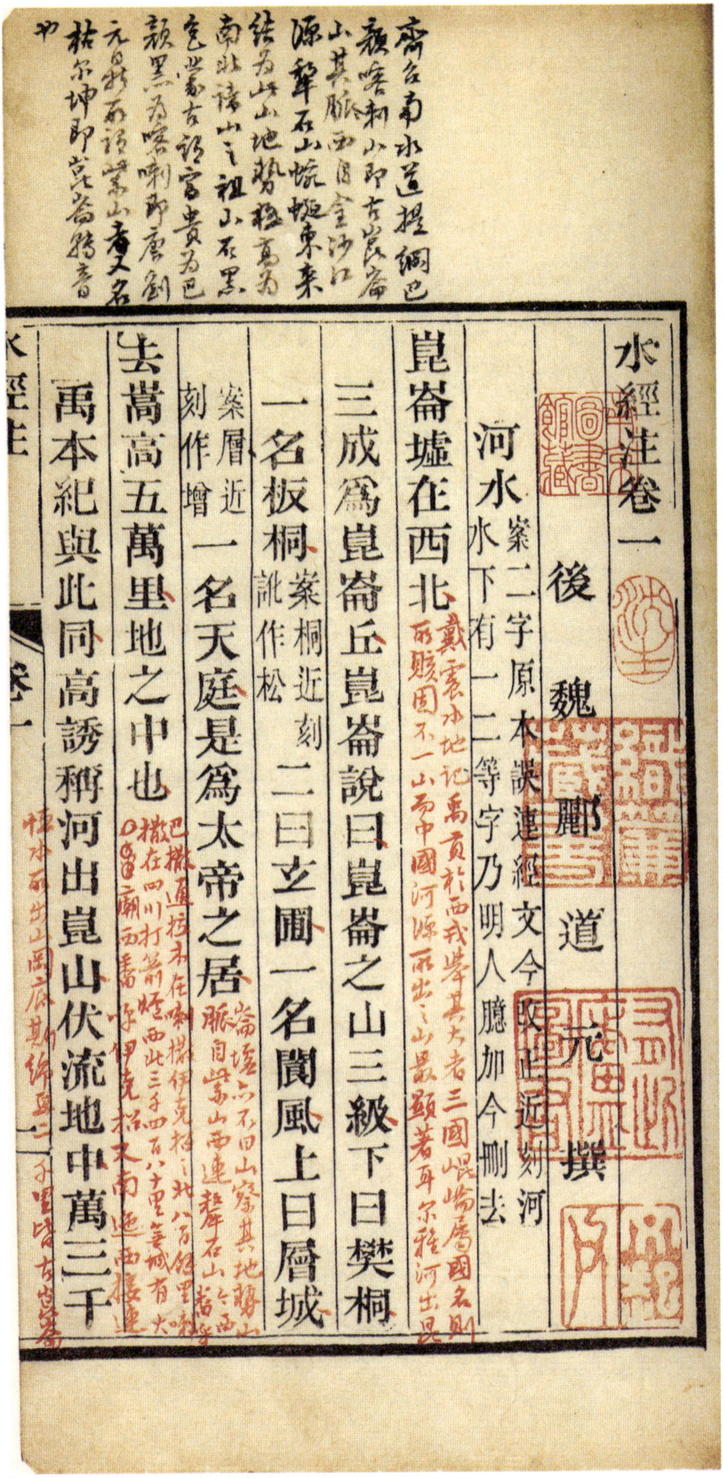
齋台南水道提綱巴顏喀喇山即古崑崙山其脈西自金沙江源犁石山蜿蜒東來結爲此山地勢極高爲南北諸山之祖山石黑色蒙古語富貴爲巴顏黑爲喀喇即唐劉元鼎所謂紫山者又名枯爾坤即崑崙轉音也

水經注卷一

後　魏　酈　道　元　撰

河水 案二字原本誤連經文今改正近刻河水下有一二等字乃明人臆加今刪去

崑崙墟在西北

三成爲崑崙丘崑崙說曰崑崙之山三級下曰樊桐

一名板桐 案桐近刻訛作松 二曰玄圃一名閬風上曰層城

一名天庭是爲太帝之居 案層近刻作增

去嵩高五萬里地之中也

禹本紀與此同高誘稱河出崑山伏流地中萬三千

水經注　卷一

圖 24-2 ◎《疏證》本卷一葉一上

上當有‘護’字，蓋省縣置護軍。魏晉以來例如此。”此説實屬沈氏創見，足資參考。

除校勘方面之外，《疏證》本的成就還表現在對故城舊宫、陵墓廟宇等故跡的地望和山川陵谷變遷方面的考定。《疏證》序中自述：“其山川郡縣，得陵谷變遷之由，歷代割度之制，證以專門名家之書，同張守節引《括地志》之例，終取信於本朝《一統志》”，“以今之地望，準向之水道”。

確如沈氏自序中所述，《疏證》本依據《水經注》所載，參徵《括地志》《元和郡縣圖志》《太平寰宇記》《大明一統志》《讀史方輿紀要》《大清一統志》等地理總志，《長安志》《雍録》及明清地方志等相關文獻的記載，考定故城舊宫、陵墓廟宇等故跡的地望。《疏證》並非單純引述上述文獻的記載，還有自己的判斷。如卷十七“渭水又東逕西武功縣北”，《疏證》：“按，此武功當在寶雞縣西南，非漢武功。”卷十九“渭水逕（槐里）縣之故城南”，《疏證》：“《長安志》：槐里故城即犬丘城，在興平縣東南十里，其西城曰小槐里。《寰宇記》以小槐里在武功縣，非也。”

對山川陵谷變遷的考證，《疏證》本除引述上述地理總志、地方志之外，還較多引述《水道提綱》等的相關記載，梳理河流的源頭、流路等總體概況。如卷十九豐水部分，《疏證》：“《提綱》：豐水出鄠縣東南牛首山。《元和志》：豐水北流逕鄠縣東二十八里，北流入渭。按，《長安志》：豐水出長安縣西南五十五里終南山豐谷。其原闊六十步，自鄠縣界來，經縣界，由馬坊邨入咸陽縣，合渭水。”再者，《疏證》所引述的内容還涉及當時河流水文狀況變遷的相關信息。卷十九霸水部分，《疏證》：“《藍田縣志》：‘霸水在縣東南二十里。今世居民開種山地，沙石壅水

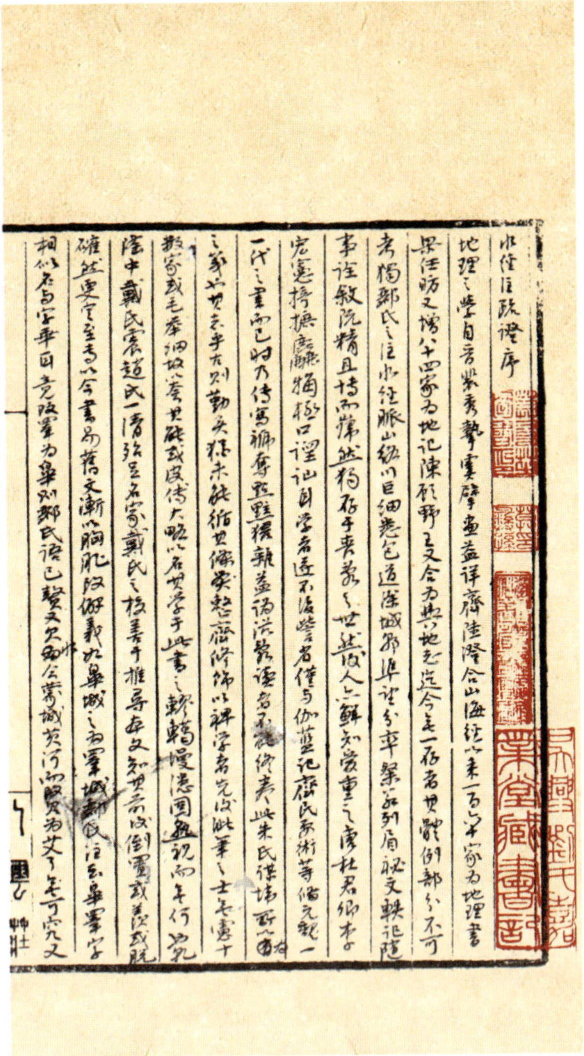

圖24-3 ◎嘉業堂藏鈔本《水經注疏證》卷首自序

發，沖入河中，水口散漫闊於舊盖數十倍。'" 除此之外，《疏證》本還對河川陵谷的古今名稱的變遷進行考證。如針對《水經注》所述“滍水”與《魏書・地形志》等文獻所載不合的問題，《疏證》認爲這是由於河流名稱出現了徙轉而造成的：“自《魏書・地形志》以出苦谷者爲滍水，始與《水經注》異。唐宋以來，故道莫辨，大抵荆溪、狗枷及上流諸水，皆目爲滍源矣。”

水經注釋文

四十卷

汪士鐸釋　稿本

（《釋文》本）

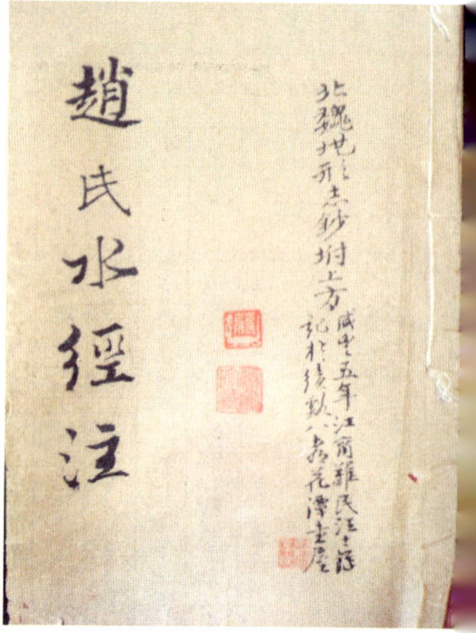

圖 25-1　◎《釋文》本封面

二十册，半葉十行，行二十二字，以趙一清《水經注釋》（乾隆五十九年小山堂重刻本）爲底本，汪士鐸於書眉處批注。封面書名題“趙氏水經注”，目録分四十卷，正文題“水經注”，其下署“仁和趙一清誠夫録”。首册封面汪士鐸自題“北魏地形志鈔坿上方”[一]，“咸豐五年江寧難民汪士鐸記於績溪八都花潭書屋”，鈐有“蔣”字虎紋、“蘇盦珍藏”印，每卷首鈐有“汪士鐸印”。此本現藏復旦大學圖書館[二]。

〔一〕按，汪士鐸將《地形志》鈔附於書眉處，實爲後人查檢之便：“而魏收《志》乃讀此書者所宜知，故雖目眊不能視，猶鈔之全卷，以詒後人。”參見此本卷首《北史本傳》末汪氏跋語。

〔二〕王欣夫《蛾術軒篋存善本書録》對此稿本亦有著録，詳參所撰《蛾術軒篋存善本書録》，上海古籍出版社，二〇一二年，頁一二一一—一二一三。

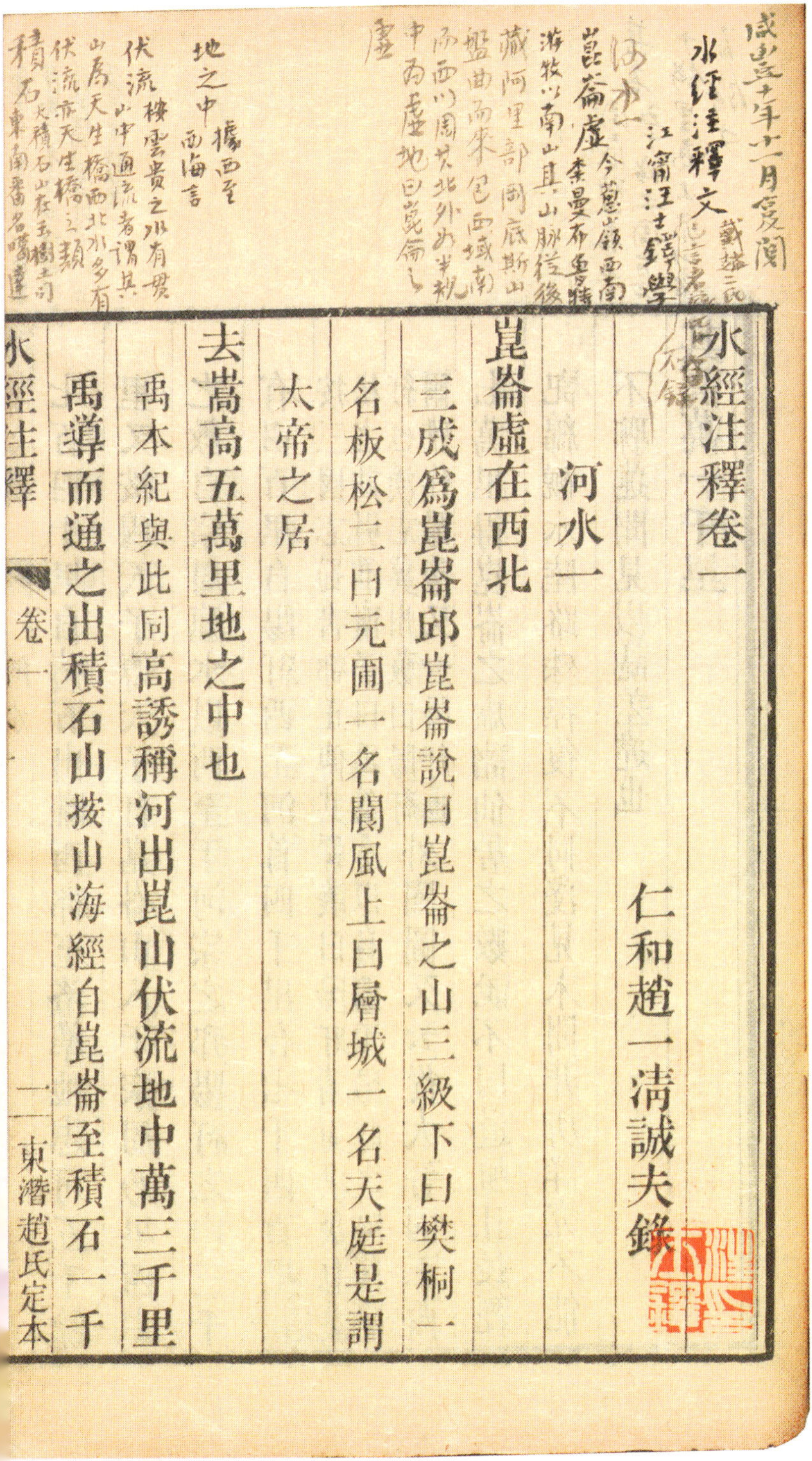

咸豐十年十一月覆閲

水經注釋文　江甯汪士鐸學

河水一

崑崙虛

地之中　據西至西海言

水經注釋卷一　　仁和趙一清誠夫録

河水一

崑崙虛在西北

三成爲崑崙丘崑崙說曰崑崙之山三級下曰樊桐一名板松二曰元圃一名閬風上曰層城一名天庭是謂太帝之居

去嵩高五萬里地之中也

禹本紀與此同高誘稱河出崑山伏流地中萬三千里禹導而通之出積石山按山海經自崑崙至積石一千

水經注釋　卷一　一　東潛趙氏定本

圖 25-2 ◎《釋文》本卷一葉一上

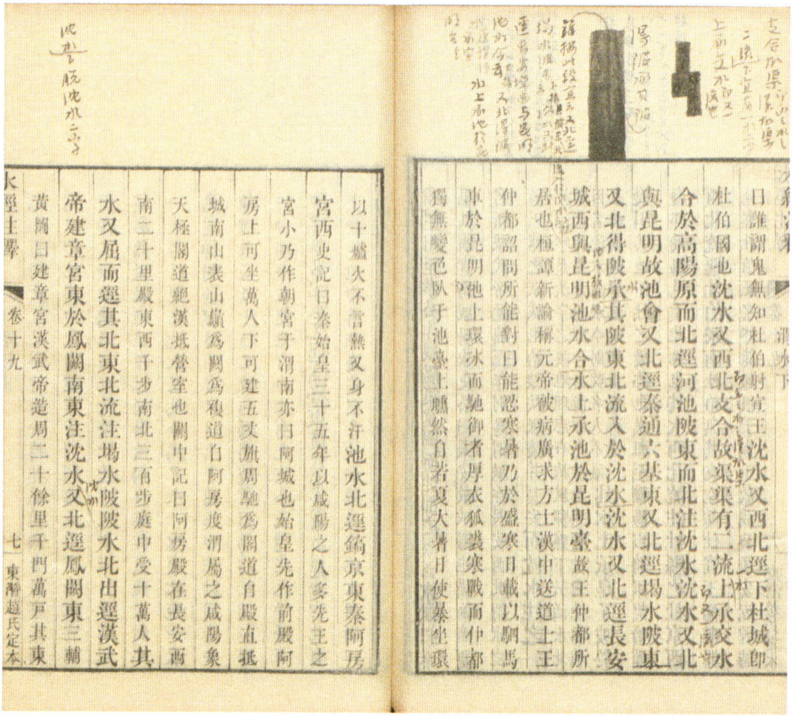
水經注釋 卷十九 渭水下

曰誰謂鬼無知杜伯射宣王沈水又西北逕下杜城即
杜伯國也沈水又西北支合故渠渠有二流上承交水
合於高陽原而北逕河池陂東而北注沈水沈水又北
與昆明故池會又北逕秦通六基東又北逕堨水陂東
又北得陂承其陂東北流入於沈水沈水又北逕長安
城西與昆明池水合水上承池於昆明臺故王仲都所
居也桓譚新論稱元帝被病廣求方士漢中送道士王
仲都詔問所能對曰能忍寒暑乃於盛寒日載以駟馬
車於昆明池上環冰而馳御者厚衣狐裘寒戰而仲都
獨無變色臥于池臺上曛然自若夏大暑日使暴坐環
以十爐火不言熱又身不汗池水北逕鎬京東秦阿房
宮西史記曰秦始皇三十五年以咸陽之人多先王之
宮小乃作朝宮于渭南亦曰阿城也始皇先作前殿阿
房上可坐萬人下可建五丈旗周馳為閣道自殿直抵
城南山表山巔為闕為複道自阿房度渭屬之咸陽象
天極閣道絕漢抵營室也關中記曰阿房殿在長安西
南二十里殿東西千步南北三百步庭中受十萬人其
水又屈而逕其北東北流注堨水陂陂水北出逕漢武
帝建章宮東於鳳闕南東注沈水又北逕鳳闕東三輔
黄圖曰建章宮漢武帝造周二十餘里千門萬戶其東

水經注釋 卷十九 七 東潛趙氏定本

圖 25-3 ◎《釋文》本卷十九葉六下、葉七上

《釋文》本是以地理學的視角研究《水經注》的重要著作，在地望的考證、河流流路的梳理等方面，優於《釋地》本、《疏證》本，並通過地理形勢的考定，來整理脱簡錯簡，多有創見。其主要特點表現在五個方面。

其一，參校校本不多，在其工作底本《注釋》外，尤重殿本。由於時局和個人條件局限〔一〕，汪士鐸所見版本有限，常見於《釋

按，另有汪士鐸《釋文》輯録鈔本二册，原爲蔣國榜（蘇盦）所藏，現藏復旦大學圖書館，共計十卷，卷首有蔣國榜癸卯年（一九六三）所撰題記，正文題“水經注釋文”，其下署“同邑後學蔣國榜鈔輯，秀水王大隆欣夫校訂”。此鈔本王欣夫又責朱五峰復鈔録一册，現亦藏復旦大學圖書館。

〔一〕汪士鐸以“江寧難民”自況，且歎撰述條件逼蹙：“大亂之世，羅書極難。攜多書幾同褁璧，難以遠遁。且所之每苦無一鴟之假。”參見此本卷首《北史本傳》末汪氏跋語。

水經注釋附錄上

仁和趙一清誠夫錄

水經三卷郭璞注　水經四十卷酈善長注　隋書經籍志

水經三卷郭璞撰　又四十卷酈道元撰　舊唐書經籍志

桑欽水經三卷一作郭璞撰　酈道元注水經四十卷　新唐書藝文志

水經三卷漢桑欽撰郭璞注　水經四十卷酈道元注　通志藝文畧

水經四卷右漢桑欽撰成帝時人本經三卷後魏酈道元注　郡齋讀書志

水經注釋　附錄上　一　東潛趙氏定本

圖25-4　◎《釋文》本附録上葉一上

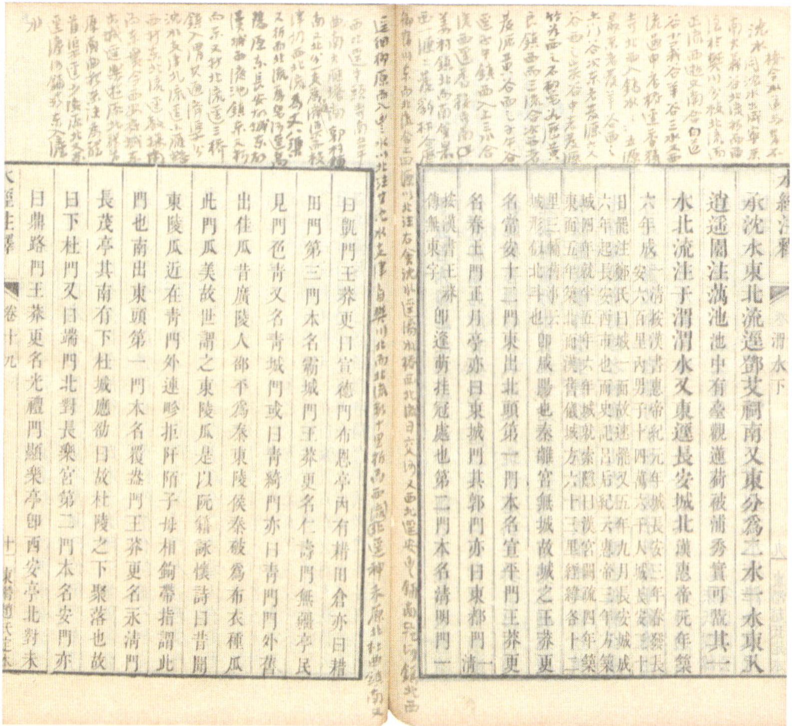

圖 25-5 ◎《釋文》本卷十九葉九下、葉十上

文》本的版本僅《注釋》本（《釋文》稱之爲“此本”）、殿本（《釋文》稱之爲“戴君本”“戴本”）二種，《釋文》本並未全面比對二本的異文，而是結合自己的校勘、考證需要，鈔録與己見相合的，以作佐證，正如蔣國榜題記中所述：“翁治此書，後於趙、戴二氏，允如己言者外，悉皆不録。”

其二，脱簡錯簡方面，《釋文》本通過對地理形勢的考定，對相關注文的位置進行調整。卷十七“又有關城川水出南安城谷水出北丘川參差注渭”，《釋文》：“‘谷水出北丘’，上有脱文。按，《通鑒》卷七十七引此文云：‘董亭在南安郡西南，谷水歷其下，東北注於渭。’（其下方接云）‘渭水過獂道南，獂道，南安郡治也。又東逕武城縣西，武城川水入焉，盖以川名縣也。’（武城不見《地形志》，盖後省也）據此則此‘又有關城川’至‘注渭水’廿一字，既有脱文，又宜系之上。有‘過水合注之’之下，見一

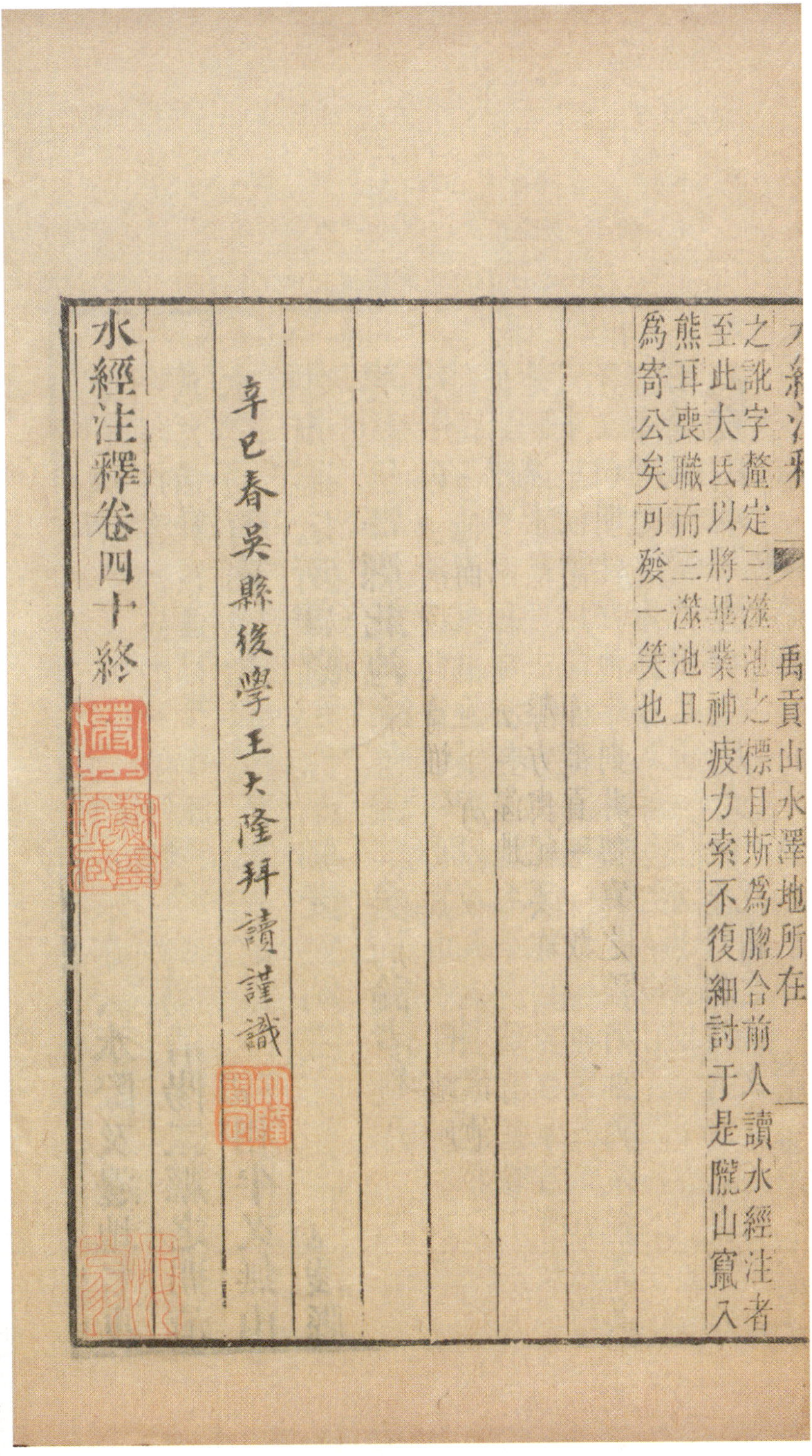

水經注釋一

禹貢山水澤地所在

之訛字釐定三滌池之標目斯爲臆合前人讀水經注者至此大氐以將畢業神疲力索不復細討于是隴山竄入熊耳喪職而三滌池且爲寄公矣可發一笑也

辛巳春吳縣後學王大隆拜讀謹識

水經注釋卷四十終

圖 25-6 ◎《釋文》本卷四十末葉王欣夫跋語

簡有脱誤也。”汪士鐸據《通鑒》所引酈《注》“董亭”“獂道”的地望，結合城亭、河流的相對位置，來調整錯簡，這種思路是可取的。但是，汪氏上述調整也有值得商榷之處，如《通鑒》所引酈《注》文字是否可據，董亭地望考證是否可靠，等等。

其三，《釋文》本關於文字校勘的批注較多，可細分爲以下幾種情形：（甲）根據地理形勢進行校勘。如卷十七“東南逕郁夷縣”，《釋文》：“‘縣’下脱‘北’字。”（乙）根據酈《注》文例進行校勘。如卷十七“又東歷大利”，《釋文》：“‘又東歷’上脱‘渭水’二字。”（丙）據他書校改，如卷十八“故禹貢有雍沮會同之文矣”，《釋文》：“《禹貢》句大誤。”（丁）根據酈《注》文意進行校勘。如卷十九“其水際北城”，《釋文》：“當作‘城北’。”不過，《釋文》校勘的態度也時有輕率之處。如卷十七“又東汧汙二水入焉”至“更攝其通稱矣”，《釋文》：“此段誤，宜删。”如此斷語，顯然不妥。

其四，較之《釋地》本、《疏證》本，《釋文》本關於地望考證的批注，雖然相對較少，但較爲精細。如卷十七“逕平陽故城南”，《釋文》：“今陽平鎮。”同卷“渭水又東逕五丈原北”，《釋文》：“五丈原在高店鎮東。”卷十九“又東過長安城北”，《釋文》：“惠氏引《後漢志》注云：‘城方亦十三里，經緯各長十五里。十三城門，九百七十三頃。’”

其五，與《釋地》本、《疏證》本相較，《釋文》本河流流路的考證精度有相當程度的推高。如卷十九“渭水又東與泬水枝津合”，《釋文》對泬水、鄗水、泬水枝津的流路以及河渠注入、枝津歧出的狀況進行了較爲細緻的考述。如沈水，《釋文》：“按，今水道與昔不同，沈水（按，當作‘泬水’）出咸寧東南大義谷，北

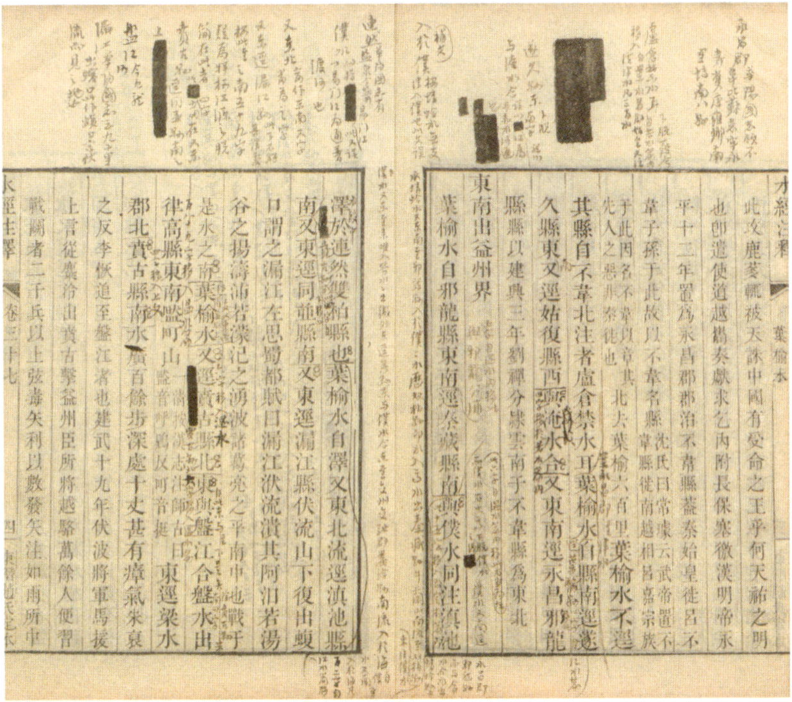

水經注釋 卷三十七 葉榆水

此攻鹿茤輒被天誅中國有受命之王乎何天祐之明也即遣使詣越巂奉獻求乞內附長保塞徼漢明帝永平十二年置爲永昌郡郡治不韋縣蓋秦始皇徙呂不韋子孫于此故以不韋名縣 沈氏曰常璩云武帝置不韋縣徙南越相呂嘉宗族于此因名不韋以章其先人之惡非秦徙也 北去葉榆六百里 葉榆水不逕其縣自不韋北注者盧倉禁水耳葉榆水自縣南逕遂久縣東又逕姑復縣西與淹水合又東南逕永昌邪龍縣縣以建興三年劉禪分𣏌雲南于不韋縣爲東北東南出益州界

葉榆水自邪龍縣東南逕秦臧縣南與僕水同注滇池澤於連然雙柏縣也 葉榆水自澤又東北流逕滇池縣南又東逕同並縣南又東逕漏江縣伏流山下復出蝮口謂之漏江左思蜀都賦曰漏江洑流潰其阿汨若湯谷之揚濤沛若濛汜之涌波諸葛亮之平南中也戰于是水之南 葉榆水又逕賁古縣北東與盤江合盤水出律高縣東南盢町山 盢音乎鷄反町音挺 東逕梁水郡北賁古縣南 水廣百餘步深處十丈甚有瘴氣朱褒之反李恢追至盤江者也建武十九年伏波將軍馬援上言從麋冷出賁古擊益州臣所將越駱萬餘人便習戰鬪者二千兵以上弦毒矢利以數發矢注如雨所中

水經注釋 卷三十七 四

圖 25-7 ◎《釋文》本卷三十七葉三下、葉四上

流折而西注于樊川，分枝北流，而正流西逝。又南合白道谷、小義谷、羊谷三水，又西流過申店橋，逕香積寺北，西入鎬水（按，當作‘鄗水’）。”而關於鄗水諸源的源頭則更爲詳細：“鎬水（按，當作‘鄗水’）五源，最東者發羊谷西之土門谷，次東者發源交谷西之炭谷，中者發源竹谷西之石鱉谷，歷黄良鎮西，而三流合。次西者發源黄谷西之子午谷，逕子午鎮西，入上三水，合流西逕香積寺南、姜村鎮北，而南會最西一源。源發豹林谷，歷御宿川東而北流，合上四源以北注，右會沈水（按，當作‘沇水’）。”當然，《釋文》本所考述的河流流路時有不妥之處，但與前人相比，已有較爲顯著的推進。

圖25-8（本頁）、圖25-9（下頁）◎《釋文》本卷三十五葉十五上、葉十四下

唐雷水又名雷池水又云大雷池水西自宿松縣界流入自發源縣界東南積而爲池謂之雷池又東流逕縣南去縣百里又東入于海江行百里爲大雷口又有小雷口晉庾亮報溫嶠書云足下無過雷池一步乃此地即注所云青林水又西南歷尋陽分爲二一水東南流過大雷者也御覽引水經曰雷水南逕大雷戍西注大江謂之大雷口一派東南流入江謂之小雷口也困學紀聞鮑明遠登大雷岸與妹書大雷在舒州望江縣水經注所謂大雷口也晉有大雷戍陳置大雷郡自注云積雨爲池謂之雷池東入于江謂之大雷口名勝志桐城縣下引注水經曰樅陽湖水逶迤亭與江水合而東流即此處也太湖縣下引水經注云晉泰始二年置縣在龍山太湖水邊水出縣西積稻山東南流入大江漢志廬江郡湖陵邑下云北湖在南全氏曰北湖即樅陽湖與丹陽郡溧陽縣之南湖隔江對岸初學記舒州引水經注云破虜磯東有趙屯城內有倉寰宇記和州歷陽縣下云洞口浦魏將曹休張遼伐吳至此與吳軍相望注水經云江水左列洞口書敘指南云水經和州地名洞浦初學記和州引水經注云江水北逕烏江縣之豐浦上通湖池又云次得陰塘水同受皇后湖湖水連

水經注釋　卷三十五　十五　東潛趙氏定本

逸文

通鑑十一注引水經注曰江水又北逕黃律口漢……沙汭長江亭長檥船待項王即此地

文選二十七謝元暉之宣城詩注引水經注曰江水經三山又東北……

水經注釋　江水三

江陰常熟及太倉瀕海之鄉漢時皆爲毘陵縣地故大江入海在其境班氏所言初無滲漏然北江者大江之正流也而志與中江南江並列而爲三使枝幹不分石城分江水即南江之上源而松江在吳縣南者申江由陽羨入海之道也志更以爲南江使首尾橫決此則其所短耳水經依導水之序先沔而後江沔水篇云與江合流東過彭蠡澤又東北出居巢縣又東至石城縣分爲三其一過毘陵縣北爲北江而不及江都蓋舉其南而遺其北也江水篇敘至下雉縣北東陵鄉之東北而止以是應過九江至于東陵之文而不知此東陵非禹貢之東陵也自是以下則以爲與沔水同故不復見然沔水篇但云過毘陵爲北江而下文則專敘南江至餘姚入海無一言及于北江遂使志家有錯認北至山陰爲浙江者貽誤不小按東樵之言亦非也世本江水篇缺軼下卷故中江入海之道遂湮耳予爲採撫遺文補亡正繆欲爲酈氏洗此沈寃長夜復旦或庶幾焉寰宇記舒州望江縣下引水經注云江水對雷水之北側有周瑜廟亦呼大雷神桐城縣下云盆塘山在縣南一里漢書武帝紀元封五年巡狩過盛唐作樅陽盛唐之歌酈元注水經云此水源東南流逕盛唐戍俗謂之小盆

水經注匯校

四十卷

楊希閔校　清光緒辛巳福州刊本

(《匯校》本)

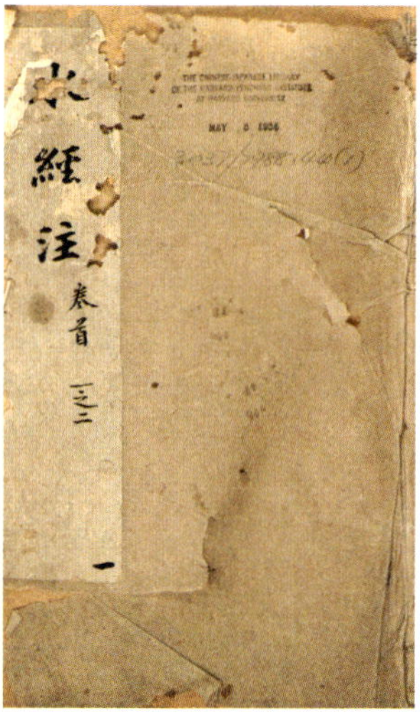

圖 26-1　◎《匯校》本封面

十二册。半葉十一行，行二十三字。經文頂格，注低一格，按語小字雙行夾寫。書名頁有“光緒辛巳刊於福州”字樣。卷首有酈道元《水經注》原序，《四庫全書提要》〔一〕、《注箋》本的《北史本傳》、《〈水經注〉所引書目》、朱謀㙔自序及楊希閔跋語、《注釋》本自序及楊氏跋語、微波榭本戴震自序及楊氏跋語、何焯與沈大成識語及楊氏跋語。後有周懋琦序。其後爲殿本《御製文》。後有楊氏題識。第十二册卷末收入《注釋》本《附録》上下卷的内容。

〔一〕《匯校》本中雖以《四庫全書提要》爲題，但其下文字内容實爲殿本的《校上案語》。

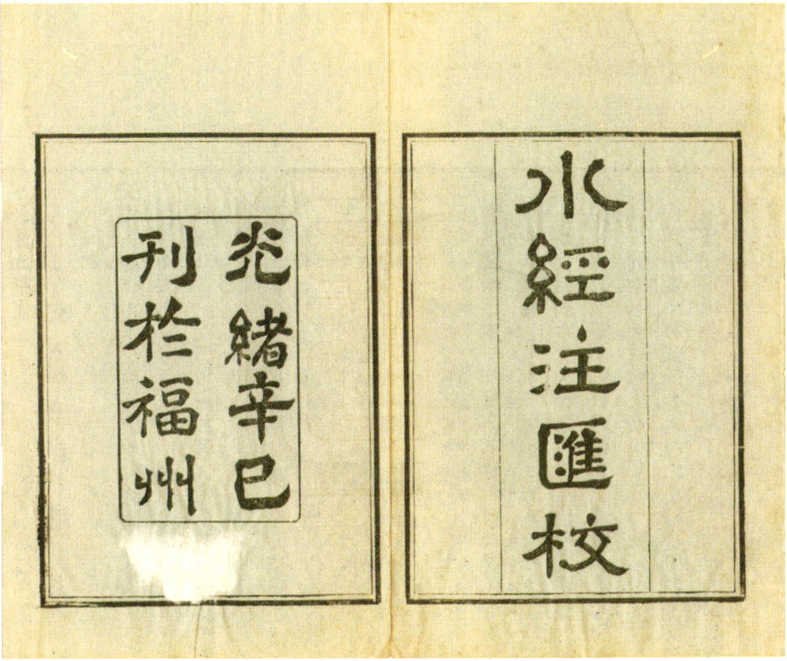

圖 26-2 ◎《匯校》本書名葉及扉葉

《匯校》本是一部以比較《水經注》各本異同爲主，匯録治酈名家按語並間作點評的著述。此書以殿本爲底本，參以《注箋》本、《注釋》本、微波榭本，以及何焯、沈大成的批校，於清同治四年（一八六五年）撰成〔一〕。光緒七年（一八八一年），周懋琦爲之作序，此書始在福州刊刻。

《匯校》以按語形式指出殿本與《注箋》本和《注釋》本的不同之處，並節録各本按語，略爲點評。文中用横綫劃分段落，

〔一〕今臺北"中研院"史語所藏一部黄晟本上有楊希閔過録何焯、沈大成校語，胡適考證爲《匯校》本之"最初手稿本"，參見所撰《史語所藏的楊希閔過録的何焯、沈大成兩家的〈水經注〉校本》，《胡適全集》卷一七，頁一四九。然今上海圖書館藏有一部楊希閔跋並過録何焯校跋的殿本重刻本，其上楊氏跋語作於"咸豐己未"，即一八五九年，早於胡適所見本上的同治三年（一八六四年），故胡適以前者爲"最初手稿本"之説不確。

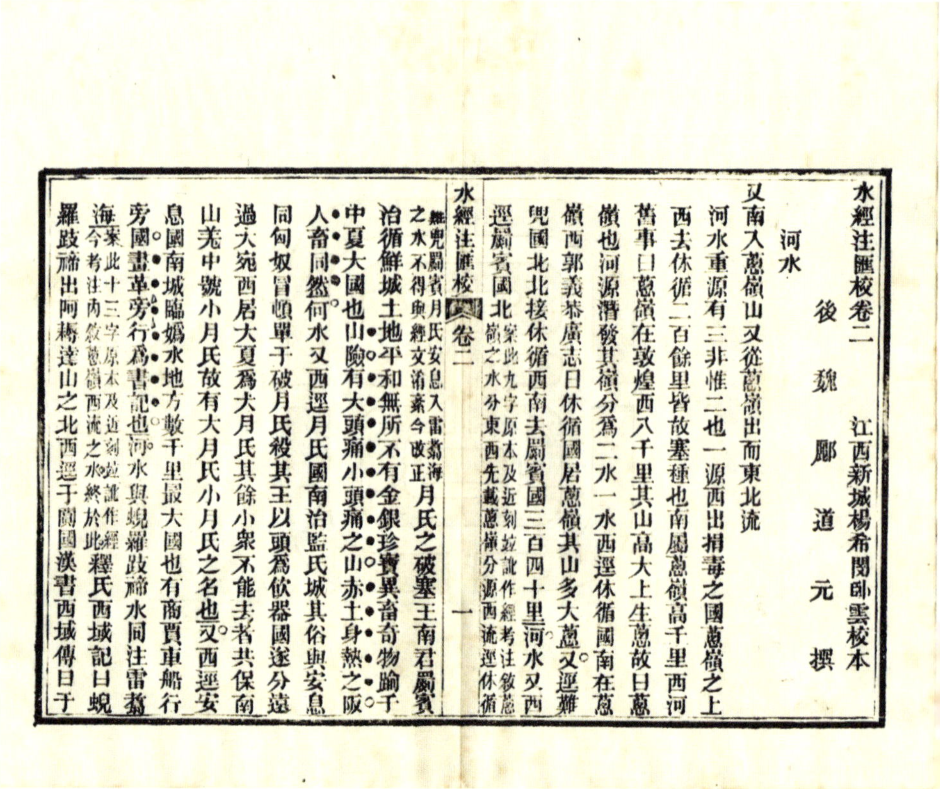
水經注匯校卷二　江西新城楊希閔卧雲校本
後魏酈道元撰
河水
又南入蔥嶺山又從蔥嶺出而東北流
河水重源有三非惟二也一源西出捐毒之國蔥嶺之上西去休循二百餘里皆故塞種也南屬蔥嶺高千里西河舊事曰蔥嶺在敦煌西八千里其山高大上生蔥故曰蔥嶺也河源潛發其嶺分爲二水一水西逕休循國南在蔥嶺西郭義恭廣志曰休循國居蔥嶺其山多大蔥又逕難兜國北北接休循西南去罽賓國三百四十里河水又西逕罽賓國北案此九字原本及近刻並譌作經考注敘蔥嶺之水分東西先載蔥嶺分源西流逕休循無兜罽賓月氏安息入雷翥海之水不得與經文淆紊今改正月氏之破塞王南君罽賓治循鮮城土地平和無所不有金銀珍寶異畜奇物踰于中夏大國也山險有大頭痛小頭痛之山赤土身熱之阪人畜同然河水又西逕月氏國南治監氏城其俗與安息同匈奴冒頓單于破月氏殺其王以頭爲飲器國遂分遠過大宛西居大夏爲大月氏其餘小衆不能去者共保南山羌中號小月氏故有大月氏小月氏之名也又西逕安息國南城臨嫣水地方數千里最大國也有商賈車船行旁國畫革旁行爲書記也河水與蜺羅跂禘水同注雷翥海案此十三字原本及近刻並譌作經今考注內敘蔥嶺西流之水終於此釋氏西域記曰蜺羅跂禘出阿耨達山之北西逕于闐國漢書西域傳曰于

水經注匯校　卷二　一

圖 26-3 ◎《匯校》本卷二葉一

其分段方式乃受微波榭本啟發〔一〕。另，楊氏又採納了何焯、沈大成的批校方法，在注文旁作圈點。

《匯校》本的價值一是整理過録了部分何氏、沈氏批校，二是比較了所收各本文字異同。不過，楊氏的按語和點評，創見無多。楊氏也没有在題識中標明其所參校各本的具體版本，故校勘價值不大。王先謙注意到了《匯校》本中出現的問題，並在《合校》本中做了改善。

〔一〕參見楊希閔《水經注匯校》題識。

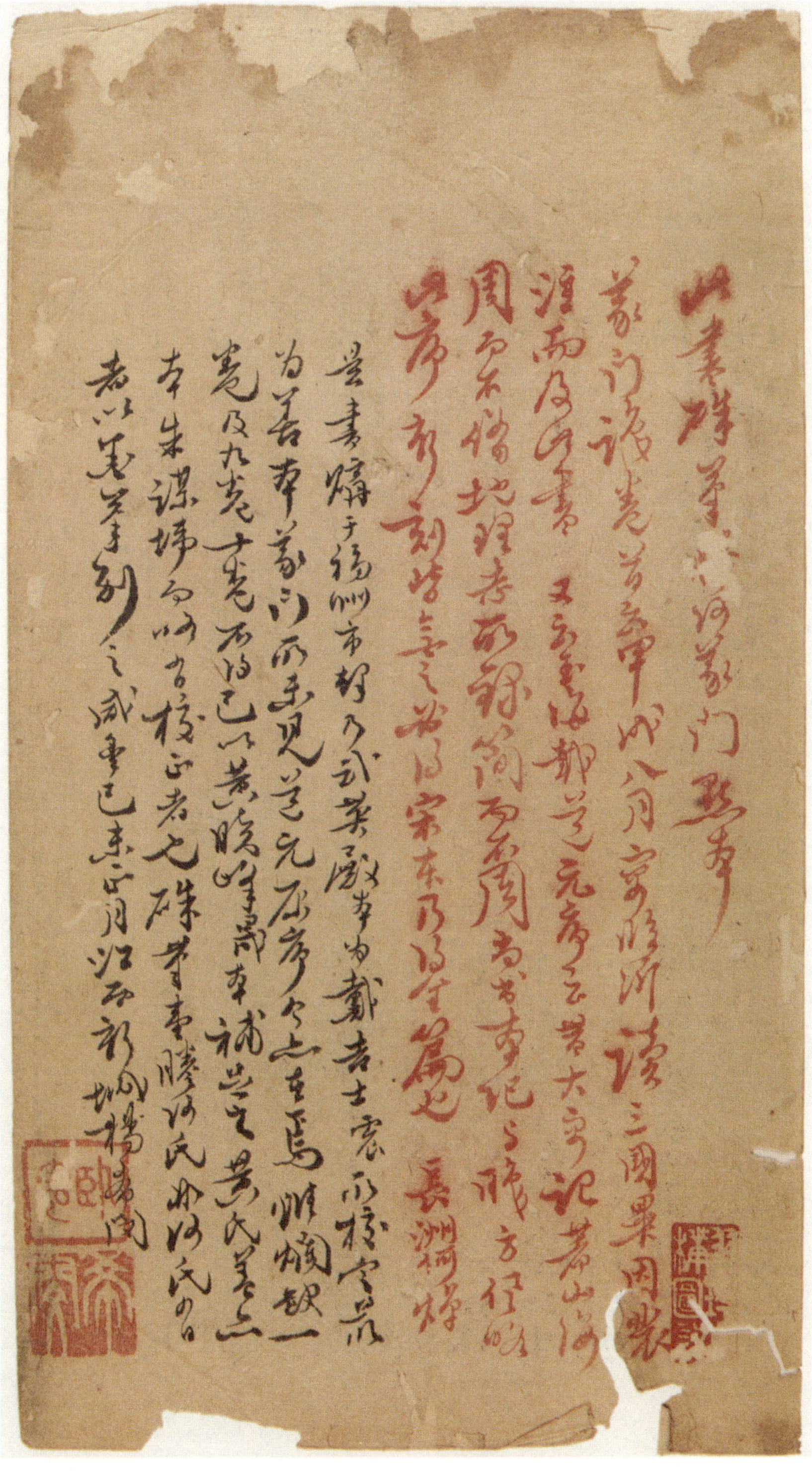

圖26-4 ◎殿本《水經注》後楊希閔跋及過録何焯校語

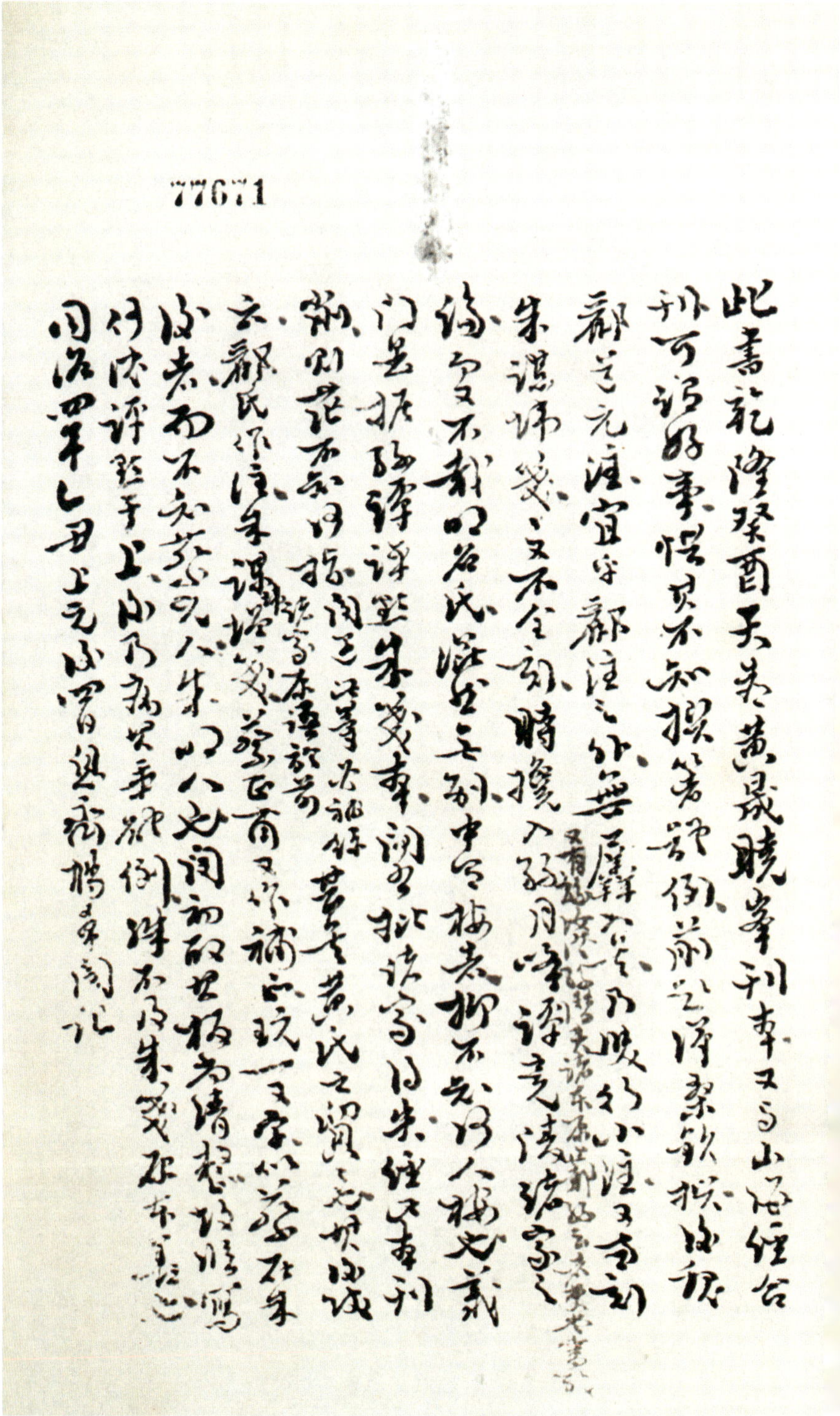
77671
此書乾隆癸酉天都黃晟曉峯刊本，又與山海經合
刊，可謂好事，惜其不知撰著體例，前無序跋，[illegible]
酈注元注，宜分酈注之外，無[illegible]乃改行小注，又全刻
朱謀㙔箋，又不全刻，時復入孫月峯評，竟淺妄之
論，又不刻明名氏，雜出各刻中，令校者析不知何人校之哉
門人孫[illegible]評，并朱箋本，閱其批校，寫自朱經，又本刊
[illegible]，則乾不知何據，[illegible]黃氏之[illegible]
云酈氏作注，朱謀㙔箋[illegible]
以為而不知[illegible]以八[illegible]
付[illegible]評[illegible]
同治四年乙丑上元[illegible]楊希閔記

圖 26-5 ◎黃晟本《水經注》後楊希閔同治年間跋語之一

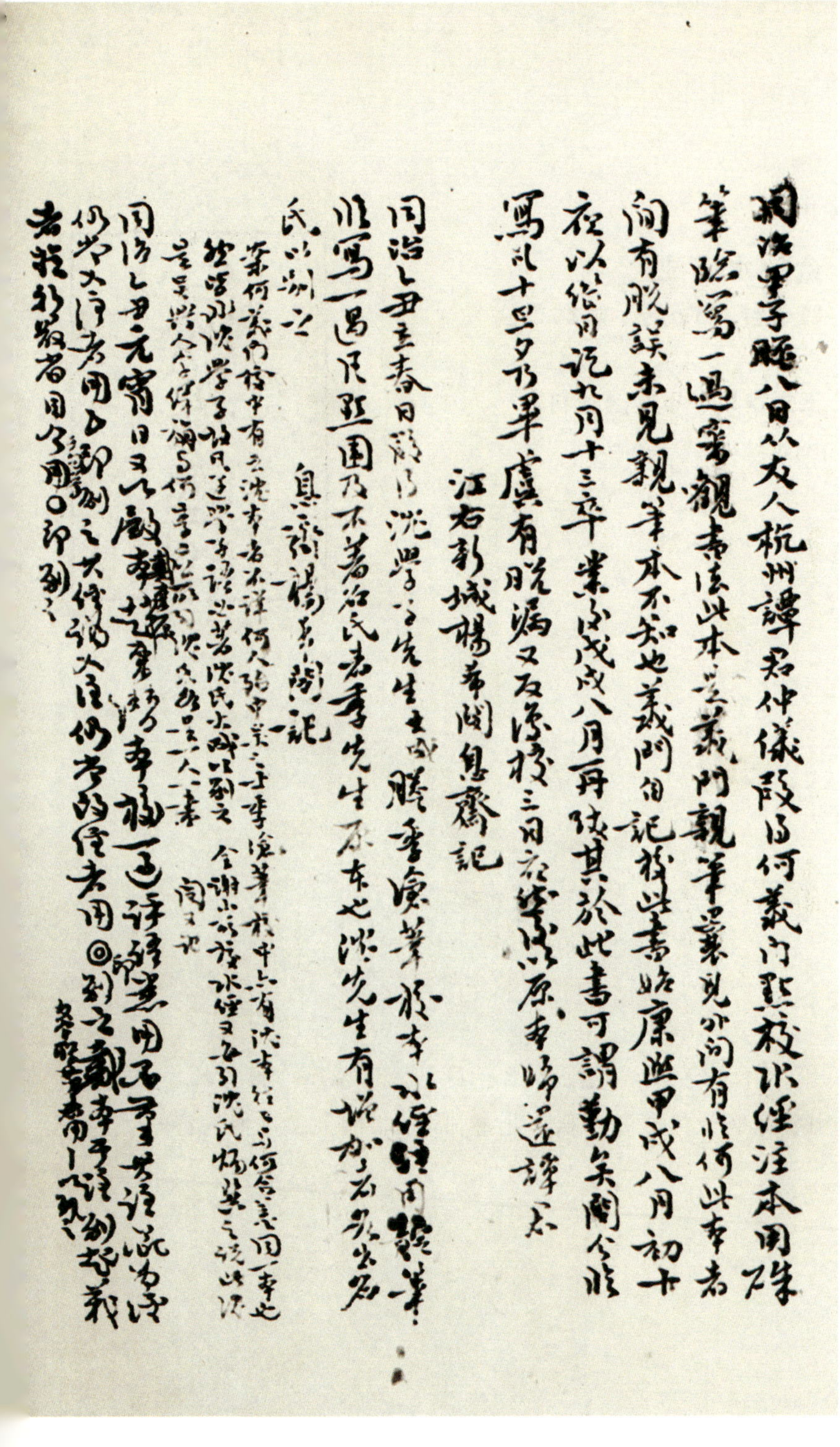
同治甲子臘八日從友人杭州譚君仲儀假得何義門點校水經注本用硃
筆臨寫一過[illegible]
間有脫誤未見親筆本不知也義門自記校此書始康熙甲戌八月初十
夜以後[illegible]九月十三卒業又戊戌八月再校其於此書可謂勤矣[illegible]
寫凡十四夕乃畢[illegible]有脫漏又反復校三日[illegible]原本歸還譚君
江右新城楊希閔息齋記
同治乙丑立春日[illegible]
照寫一過[illegible]不著名氏者季先生[illegible]也沈先生有[illegible]
[illegible]
息齋楊希閔記

圖 26-6　◎黃晟本《水經注》後楊希閔同治年間跋語之二（三 四）

合校水經注

四十卷，首一卷，附録二卷

王先謙校　思賢講舍刊本

（合校本）

圖 27-1　◎《合校》本書名葉

十六册。半葉十一行，行二十四字。經文頂格，注低一格，注中注小字單行，按語小字雙行夾寫。牌記標"光緒壬辰孟秋思賢講舍刊"。此書第一册《卷首》即爲殿本的《卷首》和《注釋》本《卷首》的全部内容。第二册有王先謙《自序》《例略》和《總目》〔一〕。第十六册卷末有《注釋》本《附録》上、下二卷全部内容。

《合校》本〔二〕是一部合治酈名家學説爲一體的名著，方便實用，故頗受治酈者青睞。此書刊行後，因其編排上的特點，流傳

〔一〕中華書局影印版（二〇〇八年）《合校水經注》將《總目》提前至第一頁。

〔二〕此本常見别稱有"長沙王氏本""王氏家刻本（原刻本）"。

甚廣〔一〕。

《合校》本由王先謙刊於清光緒十八年（一八九二年），底本爲殿本，在經注文釐定上，採用《注釋》本的大字小字的區分方法。其按語部分不僅收入了《注箋》本、《注釋》本和殿本三書的全部按語，少有删節，還參校了孫星衍的手校本、丁履恒的《游水疏證》、謝忠英的《〈水經注〉洛涇二水補》等，並將董祐誠《水經注圖説》全部收入。此外，《合校》本還録入了盧文弨《群書拾補》中對《大典》本酈道元原序的校勘。

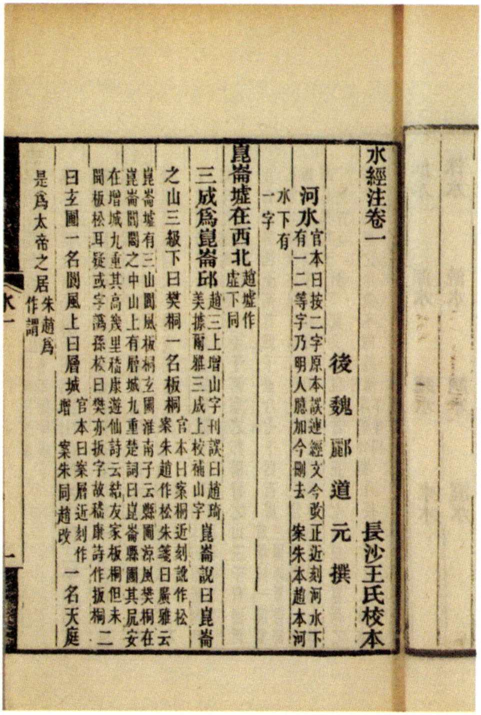
水經注卷一　長沙王氏校本
後魏酈道元撰
河水官本曰按二字原本誤連經文今致正近刻河水下有一二等字乃明人臆加今删去案朱本趙本河水下有一字
崑崙墟在西北趙墟作虚下同
三成爲崑崙邱趙三上增山字刊誤曰趙琦美據爾雅三成上校補山字崑崙説曰崑崙之山三級下曰樊桐一名板桐官本曰案桐近刻譌作松案朱趙作松朱箋曰廣雅云崑崙墟有三山閬風板桐玄圃淮南子云縣圃涼風樊桐在崑崙閶闔之中山上有層城九重楚詞曰崑崙縣圃其尻安在增城九重其高幾里嵇康遊仙詩云結友家板桐但未閻板松耳疑或字譌孫校曰樊亦扳字故嵇康詩作扳桐二曰玄圃一名閬風上曰層城官本曰案層近刻作增案朱同趙改一名天庭是爲太帝之居朱趙爲作謂

圖 27-2　◎《合校》本卷一葉一上

《合校》本在編排上延續了《匯校》本比較異同的思路，注意到了《注釋》本有版本優劣的問題，改善了版式，集中了《注箋》本、《注釋》本和殿本等版本的長處，爲治酈學者提供了一部文字校勘良好、使用方便的《水經注》專書。

《合校》本的不足在於其按語繁冗，對於注文多有割裂，而其中許多按語又僅僅是比較文字異同，並無創見，故整體來看，此書在校勘上的價值不大。

〔一〕光緒二十三年（一八九七年），湖南新化三味書室曾據王氏思賢講舍本翻刻，惜校勘不精。

水經注疏

四十卷

楊守敬、熊會貞撰　稿本

(《注疏》本)

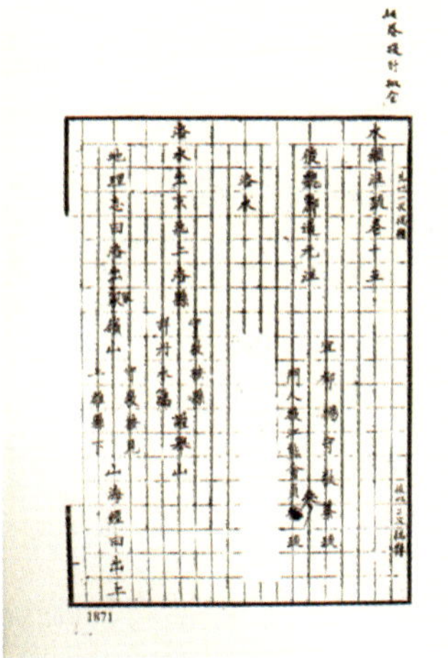

圖 28-1　◎《注疏》臺北本卷十五首頁

十八册。半葉五大行，每大行除頂頭大格外，又分兩小行，行二十格(包括頂頭大格)。每卷目下署“後魏酈道元注(撰)，宜都楊守敬纂疏，門人熊會貞補疏”。此本今藏臺北“中央”圖書館。

《注疏》本〔一〕是自明代朱謀㙔《注箋》本以降《水經注》研究的集大成之作。校勘方面，《注疏》本在全面整理黄本、吴本、《注箋》本、《七校》刊本、《注釋》本、殿本等成果的基礎上，繼續推進，故其校勘成果具有重要的借鑒價值。而在地望的考證、河流流路的梳理等方面，《注疏》以相關文獻記載爲據，同

〔一〕本書所據《注疏》本爲《楊熊合撰〈水經注疏〉》(十八册)，臺灣中華書局影印本，一九七一年。

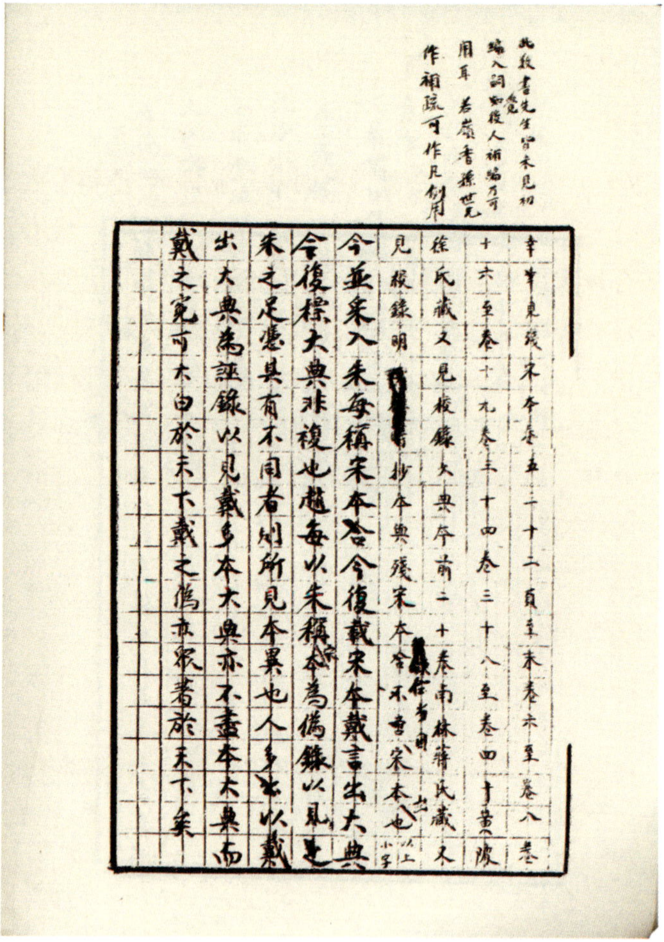

圖 28-2 ◎《注疏》臺北本跋語

時引入地理學的視角，其成就明顯超過前人。

《注疏》本由楊守敬及其門人熊會貞撰成。在撰寫過程中，由於稿經數易，人經數手，情況頗爲複雜，因此有關《注疏》本的版本問題，學術界歷來聚訟不已〔一〕。一八七七年楊守敬所撰

〔一〕參見汪辟疆《楊守敬、熊會貞傳》，《汪辟疆文集》，上海古籍出版社，一九八八年；陳橋驛《關於〈水經注疏〉不同版本和來歷的探討》，《〈水經注〉研究二集》，山西人民出版社，一九八七年；劉孔伏、潘良熾《〈水經注疏〉

《荆州府志》中即存有《水經注疏》的部分成稿本,原稿題名《校正〈水經注·江水篇〉——以今荊州所隸爲起止》[一]。此後,楊守敬以《合校水經注》爲底本,對《水經注》進行批注[二]。

在纂著過程中,楊、熊"又即《疏》中之最有關係者剌出爲《水經注疏要删》"[三]。由楊氏觀海堂先後刊成《水經注疏要删》(四十卷,八册)、《水經注疏要删補遺及續補》(四十卷,六册)。不過,後來熊會貞指出:"《要删》各種皆是作《疏》之材料,(中略)不

定稿本的下落》,香港《明報月刊》一九八六年十一月。

〔一〕郗志群認爲:"《校正〈水經注·江水篇〉》雖然是楊守敬爲編纂《荆州府志》的需要而撰寫的,但從楊氏序文中已明確顯現出他要疏證《水經注》的想法,尤其是稿子在體例與内容上與後來的《水經注疏》有着清晰的脈絡淵源,因此,認定其爲《水經注疏》的早期部分成稿應該説是符合事實的。"郗文進一步推定楊守敬開始撰寫《水經注疏》"始於光緒三年,而不是以往一般認爲的光緒十九年(一八九三年)以後"。參見所撰《〈水經注疏〉版本考》,《中國史研究》二〇〇二年第二期。

〔二〕湖北省博物館現藏五部楊、熊二人的《合校水經注》批注本。郗志群《〈水經注疏〉版本考》謂:"五部《合校本水經注》,書的封面及中間的天頭地脚處有大量楊、熊的朱墨批注語,有些還署有批注年月,包含有許多楊、熊當年撰著《水經注疏》的資料和信息,極具研究價值。"郗文根據各書封面墨書符記,將此五部批注本稱作"甲""乙""丁""戊""壬"字本。此外,湖北省圖書館還藏有楊守敬關於乾隆二十八年天都黄晟刊本和光緒六年蛟川花雨樓張氏重校《水經注釋》的批注本。郗文認爲,除上述五本《合校水經注》批注本外,還應有"丙""己""庚""辛"四種批注本。"這些批注本實際上具有了與初稿本相似的功能","批注本的形成標志着《水經注疏》稿初成"。

〔三〕楊守敬《〈水經注疏要删〉自序》,臺灣廣文書局影印,一九六七年。

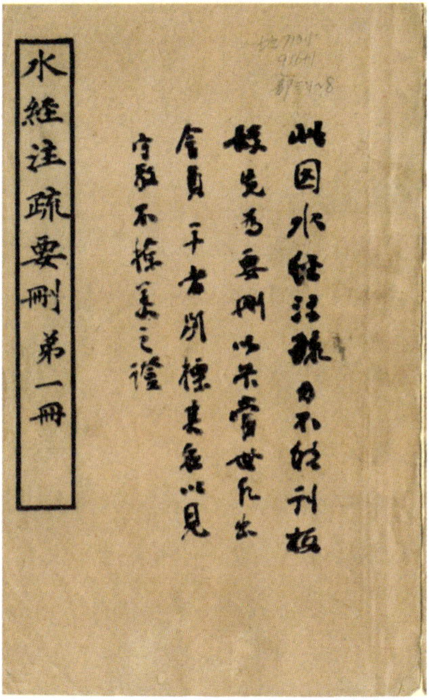

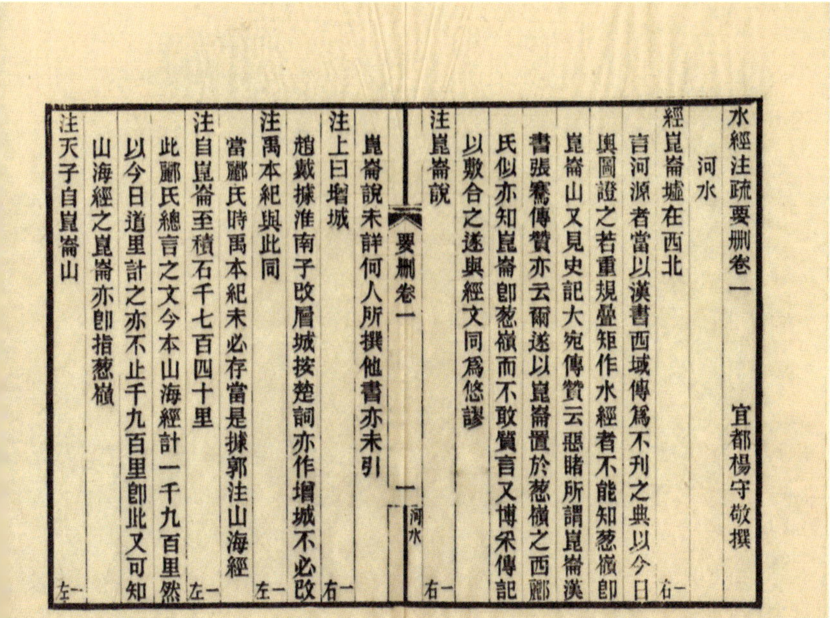

水經注疏要删卷一　　宜都楊守敬撰

河水

經崑崙墟在西北　右一

言河源者當以漢書西域傳爲不刋之典以今日輿圖證之若重規疊矩作水經者不能知葱嶺卽崑崙山又見史記大宛傳贊云惡睹所謂崑崙漢書張騫傳贊亦云爾遂以崑崙置於葱嶺之西酈氏似亦知崑崙卽葱嶺而不敢質言又博采傳記以皷合之遂與經文同爲悠謬

注崑崙說　右一

崑崙說未詳何人所撰他書亦未引

注上曰增城　右一

趙戴據淮南子改層城按楚詞亦作增城不必改

注禹本紀與此同　左一

當酈氏時禹本紀未必存當是據郭注山海經

注自崑崙至積石千七百四十里　左一

此酈氏總言之文今本山海經計一千九百里然以今日道里計之亦不止千九百里卽此又可知山海經之崑崙亦卽指葱嶺

注天子自崑崙山　左一

要删卷一　一　河水

圖 28-3（上）◎《水經注疏要删》第一册封面

圖 28-4（下）◎《水經注疏要删》卷一葉一

惟校對未精，中有錯字，即文亦紕繆”，他日《水經注疏》“如告竣，則《要删》等可廢也”〔一〕。

《注疏》本成稿後，楊、熊雇鈔手謄録成稿，即通常所稱的“初稿本”〔二〕，又稱“謄清正本”〔三〕，這個本子是後來北京影印本（以下簡稱“北京本”）、臺北影印本（以下簡稱“臺北本”）的共同祖本〔四〕。

楊守敬去世後，熊會貞繼續整理删補文稿，凡二十餘年。在繼續補疏的同時，熊會貞請鈔手另謄録一部供自己今後繼續校勘的稿本，即臺北本的底本。此外，熊會貞允許好友徐恕（行可）

〔一〕熊會貞《關於〈水經注〉之通信》，《禹貢》半月刊第三卷第六期，一九三五年。

〔二〕《水經注疏》，初稿本，李子魁舊藏，現藏重慶市圖書館。目前，此初稿本僅可見卷三十一、卷三十二、卷三十三，分裝三册。每半頁十大行，每大行除頂頭大格外，又被分成兩小行，行二十格（包括頂頭大格），無魚尾，書口下方標有頁碼。三册殘本的卷三十一和卷三十二首頁各有“李子奎珍藏”陽文印。郗志群《〈水經注疏〉版本考》：“這個版式是楊家專爲謄録《水經注疏》而製作的，其中頂頭的大格就是專門用來頂格鈔寫‘經’文而設計的。”

〔三〕汪辟疆《明清兩代整理〈水經注〉之總成績——楊守敬、熊會貞〈水經注疏〉》，《楊熊合撰〈水經注疏〉》卷首，臺灣中華書局影印，一九七一年；《水經注疏·附録》，江蘇古籍出版社，一九八九年。

〔四〕楊守敬曾將“初稿本”送山東刊刻，現僅存卷八《濟水二》一卷，學界稱此本爲“宋體凈本”，現藏中國科學院圖書館。每半葉十行，行二十格，小字雙行，“朱欄粗格”，上魚尾，魚尾下依次爲卷數、水名、葉碼。一九五七年科學出版社影印《水經注疏》全稿本時，將此本作爲附册出版。

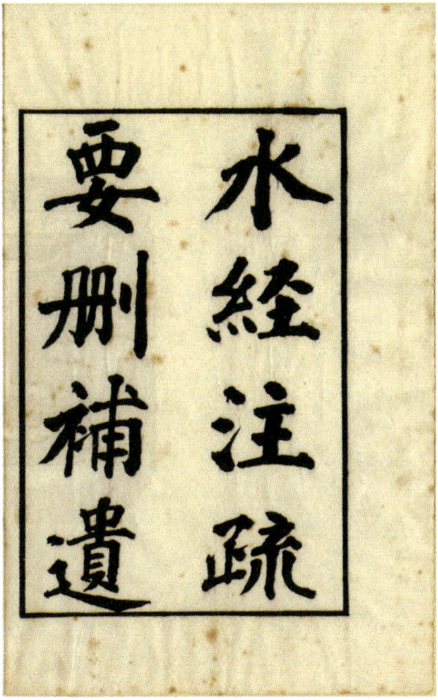
水經注疏要刪補遺

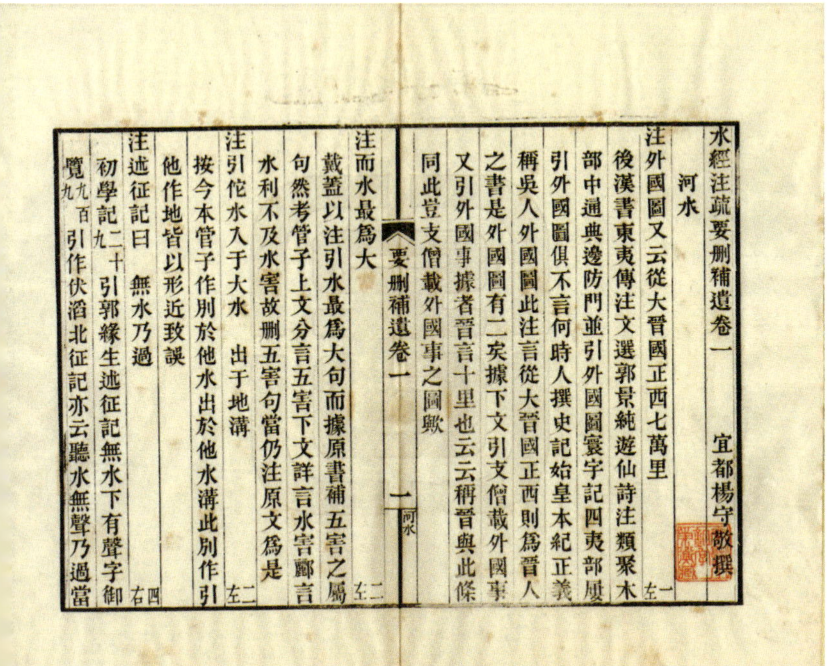
水經注疏要刪補遺卷一　宜都楊守敬撰

河水

注外國圖又云從大晉國正西七萬里　一左

後漢書東夷傳注文選郭景純遊仙詩注類聚木部中通典邊防門並引外國圖寰宇記四夷部屢引外國圖俱不言何時人撰史記始皇本紀正義稱吳人外國圖此注言從大晉國正西則爲晉人之書是外國圖有二矣據下文引支僧載外國事又引外國事據者晉言十里也云云稱晉與此條同此豈支僧載外國事之圖歟

《要刪補遺卷一　一　河水

注而水最爲大　二左

戴蓋以注引水最爲大句而據原書補五害之屬句然考管子上文分言五害下文詳言水害酈言水利不及水害故刪五害句當仍注原文爲是

注引佗水入于大水　出于地溝　二左

按今本管子作別於他水出於他水溝此別作引他作地皆以形近致誤

注述征記曰　無水乃過　四右

初學記二十九引郭緣生述征記無水下有聲字御覽九百九引作伏滔北征記亦云聽水無聲乃過當

圖28-5（上）◎《水經注疏要刪補遺》書名葉
圖28-6（下）◎《水經注疏要刪補遺》卷一葉一

"另録副本",即北京本的底本〔一〕。除臺北本、北京本之外,另有一部《注疏》鈔本現藏日本京都大學人文科學研究所〔二〕,其面貌與北京本基本相同。可見這部鈔本應該是北京本的再録本。

綜上所述,目前可見的《注疏》諸本中,臺北本、北京本不僅較爲完整,且成書時間較晚,基本可以反映楊、熊二人晚年的纂著思想和體例,因此,這兩種稿(鈔)本的價值較高,也較爲學界重視。

就這兩種稿(鈔)本而言,陳橋驛認爲,臺北本所據底本是較早鈔録的,而北京本則是經過熊會貞"一番初校"後形成的新的本子,其核心理據是"今臺北影印本上的許多塗乙之處在北京影印本都已經鈔録恭正,而技術性注記均已不存"〔三〕。今查檢二本,除個别鈔録錯誤以外,確如陳橋驛所言,臺北本中的相關批注,在北京本中基本得到調整〔四〕。但是,若據此推定北京本

〔一〕《水經注疏》四十卷,科學出版社影印本,現藏中國科學院圖書館。二十一册。每半葉十大行,每大行除頂頭大格外,又被分成兩小行,行二十五格(包括頂頭大格)。每卷卷目下署"後魏酈道元注,宜都楊守敬纂疏,門人枝江熊會貞參疏"。每卷首頁多有"中國科學院圖書館藏"章。郗志群《〈水經注疏〉版本考》將臺灣影印本的底本稱作"全稿本",北京本則稱作"全稿鈔本"。

〔二〕參見《京都大學藏鈔本〈水經注疏〉》,遼海出版社,二〇一一年。

〔三〕陳橋驛《排印〈水經注疏〉的説明》,《水經注疏》,頁四—五。

〔四〕如卷十七"川水又西南流"下,《注疏》臺北本:"戴改'川亭水'作'川水'。"熊會貞改"川亭水"作"瓦亭川水",並於書眉處校曰:"('川水'前)落'瓦亭'二字。"《注疏》北京本則僅有:"戴改'川亭水'作'川水'。"卷十九"北流與柳泉合"下,臺北本疏曰:"柳泉合無考。"語意不通,熊會貞於此並無校改,而北京本疏曰:"柳泉又無考。"卷十九"一水東入逍遥園"下,

爲熊會貞批校臺北本後所形成的本子，實爲不妥。

事實上，臺北本中熊會貞的批校分爲兩類，一類在書眉處，一類在書根處，熊會貞在卷十六葉首的書眉上寫道："先以三次稿對，在書眉；後以初稿對，在書根。"由此可見，書眉、書根的批校所據的底本有别，實爲兩次校勘，顯然不可統概言之。

書眉處的校語多用"誤""多""落""訛"等，所指示的訛誤多爲音同或音近而字誤、形近而字誤、漏字、衍文、重出，這些訛誤當非楊、熊舊稿之原貌，應爲鈔手在鈔録過程中所産生的訛誤〔一〕。由此可見，熊會貞在書眉處所加的批校是根據"三次稿"，將該鈔本所産生的錯訛、脱衍之處進行校正。因而可以推知，該本除書眉處標出的訛誤、衍脱外，與"三次稿"的文字當完全一致，也就是説，臺北本所據的底本就是熊會貞在卷十六書眉處所提的"三次稿"。若非如此，熊會貞以"三次稿"對臺北本進行校勘，顯係不妥。

臺北本疏曰："會貞按，《晉書·載記》建興初，劉聰將趙染襲長安，入外城，既而退逍遥園。"熊會貞校曰："'逍'誤'逍'。"而北京本"逍遥"作"逍逍遥園"，與熊校並不一致。

〔一〕臺北本卷十六、十七書眉處批注的内容大體上可以分爲以下幾種：(一)音同、音近而字誤。如卷十七"昔馮異攻洛門未拔而薨"之"異"誤作"夷"。(二)形近而字誤。如卷十七"西南出懸鏡峽又西南入瓦亭川"，《注疏》："守敬按，懸鏡峽與阿陽縣近。""阿"誤作"河"。(三)漏字。如卷十七"故瀆東逕成紀縣故城東"，《注疏》："守敬按，此是漢以來紀縣故城。""紀"前落"成"字。(四)衍文、重出。如卷十七"渭水又東與洛門西山東流三府谷水注之"，《注疏》："(前略)今有南峪河，出寧遠縣遠縣東南山，蓋此谷水矣。"重出"遠縣"二字。

水經注疏卷一

後魏酈道元撰

宜都楊守敬纂疏

門人枝江熊會貞參疏

河水一戴刪一字云近刻河水下有一二等字乃明人臆加

崑崙墟在西北趙改墟作虛下同戴亦改下山海經文作虛守敬按此本山海經海內西經說山海經作墟而說文虛字下稱崑崙虛畢本郝本山海經改作虛然考類聚七初學記大通典白帖五引水經並作墟又各書亦多作崑崙墟則墟字承用已久郭璞海外南經注墟山下基也按言河源者當以漢書西域傳為不刊之典詳下以今日輿圖證之若重規疊矩作水經者不能知蔥嶺即崑崙山又見史記大宛傳贊云惡睹所謂崑崙漢書張騫傳贊亦云爾遂以崑崙置於蔥嶺之西酈氏似知崑崙即

河水一　二

圖 28-7　◎《注疏》北京本卷一葉一上

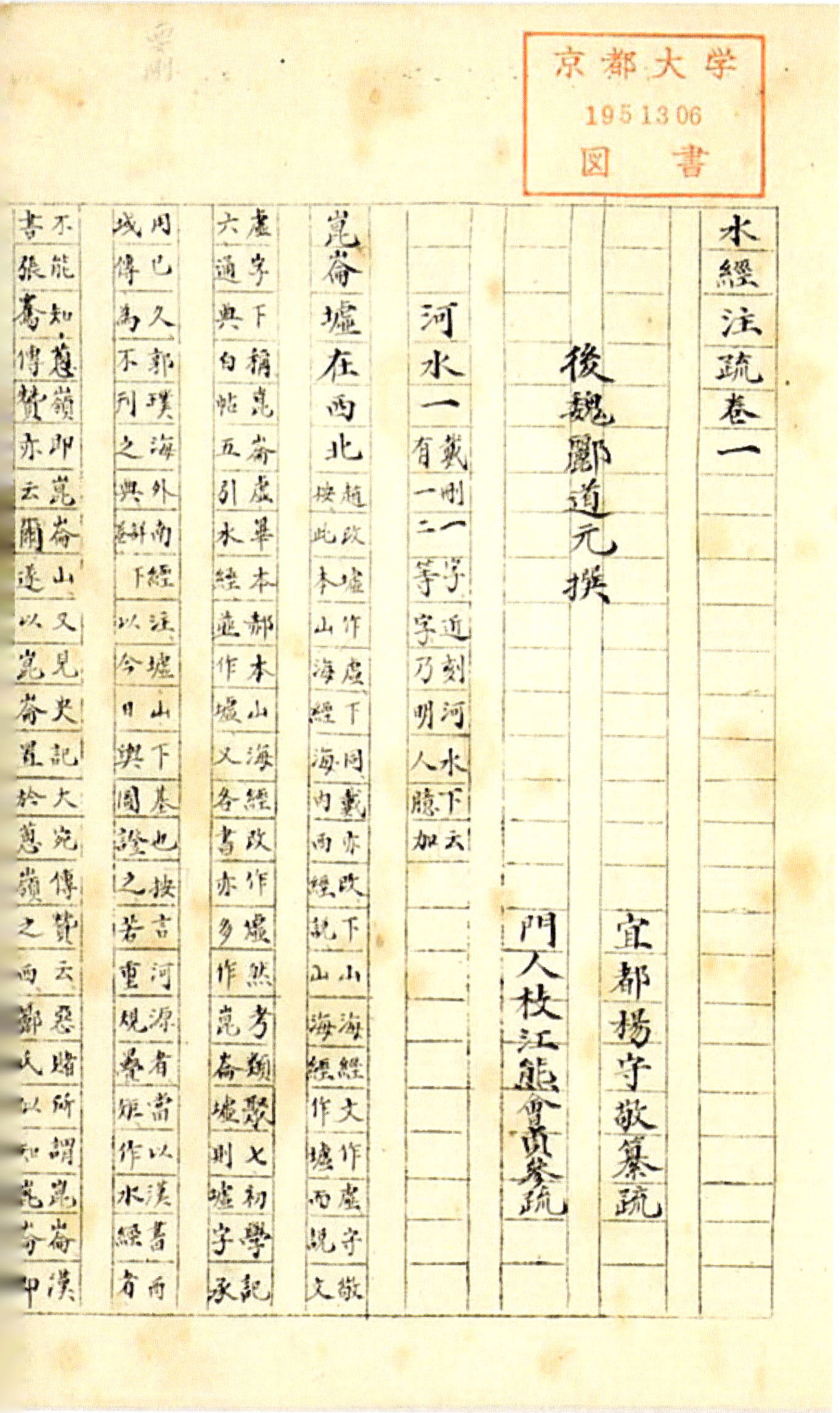

要刪

水經注疏卷一

後魏酈道元撰　宜都楊守敬纂疏

門人枝江熊會貞參疏

河水一戴刪一字近刻河水下云有一二等字乃明人臆加

崑崙墟在西北趙改墟作虛下同戴亦改下山海經文作虛守敬按此本山海經海內西經說山海經作墟西說文虛字下稱崑崙虛華本郝本山海經改作墟然考類聚七初學記六通典白帖五引水經並作墟又各書亦多作崑崙墟則墟字承用已久郭璞海外南經注墟山下基也按言河源者當以漢書西域傳為不刊之典[illegible]下以今日輿圖證之若重規疊矩作水經者不能知蔥嶺即崑崙山又見史記大宛傳贊云惡睹所謂崑崙漢書張騫傳贊亦云閻遂以崑崙置於蔥嶺之西酈氏以知崑崙即

圖28-8　◎《注疏》日本京都大學藏本卷一葉一上

此外，北京本“當時是鈔完一卷核對一卷的（按照慣例應該是鈔手之間互校），核對的時間與鈔録的時間大致銜接”〔一〕。“鈔完一卷核對一卷”，所鈔之底本理所當然應該作爲校勘的依據。如若考慮到在鈔録北京本以前，楊守敬、熊會貞即已雇手民鈔録《水經注疏》（即初稿本），這種方法或自鈔録初稿本時即已有實踐，而臺北本書眉處熊會貞的批校正是這種鈔校方法的體現，由此亦可證臺北本的底本爲“三次稿”。

再有，值得注意的是，熊會貞在書根處的批注，是以“初稿”爲底本進行的比對〔二〕。這里的“初稿”，當即楊守敬去世前

〔一〕郗志群《〈水經注疏〉版本考》：“猶記一九八四年二月十三日，我跟隨謝承仁師訪問徐恕哲嗣徐孝宓先生，徐先生談到他家另録副本的情況時，曾説：‘當時請了兩個人鈔，一個叫張和廷，‘張’是弓長‘張’，‘和廷’不知是哪兩個字；一個叫傅朗西。’正可印證，‘和亭’、‘和廷’當係一人，是臺灣本和北京本的鈔手之一。而且，從他既‘書’又‘對’的工作情況看，説明當時是鈔完一卷核對一卷的（按照慣例應該是鈔手之間互校），核對的時間與鈔録的時間大致銜接。”

〔二〕今將卷十六、十七部分書根批注摘録於下：卷十六“後五年劉曜王彌入洛帝居平陽”，熊會貞將此下“留浚儀人而不”六字《疏》文删除，並於書根校曰：“初稿小注無此六字。”卷十六“於太行穀城之山”，熊會貞將“于太行穀城之山”七字注文删除，並於書根校曰：“初稿正文無七字。在下。”“取白石英及紫石英及五色文石”，熊會貞於書根校曰：“初稿正文有‘于太行穀城之山’七字。”卷十六“昔孫子荆會董威輦于白社”，熊會貞於書根校曰：“初稿作‘於’字。”卷十六“不得爲翟泉也”，熊會貞於書根校曰：“初稿正文作‘狄’字。”卷十七“後馬超之圍冀也”，熊會於貞書根處校曰：“初稿正文有‘漢’字。”卷十七“漢以屬天水郡”，熊會貞於書根處校曰：“初稿正‘氏’字。”卷十七“元始二年平帝罷安定滹沱

後鈔録完成的“初稿本”，可見，熊會貞晚年並没有將“初稿本”完全放棄，而有重新利用“初稿本”的考慮。熊會貞將“初稿”的相關内容批注於書根處，其用意是將“初稿”與“三次稿”的不同之處反映出來，兩相比較，對“初稿”的内容重新加以利用。事實上，在臺北本的正文中，熊會貞加入“初稿”原有的内容，圈删“初稿”原無的内容，正是這種意圖的反映。而這些在書根處批注的“初稿”内容，在北京本中都没有反映，可見，臺北本書根處的這些批注當是較晚所加，其完成當在北京本鈔出之後。

前文已述，《注疏》的底本是《合校水經注》，而《合校水經注》又和殿本基本一致，所以，《注疏》在校勘方面的成就，主要體現在對殿本書字的改動上。楊、熊二人初期用以校勘的版本主要爲黄本、吴本、《注箋》本、《七校》刊本、《注釋》本等，後來，熊會貞又用殘宋本、《大典》本、朱藏明鈔本等進行校勘。而又由於《七校》刊本相當部分内容爲後人據殿本所改，所以，臺北本中“全”字多被熊會貞删掉，這體現出二人在對《水經注》版本認識上的變化。《注疏》在校勘方面的成就主要表現在以下四個方面。

其一，《注疏》本在文字校勘方面，較爲顯著的特色是往往不拘泥于諸本，而是結合具體的地理形勢對注文進行校勘。如

苑以爲安民縣起官寺市里”下，《注疏》曰“盖取水爲名”，熊會貞於書根處校曰：“初稿小注‘今從戴改’。”卷十七“夜襲擊囂拒守將金梁等”，熊會貞於書根處校曰：“初稿正文有‘軍’字。”卷十七“山海經曰涇谷之山涇水出焉東南流注于渭是也”，熊會貞於書根處校曰：“初稿小注有‘各本皆校’四字。”

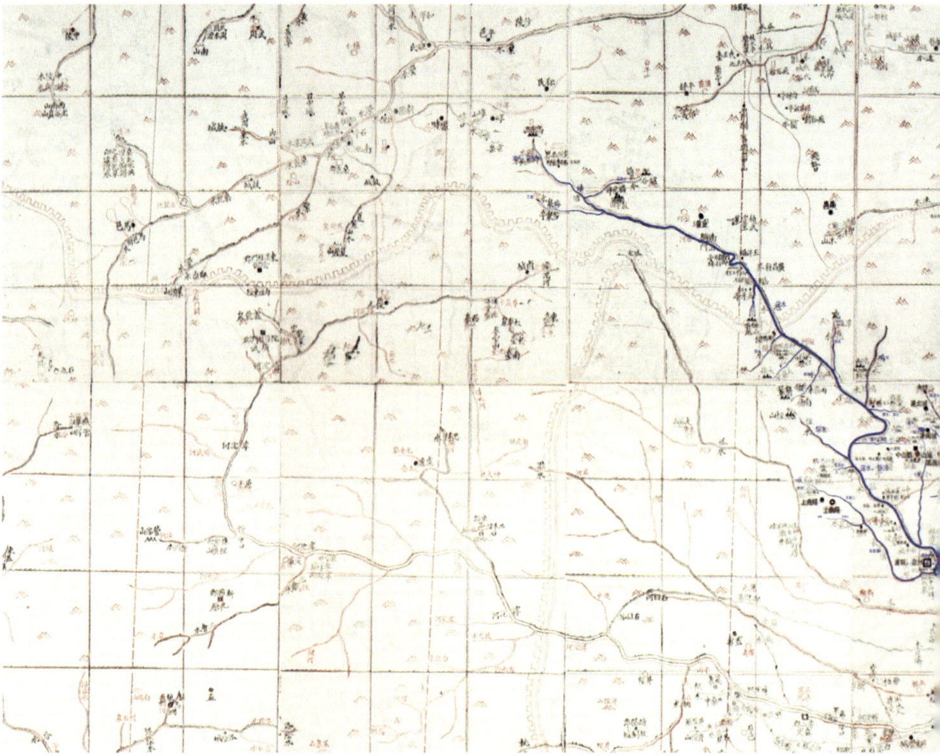

圖 28-9 ◎《水經注圖》卷十一部分拼合圖

卷十七"左則暵溝水",其中的"左"字,各本均作"右",楊《疏》曰:"東亭水西流,暵溝、曲谷二水西北注,則不在右也。當作'左',與下'右'字對。"按,楊《疏》所改當是。

其二,《注疏》本根據前人及自身總結出的酈注文例,對注文中不符之處進行校改。如卷十九"陵之西如北一里",其中的"如"字,朱《箋》:"'如'當作'而'。"趙《釋》:"'如'字不誤。"殿本改"如"爲"而"。楊《疏》曰:"酈氏有此辭例。《滱水注》云,西如北,北如西,北如東,南如東,一篇尤屢見。"故《注疏》本改"而"爲"如"。

其三,《注疏》本依據他書相關内容,對注文中存有疑義之處進行校改。如卷十九"在長安東三十里","三"字各本原作

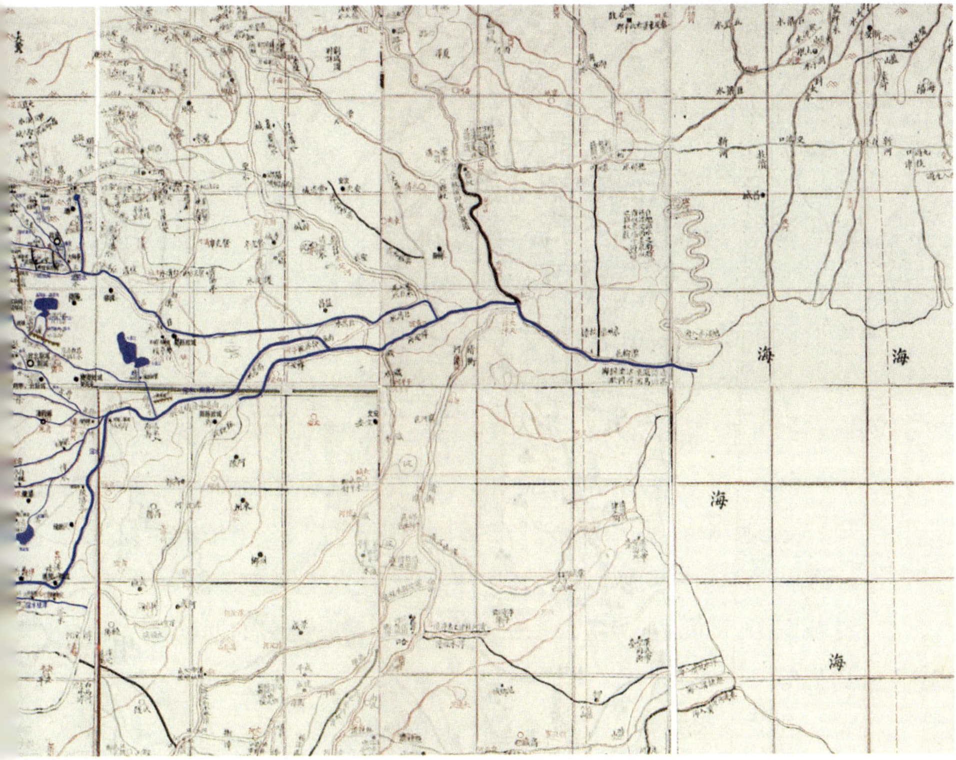

“二”，《注疏》本據《史記》卷五《秦本紀》裴駰《集解》引應劭語、《漢書》卷一《高帝紀》顔師古注引應劭語，改“二”作“三”。按，《注疏》本是。

其四，《注疏》本依據文義，對注文進行校改。如卷十七“山上有陳寶雞鳴祠”，殿本、《七校》刊本、《注釋》本作“陳寶雞鳴祠”，《大典》本、黄本、《注箋》本、《注疏》本則作“寶雞鳴祠”。楊《疏》曰：“全、趙、戴增‘陳’字者，謂《封禪書》命曰‘陳寶’也。然‘寶’因‘陳倉山’得名，故《括地志》《寰宇記》《通鑒地理通釋》皆只稱‘寶雞祠’，是省此‘陳’字未爲不可。”按，楊《疏》所改是。

不過，楊、熊二人在校勘中，也有稍顯牽强難通之例。如卷十七“漢以屬天水郡”,《大典》本、《注箋》本作“漢氏以爲天水縣”,殿本删“氏”字,“水”後增“郡”字,《注疏》本同殿本。按,《大典》本、《注箋》本文字文義可通,殿本、《注疏》本所改不必〔一〕。

除校勘方面之外,《注疏》本在地理學方面所做的工作,明顯超過《釋地》《疏證》《釋文》等,主要表現在以下四個方面。

其一,《注疏》本所引徵的文獻資料明顯超過前人,涉及正史,《括地志》《元和郡縣圖志》《太平寰宇記》《讀史方輿紀要》《大清一統志》等地理總志,《太平御覽》《文苑英華》等類書,《三輔黄圖》《長安志》《雍録》等專志,以及爲數衆多的明清地方志、文集等。

其二,對於所引徵的文獻,《注疏》本多有獨立的選擇和判斷,而不盲從。如卷十七“水出刑馬山之伯陽谷”,《注疏》:“會貞按,殘宋本作‘之山’。《一統志》:刑馬山在秦州西九十里。《秦州志》:在州西南九十里。會貞按,此伯陽谷水及下苗谷水,並在秦州之東,二水出此山,則山在州東,與近志皆不合,蓋後人未確知山之所在,別指一山以當之也。”又如同卷經文“又東過陳倉縣西”,《注疏》:“守敬按,陳倉縣在渭水南,渭水于此東北流,故得云過其西。若如注文陳倉水東南注渭,則不得云過縣西。”

其三,對於城邑地望的考證,卓有創見。如卷十七“渭水

〔一〕此外,北京本中還存在一些鈔寫之訛,如卷十七“藉水又東北入上封縣”,其中“上封縣”,各本均作“上邽縣”,《注疏》本於此並無辨疏,當爲鈔寫之訛。

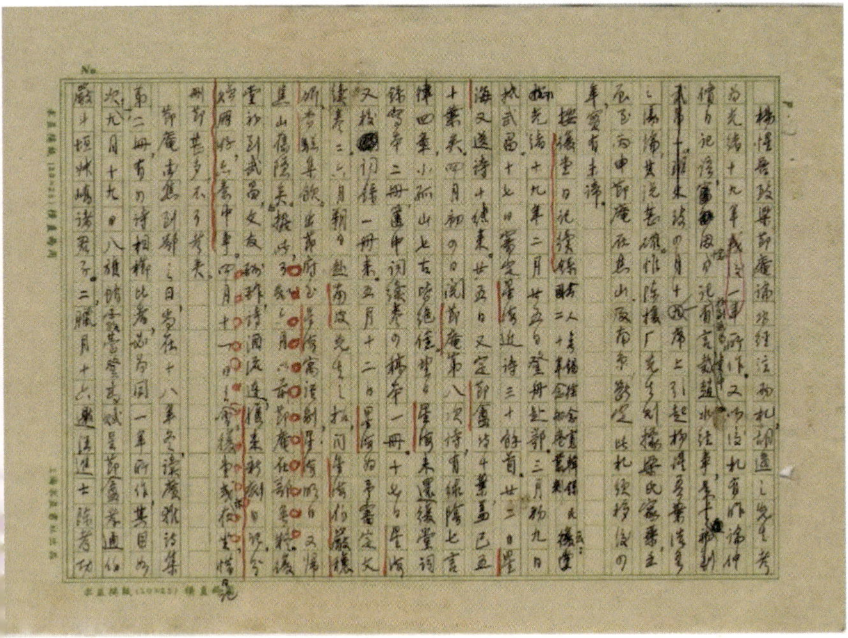

圖 28-10（上）、圖 28-11（下） ◎顧廷龍跋胡適《楊守敬論水經注的兩札》之一、二

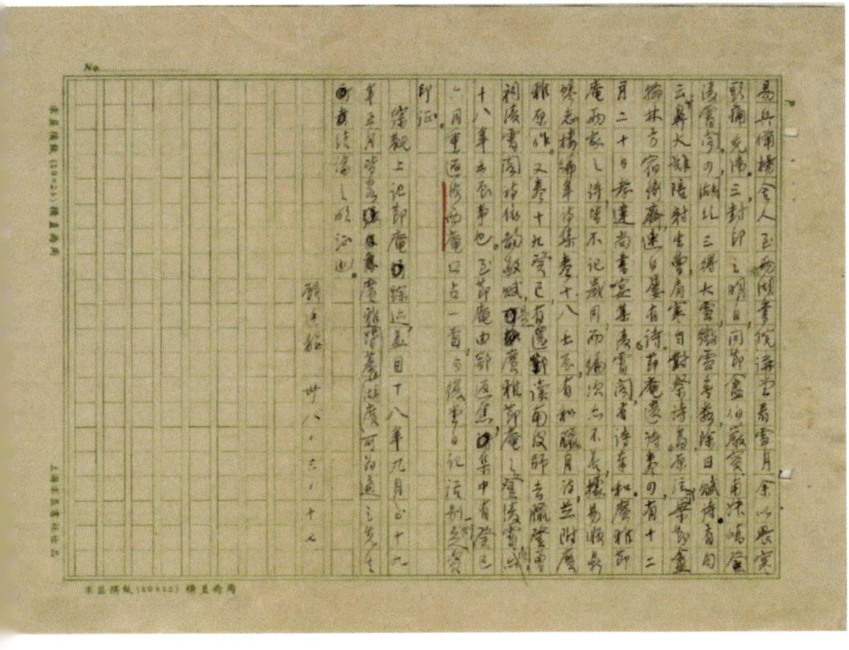

又東逕郁夷縣故城南”,《注疏》:“守敬按,前漢縣,屬右扶風,後漢廢。漢郁夷故城在今隴州西五十里,諸地志無異辭。此下引《地理志》有汧水祠,乃故郁夷事。又引《東觀漢記》船槃至郁夷、陳倉,先言郁夷,後言陳倉,則此郁夷必在陳倉東,故《注》叙郁夷於渭水東逕陳倉後。《寰宇記》引《地道記》,郁夷省併郿,蓋因王莽之亂,郁夷之人,權寄理郿界,因併於郿者也。”卷十八“南流逕岐州城西,魏置岐州刺史治”,《注疏》:“會貞按,《地形志》:岐州,太和十一年置,治雍城鎮。《寰宇記》:後魏太武於今州東五里築雍城鎮,文帝改鎮爲岐州。此《注》叙岐州在雍水北,東水、西水之間,雍縣則在雍水南,鄧泉北,是州與縣不同城,雍城鎮非即雍縣城也。”

其四,根據酈《注》所載,結合當時地理,考證山川陵谷的古今變遷。如卷十七“水出東北大隴山秦谷,二源雙導”,《注疏》:“守敬按,今曰後川河,其源爲長家川,出清水縣東北隴城關,但止一源,與古異。”又,同卷“汧水又東流注於渭水”,《注疏》:“會貞按,據《注》,汧水注渭在平陽故城之東,今汧水於陽平鎮之西入渭,蓋非北魏故道矣。”

其五,根據酈《注》及相關文獻所載,詳細梳理河流源頭、流路等總體概況。如卷十九“故渠又東而北屈,逕青門外,與泬水枝渠會。渠上承泬水於章門西”,《注疏》:“上文叙泬水又北分爲二,一水東北流,即上文所謂泬水枝津東北流,逕鄧艾祠者也。則只一枝津東北出,此復言泬水枝渠,上承泬水於章門西,則似有兩枝渠自泬水出。按渭水合泬水後,㶏水自渭出,東流注渭,渭水又與泬水枝津合。渭水又東,始逕長安城北,則泬水去長安城南遠。酈氏言泬水枝渠上承泬水於章門西,蓋即泬水

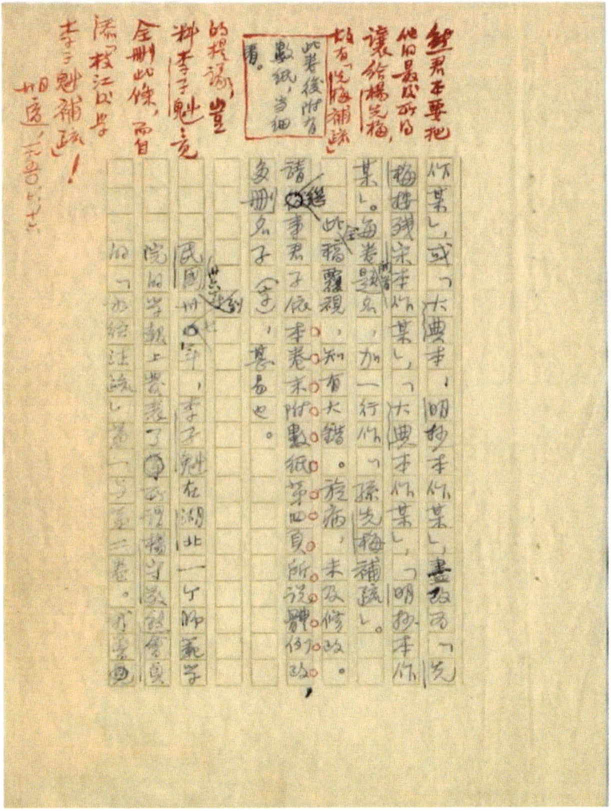

圖 28-12 ◎胡適手録《熊會貞遺言》並跋

枝津。上文所謂沇水枝津分爲二，一水注藕池者也。”

不過，《注疏》本在地理方面的考證，也存在着明顯的局限。如由於所據資料的限制，對於一些較小的河流，《注疏》本僅能依據酈《注》所載，推測其相對位置。如卷十七“渭水東南流，衆川瀉浪，雁次鳴注。左則伯陽東溪水注之，次東得望松水，次東得毛六溪水，次東得皮周谷水，次東得黄杜東溪水，並出北山，南入渭水”。《注疏》：“會貞按，五水當在今秦州之東，今有段峪河，去伯陽城稍遠，疑即望松水。伯陽東溪與伯陽川近，當在其西，毛六、皮周二水則當在其東。今大震關西南有一水，南入渭。隴西南入渭之水始於此，當即黄杜東溪也。”

水經注

四十卷

王國維校

（王校本）

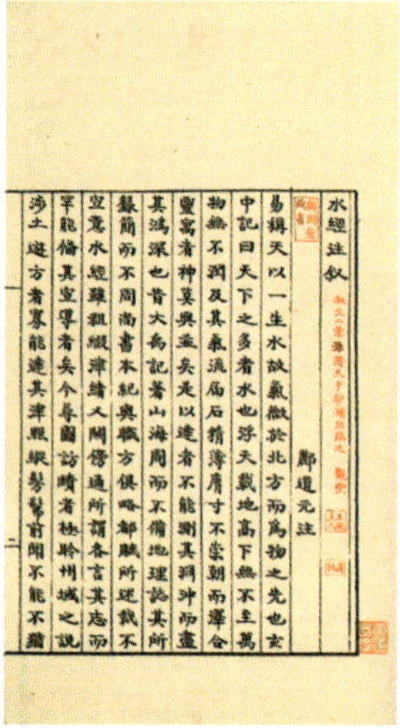
水經注叙
酈道元注
易稱天以一生水故氣微於北方而爲物之先也玄
中記曰天下之多者水也浮天載地高下無不至萬
物無不潤及其氣流届石精薄膚寸不崇朝而澤合
靈寓者神莫與並矣是以達者不能測其淵沖而盡
其鴻深也昔大禹記著山海周而不備地理誌其所
録簡而不周尚書本紀與職方俱略都賦所述裁不
宣意水經雖粗綴津緒又闕旁通所謂各言其志而
罕能備其宣導者矣今尋圖訪蹟者極聆州域之說
涉土遊方者寡能達其津照縱髣髴前聞不能不猶

圖 29-1 ◎趙萬里過録王國維所録酈道元原序

王國維的批校以《注箋》本爲底本。以殘宋本校於行中，以《大典》本、朱藏明鈔本、孫潛夫校本、黄本、吴本、全校本、趙一清《注釋》本及《刊誤》等校於書眉書根。卷末題記甚多，記校畢年月、得某書之由、校某書之經過及校書心得。

此本原爲王國維家藏；王氏歿後，羅振玉因整理《王國維遺書》而藏之；一九五五年羅繼祖將此本捐予東北人民大學（今吉林大學）圖書館〔一〕。又，此本有趙

〔一〕羅繼祖《王國維先生〈水經注校〉述略》，原載《上海高校圖書情報學刊》一九九三年第三期，收入陳平原《追憶王國維》，生活·讀書·新知三聯書店，二〇〇九年，頁五六五。

萬里（斐雲）過録副本〔一〕，現爲趙氏家藏〔二〕。又有整理點校本〔三〕。

王校本是一部民國初年彙集了最重要的幾個《水經注》古本及最前沿之研究成果的校本。王國維得見殘宋本、《大典》本（半部）、朱藏明鈔本、孫潛校本幾種較早的版本，較他之前的任何一位《水經注》研究者都多〔四〕；又得見殿本，以及全校本、趙一清《注釋》本與《刊誤》，故可通過審慎的版本校勘來比較各本異同，並"得悉明以來諸本沿褫及諸家校改之源流"〔五〕。其校勘

〔一〕按，本書所用王校本即趙萬里過録本，特此説明。

〔二〕趙氏過録本已由中華書局於二〇一四年影印出版。

〔三〕兩種：其一，袁英光、劉寅生整理《水經注校》，上海人民出版社，一九八四年；其二，鄔國義點校《水經注校》，收入《王國維全集》卷十二至十三，浙江教育出版社、廣東教育出版社，二〇一〇年。

〔四〕卷四十末王國維自記："昔宜都楊氏，譏王葵園刊《合校水經注》所録朱《箋》但據天都黄晟本，未見朱氏原書，然楊氏於酈書舊本所見亦隘，晚年在滬，始得見嘉興沈氏所藏明黄省曾刊本，已在《注疏要删》刊成之後。余先後得見宋刊本、《大典》本、明鈔本、孫校本，眼福已在王、楊諸氏之上，獨恨於此書致力甚淺，慮遂負此佳本爲可愧耳。乙丑二月晦日，觀堂又識。"

〔五〕卷四十末王國維自記："壬戌春日，余得見南林蔣氏所藏《永樂大典·水經注》自河水至丹水凡四册，即校於武英殿聚珍本上。嘉興沈乙庵先生復以明黄勉之本屬余校録《大典》異同，余亦以黄本異同録於聚珍本。先生復從臾余校朱王孫本，余未暇也。癸亥至京師，從書肆購得是本，爲安化陶文毅公藏書，有'資江陶氏雲汀藏書'、賜書樓'陶氏之記'印，'心石屋主人'圖象諸印。近年朱本希見，又是名臣故物，得之甚喜。既以是本校於聚珍本上，又復校出全、趙二本，頗得悉明以來諸本沿褫及諸家校改

經過，在此書諸題記中記録甚詳〔一〕。以下重點論述此校本的特點及王氏本人有關《水經注》的幾個重要觀點。

其一，王校本完全尊重底本與所校諸本，只標明異同，不改動原文一字；若有自己的觀點，則於眉批中標出，並注“觀堂”“觀翁”“觀”等以别之。如臨孫潛校本，將其中孫氏校語、前後跋語題記以及缺葉〔二〕等皆詳録之。孫校本上又有袁壽階校舊鈔本，亦並臨之，且於相應處標注“袁”字；又如以殘宋本校，凡宋本與底本相異之字句，皆側注於行間，遇有避諱缺筆之字、異體字等亦照臨之。不僅如此，殘宋本殘缺之處，亦於底本上用括弧標明所缺字的起止，殘宋本錯簡之處，則在眉批中加以説明〔三〕；又如以《大典》本校，不僅標明字句異同，還録《大典》本某卷止於底本某句〔四〕，且在《大典》本字句經過特别處理時，亦

之源流，惜乙庵先生於去秋仙去，不能共商略也。仲冬廿二日，國維記。”

〔一〕又，趙萬里過録《王國維批校〈水經注箋〉》（中華書局影印本）的《出版説明》中，詳細梳理了王校《水經注》的經過。需要提及的是，中國國家圖書館現藏有另一種王國維校《水經注》，以《四部叢刊》影印殿本《水經注》爲底本；臺北“國家圖書館”藏有一部王國維與沈曾植合校的《水經注》，其工作底本爲黄本。此兩種可視爲王氏早期工作本。

〔二〕如卷十二“東過良鄉縣南”上眉批：“孫校本缺此葉。”卷十六末眉批：“孫本缺此葉。”

〔三〕如卷十七“先後漫遊者多離其斃”，王校：“‘斃’字以下至次頁六行‘北’字，宋本錯入《穀水篇》，此篇亦有之。”同卷“毛泉谷水又東逕上邽城南又得覈泉水”，王校：“‘覈泉’以上諸缺字，宋本《穀水篇》缺，本篇不缺。”

〔四〕如卷三“水出契吴東山西逕故里南而北俗謂之契吴亭其水又西流注於河”，王校：“《大典》卷一萬一千一百二十七止此。”又卷五“應劭曰臨沛縣西北五十里有建信侯城都尉治故城者也”，王校：“大典卷一萬一千一百

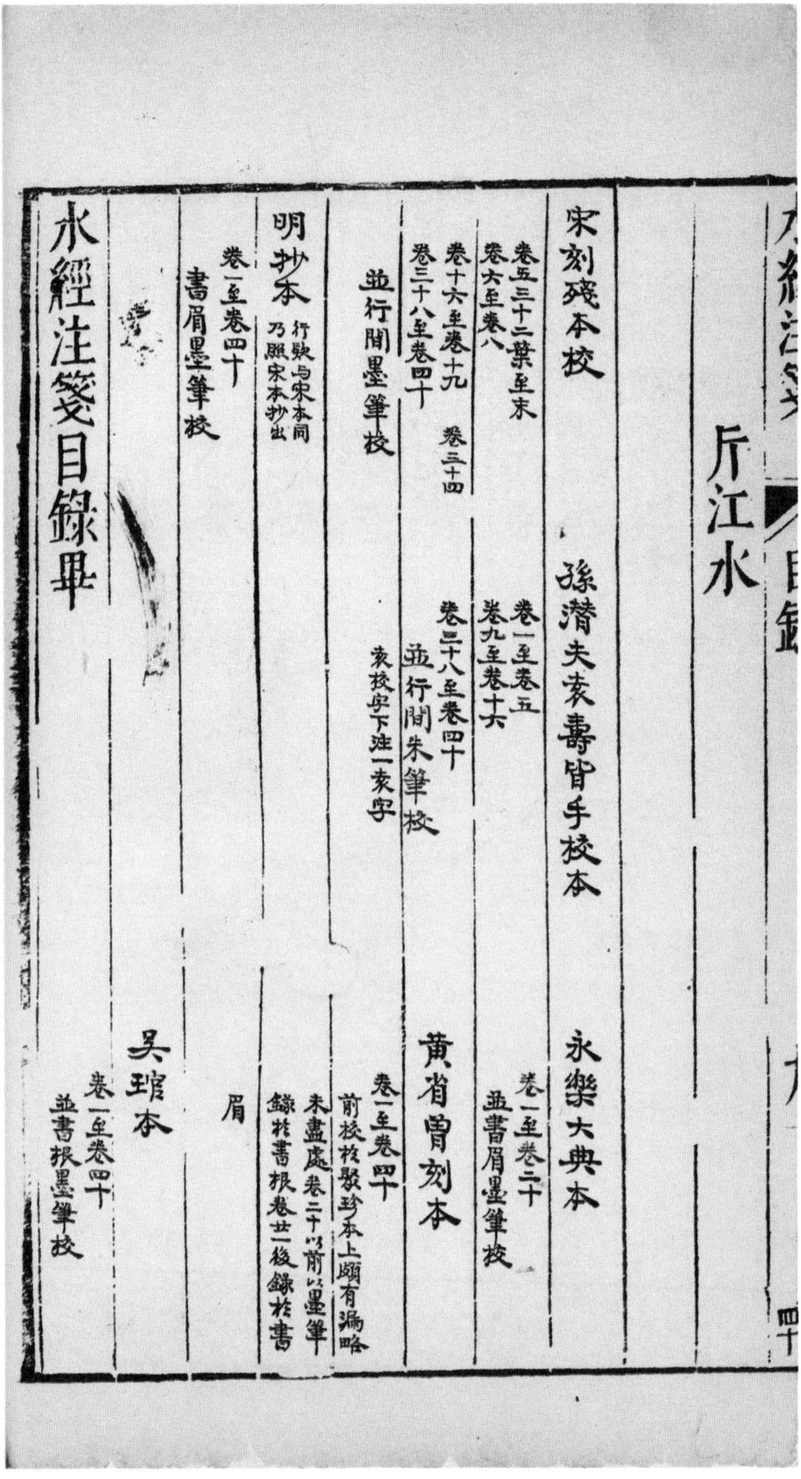
水經注箋目録　……四十

斤江水

宋刻殘本校
卷五三十二葉至末
卷六至卷八
卷十六至卷十九　卷三十四
卷三十八至卷四十
並行間墨筆校

孫潛夫袁壽階手校本
卷一至卷五
卷九至卷十六
卷二十八至卷四十
並行間朱筆校
袁校字下注一袁字

永樂大典本
卷一至卷二十
並書眉墨筆校

黃省曾刻本
卷一至卷四十
前校校聚珍本上頗有漏略
未盡處卷二十以前以墨筆
錄於書根卷廿一後錄於書眉

明抄本　行款與宋本同　乃照宋本抄出
卷一至卷四十
書眉墨筆校

吳琯本
卷一至卷四十
並書根墨筆校

水經注箋目録畢

圖 29-2 ◎趙萬里過録王國維校《水經注箋》卷首目録末葉下

詳細記之〔一〕。

其二，在逐字校勘後，王國維逐漸形成對各版本的認識，並漸次反映在卷末諸題記中。這些題記，成爲他所作八篇《〈水經注〉跋語》的基礎〔二〕。由於王氏對各本的認識都建立在實際校勘的基礎上，故其相關論點非常重要。以下分别加以論述。

（甲）以殘宋本校《注箋》本〔三〕，認爲殘宋本與孫潛校柳大中影宋鈔本、袁壽階所録宋本各有不同，當分别觀之〔四〕。

二十八止此。"

〔一〕如卷一《河水注》"道岨且長，逕記綿褫"，朱《箋》："疑當作'經記綿邈'。"王校："《大典》'逷記綿邈'。'逷'、'邈'二字有塗改之跡，但二字偏旁'辶'係原本。"

〔二〕按，此八篇跋文是：《沈乙庵先生藏黄省曾刻本〈水經注〉跋》（作於一九二二年三月卅日，原跡存於臺北"國家圖書館"所藏黄省曾刻本《水經注》）、《宋刊〈水經注〉殘本跋》、《〈永樂大典〉本〈水經注〉跋》、《明鈔本〈水經注〉跋》、《孫潛夫校〈水經注〉殘本跋》、《朱謀㙔〈水經注箋〉跋》、《聚珍本戴校〈水經注〉跋》（此六篇均作於一九二四年、一九二五年前後，原載《觀堂集林》卷十二）、《〈水經注箋〉跋》（作於一九二七年三月，收入《海寧王静安先生遺書觀堂別集》卷三和《海寧王忠慤公遺書觀堂別集補遺》）。後皆收入《王國維全集》卷一四，頁四四六，頁四九——四九八，頁五二三。

〔三〕相關題記如卷五末："宋刊本存卷末七葉，癸亥季冬校於京師履道坊之寓盧。永觀氏。"卷六末："宣統癸亥十二月假江安傅氏藏殘宋本校此卷。國維。"卷四十末："是月廿一日以沅叔所校宋本卷十六至十九，又卷卅九之半、卷卌互勘，又補得十許字。"

〔四〕卷四十末題記："宋刊本（中略）本明文淵閣故物，今藏江安傅沅叔處。沅叔又藏孫潛夫手校殘本，足補宋本之缺，當並校之。觀堂又記。"又曰："錢曾王《讀書敏求記》'昔者陸孟鳧先生有景鈔宋刻《水經注》，與吾家藏本相同，後多宋板題跋一葉，其跋'云云，與袁壽皆所録者同，是壽皆所據

王國維校（王校本）

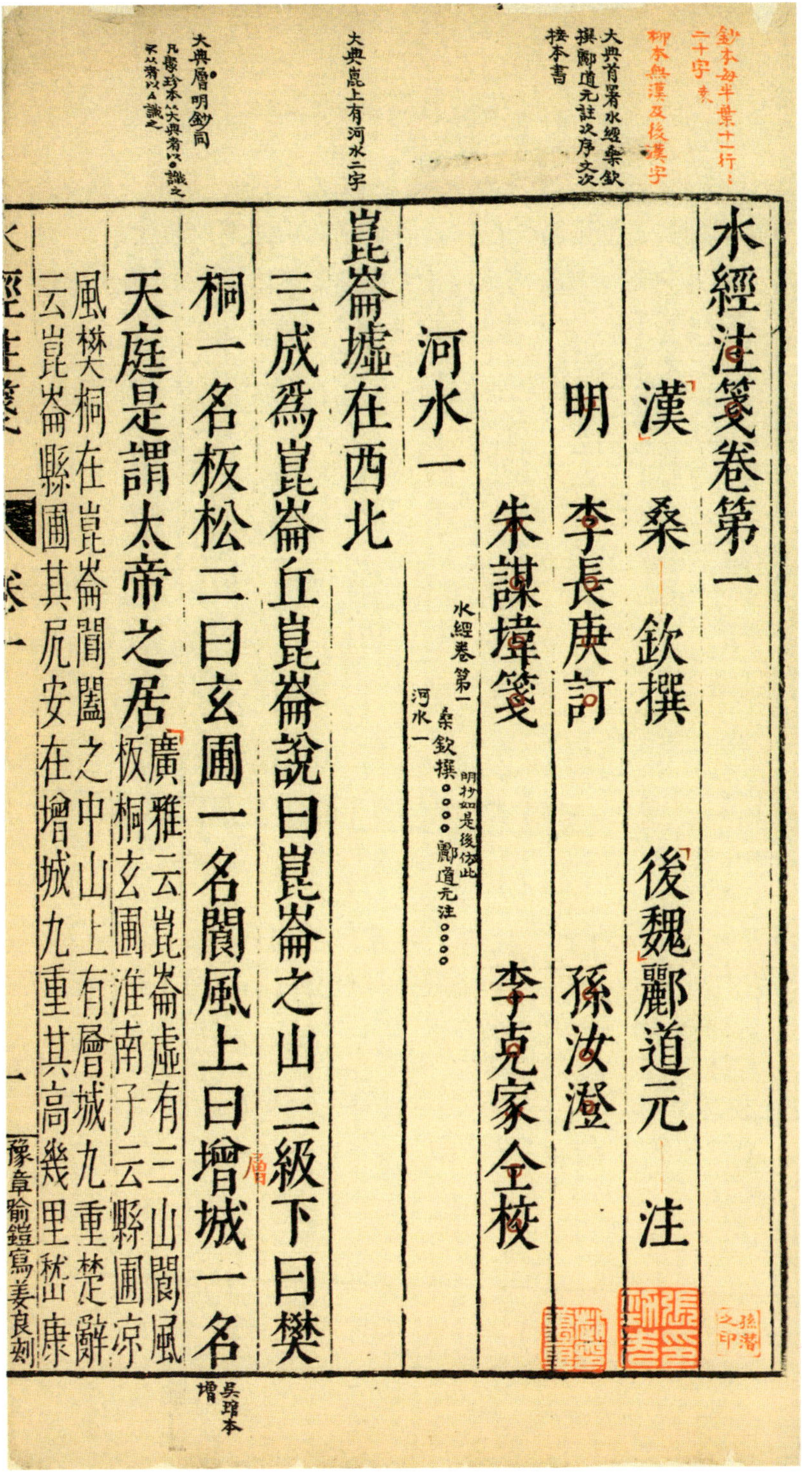

圖 29-3 ◎趙萬里過録王國維校《水經注箋》卷一葉一上

（乙）以半部《大典》本校聚珍本（殿本），後又録前所校《大典》本異同於《注箋》本上〔一〕。在此過程中逐漸認識到《大典》本乃本自殘宋本〔二〕；且殿本與《大典》本迥異〔三〕，《大典》本佳處殿本未盡取〔四〕，殿本佳處亦非盡出《大典》本〔五〕。

（丙）以朱藏明鈔本校《注箋》本，認爲明鈔本出於宋本，

校之本與陸本同源也，其本與今所見宋刊殘本並孫潜夫所校柳大中景宋鈔本又自不同，蓋宋刊固非一本。若謝耳伯、朱王孫，雖非不見宋本者，然其校語中所謂宋本作某者，當分别觀之耳。"

〔一〕卷二末題："甲子人日以舊校《永樂大典》本注於書眉。"卷五末："甲子人日迄穀日，以《永樂大典》本異同録於書眉。觀堂。"卷八末："甲子正月八日，又以《大典》校《濟水》二卷。"卷十一末："甲子正月九日，録舊校《永樂大典》本異同於書眉。"

〔二〕卷六末題："甲子穀日校《永樂大典》本，乃與宋刊本全同。宋刊本本文淵閣物，修《大典》時即從之迻録，故相同如此。"

〔三〕卷十四末題："甲子正月九日録舊校《永樂大典》本於書眉。《大典》本與戴校官本迥異，後人勿執官本議之。永觀。"

〔四〕如卷三"博物志稱酒泉延壽縣南山出泉水大如筥注地爲溝水有肥如肉汁取著器中始黄後黑如凝膏然極明與膏無異膏車及水碓缸甚佳彼方人謂之石漆水"，王校："《大典》'缸'作'釭'。明鈔同。明鈔無'彼'字。《大典》'釭'字最佳，蓋水碓必用輪，輪必有釭，須以膏膏之。戴校官本乃不取此字，何耶？"

〔五〕卷十九末題："甲子正月十日，録舊校《永樂大典》本畢（卷二十已先録出）。《大典》（中略）今藏南林蔣氏傳書堂。余於壬辰二月借校一過，時校於武英殿聚珍本，乃知聚珍本號出《大典》，實與《大典》迥殊。今以校勘此校本，又知與傳氏殘宋本十有九合，其偶有不合者，乃《大典》迻寫之誤，及余昔年校勘之疏，非有它故也，故此校殆可作半部宋本觀。夜漏十刻，伯隅父識。"

水經注箋 卷六 一百二十七

水經卷第六

宣統癸亥十二月假江安傅氏藏殘宋本校此卷 國維

甲子穀日校永樂大典本乃与宋刊本全同蓋宋刊本〻文淵閣物脩
大典時即從之迻錄故相同如此

圖29-4 ◎趙萬里過録王國維校《水經注箋》卷六末葉下

首尾完具，足補宋本與《大典》本之缺〔一〕。

（丁）自甲子（一九二四年）正月廿四日起，至甲子三月五日訖，以吴本校《注箋》本畢〔二〕。其間多處指出吴本有剜改痕跡〔三〕，並認爲吴本有較《注箋》本爲勝處〔四〕。

（戊）以趙一清《刊誤》所言“孫潛校”者與江安傅氏所藏孫潛校本對勘，發現趙氏所言“孫潛校”，有三十七處爲孫氏原校所無〔五〕。王氏又以《七校》刊本對勘，方悟趙氏所謂“孫潛校”得自全氏傳校本〔六〕，而全氏校本所言“孫潛校”亦有實非孫校者，

〔一〕相關題記見卷二末、卷五末、卷八末、卷十六末、卷二十二末、卷二十六末、卷二十七末、卷四十末。

〔二〕相關題記見卷五、卷八、卷十一、卷十五、卷十九、卷二十、卷二十二、卷二十三、卷二十六、卷三十、卷三十四、卷三十七、卷四十諸卷末葉。

〔三〕如卷三“元朔五年立舊朔方郡治王莽之所謂推武也”，王校：“吴本上五字有剜補之跡。”卷十九“蘇林曰戲邑名在新豐東南三十里”，王校：“吴本此處剜增一字，豈‘新豐’二字原作‘鄭’一字與？”

〔四〕卷四十末題記：“甲子三月五日，吴琯本勘畢，朱本即出吴本，然吴本殊有勝處。觀堂。”

〔五〕此三十七處，王氏逐條標於所校《注箋》本書眉。如卷二“又東北逕臨羌城西東北流於湟”，王校：“（朱筆）趙氏《朱箋刊誤》云“東北流下”孫潛校增“注”字，而原校無之，何耶？觀堂記。”不過，若不能確定趙氏所言屬實，則王氏亦明言之，如卷十五“又有明水出梁縣西狼睪山（中略）東北流逕范塢北與明水合北汶”，王校：“趙誠夫引孫潛云當作‘北注’。案原校本書眉損一角，當有此校語。觀堂。”

〔六〕卷五“漢獻帝建安中袁紹與曹操相襲於官渡”，王校朱筆側注“禦”於“襲”旁，並加眉批：“全校引孫潛曰‘禦’或作‘襲’。蓋全從孫校，又存其原本之字耳。”又，卷四十末題記：“癸亥十二月十九日，取趙誠夫朱箋《刊誤》

乃後人校刊之失〔一〕。

不過，王氏雖曾以黄本校聚珍本，後又移録於所校《注箋》本上，然頗以"前校黄本殊草草"爲憾〔二〕。因此他認爲黄本"蓋與《大典》所據之宋本同出一源"〔三〕的觀點實有待商榷。

所引孫潛夫説，覆勘孫校一過，中引孫氏説不見於此校本中者凡三十七條，盡記於此本眉端。初疑潛夫所校不止一本，誠夫或見别本，故所引多出此校本之外。繼思孫校本乾隆初在維揚馬氏，唯全謝山先生曾一校之，誠夫與謝山最密，誠夫所見必謝山傳校本。謝山於孫校本亦自有增補，然則不見此校中之三十七條，必謝山校也。校畢附志。永觀。"又，"是日閲謝山校本，見三十七條中語有見於全校中者，足證前説不誣。全校本所引孫潛夫校語亦多誤，緣全所傳校《水經》不止一本，故有時不能别白也。薄晚又記。"

〔一〕卷十四"西遼水亦言出砿石山"，王校朱筆側注"砡"於"砿"旁，並加眉批："全本引孫潛曰'砡'即'砥'字，《淮南子·墬形訓》遼出砥石是也，或誤作'砿'者，無此字云云。案孫校但改'砥'爲'砡'耳，其説則謝山説也。乃後人校刊全氏書者失之。"又卷四十末題記："全校本所引孫潛夫校語，不見於原校者凡七條，其一條乃孫汝澄説，餘六條中有謝山説，有他家校語，蓋校刊全書者誤録也。"

〔二〕卷四十末題記："（前略）嗣東軒老人以黄省曾本屬余録《大典》本異同，亦並校其（按，指殿本）上。未幾，老人下世，及癸亥余來京師，始得朱王孫本，（中略）惟前校黄本殊草草，《大典》本亦頗有存疑待决之處，思再見之，而東軒老人墓草已宿，孟蘋亦亡其書，殊有張月宵晚年之感，欲再借校以畢前業，殊非易事。（中略）丁卯二月十八日雪霽後觀堂書。"

〔三〕王國維《沈乙庵先生藏黄省曾刻本〈水經注〉跋》，《王國維全集》卷一四，頁四四七。

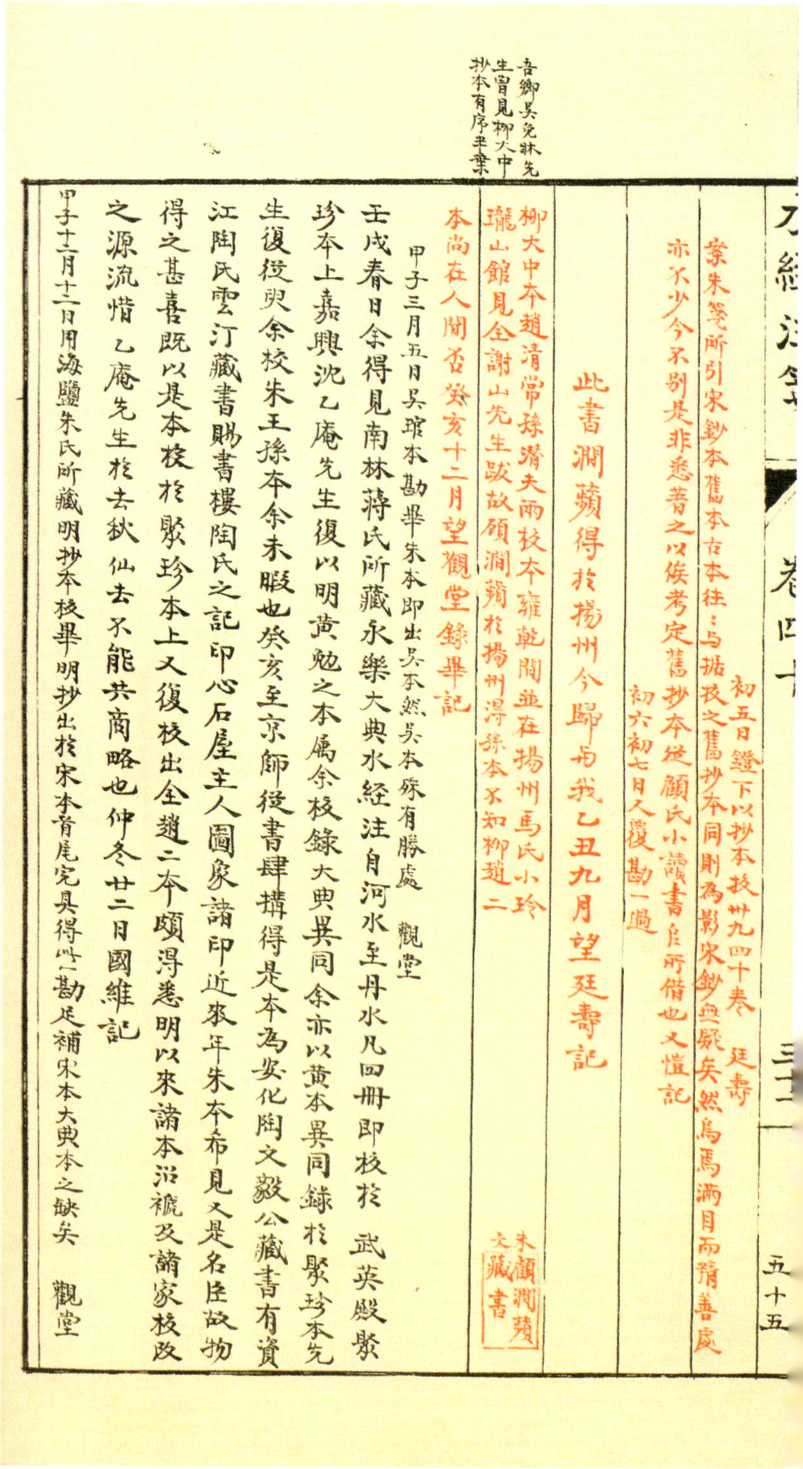

吾鄉吳兔牀先生曾見柳大中抄本有序半葉

水經注箋 卷四十 三十一

初五日鐙下以抄本校卅九四十卷 廷壽

案朱箋所引宋鈔本舊本古本往往与据校之舊抄本同則為影宋鈔無疑矣然烏焉满目而精善處亦不少今不别是非悉著之以俟考定舊抄本從顧氏小讀書堆所借也又愷記

初六初七日又覆勘一過

此書澗蘋得於揚州今歸而我乙丑九月望廷壽記

柳大中本趙清常孫潛夫兩校本雍乾間並在揚州馬氏小玲瓏山館見全謝山先生跋故顧澗蘋於揚州得孫本不知柳趙二本尚在人間否癸亥十二月望觀堂録畢記

朱文 顧澗蘋藏書

甲子三月五日吳琯本勘畢朱本即出吳本然吳本殊有勝處 觀堂

壬戌春日余得見南林蔣氏所藏永樂大典水經注自河水至丹水凡四冊即校於 武英殿聚珍本上嘉興沈乙庵先生復以明黃勉之本屬余校録大典異同余亦以黃本異同録於聚珍本先生復從臾余校朱王孫本余未暇也癸亥至京師從書肆搆得是本為安化陶文毅公藏書有資江陶氏雲汀藏書賜書樓陶氏之記印心石屋主人圖象諸印近來年朱本希見又是名臣故物得之甚喜既以是本校於聚珍本上又復校出全趙二本頗得悉明以來諸本沿襲及諸家校改之源流惜乙庵先生於去秋仙去不能共商略也仲冬廿二日國維記

甲子十二月十二日用海鹽朱氏所藏明抄本校畢明抄出於宋本首尾完具得此一勘足補宋本大典本之缺矣 觀堂

五十五

圖 29-5 ◎趙萬里過録王國維校《水經注箋》卷四十葉三十一下

[二三七]

趙誠夫曰而孫潛校改亦棠原校與觀

明抄所在作在△所

然池流多矣孫云池當作沱而論者疑焉而不能辨其所

在

己酉四月七之日酉刻校　清常

季冬五月又校一過　清常道人

三十月勘完用趙氏勘過本子　郎庵

右禹貢山水澤地所在凡六十）

癸亥季冬十日宋刋本校畢　觀堂

是月望後又竆二日力覆勘一過

宋刋本每半葉十一行〻二十字存卷五之小半又卷六至卷八又卷十六至卷十九卷三十四

卷三十八至卷四十共十一卷本明文淵閣故物今藏江安傅沅叔家沅叔又藏孫潛夫

手校殘本足補宋本之闕當並校之觀堂又記

是月廿一日以沅叔所校宋本卷十六至十九又卷卅九之半卷卅五勘又補得十許字

十四月臨孫潛夫手校殘本了

孫校於朱箋本上今存卷一至卷五卷九至卷十六卷三十八至卷四十共十五卷　研記

戊申正月三十日勘完用柳大中家抄宋本其本亦藏葉石君處是日石君從洞庭采迷山中所聞見如龍眠三馬米元章楷書寶章待訪錄也所見白樂天手書金剛經一行書一楷書趙普家譜張循王鐵券倪雲林手書

江南春詞者所聞未見等皆寶玉大弓嗟乎何日得盡觀之以暢余懷乎記于此以俟異日耳　潛夫

潛夫

楓橋五硯樓收藏印　朱文

水經注箋　卷四十　三十一

圖29-6　◎趙萬里過録王國維校《水經注箋》卷四十葉三十一上

敏求記云陸孟鳬鈔本後多宋板題跋一葉不著名氏余因錄之其跋云云與袁氏所據明鈔題跋後有銜名三行是較陸本為完全

癸亥十二月十九日取趙誠夫朱箋刊誤所引孫潛夫説覆勘孫校一過中引孫氏説不見於此校本中者凡三十七條盡記於此本眉端初疑潛夫所校不止一本誠夫或見別本故所引多出此校之外繼思孫校本乾隆初在維陽馬氏唯全謝山先生曾一校之誠夫與謝山最密誠夫所見必謝山傳校本謝山於孫校本亦自有增補然則不見此校中之三十七條必謝山校語也校畢附志　永觀

是日閲謝山校本見三十七條中語有見於全校中者足證前説不誣

全校本所引孫潛夫校語亦多誤緣全所傳校水經不止一本故有時不能別白也薄晚又記　全校本所引孫潛夫校語不見於原校者凡七條其二條乃孫汝澄説餘六條中有謝山説有他家校語蓋校刊全書者誤錄也

錢曾王讀書敏求記昔者陸孟鳬先生有景鈔宋刻水經注與吾家藏本相同後多宋板題跋一葉其跋云云與袁壽皆所錄者同是壽皆所據校之本與陸本同源也其本與今所見宋刊殘本並孫潛夫所校柳大中景宋鈔本又自不同蓋宋刊固非一本若謝耳伯朱王孫雖非不見宋本者然其校語中所謂宋本作某者當分別觀之耳

傅氏宋刊殘本乃文淵閣故物永樂脩大典時蓋即據以鈔錄故大典本與宋本最近余曩校得大典本半部（存二十卷）乃知東原之誣大典比之朱王孫之誣宋本又加甚焉東原極有功於酈書然對酈書諸本及前人校正之勤一筆抹摋而欲自成一定本殊為錯悞後人竊書之誚亦有激而來也　觀堂　廿三日

圖29-7　◎趙萬里過録王國維校《水經注箋》卷四十葉三十二下

右水經舊有三十卷刋於成都府學宮元祐二年春
運判孫公始得善本於何聖從家以舊編校之纔載
其三分之一耳於是乃與
運使晏公委官校正刪其重複正其訛謬有不可考者
以疑傳焉用公布募工鏤版完闕補漏比舊本凡益
編一十有三共成四十卷分二十冊其篇帙小大次序
先後咸以何氏本為正元祐二年八月初一日記
涪州司戶參軍充成都府府學教授彭戢校勘
朝奉大夫充成都府轉運判官上護軍賜緋魚袋孫
朝議大夫充成都府路計度轉運副使兼勸農使上柱國賜紫金魚袋晏知止

圖 29-8 ◎趙萬里過録王國維校《水經注箋》卷四十葉三十二上

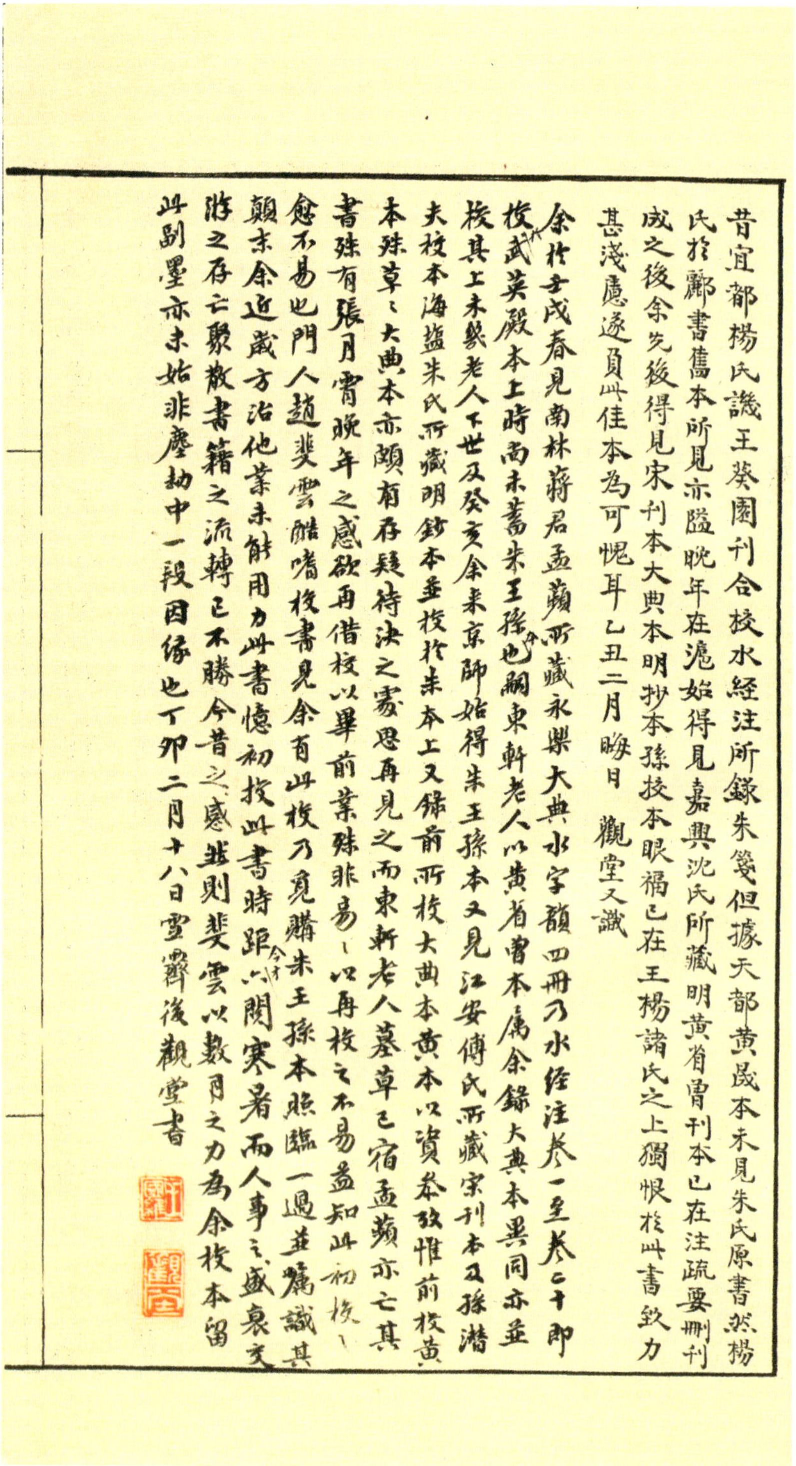
昔宜都楊氏識王葵園刊合校水經注所錄朱箋但據天都黃晟本未見朱氏原書然楊氏於鄰書舊本所見亦隘晚年在滬始得見嘉興沈氏所藏明黃省曾刊本已在注疏要刪刊成之後余先後得見宋刊本大典本明抄本孫校本眼福已在王楊諸氏之上獨恨於此書致力甚淺慮遂負此佳本為可愧耳乙丑二月晦日　觀堂又識

余於壬戌春見南林蔣君孟蘋所藏永樂大典水字韻四冊乃水經注卷一至卷二十即校武英殿本上時尚未蓄朱王孫本也嗣東軒老人以黃省曾本屬余錄大典本異同亦並校其上未幾老人下世及癸亥余來京師始得朱王孫本又見江安傅氏所藏宋刊本及孫潛夫校本海鹽朱氏所藏明鈔本並校於朱本上又錄前所校大典本黃本以資參致惟前校黃本殊草草大典本亦頗有存疑待決之處思再見之而東軒老人墓草已宿孟蘋亦亡其書殊有張月霄晚年之感欲再借校以畢前業殊非易易以再校之不易益知此初校之愈不易也門人趙斐雲酷嗜校書見余有此校乃覓贉朱王孫本照臨一過並臨識其顛末余近歲方治他業未能用力此書憶初校此書時距今才六閱寒暑而人事之盛衰交游之存亡聚散書籍之流轉已不勝今昔之感然則斐雲以數月之力為余校本留此副墨亦未始非塵劫中一段因緣也丁卯二月十八日靈鼇後觀堂書

圖29-9　◎趙萬里過錄王國維校《水經注箋》卷四十葉三十三上

結語

以上基於實際校勘的版本研究，使我們得以對宋以來《水經注》主要版本的情況作了較爲充分的梳理，並對各本的價值重新做出了評估。在此過程中，我們有了一些較爲具體的發現，也指出了一些習見的錯誤，希望藉此使大家對《水經注》版本的認識進入一個新階段。

有關自明代以來《水經注》版本流傳過程中逐漸形成的古本系統與今本系統，是我們著力提出並加以印證的觀點，進而試圖喚起人們對《水經注》古本的格外重視。

除此之外，在對《水經注》今本的研究中，我們不僅重新找到了今人以爲早已亡佚的陳仁卿刊本，還發掘了自乾隆以後一直被埋没的王峻校本的價值。清前期的沈炳巽，歷來治酈者只有胡適將其列爲“清初四大家”之一。通過研究，我們認爲沈本在校勘與注釋方面確有創見，夯實了沈氏在酈學史上的地位。對於全祖望《五校》稿本、《七校》鈔本以及現存各種全氏相關著作之間的聯繫，本書作了詳細的梳理與辨析，並指出其中最具校勘價值的版本。趙一清《注釋》本實有三種工作稿本，這是他畢生治酈的成果。趙氏生前未有定稿，歿後他的有關稿本經人數次整理方成書，故今所見《注釋》本與三種工作稿本之間有分階段的淵源與承繼關係。對於殿本，歷來褒貶不一，本研究認爲，此書欽定御製的性質、集衆多御用學者在短時間内成書的過程，是其文本最終以今所見之面貌呈現的主要原因。戴震在其中的貢獻值得予以肯定。關於《注疏》本，我們發現，北京本、臺北本的底本同爲“三次稿”，熊會貞在臺北本上的批注，一類在書眉處，一類在書根處，實爲兩次校勘：書眉處的批注，對“三次稿”傳鈔過程中産生的訛誤進行修改；書根處的批注，則重新採用了“初稿”中的部分内容，而這些在北京本中全無體現。

除了上述具體發現，從《水經注》研究的學術史來看，版本研究還讓我們對於明清以來酈學界所做的各個層面的工作有了一個貫通的認識，如此便可將接下來的《水經注》的具體研究放在整體學術史背景下去思考，以期在新的學術環境與研究條件下做出更加務實的並具有突破性的工作。

圖版出處

頁數	圖名	出處
3	圖一 ◎宋刻元遞修本《隋書》卷三三《經籍志》葉一四上	《中華再造善本》(唐宋編)據中國國家圖書館藏宋刻遞修本《隋書》影印，北京圖書館出版社，二〇〇六年
5	圖二 ◎清全祖望《五校水經注》稿本卷首	天津圖書館藏
5	圖三 ◎清全祖望《五校水經注》稿本卷首	天津圖書館藏
5	圖四 ◎清趙一清《水經注釋·參校諸本》書影	中國國家圖書館藏，鈔本，今據黑白書影擬構原色
5	圖五 ◎清趙一清《水經注釋·參校諸本》書影	中國國家圖書館藏，鈔本，今據黑白書影擬構原色
7	圖六 ◎《胡適手稿》之《水經注的版本》	胡適紀念館藏
12	圖七 ◎明楊慎輯《水經》卷一首葉	周一良主編《自莊嚴堪善本書影·史部》，北京圖書館出版社，二〇一〇年，頁三七九
13	圖八 ◎清王謨輯、許旭惠校《水經》卷一首頁	日本國立國會圖書館藏《水經》，乾隆五十七年王謨輯《增訂漢魏叢書》第 76 册
18	圖九 ◎明練湖書院鈔本《水經注》卷二十一首葉	陸行素主編《天津圖書館古籍善本圖録·定級圖録》，天津古籍出版社，二〇〇九年，圖版一四八

頁數	圖名	出處
19	圖十 ◎胡適手稿《水經注古本現存卷數總表》之自題篇目	胡適紀念館藏，檔案編號 HS-MS01-010-002
19	圖十一 ◎胡適手稿《水經注古本現存卷數總表》之各本簡稱	胡適紀念館藏，檔案編號 HS-MS01-010-002
20	圖十二 ◎胡適手稿《水經注古本現存卷數總表》之卷一至卷十	胡適紀念館藏，檔案編號 HS-MS01-010-002
20	圖十三 ◎胡適手稿《水經注古本現存卷數總表》之卷十一至卷二十	胡適紀念館藏，檔案編號 HS-MS01-010-002
20	圖十四 ◎胡適手稿《水經注古本現存卷數總表》之卷二十一至卷三十	胡適紀念館藏，檔案編號 HS-MS01-010-002
20	圖十五 ◎胡適手稿《水經注古本現存卷數總表》之卷三十一至卷四十	胡適紀念館藏，檔案編號 HS-MS01-010-002
22	圖 1-1 ◎傅增湘題殘宋本《水經注》第七册封面	《中華再造善本》（唐宋編）據中國國家圖書館藏宋刻本《水經注》影印，北京圖書館出版社，二〇〇三年
23	圖 1-2 ◎殘宋本卷六葉一上	李紅英著《韓雲藏書題跋輯釋》，中華書局，二〇一六年，頁一九九
23	圖 1-3 ◎殘宋本卷七葉一下胡適批語	《中華再造善本》（唐宋編）據中國國家圖書館藏宋刻本《水經注》影印，北京圖書館出版社，二〇〇三年
24	圖 1-4 ◎殘宋本卷十六前袁克文跋語	《中華再造善本》（唐宋編）據中國國家圖書館藏宋刻本《水經注》影印，北京圖書館出版社，二〇〇三年
24	圖 1-5 ◎殘宋本卷十八末張宗祥跋語	《中華再造善本》（唐宋編）據中國國家圖書館藏宋刻本《水經注》影印，北京圖書館出版社，二〇〇三年
24	圖 1-6 ◎殘宋本卷三十九葉十五上	《中華再造善本》（唐宋編）據中國國家圖書館藏宋刻本《水經注》影印，北京圖書館出版社，二〇〇三年
26	圖 1-7 ◎殘宋本卷十九葉十六下	《中華再造善本》（唐宋編）據中國國家圖書館藏宋刻本《水經注》影印，北京圖書館出版社，二〇〇三年
26	圖 1-8 ◎陳藏明鈔本卷十九葉十六下	中國國家圖書館藏
27	圖 1-9 ◎黄省曾本卷十九葉十五下	《原國立北平圖書館甲庫善本叢書》，國家圖書館出版社，二〇一三年，第三九八册，頁二二五
27	圖 1-10 ◎吴琯本卷十九葉十八下	日本國立公文書館内閣文庫藏

頁數	圖名	出處
29	圖 1-11 ◎殘宋本卷十八葉二	《中華再造善本》第一輯據中國國家圖書館藏宋刻本《水經注》影印，北京圖書館出版社，二〇〇三年
30	圖 1-12 ◎張宗祥影鈔殘宋本袁克文跋語及卷十六首頁	浙江圖書館藏
31	圖 1-13 ◎胡適手稿之校殘宋本卷十八葉二上	胡適紀念館藏，檔案編號 HS-US01-048-003
32	圖 1-14 ◎胡適手稿之校殘宋本卷十八葉二下	胡適紀念館藏，檔案編號 HS-US01-048-003
34	圖 2-1 ◎明《永樂大典》單册封面	《永樂大典》明嘉靖隆慶間内府重寫本，大英圖書館藏，卷一五九五五之一五九五六
35	圖 2-2 ◎明《永樂大典》卷末纂修官員署名	《永樂大典》明嘉靖隆慶間内府重寫本，大英圖書館藏，卷三〇〇二
36	圖 2-3 ◎明《永樂大典》卷一一一三〇葉十八上	《〈永樂大典〉本〈水經注〉》（《續古逸叢書》之四十三），上海商務印書館，一九三五年，今據黑白書影擬構原色
38	圖 2-4 ◎明《永樂大典》卷一一一二七葉一下	《〈永樂大典〉本〈水經注〉》（《續古逸叢書》之四十三），上海商務印書館，一九三五年，今據黑白書影擬構原色
39	圖 2-5 ◎明《永樂大典》卷一一一二七葉一上	《〈永樂大典〉本〈水經注〉》（《續古逸叢書》之四十三），上海商務印書館，一九三五年，今據黑白書影擬構原色
42	圖 3-1 ◎朱藏明鈔本卷一首葉	《第四批國家珍貴古籍名録圖録》，國家圖書館出版社，二〇一三年
43	圖 3-2 ◎朱藏明鈔本卷末章炳麟、錢玄同跋語	《第四批國家珍貴古籍名録圖録》，國家圖書館出版社，二〇一三年
44	圖 3-3 ◎朱藏明鈔本卷十六上胡適所貼浮簽	中國國家圖書館藏，今據黑白書影擬構原色
47	圖 3-4 ◎朱希祖手稿《明鈔宋本水經注校勘記》	朱元曙、朱樂川撰《朱希祖先生年譜長編》，中華書局，二〇一三年
48	圖 4-1 ◎瞿藏明鈔本卷一首葉	中國國家圖書館藏，今據黑白書影擬構原色
49	圖 4-2 ◎瞿藏明鈔本卷首酈道元自序之一	中國國家圖書館藏，今據黑白書影擬構原色
49	圖 4-3 ◎馮校明鈔本卷首酈道元自序之一	日本静嘉堂藏
50	圖 4-4 ◎瞿藏明鈔本卷首酈道元自序之二	中國國家圖書館藏，今據黑白書影擬構原色
50	圖 4-5 ◎瞿藏明鈔本卷首酈道元自序之三	中國國家圖書館藏，今據黑白書影擬構原色

頁數	圖名	出處
50	圖 4-6 ◎馮校明鈔本卷首酈道元自序之二	日本静嘉堂藏
51	圖 4-7 ◎瞿藏明鈔本卷十六首葉	中國國家圖書館藏，今據黑白書影擬構原色
55	圖 4-8 ◎胡適手稿《記鐵琴銅劍樓瞿氏藏明鈔本水經注》	原件藏胡適紀念館，檔案編號 HS-MS01-010-008，今據《胡適手稿》，吉林文史出版社，二〇一四年
56	圖 4-9 ◎徐鴻寶致胡適函	原件藏胡適紀念館，檔案編號 HS-MS01-010-008，今據《胡適手稿》，吉林文史出版社，二〇一四年
58	圖 5-1 ◎馮校明鈔本第一册封面	日本静嘉堂藏
59	圖 5-2 ◎馮校明鈔本目録末頁及卷一首頁	日本静嘉堂藏
60	圖 5-3 ◎馮校明鈔本卷十三末馮舒識語	日本静嘉堂藏
61	圖 5-4 ◎馮校明鈔本卷十末直接卷十一且下題“麗道元注”	日本静嘉堂藏
62	圖 5-5 ◎馮校明鈔本卷十七有多處重文記號“く”	日本静嘉堂藏
63	圖 5-6 ◎馮校明鈔本卷十八行四缺字提行	日本静嘉堂藏
67	圖 5-7 ◎胡適手稿《馮舒（己蒼）校柳僉本〈水經注〉》	胡適紀念館藏，檔案編號 HS-MS01-010-012，今據《胡適手稿》，吉林文史出版社，二〇一四年
68	圖 6-1 ◎韓藏明鈔本目録首葉	周一良主編《自莊嚴堪善本書影·史部》，北京圖書館出版社，二〇一〇年，頁三八九
69	圖 6-2 ◎韓藏明鈔本卷首西皋主人識語	周一良主編《自莊嚴堪善本書影·史部》，北京圖書館出版社，二〇一〇年，頁三八八
71	圖 6-3 ◎韓藏明鈔本卷一首葉	周一良主編《自莊嚴堪善本書影·史部》，北京圖書館出版社，二〇一〇年，頁三九〇
74	圖 6-4 ◎韓藏明鈔本卷末沈廷芳跋語	周一良主編《自莊嚴堪善本書影·史部》，北京圖書館出版社，二〇一〇年，頁三九一
75	圖 6-5 ◎韓藏明鈔本卷末韓應陛跋語	周一良主編《自莊嚴堪善本書影·史部》，北京圖書館出版社，二〇一〇年，頁三九二
76	圖 7-1 ◎陳藏明鈔本卷一首葉	中國國家圖書館藏
77	圖 7-2 ◎陳藏明鈔本卷首酈道元原序之一	中國國家圖書館藏
78	圖 7-3 ◎陳藏明鈔本卷首酈道元原序之二	中國國家圖書館藏

頁數	圖名	出處
80	圖 7-4 ◎陳藏明鈔本卷末所過録宋刊本跋語	中國國家圖書館藏
81	圖 7-5 ◎陳藏明鈔本卷四十末葉	中國國家圖書館藏
82	圖 7-6 ◎清錢曾《讀書敏求記》鈔本卷二葉三十八下	中國國家圖書館藏，今據黑白書影擬構原色
83	圖 7-7 ◎清錢曾《讀書敏求記》鈔本卷二葉三十八上	中國國家圖書館藏，今據黑白書影擬構原色
84	圖 7-8 ◎清全祖望《五校水經注》稿本卷首	天津圖書館藏
86	圖 7-9 ◎胡適過録宋刊本《水經注》跋語之二	胡適紀念館藏，檔案編號 HS-MS01-010-007
87	圖 7-10 ◎胡適過録宋刊本《水經注》跋語之一	胡適紀念館藏，檔案編號 HS-MS01-010-007
88	圖 7-11 ◎陳藏明鈔本卷一錯葉	中國國家圖書館藏
90	圖 7-12 ◎陳藏明鈔本卷十八脱葉處	中國國家圖書館藏
91	圖 7-13 ◎陳藏明鈔本卷十八脱葉處	中國國家圖書館藏
94	圖 7-14 ◎陳藏明鈔本卷二疑似過録何焯校語處	中國國家圖書館藏
97	圖十六 ◎清武英殿聚珍版《水經注》卷一首葉	《齊齊哈爾市圖書館古籍善本圖録》第一輯，國家圖書館出版社，二〇一八年，頁一八五
98	圖十七 ◎清趙一清《水經注釋》鈔本卷首《參校諸本》葉一下、葉二上	美國普林斯頓大學圖書館藏
100	圖十八 ◎明朱之臣《水經注删》卷一首葉上	中國國家圖書館藏，今據黑白書影擬構原色
101	圖十九 ◎明鍾惺《水經注鈔》卷一首葉上	美國哈佛燕京圖書館藏
102	圖二十 ◎清胡渭《禹貢錐指》書名葉	日本早稻田大學圖書館藏，康熙四十四年漱六軒刊本
102	圖二十一 ◎清胡渭《禹貢錐指》卷十七葉六下	美國哈佛燕京圖書館藏，康熙四十四年漱六軒刊本
103	圖二十二 ◎清周嬰《巵林》書名葉	日本國立國會圖書館藏，嘉慶二十年陳春輯《湖海樓叢書》第二十一册
103	圖二十三 ◎清周嬰《巵林》卷一葉十五上	日本國立國會圖書館藏，嘉慶二十年陳春輯《湖海樓叢書》第二十一册

頁數	圖名	出處
104	圖 8-1 ◎黄省曾刻本《水經注》卷一首葉	中國書店藏，于華剛主編《珍貴古籍圖録》，中國書店，二〇一二年，頁一二四
106	圖 8-2 ◎明錢允治鈔配黄本《刻水經序》首葉上	周一良主編《自莊嚴堪善本書影・史部》，北京圖書館出版社，二〇一〇年，頁三八一
107	圖 8-3 ◎明錢允治鈔配黄本卷首韓應陛跋語	周一良主編《自莊嚴堪善本書影・史部》，北京圖書館出版社，二〇一〇年，頁三八一
109	圖 8-4 ◎天津圖書館藏黄本卷一首葉上	李培主編《天津地區館藏珍貴古籍圖録》，國家圖書館出版社，二〇一二年，頁一九八
110	圖 8-5 ◎中國國家圖書館藏黄本卷首鄧邦述題識	中國國家圖書館藏，今據黑白書影擬構原色
111	圖 8-6 ◎中國國家圖書館藏黄本卷首《水經序》末胡適跋語	中國國家圖書館藏，今據黑白書影擬構原色
112	圖 8-7 ◎《三輔黄圖》卷五葉一下	《中華再造善本》（金元編）據中國國家圖書館藏元致和元年余氏勤有堂刻本《三輔黄圖》影印，北京圖書館出版社，二〇〇二年
114	圖 8-8 ◎一九一三年楊守敬跋語之三	上海圖書館藏明朱謀㙔《水經注箋》，《上海圖書館善本題跋真跡》，上海辭書出版社，二〇一三年，第六册，頁一八六
115	圖 8-9 ◎一九一三年楊守敬跋語之二	上海圖書館藏明朱謀㙔《水經注箋》，《上海圖書館善本題跋真跡》，上海辭書出版社，二〇一三年，第六册，頁一八五
115	圖 8-10 ◎一九一三年楊守敬跋語之一	上海圖書館藏明朱謀㙔《水經注箋》，《上海圖書館善本題跋真跡》，上海辭書出版社，二〇一三年，第六册，頁一八四
116	圖 9-1 ◎范貞如舊藏吴本卷一首葉	山西博物院藏，《山西博物院古籍善本圖目》，國家圖書館出版社，二〇一七年，上册，頁一八六
118	圖 9-2 ◎吴本卷首方沆序首葉上	日本國立公文書館内閣文庫藏
118	圖 9-3 ◎吴本卷首方沆序末葉下	日本國立公文書館内閣文庫藏
119	圖 9-4 ◎吴本卷首王世懋序首葉上	日本國立公文書館内閣文庫藏
119	圖 9-5 ◎吴本卷首王世懋序末葉上	日本國立公文書館内閣文庫藏
121	圖 9-6 ◎吴本卷十七葉一下	日本早稻田大學圖書館藏
122	圖 9-7 ◎吴本卷十六葉二十八上	日本早稻田大學圖書館藏
124	圖 10-1 ◎《注箋》本李長庚序葉一上	中國國家圖書館藏
127	圖 10-2 ◎《注箋》本卷一葉一上	中國國家圖書館藏

頁數	圖名	出處
128	圖 10-3 ◎《注箋》本（初刻）卷五十二葉十五上	日本國立公文書館内閣文庫藏
129	圖 10-4 ◎《注箋》本（重修）卷五十二葉十五上	中國國家圖書館藏
132	圖 10-5 ◎王禮培批點《注箋》本卷一葉一上	《武漢大學圖書館藏古籍善本圖録》，武漢大學出版社，二〇一六年，頁八二
133	圖 10-6 ◎王禮培批點《注箋》本卷二葉三上	《武漢大學圖書館藏古籍善本圖録》，武漢大學出版社，二〇一六年，頁八三
134	圖 10-7 ◎楊守敬《朱校水經注跋》之五	上海圖書館藏明朱謀㙔《水經注箋》，《上海圖書館善本題跋真跡》，上海辭書出版社，二〇一三年，第六册，頁一八三
134	圖 10-8 ◎楊守敬《朱校水經注跋》之四	上海圖書館藏明朱謀㙔《水經注箋》，《上海圖書館善本題跋真跡》，上海辭書出版社，二〇一三年，第六册，頁一八二
135	圖 10-9 ◎楊守敬《朱校水經注跋》之三	上海圖書館藏明朱謀㙔《水經注箋》，《上海圖書館善本題跋真跡》，上海辭書出版社，二〇一三年，第六册，頁一八一
135	圖 10-10 ◎楊守敬《朱校水經注跋》之二	上海圖書館藏明朱謀㙔《水經注箋》，《上海圖書館善本題跋真跡》，上海辭書出版社，二〇一三年，第六册，頁一八〇
135	圖 10-11 ◎楊守敬《朱校水經注跋》之一	上海圖書館藏明朱謀㙔《水經注箋》，《上海圖書館善本題跋真跡》，上海辭書出版社，二〇一三年，第六册，頁一七九
136	圖 11-1 ◎譚本書名葉	中國國家圖書館藏，今據黑白書影擬構
138	圖 11-2 ◎胡適在譚本上的題記	北京大學圖書館藏，鄒新明編著《胡適與北京大學》，北京大學出版社，二〇一八年，頁 218
139	圖 11-3 ◎廣東省立中山圖書館藏譚本卷一葉一上	《廣東省第一批珍貴古籍名録·圖録》，廣東人民出版社，二〇一二年，中册，頁三八七
140	圖 11-4 ◎《注箋》本卷十七葉十四上	日本國立公文書館内閣文庫藏
140	圖 11-5 ◎譚本卷十七葉十五上	中國國家圖書館藏
142	圖 12-1 ◎明陳仁錫刊《奇賞齋古文彙編·選經》卷十三目録首葉上	日本國立國會圖書館藏
143	圖 12-2 ◎陳本卷十三《水經·河水一》首葉上	日本國立國會圖書館藏
144	圖 12-3 ◎清楊玠鈔本封面	臺灣師範大學圖書館藏
144	圖 12-4 ◎清楊玠鈔本自序首葉	臺灣師範大學圖書館藏
145	圖 12-5 ◎清楊玠鈔本自序末葉	臺灣師範大學圖書館藏
146	圖 12-6 ◎清楊玠鈔本卷一首葉上	臺灣師範大學圖書館藏

頁數	圖名	出處
146	圖12-7 ◎清楊玠鈔本卷七末葉下	臺灣師範大學圖書館藏
147	圖12-8 ◎吴本卷一葉九上	日本國立公文書館内閣文庫藏
147	圖12-9 ◎陳本卷十三《水經·河水一》葉十三下	日本國立國會圖書館藏
149	圖12-10 ◎陳本卷十四《河水四》葉四十六下、四十七上	日本國立國會圖書館藏
150	圖二十四 ◎清黄宗羲《今水經》書名葉	日本早稻田大學圖書館藏《今水經》，乾隆三十八年《知不足齋叢書》本
151	圖二十五 ◎清黄宗羲《今水經》首葉上	日本早稻田大學圖書館藏《今水經》，乾隆三十八年《知不足齋叢書》本
152	圖二十六 ◎清項絪刊、王峻校《水經注》卷三十八末葉下、卷三十九首葉上	復旦大學圖書館藏
153	圖二十七 ◎清趙一清《水經注釋》刊本卷一首葉上	美國芝加哥大學圖書館藏
153	圖二十八 ◎清趙一清《水經注釋》刊本卷二首葉上	美國芝加哥大學圖書館藏
154	圖13-1 ◎項本書名葉	復旦大學歷史地理研究中心譚其驤文庫藏
155	圖13-2 ◎項本卷二十二末葉下及卷二十三首葉上	復旦大學歷史地理研究中心譚其驤文庫藏
156	圖13-3 ◎復旦大學圖書館藏佚名批校項本卷首序之葉六上	復旦大學圖書館藏
157	圖13-4 ◎復旦大學圖書館藏吴小谷批校項本卷二十四首葉上	復旦大學圖書館藏
158	圖13-5 ◎復旦大學圖書館藏吴小谷批校項本卷二十七末葉上	復旦大學圖書館藏
159	圖13-6 ◎胡適手稿《項絪刻〈水經注〉上的東潜校記》	胡適紀念館藏，檔案編號：HS-MS01-018-024
160	圖14-1 ◎何校本卷首《水經注箋序》葉一上	臺北“國家圖書館”藏
163	圖14-2何校本卷首《水經注箋序》葉二下	臺北“國家圖書館”藏
165	圖14-3 ◎何校本卷一葉一上	臺北“國家圖書館”藏
166	圖14-4 ◎何校本卷一葉二上	臺北“國家圖書館”藏
167	圖14-5 ◎何校本卷一葉一下	臺北“國家圖書館”藏
169	圖14-6 ◎胡適手稿《何焯校本》之一	胡適紀念館藏，檔案編號：HS-MS01-011-011
169	圖14-7 ◎胡適手稿《何焯校本》之二	胡適紀念館藏，檔案編號：HS-MS01-011-011

頁數	圖名	出處
170	圖 14-8 ◎胡適手稿《何義門校水經注本》之三	胡適紀念館藏，檔案編號：HS-MS01-011-012
171	圖 14-9 ◎胡適手稿《何義門校水經注本》之二	胡適紀念館藏，檔案編號：HS-MS01-011-012
171	圖 14-10 ◎胡適手稿《何義門校水經注本》之一	胡適紀念館藏，檔案編號：HS-MS01-011-012
172	圖 15-1 ◎沈本卷十五首葉上	中國國家圖書館藏，今據黑白書影擬構原色
174	圖 15-2 ◎沈本卷一葉一下	中國國家圖書館藏
175	圖 15-3 ◎沈本卷一葉一上	中國國家圖書館藏
180	圖 15-4 ◎胡適手稿《記沈炳巽水經注最後校本的過録本》之一	胡適紀念館藏，檔案編號：HS-MS01-004-008
180	圖 15-5 ◎胡適手稿《記沈炳巽水經注最後校本的過録本》之二	胡適紀念館藏，檔案編號：HS-MS01-004-008
181	圖 15-6 ◎胡適手稿《記沈炳巽水經注最後校本的過録本》之三	胡適紀念館藏，檔案編號：HS-MS01-004-008
181	圖 15-7 ◎胡適手稿《記沈炳巽水經注最後校本的過録本》之四	胡適紀念館藏，檔案編號：HS-MS01-004-008
182	圖 16-1 ◎王峻校本卷首題識	復旦大學圖書館藏
185	圖 16-2 ◎王峻校本卷首《酈氏本傳》末葉下朱筆過録何焯校語	復旦大學圖書館藏
186	圖 16-3 ◎王峻校本卷首項絪序之後、目録之前王峻跋語之二	復旦大學圖書館藏
187	圖 16-4 ◎王峻校本卷首項絪序之後、目録之前王峻跋語之一	復旦大學圖書館藏
188	圖 16-5 ◎王峻校本卷一葉一上	復旦大學圖書館藏
189	圖 16-6 ◎王峻校本卷五葉一上	復旦大學圖書館藏
190	圖 16-7 ◎王峻校本卷十六葉六下、葉七上	復旦大學圖書館藏
191	圖 16-8 ◎王峻校本卷十九葉十二下、葉十三上	復旦大學圖書館藏
192	圖 16-9 ◎王峻校本卷二十八葉三下、葉四上	復旦大學圖書館藏
193	圖 16-10 ◎王峻校本卷二十八末葉下、卷二十九葉一上	復旦大學圖書館藏
194	圖 16-11 ◎王峻校本卷三十三末葉下	復旦大學圖書館藏

頁數	圖名	出處
196	圖 16-12 ◎王峻校本卷四十葉十八下、葉十九上	復旦大學圖書館藏
198	圖 16-13 ◎王峻校本卷四十末葉下王峻跋語及書後季錫疇跋語	復旦大學圖書館藏
199	圖 16-14 ◎清佚名注稿本卷一首葉上	上海圖書館藏，《上海圖書館善本題跋真跡》第六册，頁一七六
200	圖 17-1 ◎黄晟本書名頁	美國哈佛燕京圖書館藏
201	圖 17-2 ◎黄晟本自序末葉下、《補正水經序》葉一上	美國哈佛燕京圖書館藏
203	圖 17-3 ◎寧波市圖書館藏黄晟本卷一葉一上	《寧波市圖書館藏古籍善本圖録》，浙江大學出版社，二〇一六年，頁四六
204	圖 17-4 ◎美國哈佛燕京圖書館藏黄晟本卷一葉一上	美國哈佛燕京圖書館藏
205	圖 17-5 ◎美國哈佛燕京圖書館藏黄晟本卷首目録葉六下	美國哈佛燕京圖書館藏
206	圖 17-6 ◎美國哈佛燕京圖書館藏黄晟本卷二葉七下	美國哈佛燕京圖書館藏
207	圖 17-7 ◎中國國家圖書館藏黄晟本卷一葉一上	中國國家圖書館藏，《祁陽陳澄中舊藏善本古籍圖録》，上海古籍出版社，二〇〇六年，頁三五九
208	圖 17-8 ◎復旦大學圖書館藏黄晟本卷首王欣夫跋語	復旦大學圖書館藏
209	圖 17-9 ◎復旦大學圖書館藏黄晟本卷六葉十五下	復旦大學圖書館藏
210	圖 17-10 ◎清張惟馨重校版黄晟本書名葉	美國哈佛燕京圖書館藏
210	圖 17-11 ◎清張惟馨重校版黄晟本牌名葉及黄省曾序葉一上	美國哈佛燕京圖書館藏
211	圖 17-12 ◎清張惟馨重校版黄晟本卷一葉一上	美國哈佛燕京圖書館藏
212	圖 18-1 ◎《五校》稿本封面	天津圖書館藏
214	圖 18-2 ◎《五校》稿本卷首全祖望録宋刊跋語	天津圖書館藏
216	圖 18-3 ◎《五校》稿本卷首趙一清録酈道元原序之二	天津圖書館藏
217	圖 18-4 ◎《五校》稿本卷首趙一清録酈道元原序之一	天津圖書館藏
219	圖 18-5 ◎《五校》稿本卷一葉一上	天津圖書館藏

頁數	圖名	出處
221	圖 18-6 ◎《五校》稿本卷四葉九下	天津圖書館藏
223	圖 18-7 ◎《五校》稿本卷四葉十上	天津圖書館藏
224	圖 18-8 ◎《五校》稿本卷四葉二十二上	天津圖書館藏
225	圖 18-9 ◎全祖望手跡（陳垣贈胡適）	胡適紀念館，檔案編號：HS-MS01-018-020
226	圖 19-1 ◎《七校》鈔本卷一葉一上	天津圖書館藏
228	圖 19-2 ◎《七校》鈔本卷首陳勱跋語	天津圖書館藏
231	圖 19-3 ◎《七校》鈔本卷首《全氏七校水經本考略》葉一上	天津圖書館藏
233	圖 19-4 ◎《七校》鈔本卷首《全氏七校水經本目次考異》葉一上	天津圖書館藏
235	圖 19-5 ◎清薛福成、董沛刊《七校》初刻本卷二葉三九下、四十上	日本早稻田大學圖書館藏
236	圖 19-6 ◎《七校》鈔本卷首《雙九山房水經序目》葉一上	天津圖書館藏
237	圖 19-7 ◎《七校》鈔本卷首《水經題辭》葉一上	天津圖書館藏
238	圖 19-8 ◎清全祖望《水經注重校本》卷二葉一上	上海圖書館藏，《上海圖書館善本題跋真跡》第六册，頁一八七
239	圖 19-9 ◎清全祖望《水經注重校本》上王楚材識語	上海圖書館藏，《上海圖書館善本題跋真跡》第六册，頁一八八
240	圖 19-10 ◎清全祖望《水經注重校本》上陳勱識語之三	上海圖書館藏，《上海圖書館善本題跋真跡》第六册，頁一九一
241	圖 19-11 ◎清全祖望《水經注重校本》上陳勱識語之二	上海圖書館藏，《上海圖書館善本題跋真跡》第六册，頁一九〇
241	圖 19-12 ◎清全祖望《水經注重校本》上陳勱識語之一	上海圖書館藏，《上海圖書館善本題跋真跡》第六册，頁一八九
242	圖 19-13 ◎清林頤山手札之四	上海圖書館藏，《上海圖書館善本題跋真跡》第六册，頁一九九
242	圖 19-14 ◎清林頤山手札之三	上海圖書館藏，《上海圖書館善本題跋真跡》第六册，頁一九八
243	圖 19-15 ◎清林頤山手札之二	上海圖書館藏，《上海圖書館善本題跋真跡》第六册，頁一九七

頁數	圖名	出處
243	圖 19-16 ◎清林頤山手札之一	上海圖書館藏，《上海圖書館善本題跋真跡》第六册，頁一九六
244	圖 19-17 ◎清陳勱手札之二	上海圖書館藏，《上海圖書館善本題跋真跡》第六册，頁一九五
245	圖 19-18 ◎清陳勱手札之一	上海圖書館藏，《上海圖書館善本題跋真跡》第六册，頁一九四
246	圖 19-19 ◎張約園舊藏《七校》鈔本上胡適題簽	中國國家圖書館藏
246	圖 19-20 ◎張約園舊藏《七校》鈔本卷首《雙九山房水經序目》葉一	中國國家圖書館藏
247	圖 19-21 ◎天一閣藏《七校》鈔本上馮貞群題識	浙江寧波天一閣博物館藏
247	圖 19-22 ◎天一閣藏《七校》鈔本卷首《水經題辭》葉一	浙江寧波天一閣博物館藏
248	圖 19-23 ◎清薛福成、董沛刊《七校》再刻本牌名葉	中國國家圖書館藏
248	圖 19-24 ◎清薛福成、董沛刊《七校》再刻本卷一葉一	中國國家圖書館藏
249	圖 19-25 ◎清薛福成、董沛刊《七校》再刻本《正誤》葉一	中國國家圖書館藏
249	圖 19-26 ◎清薛福成、董沛刊《七校》初刻本《補遺》葉十二下、《附録上》葉一上	日本早稻田大學圖書館藏
250	圖 19-27 ◎上海圖書館藏《七校》刻本上葉景葵題識	上海圖書館藏，《上海圖書館善本題跋真跡》第六册，頁二〇一
251	圖 19-28 ◎上海圖書館藏《七校》刻本卷首顧廷龍跋語	上海圖書館藏，《上海圖書館善本題跋真跡》第六册，頁二〇二
251	圖 19-29 ◎上海圖書館藏《七校》刻本卷一葉一上	上海圖書館藏，《上海圖書館善本題跋真跡》第六册，頁二〇〇
253	圖 20-1 ◎《注釋》初刻本書名葉	中國國家圖書館藏
256	圖 20-2 ◎《注釋》文淵閣《四庫》本卷一葉一	中國國家圖書館藏，今據黑白書影擬構原色
257	圖 20-3 ◎《注釋》文淵閣《四庫》本《水經注箋刊誤》卷一葉一	中國國家圖書館藏，今據黑白書影擬構原色
258	圖 20-4 ◎《注釋》初刻本卷首《參校諸本》葉三下	中國國家圖書館藏，今據黑白書影擬構原色
259	圖 20-5 ◎《注釋》初刻本卷首《參校諸本》葉三上	中國國家圖書館藏，今據黑白書影擬構原色

頁數	圖名	出處
260	圖 20-6 ◎《注釋》初刻本卷一葉一上	中國國家圖書館藏，今據黑白書影擬構原色
261	圖 20-7 ◎《注釋》初刻本《水經注箋刊誤》卷一葉二下	中國國家圖書館藏，今據黑白書影擬構原色
263	圖 20-8 ◎《注釋》初刻本《水經注箋刊誤》卷一葉一上	中國國家圖書館藏，今據黑白書影擬構原色
265	圖 20-9 ◎《水經注釋》重刻本卷一葉一上	中國國家圖書館藏
267	圖 20-10 ◎胡適手稿《跋芝加哥大學藏的趙一清水經注釋》首頁	美國芝加哥大學圖書館藏
267	圖 20-11 ◎胡適手稿《跋芝加哥大學藏的趙一清水經注釋》末頁	美國芝加哥大學圖書館藏
268	圖 20-12 ◎趙一清各種形式署名之一：勿藥子	《原國立北平圖書館甲庫善本叢書》，國家圖書館出版社，二〇一三年，第三九八册，頁四三〇
269	圖 20-13 ◎趙一清各種形式署名之二：東潛邨民	普林斯頓大學圖書館藏
270	圖 20-14 ◎趙一清各種形式署名之三：瓊花街散人東潛趙一清	中國國家圖書館藏，今據黑白書影擬構原色
271	圖 20-15 ◎趙一清各種形式署名之四：東潛趙一清	復旦大學歷史地理研究中心譚其驤文庫藏，光緒六年花雨樓重校《水經注釋》
273	圖 20-16 ◎乾隆五十九年刻本《水經注釋》書名葉	日本内閣文庫藏
273	圖 20-17 ◎光緒六年會稽章氏重刻本《水經注釋》書名葉	日本早稻田大學圖書館藏
275	圖 20-18 ◎光緒六年會稽章氏重刻本《水經注箋刊誤》書名頁	日本早稻田大學圖書館藏
275	圖 20-19 ◎光緒六年會稽章氏重刻本《水經注釋》末葉署名	日本早稻田大學圖書館藏
278	圖 20-20 ◎光緒六年張氏花雨樓刻本《水經注釋》卷一葉十七上	清華大學圖書館藏，《第二批國家珍貴古籍圖録》，國家圖書館出版社，二〇一〇年，頁二三七
279	圖 20-21 ◎光緒六年張氏花雨樓刻本《水經注釋》卷一葉十六下	清華大學圖書館藏，《第二批國家珍貴古籍圖録》，國家圖書館出版社，二〇一〇年，頁二三七
280	圖 21-1 ◎殿本《水經注》書名葉	日本早稻田大學圖書館藏

頁數	圖名	出處
281	圖21-2 ◎故宫博物院藏殿本《水經注》書影	故宫博物院藏
283	圖21-3 ◎殿本《水經注目録》葉一上	中國國家圖書館藏，今據黑白書影擬構原色
283	圖21-4 ◎殿本（翻刻）《水經注目録》葉一上	日本早稻田大學圖書館藏
285	圖21-5 ◎殿本（福州重刻）《水經注》卷二葉一上	上海圖書館藏，《上海圖書館善本題跋真跡》第六册，頁一七四
287	圖21-6 ◎殿本卷首《御製題水經注》葉一上	日本國會圖書館藏
288	圖21-7 ◎殿本卷首《校上案語》	日本國會圖書館藏
289	圖21-8 ◎殿本卷首《校上案語》	日本國會圖書館藏
290	圖21-9 ◎殿本（文淵閣《四庫全書》本）酈道元原序	中國國家圖書館藏，今據黑白書影擬構原色
290	圖21-10 ◎北京大學圖書館藏殿本（江蘇翻刻）卷首胡適批語	北京大學圖書館藏
291	圖21-11 ◎王國維《聚珍本戴校水經注跋》	王國維《觀堂集林》（上册），《民國叢書》第四編第四〇九二册，頁五八九
292	圖21-12 ◎吴本《水經注》書後孫灃鼎乾隆四十九年跋語	上海圖書館藏，《上海圖書館善本題跋真跡》第六册，頁一七一
293	圖21-13 ◎吴本《水經注》書後孫灃鼎乾隆四十五年跋語	上海圖書館藏，《上海圖書館善本題跋真跡》第六册，頁一七〇
294	圖22-1 ◎微波榭本卷一葉一上	上海圖書館藏，《上海圖書館善本題跋真跡》第六册，頁一七二
295	圖22-2 ◎微波榭本孔繼涵序葉一	中國國家圖書館藏
297	圖22-3 ◎微波榭本戴震自序及分目之一	日本國立國會圖書館藏，《戴氏遺書》第十六册
298	圖22-4 ◎微波榭本分目之二	日本國立國會圖書館藏，《戴氏遺書》第十六册
300	圖22-5 ◎微波榭本《水經注·渭水》葉十三下	中國國家圖書館藏
301	圖22-6 ◎微波榭本《水經注·渭水》葉十三上	中國國家圖書館藏
302	圖22-7 ◎清戴震《水經考次》葉五上	中國國家圖書館藏，今據黑白書影擬構原色
303	圖22-8 ◎清戴震《水經考次》葉四下及其上胡適所注浮簽	中國國家圖書館藏，今據黑白書影擬構原色
304	圖22-9 ◎静海樓藏《水地記》鈔本篇末題識	江蘇省南通市圖書館藏

頁數	圖名	出處
305	圖 22-10 ◎静海樓藏《水地記》鈔本卷一葉一上	江蘇省南通市圖書館藏
306	圖 22-11 ◎上海圖書館藏微波榭本封面陳世宜跋語	上海圖書館藏，《上海圖書館善本題跋真跡》第六册，頁一七三
308	圖二十九 ◎清董祐誠《水經注圖説殘稿》卷一葉一	中國國家圖書館藏
309	圖三十 ◎清陳澧《水經注西南諸水考》卷一葉一	中國國家圖書館藏
310	圖三十一 ◎清汪士鐸《水經注圖》葉一下	中國國家圖書館藏
311	圖三十二 ◎清汪士鐸《水經注圖》葉一上	中國國家圖書館藏
312	圖 23-1 ◎《釋地》本書名葉	日本内閣文庫藏
313	圖 23-2 ◎《釋地》本卷一葉一上	日本内閣文庫藏
314	圖 23-3 ◎《水經注釋地補遺》書名葉及卷上葉一上	日本内閣文庫藏
315	圖 23-4 ◎《水道直指》書名葉及葉一上	日本内閣文庫藏
316	圖 23-5 ◎《水經注釋地》曹文埴序	日本内閣文庫藏
317	圖 23-6 ◎《水經注釋地》凡例葉一	中國國家圖書館藏
317	圖 23-7 ◎《水經注釋地》凡例葉二	中國國家圖書館藏
318	圖 24-1 ◎《疏證》本卷末跋語	南京圖書館藏
321	圖 24-2 ◎《疏證》本卷一葉一上	南京圖書館藏
323	圖 24-3 ◎嘉業堂藏鈔本《水經注疏證》卷首自序	中國國家圖書館藏，今據黑白書影擬構原色
324	圖 25-1 ◎《釋文》本封面	復旦大學圖書館藏
325	圖 25-2 ◎《釋文》本卷一葉一上	復旦大學圖書館藏
326	圖 25-3 ◎《釋文》本卷十九葉六下、葉七上	復旦大學圖書館藏
327	圖 25-4 ◎《釋文》本附録上葉一上	復旦大學圖書館藏
328	圖 25-5 ◎《釋文》本卷十九葉九下、葉十上	復旦大學圖書館藏

頁數	圖名	出處
329	圖 25-6 ◎《釋文》本卷四十末葉王欣夫跋語	復旦大學圖書館藏
331	圖 25-7 ◎《釋文》本卷三十七葉三下、葉四上	復旦大學圖書館藏
332	圖 25-8 ◎《釋文》本卷三十五葉十五上	復旦大學圖書館藏
333	圖 25-9 ◎《釋文》本卷三十五葉十四下	復旦大學圖書館藏
334	圖 26-1 ◎《匯校》本封面	美國哈佛燕京圖書館藏
335	圖 26-2 ◎《匯校》本書名葉及扉葉	中國國家圖書館藏
336	圖 26-3 ◎《匯校》本卷二葉一	中國國家圖書館藏
337	圖 26-4 ◎殿本《水經注》後楊希閔跋及過録何焯校語	上海圖書館藏，《上海圖書館善本題跋真跡》第六册，頁一七五
338	圖 26-5 ◎黄晟本《水經注》後楊希閔同治年間跋語之一	《傅斯年圖書館善本古籍題跋輯録》第二册，"中央研究院" 歷史語言研究所，二〇〇八年，葉一九一
339	圖 26-6 ◎黄晟本《水經注》後楊希閔同治年間跋語之二、三、四	《傅斯年圖書館善本古籍題跋輯録》第二册，葉一九〇
340	圖 27-1 ◎《合校》本書名葉	日本早稻田大學圖書館藏
341	圖 27-2 ◎《合校》本卷一葉一上	日本早稻田大學圖書館藏
342	圖 28-1 ◎《注疏》臺北本卷十五首頁	楊守敬、熊會貞，《楊熊合撰〈水經注疏〉》臺北中華書局影印，一九七一年
343	圖 28-2 ◎《注疏》臺北本跋語	楊守敬、熊會貞，《楊熊合撰〈水經注疏〉》臺北中華書局影印，一九七一年
345	圖 28-3 ◎《水經注疏要删》第一册封面	中國國家圖書館藏，圖片據網上公佈資料復原
345	圖 28-4 ◎《水經注疏要删》卷一葉一	中國國家圖書館藏，圖片據網上公佈資料復原
347	圖 28-5 ◎《水經注疏要删補遺》書名葉	中國國家圖書館藏，圖片據網上公佈資料復原
347	圖 28-6 ◎《水經注疏要删補遺》卷一葉一	中國國家圖書館藏，圖片據網上公佈資料復原
350	圖 28-7 ◎《注疏》北京本卷一葉一上	中國科學院圖書館藏，北京科學出版社影印，一九五七年
351	圖 28-8 ◎《注疏》京都大學藏本卷一葉一上	日本京都大學圖書館藏
354	圖 28-9 ◎《水經注圖》卷十一部分拼合圖	底图来自日本早稻田大学图书馆藏本

頁數	圖名	出處
357	圖 28-10 ◎顧廷龍跋胡適《楊守敬論水經注的兩札》之一	胡適紀念館藏，檔案號 HS-US01-051-010
357	圖 28-11 ◎顧廷龍跋胡適《楊守敬論水經注的兩札》之二	胡適紀念館藏，檔案號 HS-US01-051-010
359	圖 28-12 ◎胡適手録《熊會貞遺言》並跋	胡適紀念館藏，檔案號 HS-MS01-014-016
360	圖 29-1 ◎趙萬里過録王國維録酈道元原序	王國維校，趙萬里過録，《王國維批校水經注箋》，中華書局影印，二〇一四年，第一册，頁一
363	圖 29-2 ◎趙萬里過録王國維校《水經注箋》卷首目録末葉下	王國維校，趙萬里過録，《王國維批校水經注箋》，中華書局影印，二〇一四年，第一册，頁五八
365	圖 29-3 ◎趙萬里過録王國維校《水經注箋》卷一首葉上	王國維校，趙萬里過録，《王國維批校水經注箋》，中華書局影印，二〇一四年，第一册，頁五九
367	圖 29-4 ◎趙萬里過録王國維校《水經注箋》卷六末葉	王國維校，趙萬里過録，《王國維批校水經注箋》，中華書局影印，二〇一四年，第一册，頁四〇二
370	圖 29-5 ◎趙萬里過録王國維校《水經注箋》卷四十葉三十一下	王國維校，趙萬里過録，《王國維批校水經注箋》，中華書局影印，二〇一四年，第五册，頁四〇八
371	圖 29-6 ◎趙萬里過録王國維校《水經注箋》卷四十葉三十一上	王國維校，趙萬里過録，《王國維批校水經注箋》，中華書局影印，二〇一四年，第五册，頁四〇七
372	圖 29-7 ◎王國維校《水經注箋》卷四十葉三十二下	王國維校，趙萬里過録，《王國維批校水經注箋》，中華書局影印，二〇一四年，第五册，頁四一〇
373	圖 29-8 ◎趙萬里過録王國維校《水經注箋》卷四十葉三十二上	王國維校，趙萬里過録，《王國維批校水經注箋》，中華書局影印，二〇一四年，第五册，頁四〇九
374	圖 29-9 ◎趙萬里過録王國維校《水經注箋》卷四十葉三十三上	王國維校，趙萬里過録，《王國維批校水經注箋》，中華書局影印，二〇一四年，第五册，頁四一一

後　記

本書文字的主要部分曾以“《水經注》現存主要版本考述”爲題發表於《歷史地理》（第三十一輯），並有幸在2016年獲得上海市第十三屆哲學社會科學優秀成果論文類一等奬，得到同行學者的肯定。此次以單行本刊布，不僅補充修訂了原文中的許多表述，更爲重要的是我們精選了三百餘幅相關的版本圖片，嘗試以圖文相間的形式，形象直觀地展示本書的結論。版本考述，歷來被視爲專門之學，對號稱在中國古代典籍中版本最爲複雜的《水經注》來説，尤爲難通。爲此，我們以一種新的方式，在文字表述觀點的同時，讓圖片自身“説話”，嘗試將枯燥難讀的《水經注》版本之學變得直觀易懂，庶幾建構一種版本考訂之學的新體驗。

本書的最初構想，是在我與現爲中西書局編輯的王宇海先生的幾次交談中逐漸形成的。現在經過我們的努力，尤其是王宇海對《水經注》版本圖片的悉心搜羅，最終將這部書稿殺青。本書的版式設計與頁面圖文布局，還有一些圖片的還原處理，皆出自他一人之手。既爲本書的作者之一，同時又負責本書的排版，身兼二任使得王宇海更能將本書要表達的主旨充分體現出來。本書現在能以如此的面貌出現，與他的全力投入密不可分。

本書大體完稿之後，曾申請國家古籍整理出版專項經費的資助，爲此復旦大學圖書館古籍部研究員吴格先生、時任中文系教授傅杰先生欣然爲我們撰寫了推薦信，在此向他們致以深深的謝意。

天津師範大學歷史學系教授靳潤成先生，對我們的這部書稿十分關心，並協助我們最終複製了天津圖書館所藏的清人全祖望《五校水經注》稿本與《七校水經注》鈔本這兩部珍稀《水經注》版本的彩色圖片。在此謹向靳先生、天津圖書館的張磊女士表達我們的誠摯謝意。

美國芝加哥大學東亞圖書館館長周原先生、中文部研究館員吴嘉勛先生得知我們書稿需要參考藏在他們圖書館的清人趙一清的《水經注釋》及胡適先生的一份手稿後，特別爲我們複製了幾張相關圖片並惠允我們在書中使用。在此謹向周、吴二先生及從中代爲我們與芝大東亞館溝通的時爲休斯頓大學政治系博士候選人李海默先生致以由衷的感謝。

復旦大學圖書館副館長楊光輝先生、古籍部主任眭駿先生，幫助我們複製了復旦大學圖書館所藏的幾部珍稀的清人《水經注》研究稿本的高清彩色圖片，爲本書的完成提供了便利。在此謹向他們的鼎力襄助表示衷心的感謝。

復旦大學出版社編輯史立麗女士、總編輯王衛東先生爲本書的順利出版付出了心血。在此向他們二人致以深深的謝意。

本書在撰寫過程中深受胡適先生相關研究的啓發，爲此，本書書名“古本與今本”五字特集胡適先生的法書，以表達我們對適之先生的敬仰。

“路漫漫其修遠兮，吾將上下而求索。”我們《水經注》研究的征程尚長，還有許多具體的研究工件有待完成。我們會一如既往、一步一個脚印地向前邁進，爲酈學研究添磚加瓦。

李曉傑

二〇一九年十二月八日初稿

二〇二一年七月廿六日增補

圖書在版編目(CIP)數據

古本與今本:現存《水經注》版本彙考/李曉傑等著. —上海：復旦大學出版社,2021.10
ISBN 978-7-309-15866-3

Ⅰ.①古… Ⅱ.①李… Ⅲ.①《水經注》-版本-考證 Ⅳ.①G256.22 ②K928.4

中國版本圖書館 CIP 數據核字(2021)第 162101 號

古本與今本:現存《水經注》版本彙考
李曉傑　楊長玉　王宇海　屈卡樂　著
責任編輯/史立麗
裝幀設計/陳鑒時

復旦大學出版社有限公司出版發行
上海市國權路 579 號　郵編：200433
網址：fupnet@fudanpress.com　http://www.fudanpress.com
門市零售：86-21-65102580　團體訂購：86-21-65104505
出版部電話：86-21-65642845
上海盛通時代印刷有限公司

開本 890×1240　1/32　印張 12.625　字數 283 千
2021 年 10 月第 1 版第 1 次印刷

ISBN 978-7-309-15866-3/G・2280
定價：128.00 元